●中小学新课程教学艺术丛书

小学语文教学的优化与创新

——特级教师赵景瑞教学艺术

赵景瑞　著

中国林业出版社

图书在版编目（CIP）数据

小学语文教学的优化与创新：特级教师赵景瑞教学艺术/赵景瑞著. —北京：中国林业出版社，2008.5
（中小学新课程教学艺术丛书）
ISBN 978-7-5038-5239-8

Ⅰ. 小...
Ⅱ. 赵...
Ⅲ. 语文课—教学研究—小学
Ⅳ. G623.202

中国版本图书馆 CIP 数据核字（2008）第 076332 号

出版：中国林业出版社（100009　北京西城区刘海胡同 7 号）
E-mail：longman2008@126. com
电话：010-66174569
发行：新华书店北京发行所
印刷：北京市昌平百善印刷厂
版次：2008 年 7 月第 1 版
印次：2008 年 7 月第 1 次
开本：880mm×1230mm
印张：14
字数：400 千字
印数：1～3000 册
定价：28.00 元

课堂教学改革与创新，需要有理论与实践结合的具体指导，这部文选即有很强的指导性。

向景瑞同志致意！

汤世雄

（原北京市教育局副局长）

执着地追求 不停地攀登
丰富地积累 智慧地结晶

霍懋征

（全国政协常委、全国著名特级教师）

把教学研究作为一项事业
终生为之奋斗；
把教学研究作为一门科学
不断探索规律；
把教学研究作为一种艺术
追求完美境界。
——贺赵景瑞同志教研专著出版

崔峦

（全国小语会理事长）

运用科学的教育理论研究教学、指导教学、改革教学，服务教学。

李嘉旺

（全国小语会副秘书长、
北京市教研部小语室主任）

前　言

说起小学语文教学的“优化与创新”，就不能不谈到语文课程的本质、性质。本质是优化的前提，性质是创新的根基。倘若还搞不清语文课程的本质这一根本问题，灯下黑，“优化与创新”就成了空中楼阁、天上浮云。只有准确、始终把握语文课程的本质，才为“优化与创新”开辟了康庄之途。

语文乃基础课程，学的是有深厚文化底蕴的汉语，又称母语，为中国人引为自豪，为中国人必备的素养，小学语文又是基础的基础，其重要性不言而喻。

语文具有工具性，这工具就是口语与书面的语言文字，就是以听、说、读、写的途径，理解与运用字、词、句、篇（见下图）。即便在多媒体、网络、手机蓬勃发展的今天，这 8 个要素仍未改变。工具必须训练，必须实践，空谈不能奏效。必须紧扣住这 8 个要素去“优化与创新”，去训练，离开了它们，就不是语文啦！

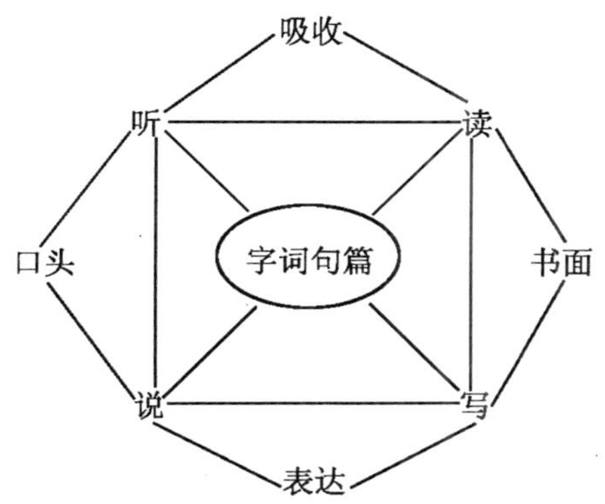

语文有较强的人文性。负载、弘扬着众多的文化内涵，工具中孕育着人文，人文凭借着工具，二者融为一体，形影不离，纯粹的工具或人文是不存在的。只有认识到这点，语文教学的“优化与创新”才会大展宏图。

语文还是交际性的。字词句篇是语言符号，运用符号就是听说读写，听说读写是流动的语言，动态的语言才有生命力，这就需要交流、交际。只有在语境交际中学用语言，语文教学的“优化与创新”才触到真谛。

语文是开放的，与生活息息相关，乃生活的需要，课内与课外，语文与其他学科，时时、处处都是语文的宝贵资源，都是语文的用武之地。只有这样，语文教学的“优化与创新”才有了广阔的天地。

当然，认清了语文课程的本质，不等于语文教学的“优化与创新”，还需要在理念层面、教材层面、备课层面、课堂层面、操作层面、教师等层面探索，这些，在本书中均有涉及，意在与广大语文教师切磋，朝着语文教学的“优化与创新”共同迈进。

赵景瑞

2008 年 4 月于北京

目　录

第一章　语文教学的真谛

我于1961年高中毕业后，分配到上头条小学，当上了一名小学语文教师。一个对教学一无所知的青年，职业把我领到了语文教学的大海边，茫茫大海，广阔无边，深浅莫测。我紧张，我好奇，我追求。至今已40个春秋，在领导、专家的帮助引导下，在理论的指导下，在老师们的哺育下，我努力实践着："把职业当成事业去完成，以事业作为专业去研究，将专业作为科学去探索，沿科学朝着艺术去追求。"如今，我仍在浩瀚的语文教学海洋中，乐游着，探索着，品尝着……

一、教文要育人　作文学做人

语文是什么呢？是语言文字吗？不完全是，它只是个符号，只有人掌握了它，去听说读写，作为重要的交际工具，才有生命，文与人必须联系起来；它只是个物质外壳，它负载着一定的内容、思想、情感，体现着社会关系，是多彩生活的反映，是人类文化的重要组成部分，这种人文性，又将文与人自然联系起来。我们教学的是祖国的语言文字，它弘扬着中华民族的优秀文化，提高着民族素质，这种社会性，也将文与人必然联系起来。

语文教学是什么呢？是以语文为载体的人人系统，学校的"产品"不是别的，而是适应社会需要、有持续发展素质的人。教学的对象是人。教书育人天经地义。

我在多年的实践中，逐渐认识到文与人的联系是固有的，不是外加的，教文必须育人，教文必然育人，教文自觉育人。为此，我边学边研，先从阅读教学入手，摸索阅读教学中育人合理过程：感之以形——晓之以理——动之以情——导之以行。探索了阅读教学中育人的六条途径：挖掘教材——育人的凭借点（提出防漏、防浅、防硬、放偏）；摸透学生——育人的入手点；寓于训练——育人的融合点；情感效应——育人的催化点；知行结合——育人的扩展点；为人师表——育人的默化点。

比如，识字写字教学，我曾设计了这样一个练习，意图是教学生认识并写好“米”字旁。教师在黑板上展示了：

米 ⟶ 粗 ⟵ 且

（1）发动学生观察发现：由“米”写入“粗”变成“米字旁”字形上发生了哪些变化？

（米字变窄；一捺变一点；一横向上斜；一横右长左短）

（2）引申思考：为什么由“米”变成“米字旁”要有这些变化？

（体会到汉字的整体性，有互让的规律，为了避让“且”，“米”字做了谦让，因此变窄、变点、变短，汉字中也有助人）

（3）再深入观察发现：“且”写入“粗”字中，有没有让？

（“且”也让了，变窄点，横变短点，只是变化不如“米”字变化大）

（4）再引申思考：为什么“粗”字中，“米”让得多,而“且”字让得少？

（进一步认识到“粗”字的两部分，有主次之分，“米”是偏旁，是次，“且”是正，是主，所以，“米”要多让，让右为主。足见，汉字中各部分不仅能互相谦让，而且明白各自的作用与地位）

（5）学生按照汉字的让右为主写“粗”。

这个练习的两次发现，两次思考，递进探索，从字形的变化深化到汉字的谦让，从汉字的谦让到汉字的互让，从识字理解到写好字，展现了汉字的整体美，渗透了学会谦让的做人品格，寓人文性于识字训练之中，润物细无声，学语文中取得育人实效、深效。

有篇课文《草地夜行》老红军身陷泥潭舍己救人，若旱地拔葱抽出精神，学生易说口号但不入心、不动心，我仔细分析了老红军关键情节的动作、语言，根据语境在黑板上绘出示意图：

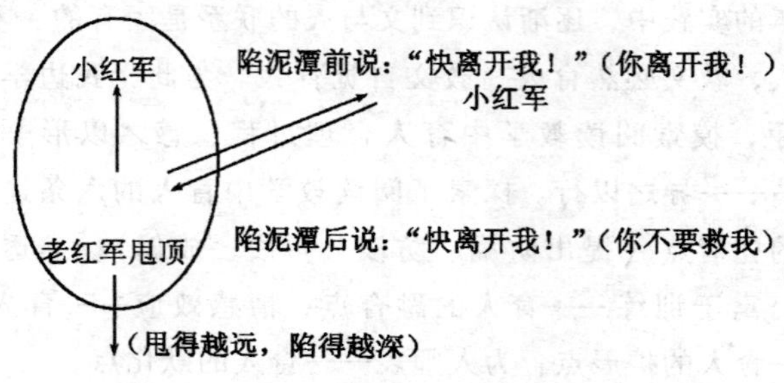

品味“顶、甩”，老红军顶得用力，被甩得越远，小红军生的希望越大，反过来，老红军顶得越用力，自己陷得越深，牺牲得越快，足见，老红军的舍己救人的高尚。比较两次说“快离开我”的不同，思考“既然已把小红军甩到一边，为什么老红军还要对小红军说‘快离开我’？”引导学生入境动情，好像看到了老红军在泥潭中用尽气力说“快离开我”，也就是“不要过来救我！”，不仅救前先想到别人，而且救后还想着别人，多么彻底的舍己救人啊！这种认识已不是口号，是心声。这个教例是育人途径的综合体现。

作文教学的育人更为明显，我从作文本身的要素，作文的过程出发，分析出作文育人五要素。

1. 从作文材料来源看——“文源”育人。叶圣陶先生有段名言：“我们还记得，作文这件事离不开生活，生活充实到什么程度，才会做成什么文字，必须寻到源头，方有清甘的水喝。”这段文字将作文材料与作者的生活紧紧挂起钩；不仅说明了作文源于生活，而且揭示了文质与人生活充实程度的相成关系。充实的生活才会出佳文。只有对生活充满热爱的人才会打开观察生活的大门。

2. 从作文的思想内容看——“文意”育人。作文是表情达意的工具，文章的思想内容不仅反映了要描写的客观世界，也反映了作者的主观世界，透视作者的认识程度、立场观点、情感色彩。比如有个学生写了一篇题为《一件趣事》的作文，文中展现的却是用“火烧”、“活埋”、“开膛”、“上吊”数种办法屠杀青蛙，以近乎残忍的做法寻开心，文章虽描写得活灵活现，却看出了作者对加害益虫缺乏认识，情感不对，正是见文如见人，见人如见心。高尔基曾说：“读一本好书，等于与高尚的人在说话。”

3. 从作文的表达形式看——“文采”育人。一定的思想内容需要恰当的表达形式。从作者角度看，在选择词句、修辞时，必然要努力寻找最适合自己情意的形式。在这个过程中是对作者认识的再深化、情感再催化、心灵的再陶冶。从读者角度看，朗读一首好诗或一段精彩的片断时，会引起情思的共鸣，甚至会反复吟诵欣赏，仔细玩味，给人启迪。

4. 从作者写作文的态度看——“文风”育人。叶圣陶先生曾讲过：“我们作文要写出诚实自己的话。”写真话，不写假话、空话、套话。是否诚实；本仅要看写了什么，还要分析为什么写。那种抄、背、套、拼、凑、编 的现象，文风不正，会直接损害学生的身心，甚至殆害一辈子。

5. 从作文后的使用看——“文宿”育人。再换一个角度看，我们既要看写出是什么样的作文，更要看写出的作文要干什么用。作文本来就是言语交际的需要，写东西全都有所为，这就是‘文宿’，即作文的归宿之意。作文的用处既可育人又可育己。

足见，作文与做人紧紧相融，文是人生活的再现，反映了人意，体现了人品，又陶冶了人，文写出来又为了人。学作文中学做人是必由之路，有着广阔的前景。(见下面图示)

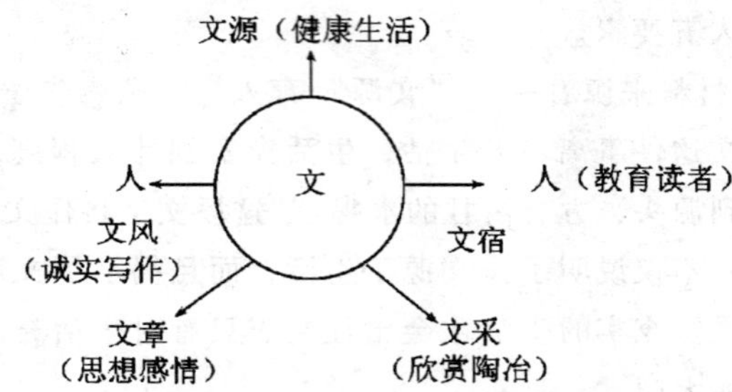

一次，我在作文课上，设置了一个做人情境：一位小朋友拿着一元钱到菜市场买菜，一位男售货员因繁忙中将 2 角钱当成了一角钱找给了他。归途上他才发现多找了一角钱。……我讲述戛然中止，问学生：“假如是你发现多找一角钱，会怎样做？会有什么行动？”每人写张小条。学生进入角色后，亮出许多有差别的行动，反映了不同的认识水平。什么一角钱太少了，别给售货员找麻烦了；买根冰棍算了；什么立刻到学校交给老师；大多数写的是立刻跑回市场还给售货员。有个学生写得最好：“为了不给售货员添麻烦，我先将两角钱换成两张一角钱，然后跑回菜市场，悄悄说明来意，不必张扬这小差错，递还一角钱。”经过大家评议，这个学生周到的行为，有理、有节、有情、有度的还钱，评为最佳。我让他走上台，按照自己的行动设想表演，老师充当那位售货员。大家观察他的表现，然后写出片断。将真知化为行动，又化为作文，人文一致，知行合一，一举两得。

二、学语文是生活　生活中有语文

语文为何又称为母语呢？为何是基础的基础，发展的基础呢？根本原因是语文的用途太广泛了，生活中须臾离不开听说读写，听说读写就是现实生活的一部分，更是将来生活的一部分。那么，学语文是什么呢？就是学习生活中需要的语文，按真实生活学语文，到广阔的生活空间里学语文、用语文。足见，学语文是生活，生活中有语文。将学语文与社会实践紧密挂钩，实现开放式"大语文观"，努力构建课内外联系、校内外沟通、学科间融合体系，意义深远。从学习生活和社会生活中发现、提出、研究问题，用他们的学科知识解决问题，在课堂里，学生讨论环境、人口、科学等社会问题，才能唤起孩子们对这些问题的关注，心胸才会有社会责任感，去创造未来，乃是学语文、用语文的必由之路。

如语文课《观潮》，在学生初读课文后教师向学生们提出求助："我在备课时，有几个疑难未解决，课文也没有写，钱塘潮是怎样形成的？为什么在盐官镇，为什么此时的观潮时机、地点最佳？为什么称这潮是天下奇观？世界上还有哪些潮比不上这个潮？这些问题同学们能帮助我解决吗？你们也能从中有收获。"引导学生课下主动找资料帮老师，当课上学生宣读自己搜集的资料后，老师向学生致谢后又说："我想，我备课有这些疑难，全国教这课的其他老师也会有这些问题，他们怎样也能分享大家的成果呢？"一时又激起学生的思考，主动提出印一本有关"潮"的资料送给每位老师的好建议，又一次引导语言实践，为社会尽一份责任。两个真实性生活情境问题的解决，课内外结合，人文合一，充满了生活气息，情谊融融，独具匠心。所以，我认为，设置生活情境要注意：

1. 真实问题情境应是真实的，有必要，有需要，不是故弄玄虚。

2. 真实问题情境的设置应引发学生想解决、爱解决、能解决。不是高不可攀。

3. 真实问题情境的设置与解决要贯穿课堂始终，不应虚晃一枪。

4. 真实问题情境的设置要充满情趣，充满生活气息。

从另一个角度看，课堂中学语文，是在师生、生生间的交往中进行的，是人人的交流，课上应弥漫着喜悦、惊奇、兴趣、困惑、顿悟、成功、热爱、乐助、惭愧、赞扬……人格体验，生活体验。这不也是学语文中有生活吗？

三、语言要训练 语言需交际

语文课程标准中明确指出：“语文是重要的交际工具。”这句话精辟地点明了语文学科的重要性质。包含了语文的工具性、交际性两层意思，又是不分家的两层意思。工具性决定了语言必须训练，交际性决定了在交往动态中学语文。

语文是活的语言，是生活的语言，是动态的语言。听说读写都是交际的需要。叶圣陶先生曾对作文说过精辟的话：“作文原是话语的延续，用来济说话之穷，在说话所不及的场合，就作文。”不能离开交际环境孤立地学词法、句法、章法，只有在交际中学母语才是康庄大道。

既然是交际，就有情境，就有角色，就要对话，就应互动。所以，在操作中，就要在语境中练语，在话题中练语，在角色对话中练语，在交际中练语。听说读写应是交际的训练场。可以从真实生活中选取交际情境，也可以模拟交际情境训练。举我的一个教例：

一次作文课，我先创设一个交际需要的情境：“同学们，一位有名的演讲家要到监狱给服刑的罪犯做报告，引导他们认真改造，重新做人。但开场时如何称呼这些罪犯呢？演讲家遇到了难题。开始，他想称呼罪犯“同志们”行吗？学生纷纷表示不同意，他们本不是同志，这样称呼等于把自己降为罪犯了。演讲家想干脆实事求是，称呼他们“罪犯们”行吗？学生仍然反对，这样不尊重人，会有逆反心理，也不利于改造。到底怎样称呼呢？同学们，你能帮助演讲家吗？”学生跃跃欲试，根据交际对象需要，在纸上写下了自己的称呼：“你们”“大家”“各位”“先生、女士”“在座的”“兄弟姐妹”“未来的朋友”……经过大家的热烈讨论，最后选出最佳称呼：“暂时的失足者，有希望的改造者，未来的自由人”。语言训练在交际需要的情境中得以实践，这样的表达才是母语学习的必由之路，终身受用的表达素养。

四、让学生主动学　启学生创造学

学生是学习的主体，学生是学习的主人，这已是大家的共识。但是，仅仅教师停留在认识，教师主动尊重学生，难道就够吗？一次，我给参加全市竞赛的选手上作文课，为了发挥学生的主体作用，开始我有意发动学生质疑，让他们提出需要解决什么问题，结果，课堂上无一人举手提问。从他们等待的眼神看，似乎在说："我们都习惯老师讲，我们听；老师问，我们答。干嘛让我们问呢？"难道学生不聪明吗？不，他们可都是好学生。他们没有问题吗？不，是习惯于被动与依赖，未形成主动探索的精神。然而，主动探索的精神正是跨世纪人才的可贵品质。这能怪学生吗？不，是教师有意识培养的不够。因此，在教学中，教师不仅要尊重主体，还要开发主体，发展主体，不能"剃头挑子一头热"，要让学生树立自身的主体意识，主动开发，自己动起来。

怎样让主体真正学起来、动起来呢？学生首先是人，是一个个有个性的人。学习是怎么一回事呢？传统的认识似乎把学生当成一个容器，一张白纸，不看作人，教师一灌输，学生就得到；教师一传授，学生就获取。实际上，学生并非白纸一张，是生命。他们已有自己的知识、经验、情感储备。学生的学习也并非简单的传授，而是已有经验系统建构的内化过程。用个通俗的比喻，学习如同吃东西，吃的是米饭，经内部器官的消化，变成的却是血液、肌肉、精神。学习只有融化在每一个学生心田，必须内化，才算落实到位。人饿了，就会主动找食物，吃起来很香，易消化；若不饿，吃什么也不香，这是人之常理。学习也是如此，主体不参与，无法"内化"；不主动参与，不愿"内化"。在教学中，不仅让其参与，而且主动参与，才为"内化"提供强大动力。可以这样说，要内动就要内化，才会有外部的全体动、全程动、互相动。而外部的全体动、全程动、互相动，则是内动内化的条件。

如何促进内动，建构主义理论后使我顿开茅塞。关键是探索"内化"形成的规律：

1. 了解前知。

2. 激活前知。

3. 自我冲突，体现自我建构的过程，通过外部新知的刺激与前知的相互作用，内化重组。一种是“同化”，即将新知融于前知系统中。另一种是“顺应”，即新知改变了前知系统，形成新的认知结构。无论是“同化”还是“顺应”，都要形成认知冲突。教师的责任就要引发学生的认知冲突，展现学生由错知到准知，由少知到多知，由浅知到深知，由偏知到全知，由孤知到发散，由求同到求异……

4. 展现新知。举一例，教寓言《滥竽充数》，通过读文学生达成共识，“滥竽充数”的意思是比喻没有真才实学的人混在行家里充数。然后，教师别出心裁地设计了一个填空练习：李军擅长打乒乓球，当大家推选他参加区队时，他说：“我只不过是（　　）罢了。”当大家认为填‘滥竽充数’恰当后，教师追问：“滥竽充数’不是没水平吗？怎么……”一句话触到了学生的偏知点，惊异顿生，激发了认知冲突，内化顺应，认识由偏到全，“滥竽充数”既可以贬用，又可以表示自谦的褒用，品尝到内化的快乐。这才是真正地学起来、动起来。

学习的目的在于实践，内化的目的在于外显运用，学起来还要创起来。创新精神的培养不仅是未来的需要，有其必要性，而且有其内在的可能性。建构理论认为，由内到外的转化又是个建构过程。学习不是简单的复制，同一信息，由于学生有差异，内化不同，外显输出也会不同；另外，语文教材是个例子，没有绝对真理，只是相对的。理解“春天到了”既可解为“一片新绿”，也可联想到“积雪融化”“春暖花开”“万物复苏”“农忙播种”……这种求异就是创新的温床，创起来有着科学的根基。

如何在课堂教学中实现培养创新的任务，这是一项系统工程。我研究了课堂教学的基本要素，包括学生、教师、教材、过程、环境、评价六要素，探索了它们之间的关系，勾画了六要素三角形结构图。(见下图)

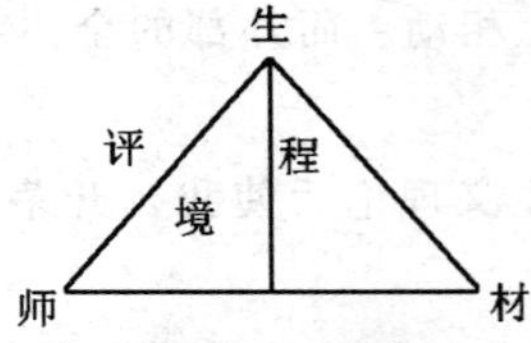

这个结构图开辟了全方位培养创新精神的六条途径。

1. “材”。挖掘教材的创造因素，开展创造性的语言实践活动。

2. “师”。教师要具备培养创新精神的素质。这里有：注意发现创新萌芽，善于激发创新欲望，热情鼓励创新尝试，耐心帮助创新意向，及时升华创新层次。

3. “生”。教学生侧向、逆向、横向、纵向、假设、批判等创造性思维方法。

4. “程”。潜心探索培养创新精神的课堂结构。

5. “境”。努力探索培养创新精神的教学情境。达到师生平等、生生和谐、教学民主。

6. “评”。朝着流畅性、变通性、独特性的目标，积极摸索学生创新精神的测量与评价。让这根“指挥棒”的功能正确发挥。

五、读写双向结合　读写益彰双赢

俗话说“读书破万卷，下笔如有神”“劳于阅读，逸于作文”。这些脍炙人口的格言，都表明大量阅读对写作的重要作用，读写结合是祖国传统的教学经验。

但这里，只说到读对写的作用，而写对读有没有作用呢？读对写是读写结合，而写对读是不是读写结合呢？这引起我的思考，于是就促使我联系教学实践，探寻读与写的关系，逐渐明朗化了，总结出“两个层次，五种结合”。

（一）第一层次——近景式的读写结合

所谓近景式的读写结合，即是具体学某篇课文时的读写结合，取得近效、速效。

1. 读中探写。阅读文章应是两个回合的过程，第一回合，即从语言文字入手理解文章的思想内容，是解读过程，接着是第二回合，即从思想内容回到语言文字，看看这样的思想内容是运用怎样的语言形式表达的，是探写的过程。全程是由形式到内容又回到形式，是由外到内又到外的过程，是不动笔写的读写结合。目前，语文教学大量的是缺少探写的第二回合。

2. 读中插写。在阅读过程中，为了深入理解课文，让学生亲历感受体验，往往紧扣语言因素，采取学生入境插写，即常说的小练笔、小作文。在练笔的过程中，深化课文理解，这是写为读的读写结合。

3. 读后学写。这是教学中最常见的读写结合。学了一篇课文，立即仿写，仿内容，仿结构、仿观察、仿表达、仿文体……趁热打铁。

4. 为读而写。写文章就是为了给读者看的，可以是别人，也可以是自己。写作文前想要交际对象，作文中要心中有读者，作文后用文为读者。这是作者为读者的读写结合。

（二）第二层次——远景式的读写结合

所谓远景式的读写结合，即是大量阅读文章，不是指学习某一篇文章，经过长期的积淀，积累，对写作的产生的促进作用。这是细水长流的慢功。正如古人云："胸藏万汇凭吞吐，笔力千钧任翕张""胸中万卷风雷动，无端直奔笔下来"。

以上的"两个层次，五种结合"可用下图表示：

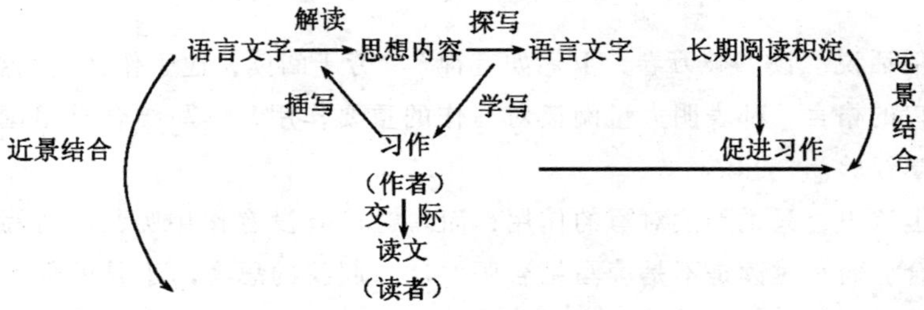

六、重视学习结果，更应关注学习过程

有位专家曾对"什么是学习"下了一个有趣又发人深省的定义："学习就是学习怎样学习。"这似乎像绕口令的句子，深刻地揭示了学习结果与过程的关系。过程就是怎样学习，方法策略就是怎样学习。有个例子对我启发很大。某教师出示一道图形观察题。要求学生按序观察 5 个图形，分别是 1、2、3、4、5 数字的对称图，要求学生找出规律，在（ ）内画出第 6 个图形。虽然学生兴致很高，但在限定时间内没有找出规律，自然也画不出第 6 幅图了。此时正是学习方法饥饿的"山重水复疑无路"，教师顺势

拿出一张白纸，用遮挡每幅图左一半的方法，露出了右一半，1、2……仅仅遮挡了两幅，全班学生都兴奋地惊叫，说出了第六幅图是6的对称图，迅速地画出。遮挡的办法出奇效，顿时“柳暗花明又一村”。足见，不能只盯着学习的结果，要到彼岸，过河的桥和船至关重要，不光没有桥和船不能过河，而且好的桥和船会加速过河。

21世纪人才的五大支柱之一即是“学会学习”，是可持续发展的一把钥匙。叶圣陶先生期待的“教是达到不需要教”境界的实现，正是靠“学会学习”搭桥。给之以鱼不如授之以渔，给金子不如教点金术，赠猎物不如送猎枪，这些脍炙人口的格言，蕴涵着举一能反三的哲理，我深感学习策略的重要。于是，我主动承担了中央教科所“九五”重点课题“小学语文学法指导实验研究”任务，并担任教材编委。我认为：学生掌握学习方法是提高独立性、主动性、创造性的重要条件，是学会学习的重要内容，学法指导纳入语文教学，集中体现了由仅重教向重学的转移，由仅重结论向重过程的转移，由仅重个别向重一般规律的转移，是语文教学内容的一项重要突破。

学生要参与学习过程，自主获得学习结果。学生是学习的主人，只有学生参与学习过程，才能积极、主动、牢固、灵活地获取结果，同时，过程中的素质才得以培养，这是个双刃剑。教师越俎代庖是不行的。

随着课改的深入，对于语文学习过程、方法越来越引起同行的重视，那种教师包办学生学习过程的现象已不多见，诸如让学生自学质疑解疑，合作探究问题，文本对话表演，综合实践活动，自由查找资料……均是这种转变的操作显现。但冷静观察分析某些教学现象，不难发现，虽是全体学生、全程参与了学习过程，可师生关注的仍然是最后的结果，只是走了过程，只是感受过程而已，并不自觉，并非掌握。所以，仅仅发动学生参与学习过程是远远不够的，要引导他们研究探索，掌握过程中蕴涵的方法。不仅让学生参与学习过程，更引导学生探索学习方法。正是感觉了的东西，不一定理解它，只有理解了的东西，才会更深刻地感觉它。

为了强化、优化学法指导，归纳出“学法”的六个特征（科学性、目标性、程序性、功效性、独立性、层次性）。摸索出：备学法的三要素（学法目标、学法操作步骤，学法指导措施）。探索出“导法、悟法、用法、选法”四个教学环节。

悟学法是用学法的前提，必须先悟出明确学法，再能运用。这里需要强调，学法是要“悟”，而不是在“灌”，要引导学生自己体味、内化、领悟，甚至总结出学法来。否则，“用学法”就失去了依托，不会转化为能力。为此，总结了课堂上的学生悟学法的六种方式，帮助学生将学法转化为自觉行动。

(1) 回顾法。教师以课文为例，按学法程序一步步教，而后启发学生回头想想学习过程，从中悟出学法。这就叫“走一走，停一停，回头看”。

(2) 点拨法。教学中，教师适时点拨，让学生体会刚刚读懂课文的方法，从想结论朝着思过程的转化。

(3) 追问法。有时好的学法会由学生自己创造出来，但往往不自觉，教师应及时抓住追问“你是怎么学的”，抽出学法，变成大家的财富。

(4) 交流法。针对某项训练，发动学生谈谈自己的学习方法，互动交流。

(5) 尝试法。先让学生独立完成某种训练，尝试中会出现毛病，创设暂时无法解决的悬念，于是“学法”露面了，疑难迎刃而解了，学生从中看到了学法的奇效。有篇课文《趵突泉》，为了让学生悟出“联系上下文理解”的学法，从课例出发，首先引导学生自学第一段，扣住“现在单讲趵突泉”设问：“作者为什么要单讲趵突泉?”由于学生未阅读后面段落，所以众说纷纭，相继答出“作者到济南就看了这泉，只能单讲”；“作者最喜欢这泉，因此单讲”；“作者逐一观赏了三大名胜，现在先写趵突泉，另写其他两篇。”面对几种答案，我不急于判断，而是设计了悟法悬念：“同学们，三种答案看来都有道理，但事实不可能都对呀！这个难题看来需要阅读方法帮忙了!”问题情境已出，学生盼望着破难的学法出现，教师顺势发动学生阅读第二段，当读到“假如没有这泉，济南定会失去一半的美”时，这个难题迎刃而解了，原来，趵突泉是济南的第一名胜，济南也叫泉城，所以要单讲。这时，教师不失时机地追问：“为什么读第一段时问题无法解决，而读到第二段时却易如反掌呢？这里有一个好的阅读方法，你们知道是什么吗?”学生顺利地体会出联系上下文理解的学法。

(6) 发现法。创设学生在教师引导下参与学法产生过程的情境，让学生发现学法。

悟是为了用，学法是否科学有效靠“用”来检验；学生是否掌握学法靠“用”来检查；学法是否变为能力也要靠“用”来转化。用学法的操作要注意：①选择用学法的例子必须具备学法的同一性和语言情境的不同性。也就是在同一学法前提下，须更换适合的另外例子，相同和不同的结合，才能迁移。②教师在指导时要放心、要放手。

选学法是另一个重要问题。在学法指导中，常见教师让学生按指定的学法去完成某项任务。长此下去，等于教师代替学生选学法，越组代疱、学生离开老师，仍不会独立选用学法。指定用某学法可以作为初练的一种形式、并非是用学法的全部。会用学法应包括能用学法、能选学法两项素质。因此，教学中应适时、有意地训练学生优选学法。有位心理学家曾说过：“当你只有一个点子时，这个点子再危险不过了。”只有积累学法，才能摆脱困境，才能优选学法。逐步构成：有学法——异学法——优学法——创学法四部曲，形成对中求异，异中求佳，学中求创的学习策略。

一次，我辅导学生作文，指导如何写人。我提出一个问题：“一般可从哪五个方面写人呢?”学生很快答出：外貌、语言、动作、心理四方面。还缺一个方面，谁也不知道。当时我没有直接告诉学生，而是发动他们自行解决，启发到：“答案就在作文辅导书中，但不要马上翻书，先讨论讨论，都有哪些方法，从书中可以揭开谜底?”学生很兴奋，相继说出 4 种方法：①按页翻找。②查找书中的标题。③按序查目录。④根据要求及已答内容在目录中筛寻。我认为优选时机成熟。于是，将计就计，照学生提出的四种方法，自愿组成小组．同时操作，比一比哪种方法又快又好。学生十分投入，翻书查寻，均得出正确结论：通过细节写人。但完成的时间不同，以第四种方法最优，仅用几秒钟，就迎刃而解，同学们从实践中体验到学法策略的效用。而后，我请用第 4 种方法的同学介绍筛法的操作步骤：①只读目录，筛去书体。②纵向读目录，筛去非写人的标题。③纵向精读写人部分目录，筛去已说的四个方面标题，从而很快找到细节写人的标题。如此“三筛”读法。多么巧妙，学生顿生信服感，渗透了学习策略思想。

七、课前精于预设　课上善于现设

俗话说：不打无准备之仗，课前的精心备课，深思熟虑预设是教学质量的保证，设计不到点、不到位、不到家，直接影响教学的成败、优劣。教师都很重视预设。

但是，到了课堂，教师要关注学生的表现，师生、生生的交往，教学过程定有变化，尽管课前预设教师做了精雕细刻的准备，尽管设计的选项做了充分的估计，也不可能预料的完全合适，学情是千变万化的，又如何办呢？

如果在“预设”时教师只明确意图与时机，至于学情可估计，却不事先预设，而是预留出来，待到课堂上，从学生真实情况列出，顺学而设，顺学而导，主体与主导的和谐统一。这就是一种意料之中“课上现设”的情况。

“课上现设”还有另一种情况。课堂上常出现教师预设始料未及的新情况、新疑难、新争议，这些意料之外，应看成是可贵的资源，不可多得的教学资源，盼望出现的生成资源。教师应该抓住它、重视它、研究它、设计它，不能只靠课前预设，要有课上灵活运用的意识，这就是“现设”，称为“预设”的插曲。主旋律与插曲，预设与生成，相得益彰，相映成辉。

这就要求教师：①乐于发现。到了课堂上，教师胸中有教案，目中有学生，应乐于全神贯注地观察、倾听学生的表现，出现意料之外的情况，及时发现，如获至宝。②精于思考。针对发现的情况，迅速、准确究其原因，思考解决办法。③善于设计。思考后，应立即做出反映，顺学而导，调节教学，做出应变。

归纳起来，有三种设计：①课前全部预设。②课前预设现设。③课上完全现设。总之，“课前预设”与“课上现设”的姐妹花，只有相互补充，才精彩纷呈。

浩瀚的语文之海博大精深，我的多年探索仅是沧海一粟。我愿与大家一道，为教育的发展，为新世纪教育的光辉明天，继续在海浪中乐游、奋进！

第二章　语文备课的优化与创新

一、语文教学“全程备课”的三步曲

俗话说“不打无准备之仗”，语文教学的备课尤为重要，这是大家早已明了的道理。一般说来，语文教学的备课是指课前教师的准备。我们知道，备好课是为了上好课。但是，课前备课怎样更好地促进学生的发展？课前备课的教案到了课堂上，不可能一成不变，往往会发现教案不对、不足、不好的现象，往往会出现意料不到的情况，教师应怎么办？教学之后，教师回顾课堂教学，要不要反思、修改教案，以利再战呢？这些问题不得不引起我思考。因此，应从教学全程来研究备课，提出了“全程备课”三步曲。即课前的预设备课——课中的现设备课——课后的反思备课。

课前的“预设备课”——前奏曲

课前的预设备课，不是备课的全曲，仅是前奏。在落实国家语文课程标准中，教师课前的预设备课，不同于传统的备课，要运用新课标的新理念，结合学生的实际，理解、钻研、创造性使用新教材，设计出教案。这就需要树立新的语文教材观。

（一）看重教材

我们经常说，教书育人。它有两层意思：一层是从教书目的而言，教书要育人，不做教书匠；另一层是从育人途径而言，育人要教书，在教书中育人，不做空谈者。因此，必须看重教材，否则，各地何必精心编写新教材呢？国家教委又何必招集专家认真审定新教材呢？这是因为：

1. 教材是新课标精神的体现

编者通过语文教材渗透新课标的精神，语文教材是新课标精神的具体化。

编者通过语文教材面对学生，架起桥梁，语文教材是新课标精神直接化。

2. 教材是语文教学任务的依据

教材的架构、阶段、组元、选文、练习……无不体现着理解、积累、运用祖国语言文字的各项教学任务，是教与学的依据。

3. 教材是教学内容的载体

教什么，学什么，教学内容的载体是教材。

4. 教材是教学过程的支架

虽然教材不能等同备课，却能为教师设计教学提供支架。虽然教材不能代替教学过程，却能为怎么教，怎么学提供支架。

（二）看透教材

既然语文教材赋予了这么多东西，确实要看重教材，又为什么要看透教材呢？做教材的真正主人。可从以下不同角度看透教材。

1. “举例”与“范例”观念——

叶圣陶先生有句名言：语文教材无非是个例子。他对语文教材看得很透，作为例子，目的是为了学生。学生不是为教材服务，而是教材为学生服务；教师不是教教材，而是用教材教学生学。

语文教材是举例，也是范例。课文都是精选的，练习是精心编写的。在实践中学语文是必由之路，别无他途，学例就是实践，仿例、用例中正是在学语文，理解、欣赏、积累、运用语言。

2. “一粟”与“沧海”观念——

语文教材与其他科的教材有很大的不同，“文选”占了很大部分，这些文章仅是浩如烟海语文体系中的一瓢水，语文教材仅是沧海一粟，备课只见树木，不见森林，是鼠目寸光；只见森林，不种树木，是虚无缥缈。以一粟之学游沧海之语，以少学多才是方向。

3. “借用”与“凭借”观念——

纳入语文教材的文章大多数不是专门为教材写的，即便是名家名篇，原本不是为学生写的，而是选来的，借来一用的，用来培育学生的语文素养。看透这一点，就会跳出教材思考。另一方面，只有认真地凭借它，才能很好地借用它。

4. “煤块”与“煤球”观念——

新课标指出："语文课程资源包括课堂教学资源和课外教学资源。"语文教材犹如"煤块"，可以再利用，可变成"煤球、蜂窝煤……"，它是资源，具有弹性，意在善于开发，综合利用。另外，语文教材又是经过精雕细刻加工的"煤球"，看透这一点，就会在深刻钻研教材的基础上，创造性开发、驾驭教材。

5. "要懂"与"能懂"观念——

教材中的篇篇课文，本身都有背景、有中心、有内容、有情感，读了它必须读懂，理所应当，但这如同一层迷雾，迷惑了不少教师，极常见的是误将教学这些课文当成全部，误将读懂作为主要教学目标，甚至是唯一目标，课堂上充斥着串问、灌输、死记，这就把学生的培养抛在了一边，变成了学生为"文"服务，而不是"文"为学生服务，局限了教学，扭曲了教学。正是"不识庐山真面目，只缘身在此山中"。课文要懂，但从培养学生角度看，要不为懂，要着眼于过程与方法，变学会为会学，独立读文能懂，举一反三，形成阅读能力及习惯。

6. "语境"与"语言"观念——

课文提供了语言环境，是活的语言，是生活的语言。在语境中学母语是必由之路。在语境中学语文，就不能离开语境孤立地学词法、句法、章法，要联系生活，要联系上下文。课文语境也为师生与文本提供了对话的话题，听说读写有了交际的训练场。

7. "共创"与"共识"观念——

作品变为教材，性质发生了变化，理解、表达是作者、编者与教者、学者共创的过程。俗话说，一个作者写出一个哈姆雷特，一百个读者，可有一百个哈姆雷特。这里既有共识，也会有求异，既有同感，也会有独特感受，甚至对教材扩展延伸，借鸡下蛋，借台唱戏，这均是正常的教学现象。在形成共识的前提下，应鼓励学生共创。看清了这一点，对发挥学生的创造潜能大有裨益，将"再现式"教学与"表现式"教学有机结合起来。

（三）钻透教材

仅仅能看透教材是不够的，还要吃透教材。教材虽是例子，却又是凭借，当例子指的是目的，并不是不重要，看得远需要站得稳，当例子更应钻例子，例子吃不透，也当不好例子，设计不出好教案。若钻不透教材，就挖掘不出引起学生兴致的探究点，只在表面上游来游去，自主、合作、探究的学习就会流于形式。所以，钻透教材是预设备课的重要前提。以一篇课文为范围，应从以下几方面钻研教材。

1. 钻“面”

要整体把握课文。不仅要抓理解每段具体内容，而且要抓住全文的主要内容。举《鸟的天堂》一例，全文按时间可分两部分。两部分各写什么呢？常见老师这样说：第一天傍晚看到了一棵大榕树，第二天清晨看到了无数的鸟。这种理解将两部分完全割裂开来，文章是整体，各部分有着内在联系，其实是，树中有鸟，鸟在树上，鸟与树相互依存，和谐相处，讲鸟与树的亲密关系，才真是鸟的天堂，才是全文的主要内容。

2. 钻“线”

把握整体不仅要钻面，也要钻线。它是纵向地整体把握，是深层地整体把握，犹如串糖葫芦，要抓住串糖葫芦的竹签。

（1）结构线

要善于理出文章的结构线索、结构特点。去皮肉见其骨。如：《威尼斯的小艇》的结构图如下：

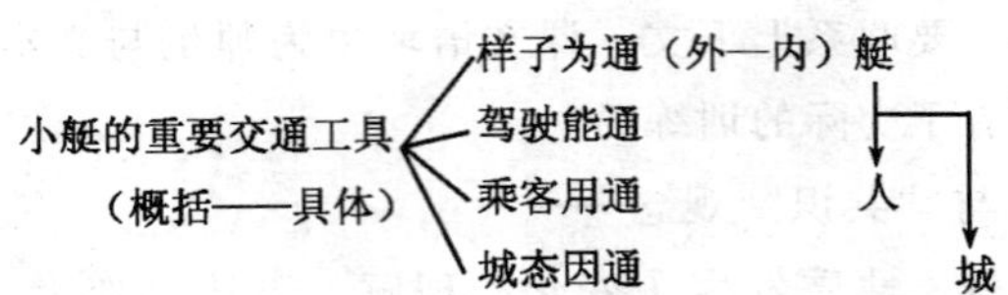

（2）主旨线

不仅要准确地归纳出主旨，而且要悟出体现主旨的层次。去其骨见其魂。如：《麻雀》一文体现的是母爱吗？不是，体现的是爱子的行为吗？也不准，应是爱的精神，还不够，这爱的精神，不仅表现于老麻雀的爱子精神上，也体现老麻雀不畏强暴上，这正是作者感动、行动的原因。

（3）情感线

表情达意是语文的特点。钻文要悟情，悟出主要人物或动物、次要人物或动物，及作者的情感变化。如：《马背上的小红军》中，从陈赓将军对小红军的称呼的变化（小兵—小鬼—小兄弟），可体会出陈赓将军的情感变化，由关心到亲密，由亲密到敬佩。

3. 钻“体”

以文本为依托，了解文本背后的内容，了解写作背景，补充有关资料。这样钻研，利于课内外结合，利于扩大阅读面，增加阅读量，利于与信息技术的整合。如《第一场雪》，从表面上看，是篇写景的文章，当你了解到写作背景后，会有新的认识。原来，当时祖国正处在三年困难时期，这场雪，瑞雪兆丰年，预示着国家即将走出困难低谷的第一信号。作者为了激励人民看到光明，奋发图强，于1963年在报纸上发表了这篇文章。看来，这不只是写雪景，更是借景抒情，借景议政。足见，钻“体”的必要。

4. 钻“点”

文章整体与局部是对立统一的一对矛盾。整体是由局部组成，局部又离不开整体。所以，只有从整体中抓局部，从局部中悟整体，这种钻“点”才是康庄大道。应善于抓住牵一发动全身的“牛鼻子”，一滴水去透视太阳，钻研反映整体的字、词、句、段……通常钻点有七要素：音、形、意、道、境、情、采。譬如，老舍的名篇《猫》中有个重点句：“它……跳上桌来，在稿纸上踩印几朵小梅花。”其中“踩印小梅花”最为精彩。“花”要不要读儿化音，就要联系到猫爪子印不大，又带有喜爱之情，读儿化才能表达意思，抒发情感，这是“音”。再有，“小梅花”就是猫爪子印，又黑又脏又臭，这是“意”。为什么在作者眼里却成了艳丽的花朵，为什么猫在稿纸上乱踩，作品被搞得一塌糊涂，作者非但不烦，反而干脆放下写作，高兴让它踩，津津乐道地欣赏猫爪子印，似乎还在闻着梅花香味，已看到了语“境”，这里饱含着作者爱猫之情，这是“道”与“情”。作者用什么方式表达的呢？将“猫爪子”印比作“小梅花”，以比喻的形式表现了作者的思想感情，这是文“采”。看！七要素在这个重点句中都体现出来了。当然，不必要所有语言文字都要挖掘出七要素，只在重点、难点、特点处吃透。

（四）用足教材

吃透教材很重要，但并非目的，用好教材才是目的。如何把看透教材的理念、转化为驾驭教材的操作呢？如何把吃透教材的积淀转化为学生的语文素养呢？仅仅吃透教材的七要素是很不够的，要让教材为学而用，为教会学生怎么学而用，就是要善于用足教材。可从以下几点去备课，设计教学。

1. 品点

品味语言的音、形、意、道、境、情、采。比如《田忌赛马》一课开头有这样一句话："他们把各自的马分成上中下三等。"这句既好懂，又似乎没什么文采，若跳出文看，从中能给学生什么呢？情况就不一样了，先让学生用两句话说出这一句话的意思，目的是借此练理解后的表达，学生会说出"田忌把自己的赛马分成上中下三等。""齐威王也把自己的赛马分成上中下三等。"然后，启发学生想想原句哪些词能使说的两句缩为一个句子，从而品味到"他们""各自"的作用，解读内容品味用词，透过词意探索出概括功能，从个别到一般规律。再用"各自"造句，扩展运用，又一次跳出教材，做育能之例。

2. 扩点

教材给教师、学生留出了再创造的空间。空间在哪呢？以课文为例，每篇课文都有简略处、省略处、概括处、延伸处，这些正是给学生练语的空间，极好的扩点。要抓住教材的简略处求展开，省略处求补充，概括处求具体暗含处求明朗，延伸处求续编。比如传统课文《小马过河》，小马过河后得出结论：小河既不深又不浅。课文虽完结，但事情可延伸，小马过河磨面回来，还要过河，与老牛、松鼠有一番对话；小马回到家，也要向老马汇报自己两次过河的经历及感受，这都是训练学生理解表达的扩点。

3. 疑点

华人诺贝尔奖金获得者李政道博士有句名言："要学问，先学'问'，不学'问'，非学问。"学生敢'问'、学"问"、会'问'、爱'问'，就是一门极为重要的学问，重要的素质。在何处抓质疑点。一般说来，应在难点处质疑，关键处质疑，疑惑处质疑，无疑处质疑……如《白杨》一课，有个关键句"爸爸只是在介绍白杨树吗？不是的，他也在表白着自己的心"，可设计质疑环节，启发学生提出几个'为什么'一类的问题：为什么爸爸妈妈要到新疆工作？为什么爸爸要带我们到新疆？爸爸为什么要介绍白杨树？从哪些方面质疑。质疑的内容范围很宽，是有层次的。一般说来，有五层：①疏通性问题。属于初读课文中提出的有关文章表现的疑问。②深究性问题。主要提出有关思想内容深层的问题。如《飞机遇险的时候》，学生提出："为什么周恩来同志让给小扬眉伞包时亲切地说，而拒绝大家让来的伞包却用命令的口吻?"这是涉及周恩来舍己为人品质的问题，有一定深度。③鉴赏性问题。这是从思想内容回到语言文字，有关表达形式的赏析疑问。如《草船借箭》，对课题发问："课题为什么不用'骗箭'，而用'借箭'呢?"品味用词的精妙。④延伸性问题。这往往出现在课文读懂后，学生想知道有关的扩展知识。比如《蝙蝠和雷达》提出："既然蝙蝠的眼睛对探路没有用，它还长眼睛干什么?"这就涉及到生物进化的知识了。⑤评价性问题。可以对课文的内容、情节、观点、人物、语言进行评价，提出不同看法。

4. 异点

从语文教材看，没有终极真理，只能是相对真理。学生是有差异的个体，这种差异不可能认识一样，必然出现求异。新语文课标多次强调创见，意在鼓励求异，开拓创新的空间。备课就要抓住异点，开展创造性的语言实践活动。例如，课文《惊弓之鸟》，可设计求异问题：到底是谁使大雁从天上掉下来？从表面上看，当然是射箭能手更羸的功劳啦。若换换角度，就会求异。大雁掉下也有使它受箭伤的前一个猎人的成绩，试想没有箭伤的大雁，再拉弓也无济于事。更重要的是大雁自身，它的心理素质太差，一年被蛇咬，十年怕井绳，一听到弓弦响，就怕得要死，所以，大雁也是在自杀。如此这样三个原因，通过求异明朗化了。

5. 争点

备课要善于抓住教材揭示的矛盾冲突，引发学生的讨论、争论。抓住"争点"，有论题，有不同观点的论方，有依据的热烈争论。有篇课文《只有一个地球》，文章提出了"科学家已经证明，地球人不能移居到其他星球"的结论。可抓住这难得的"争点"，引问："到底地球人能不能移居?"立即出现争论双方。甲方说不能移居，原因是没有地球人生存的条件。乙方则从课外搜集的资料获悉，科学家发现了有水、有空气的星球；还有的认为，在外星建造适合人类生存的环境，就能移居。双方争论不休，最后，求同存异，不管能否移居，我们都要精心保护地球。

6. 联点

文章都是由句段有机组成的整体，有着内在联系。用透教材就要找到比较点、联系点，备课就要善于在比较、联系中引导学生发现、解读、运用。如《马背上的小红军》，可设计：读全文，体会陈赓将军对小红军的称呼有什么变化。从小兵—小鬼—小兄弟称谓的变化，体味到陈赓将军对小红军由关心到亲密直到敬佩。

7. 移点

新课标提倡师生与文本的对话。要让学生进入教材，与文本零距离接触，就需要学生转换角色，角色扮演，移角色、移情境、移情感，实现与文本的真正对话。

8. 评点

由于教材是作者、编者与教者、学者共创的过程，备课可以发动学生跳出教材思考，抓住评点，通过自我建构，去评价作者，评价人物，评价情节，评价观点，评价语言等，展现新认识，变再现式理解为评价性理解。就拿《小摄影师》一课为例，由于小男孩扔纸条，才得到给高尔基照相的机会。他珍惜这个机会，为照这张相“摆弄了很久很久”就是评点。可设计评价式提问：“你认为小男孩这样做好不好?”一下子激起学生求异，众说纷纭。在肯定“小男孩多么认真，一丝不苟”，的基础上，启发不同观点：“他摄影技术不佳。”还有的认为：“摆弄这么长时间，不光耽误了高尔基的时间，而且与自己前面的承诺不一样，言行不一。”还有的联系下文发表见解：“他摆弄很久，却没带胶卷，真是丢三落四!”……这么好的创见，正是评价阅读的恰当运用，借教材渗透了人文精神。

9. 融点

融其他学科的他山之石，融入课外有关信息，攻语文之玉，进行综合学习，不仅必要，而且可能。如《詹天佑》一文，发动学生画“中部凿井法”示意图，理解课文，感受詹天佑的高超技术，是美术与语文的融合。再如古诗《题西林壁》，为了真正理解不识庐山真面目，教师可引入不同诗人在不同季节、不同角度写的庐山景色的几首古诗，一篇带多篇，体会出庐山的奇妙多变的真面目，是课内外的融合。

10. 积点

教材是范例，积累语言是掌握表达工具的砖瓦。

所以，要善于利用教材让学生赏析、积累、运用语言。积累的目的在于运用，而且，运用是积极的积累，要善于边积累边运用。如：课文《卖木雕的少年》中有许多成语，值得学生积累。就可以设计：先找出文中成语，理解后摘抄下来（名不虚传　琳琅满目　栩栩如生　五官端正　爱不释手　语无伦次），达到积累。接着设置运用成语的情境。结合课文内容，学生运用上面成语填空，用中积累：

大瀑布真是（名不虚传）。瀑布旁的摊点里，一个（五官端正）的黑人少年正在叫卖。陈列的木雕（琳琅满目），其中象墩雕得（栩栩如生），我一看就（爱不释手）。

11. 盲点

何为盲点？即教材中学生不易发现的关键处，或不易觉察的认知错觉，或无字中的内涵。备课要抓住学生认知盲点，引发情趣，激发思维，引导走向光明。如：《跳水》一文，有一处不易发觉的盲点词语——“风平浪静”。可这样设计：“文中有一个词语，对跳水这件事的整个过程息息相关，没有这个词语，就不会有这件事。你们能找出来吗？”当学生兴奋地发现“风平浪静”后，教师可不失时机让学生运用“由于有了风平浪静，所以……”句式表达见解，就会说：“由于有了风平浪静，所以才有孩子到甲板上与猴子玩耍、取笑。”就会说：“由于有了风平浪静，所以孩子才敢爬上，也才能爬上桅杆顶端，危险才会出现。”就会说：“由于有了风平浪静，所以船长才会用逼孩子跳水的办法救儿子，否则，即便跳水了，也会淹死。”牵一发而动全身，在开发教材中提高了学生阅读、表达水平。

课中的现设备课——变奏曲

教师按照课前的预设备课上课执教，一旦上完课，似乎备课的任务即为完成。应该说，这种理解并不全面。至少对备课有几点需要深入认识：

1. 课前“备课”不等于课上的“背课”

课前的“预设备课”只是准备上课，是预备性行为，到了课堂，教师要关注学生的表现，师生、生生交往，教学过程定有变化，教案理应改变，变是必然的，局部改变的情况是正常现象。绝不能上课拿着预设教案，照本宣科地背诵，课前“备课”成了课上的“背课”。要知道，“备课”是动态的过程，不是一次完成的，是不断修改的过程。这种课上的现场设计与修改，就称为“现设备课”，是全程备课的变奏曲。

2. “备课”是思维活动，不只是撰写活动

“备课”应动笔写教案，特别是预设备课如此，但动不动笔不是关键，教案是思维的产物。到了课上，课上的现场设计与修改均是教师思考后教学实践，不可能、没时间、也没必要现场动笔写修改的设计，一心就是如何教好学生。

3. 意料之外是“现设备课”的生成资源

“预设备课”到了课堂出现意料之外的情况，正是现设备课的关注点、着眼点。对于这意料之外，应看成是可贵的资源，不可多得的教学资源，盼望出现的生成资源。既不要害怕避开，也不要草草了事，而要正视它、重视它、研究它、解决它。现场精心修改教案，作好“现设备课”。

4. “现设备课”的关键是善于应变

“现设备课”的关键是教师善于应变。如何操作呢？有以下几个环节：

（1）乐于发现。到了课堂上，教师胸中有教案，目中有学生，应乐于全神贯注地观察、倾听学生的表现，出现意料之外的情况，及时发现，如获至宝。

（2）精于思考。针对发现的情况，迅速、准确究其原因，是教案不足的原因，是学生理解的原因，还是学生创新的火花，思考解决办法。

（3）善于应变。思考后，应立即做出反映，调节教学，做出应变。这里需要指出的是，应变不是让学生回到教师的预案上来，而是顺学而导，修改预案，师生互动，课堂生成，促进学生发展。

有这样一个例子。在一次全国性的阅读教学研讨会上，我听评了一位优秀青年教师执教古文《两小儿辩日》，课上采取了现代译文与古文比较的教法，收到了很好的效果。在评课时，我向这位教师提出了他意想不到的问题：“请说说课上哪个环节是您课前没有预设到的？自己又是怎样处理的？”这位教师回忆起如下教学现设情景——

师：请同学们说一说，学了这篇古文，有什么感受？

生：我觉得读现代文像吃个大白面包，没有味；而读古文就像吃一个小汉堡包，有滋味。

师：这是为什么？

生：因为现代文直接用文字把包含的东西都表达出来了，所以像吃个大白面包。

师：也就是说这个面包外边什么样，里边也什么样，没有什么变化，是吗？

生：是。而古文用较少的文字表达精华，所以，像吃一个小汉堡包。

师：也就是说吃着吃着，里面能吃出东西来。是吗？你的见解很独特，但让我纠正一下，你说的读现代文像白面包，那是写的不好的现代文，好的现代文像什么？

生：也能嚼出东西来，像吃大汉堡包。

师：对呀！你现在有什么新的体会？

生：现代文与古文都不错，各有优点，各有用处。

师：好极了！就是这样。

这位教师对我说，他没有想到学生会用“吃白面包”和“吃汉堡包”这样一个比喻来说现代文不如古文好，很有意思，但有些片面，于是，及时抓住这个难得的资源顺势给予正确的引导，提升了学生的认识，现代文与古文同样可以精彩。这个教例生动地展现了课堂鲜活的“现设备课”。

课后的“反思备课”——续曲

上完课是课堂教学的结束，但对“备课”来说，并没有结束。

从某种意义上说，课堂教学是探索的科学，只有主动探究，才会触到语文教学的真谛；课堂教学是遗憾的艺术，这遗憾应是自我感到的遗憾，只有主动遗憾，才说明发现了不足，它会对你今后的教学效果产生积极的影响，对教师的自我专业化发展产生催化作用。正是感觉了的东西，不一定理解它，只有理解了的东西，才会更深刻地感觉它。绝不能课上完，就马放南山，没有必要想了，应再次对这节课进行“教学设计”，这叫做“反思备课”，也称“后设备课”，是全程备课的续曲。在操作时，需注意以下几点：

1. 聚精会神地回忆自己的教学实践——“反思备课”的基础

上课后，最好及时地拿出预设教案，回顾课堂教学实际，想想哪些地方做得好，哪些地方做得不好，哪些地方是现设备课的。

2. 虚心好学地聆听旁人评议——“反思备课”的催化

如果有别人听课，最好及时征求评课，聆听评议，集思广益，引发深思。

3. 着眼未来地反思教学实践——“反思备课”的关键

要具体：从这节课中，从教材钻研、选择、使用入手思考，从教学整体思路入手思考，从具体教学环节入手思考。

善归因：什么地方好？为什么好？什么地方不足？为什么不足？找到原因。

会提升：从课标、理念上思考，分析根本原因。

想操作：虽然已教完，仍要想怎样做才对？怎样做才更好？对今后的备课与教学大有裨益。

4. 持之以恒地撰写反思笔记——“反思备课”的升华

动动笔，写一写，不光利于梳理，而且利于积累。可有三种方式：

可写《反思后的教案》。即在预设教案旁抓住一些环节补记、修改、旁批。举下面一份反思后的教案。

《中彩那天》

预设教案片断	反思教案片断
师：同学们，自学课文，提出不懂的问题。	
生：老师，我不明白“拮据”是什么意思？	
师：这个词是生词。这个问题问得好。大家都想想，联系课文能解决吗？	改：这个问题怎么解决。大家有什么好方法？（教师不应给方法，要启发学生寻找联系上下文的方法）
生：“拮据”就是家穷，他们家六口人全靠父亲一人养活。	
生：“拮据”是生活困难，他家只有父亲一人挣钱。	改：对了，你们想想，这是用了

生："拮据"生活紧梆，勉强度日。

师：说得对！"拮据"就是生活困窘。

什么方法弄懂的？（懂了"拮据"的意思，仅是学会，教师应引发学生会学，悟出联系上下文学法）

可写《教学反思随笔》。即课后抓住教学中印象深、有启发、有现设的环节，写反思随笔，可长可短。

可写《教学反思论文》。如果有了较深入的思考，也可以结合你的全程备课，写篇论文。

总之，语文教学全程备课的三步曲，是有机联系的整体，是动态的备课，是聚焦课堂实际的备课，是为了学生发展的备课，是促进教师专业化发展的备课。

二、优化语文学习质量监控目标

何为"监控"呢？这原本是工业上保证产品质量时的专用术语。从广义上讲"监"有"监查、监督"之意；"控"乃"控制、调控"，泛指物——物监控、人——物监控、人——人监控几个方面。迁移到教育领域，应属于人——人监控，是教学控制论分支。教学质量监控是指教学工作中，为达到一定教学目标，以收集教学信息并对其进行处理、分析、评价为途径，调整控制教学系统使之保持最佳状态的活动和措施。教学质量监控包括"教的质量""学的质量"两部分，它们之间有联系也有区别。这里只谈学生学习质量监控问题。

学生学习质量监控包括三个要素：①监控目标。即学生学习目标。这关系着监控的目的及一切监控措施的依据，是首要因素。下面还要详述。②监控对象。既然教学是人——人系统，谁监控谁呢？分施控对象与受控对象。受控最终对象无可非议，应指学生。施控者以区为范围，包括区控生、校控生、师控生，以及学生自控几个层次。③监控过程。指监控的实施，包括机制、途径、措施、评价等。以上三个要素及流程，可用下图表示。

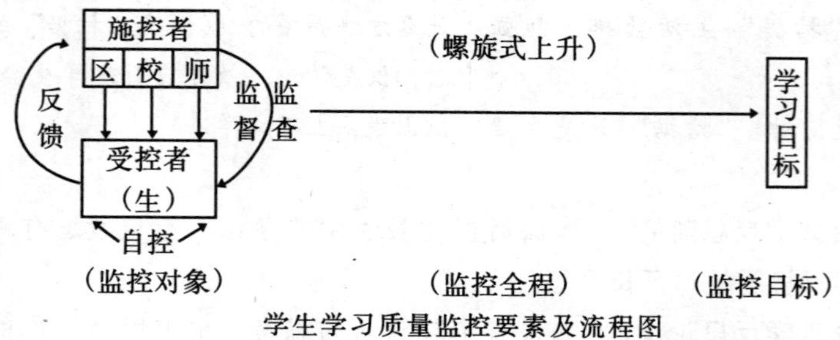

学生学习质量监控要素及流程图

（一）学生学习质量监控目标的多功能

优化学生学习质量监控必先优化学生学习质量监控目标。学生学习质量监控目标是教学质量监控体系的第一要素，原因是它具有涉及监控方方面面的多种功能。

1. 方向性

我们知道，质量监控并非最终目的，仅仅是提高学生素质的手段。学生学习质量监控目标正是学生学习应达到的标准，可直接体现在学生身上。有了目标，监控就有了目的，有了方向，这影响着施控者、受控者的各个层次。牵一发而动全身。

2. 全程性

学生学习质量监控目标不仅作用于监控的结果，也作用于监控的全程。控制论的一条重要原理是在控制的过程中力求缩小与监控目标的距离。因此，无论是监控机制，还是途径手段，都与监控目标息息相关、时时相关。正像一列火车，只有知道了终点站，司机才能知道往哪开，中途不会开错车；旅客们不管在中途的哪站上车，也不会上错车。

3. 主动性

学生不同于工厂的产品，他们是人，是有主动性的人。再者，施控者与被控者是相对而言的，可以相互转化。比如，教师对于学生来说是施控者，对于区级校级监控机构又是被控者。学生作为监控的最终对象，也不是被动的受控。学生一旦掌握了学习质量监控目标，就有了学习的标尺，如鱼得水，不必等着老师去监控，就可主动地自控。这主动性正是未来素质的追求目标。学习质量目标是学生能否自控的前提条件。总之，学生学习质量监控目标的确定，可调动起监控各个要素、各个环节，促进它们活动起来、自动起来、主动起来。

（二）学生学习质量监控目标的优化

既然小学生学习质量监控目标如此举足轻重，就要探索它的优化。下面结合崇文区小学语文学习质量目标确定实践，浅谈体会。

1. 力导素质

提高素质是整体总目标。制订学生学习质量监控目标应居高临下，站得高，看得远，才势如破竹。我区已公布了《崇文区小学语文教学改革方案》，其中在制定学生学习语文目标中是从以下两方面力导素质。

（1）着眼全面。素质教育目标的两基之一是全面发展。制定的语文学习目标力求体现三个层次的全面。①一级指标全面。从学生总目标中提出了“字、听、说、读、写”五大项要求（见附）。②二级指标全面。每一大项的一级指标中分解为二级指标也力争全面。比如关于“说话”的指标中又下列了“说的声音，说的态度，说的内容，说的要求”四个二级指标，蕴含着说话能力中外显与内化、知能与品德、材料与内容、交际双方关系等内涵。③三级指标全面。在一个二级指标中又分化较为全面的三级指标。例如朗读的姿势要求就包括“坐读身正、站读身直、上台读大方”的细要求，包容了学生几种常用的朗读姿势，体现读姿中开智、益体、育德的全面功效。

（2）强化弱项。我区制订的语文学习目标中有意强化这些素质教育的弱项，特别是在常规考试中不易操作的听话、说话、朗读、复述等项内容。

2. 夯实基础

小学是义务教育的基础阶段，小学生的学习要打好扎实的基本功，夯实基础。其实教学大纲已做了明文规定，但由于应试教育的影响，一方面存在着教材比大纲要求高，教师比教材要求高，家长比教师要求高的层层拔高现象；另一方面又存在某些打基础要求不明不实。我们在制订小语学习目标中着力夯实基础，采取了以下措施。①减。适当减量。不仅减轻学生课业负担，而且以减少为增，全力打好基础。比如关于小学阶段修辞知识（包括术语），在目标中就减去了，应到中学去学。②降。适当降低难度。例如作文提出的一级指标是“作文要通”，意在小学作文重在文从字顺，强化遣词用语，淡化布局谋篇。③移。有些学习要求虽然必要，但可以年段后移，以退为进。④明。要求不能“虚”，不可“泛”，要明确。比如写字中用格要求都做了明确规定：低年级用田字格，中年级用方格，高年级用横格。这样利于学生写好方块字，写匀称字，打好写字基本功。

3. 便于操作

学习目标制定、公布，目的是让施控者和受控者均朝着目标前进，变成具体行为，转化为实效。这就需要学习目标便于操作实施。为此，我们力求体现“三化”。

（1）数量化。数量最明确、易掌握。比如在“听写”量上，不同年级规定了在限定时间内听写词、句、段的具体数量及正确率要求。再如“默读速度”，不同年级均规定每分钟默读不同数量的字。

（2）操作化。有些要求不易数量化，就采用操作性表述。例如默读操作要求就按年级不同分别提出了：不出声、不指读——边读边想——边读边查——边读边质疑——边读边注的目标，利教利学利监控。

（3）具体化。空泛不好使用，具体才好实施。在我们制订的语文学习目标结构，纵向分年级制订，横向要素展开，纵横相汇，要求就具体了。举一例。朗读在大纲中提出的要求是正确、流利、有感情。究竟怎样才算正确、流利、有感情呢？目标中分别具体开列了“正确”中包括“声音正确（发音正确、声音响亮）”“读音正确”（7 不）；“流利”提出不同年级不同停顿要求；“有感情”则提出运用声音的轻重、高低、快慢，读出感情的要求。这样师生都知道从哪些方面努力。

综上所述，我们逐步认识到，学生学习质量监控优化必先学习目标的优化。

〔附〕

小学生学习语文质量目标

△总目标（一级指标）

字要写好，听话要清，
说话要明，阅读要懂，
作文要通。

（表 2-1 ~2-6）

表 2-1　“字要写好”——小学各年级学习目标

目标 项目 年级	识字				
	一类字				二类字要求
	数量	知识要求	能力要求	查字典要求	
一	400 个	1. 读准字音 2. 认清字形（掌握 26 种汉字笔画，7 种笔顺规则和常用的偏旁部首） 3. 初步了解字义 4. 能按要求组词或用部分词语口头或书面造句	1. 看到音节读准字音 2. 用数笔画和部件法分析记忆字形 3. 能区别形近字、同音字	学好汉语拼音和汉字的基础知识，为学查字典打好基础	看音节读准字音，结合语言理解意思
二	750 个	1. 读准字音 2. 认清字形（掌握 26 种汉字笔画，7 种笔顺规则和常用的偏旁部首） 3. 能初步结合词语理解字义 4. 能按要求用字组词、造句写话	1. 看到音节读准字音 2. 用多种方法分析记忆字形 3. 能区别形近字、同音字和多音字	开始学习音序查字法，能查出字及页数	看音节读准字音，结合语言理解意思
三	550 个	1. 读准字音 2. 认清字形（掌握 26 种汉字笔画，7 种笔顺规则和常用的偏旁部首） 3. 能初步结合词语理解字义 4. 能按要求用字组词、造句、作文	1. 看到音节读准字音 2. 利用汉字规律初步学习独立识字 3. 能辨析同音字、形近字和多音字	能据词定音、选义，养成查字典的习惯	看音节读准字音，结合语言理解意思

（续）

目标 项目 年级	识字				
	一类字				二类字要求
	数量	知识要求	能力要求	查字典要求	
四	400个	1. 读准字音 2. 认清字形（掌握26种汉字笔画，7种笔顺规则和常用的偏旁部首） 3. 能结合词语理解字义 4. 能按要求组词、造句、作文	1. 看到音节读准字音 2. 运用识字方法，利用汉字规律独立识字 3. 能辨析同音字、形近字和多音字，自觉纠正错别字	巩固音序和部首查字法，学习数笔画法查难字，能从字典中选择正确的字义	看音节读准字音，结合语言理解意思
五	250个	1. 读准字音 2. 认清字形（掌握26种汉字笔画，7种笔顺规则和常用的偏旁部首） 3. 能结合词语理解字义 4. 能按要求组词、造句、作文	1. 看到音节读准字音 2. 运用识字方法，利用汉字规律独立识字 3. 能辨析同音字、形近字和多音字，自觉纠正错别字	巩固音序和部首查字法，学习数笔画法查难字，能从字典中选择正确的字义	看音节读准字音，结合语言理解意思
六	150个	1. 读准字音 2. 认清字形（掌握26种汉字笔画，7种笔顺规则和常用的偏旁部首） 3. 能结合词语理解字义 4. 能按要求组词、造句、作文	1. 看到音节读准字音 2. 运用识字方法，利用汉字规律独立识字 3. 能辨析同音字、形近字和多音字，自觉纠正错别字	巩固音序和部首查字法，学习数笔画法查难字，能从字典中选择正确的字义	看音节读准字音，结合语言理解意思

表 2-2 “听话要清”——小学各年级学习目标

项目 / 目标 / 年级	听态	听量	听清
一	1. 听话时要有礼貌，坐姿、立姿要端正 (1) 不做与听话无关的事 (2) 不随便插话、议论 2. 注意力集中，用心去听	1. 能在 5 分钟内听写 5 个词语 2. 听一段话（自然段）或一件简单的事（3 遍）	1. 听写词语，正确率不低于 90% 2. 学习边听边想老师提出的问题 3. 能说出这段话或这件事的主要意思
二		1. 能在 5 分钟内听写 8 个词语 2. 听一段话或身边的一件事（3 遍）	1. 听写词语，正确率不低于 90% 2. 能边听边想老师提出的问题 3. 能说出这段话或这件事主要讲的是谁的什么事
三		1. 能在 3 分钟内听写一句话（20 个字左右） 2. 听故事或一件家里的事（2 遍）	1. 听写句子，书写正确率不低于 80% 2. 学习边听边想提出问题思考 3. 能说出故事发生的时间、地点，按顺序说出谁干什么，结果如何
四		1. 能在 3 分钟内听写一句话（30 个字左右） 2. 听一件校内发生的事（2 遍）	1. 能听写出句子，正确率不低于 80% 2. 能边听边提出问题思考 3. 能较准确地说出事情的发展过程
五		1. 能在 4 分钟内听写一段话（2～3 句） 2. 听一件校外发生的事（1 遍） 3. 听新闻 5 条	1. 能听写一段话，正确率不低于 85% 2. 学习边听边想象情景 3. 能较准确地说出所听新闻（2～3 条）和事的主要内容
六		1. 能在 5 分钟内听写一段话（3～4 句） 2. 听故事或一件社会上的事（1 遍） 3. 听同学提出建议	1. 能准确地听写一段话，正确率不低于 90% 2. 能边听边想象情景 3. 能简要复述故事的内容 4. 能进行补充发言

表 2-3 “说话要明”——小学各年级学习目标

<table>
<tr><th>项目
目标
年级</th><th>说的声音</th><th>说的态度</th><th>说的内容</th><th colspan="2">说的要求</th></tr>
<tr><td>一</td><td rowspan="2">1. 说话口齿清楚
2. 说话声音响亮（不喊、不拖长音、不断句）</td><td>在老师指导下，学习使用简单、常用的礼貌语言</td><td>回答老师提问；
看图说话；
观察实物说话</td><td rowspan="2">练习当众讲话</td><td>能用“谁（什么），干什么；谁（什么），怎么样；谁（什么），是什么”等基本句式讲完整、通顺的话</td></tr>
<tr><td>二</td><td>正确使用常用礼貌语言，讲话时注意眼望对方，手不做其他不自然的动作</td><td>回答老师的提问；
看图说话；
观察简单事物说话；
练习对话；
练习传话</td><td>1. 能用完整的语句回答问题
2. 能说一段意思完整的话，注意不加“口头语”，保证意思连贯</td></tr>
<tr><td>三</td><td rowspan="2">1. 说话口齿清楚，声音响亮
2. 注意速度适当</td><td>正确使用礼貌语言，初步做到讲话时没有多余的动作和不自然的眼神</td><td>回答老师提问；
观察人物外貌说话；
观察简单事物说话
练习回讲故事</td><td rowspan="2">会当众讲话</td><td>1. 练习先想后说；
2. 具有初步的语言能力，讲话意思完整，句间意思紧密，注意克服明显的语病</td></tr>
<tr><td>四</td><td>初步养成使用礼貌语言的习惯，做到眼神、动作比较自然</td><td>参加讨论；
口述一件事；
介绍一个人或一件物品；
详细复述课文</td><td>1. 初步具有先想后说的能力
2. 能讲清自己要表达的意见
3. 自觉组织语言，语意比较明确，内容比较连贯，克服语病</td></tr>
<tr><td>五</td><td rowspan="2">1. 说话口齿清楚，声音响亮
2. 能根据说话内容及对象注意速度
3. 学习用声音表达情感</td><td>说话时自觉运用礼貌语言，讲话时态度端正，举止自然、大方</td><td>参加讨论；
口述所见所闻；
简要复述课文；
介绍小实验</td><td rowspan="2">能当众讲话</td><td>1. 具有先想后说的能力
2. 能发表自己的见解
3. 自觉组织语言，语意比较明确，内容比较连贯，克服语病</td></tr>
<tr><td>六</td><td>说话时能自觉运用礼貌语言，能随说话内容有相应的表情和动作</td><td>口述所见所闻；
为班级提建议；
转述听到的广播及别人讲述的人、事；
创造性复述课文</td><td>1. 养成先想后说的习惯
2. 比较善于发表自己的见解
3. 善于组织语言，语意明确，内容条理，基本没有语病</td></tr>
</table>

表 2-4 “阅读要懂”——小学各年级学习目标(朗读)

<table>
<tr><th rowspan="2">项目
目标
年级</th><th rowspan="2">态度及姿势</th><th colspan="3">朗读学习目标</th></tr>
<tr><th>正确</th><th>流利</th><th>有感情</th></tr>
<tr><td>一</td><td rowspan="6">△朗读态度：
认真 自然
主动 投入

△朗读姿势：
双手捧书
手书适距
手不指读
坐读身正
站读身直
上台读大方</td><td rowspan="6">△声音正确
1. 发音正确
2. 声音响亮

△读音正确
1. 不丢字
2. 不多字
3. 不错读
4. 不重读
5. 不倒读
6. 不唱读
7. 不破读</td><td>能按句逗停顿</td><td>能运用声音读出句子内容与感情</td></tr>
<tr><td>二</td><td>1. 能按标点停顿
2. 能读出长句中的间隔停顿</td><td>能运用声音读出课文内容与感情</td></tr>
<tr><td>三</td><td>能读出句间的停顿</td><td>练习运用声音的轻重、高低、快慢读出课文的不同语气</td></tr>
<tr><td>四</td><td>能读出段间的停顿</td><td>会初步运用声音的轻重、高低、快慢读出课文中的思想感情</td></tr>
<tr><td>五</td><td>1. 能读出课文间隔停顿
2. 能根据不同文体课文，读出适当速度</td><td>能运用声音的轻重、高低、快慢读出课文的思想感情</td></tr>
<tr><td>六</td><td>1. 能读出课文间隔停顿
2. 能按不同课文内容读出适当速度</td><td>能运用声音的轻重、高低、快慢准确读出课文的思想感情</td></tr>
</table>

表 2-5 "作文要通"——

项目 目标 年级	内容目标		表 句通
一	内容具体 感情真情 思想健康	学习观察简单图画和事物	△能写一句有基本成分的话,能做到成分完整,用词正确 △能写出陈述句
二		学习按顺序观察图画和简单事物	△能写一句有附加成分的话,做到词语搭配得当 △能写二三句话,做到意思明白,用词准确,句间有序
三		学习比较细致观察图画和事物	△能按要求写出"把字句""被字句",做到会用,不滥用 △能写带"像"字的句子 △能写出不同关系的复句(转折、条件、递进)
四		1. 初步能有序观察图画和事物 2. 注意积累作文材料	△能写出内容具体的句子,做到词语不重复,人称不重复,前后不矛盾 △能写出带"着、于、过"的句子,能缩成主干句 △能写出不同关系的复句(因果、并列)
五		1. 能边观察边抓重点,并适当展开想象 2. 练习根据中心选择材料	△能写出感叹句 △能写出不同关系的复句(假设)
六		1. 能抓特点观察周围事物 2. 养成观察想象的习惯 3. 能根据要求选择材料	△能写出反问句和转述句 △能写出不同关系的复句(选择)

小学各年级学习目标

达目标		修改	标点使用
段通	篇通		
		正确使用问号和句号	
	△能写留言条		正确使用逗号和感叹号
△能写出不少于100字的一个自然段，做到内容具体，句子正确，意思不重复，句序合理；会使用常见段式（分合式、顺承式，不同内容、方位顺序、时间顺序）	△学写简单日记、通知	△能修改有明显错误的句子（成分残缺，词序颠倒，搭配不当）	正确使用冒号和引号
△能写出不少于200字的片段(1~2自然段)，每个自然段能围绕一个意思写，自然段之间关系做到有顺序	△学写书信 △初步练写内容具体、条理比较清楚的简单记叙文	△能用修改符号修改病句（意思重复、用词不当、概念不清、分类不当、句序颠倒）	正确使用顿号
△能写出不少于250字的片段，做到有中心，语句简明	△学写表扬稿和简单的建议书 △会写出不少于400字记叙文，做到有中心，有条理，有真情实感（有文序，有段落，有过程）	△能用修改符号修改病句、段（错字、分类不当、前后矛盾）	正确使用书名号和引号
△能写出不少于300字的片段，做到前后照应，首尾连贯	△学写会议记录和读书笔记 △能写出不少于400字的简单记叙文，做到有中心，有条理，有真情实感	△能用修改符号修改病句、段（标点错误、指代不明、不合实际）	正确使用常见标点符号

表 2-6 “阅读要懂”——小学各年级学习目标(默读)

项目 / 目标 / 年级	默读操作要求	速度	理解			
			词句	自然段	段	篇
一			建立词的概念,初步理解意思	认识自然段		
二	不出声 不指读 按句默读 边读边想	每分钟150个字左右	能联系上下句和生活实际理解词句	初步明白自然段内容		
三	练习边读边画	每分钟200个字左右	能联系上下文和生活实际理解词句	1. 练习理解自然段内容 2. 练习给自然段分层		
四	练习边读边查	每分钟240个字左右	1. 能读懂课文重点词句 2. 练习理解含义深的词句	1. 能理解自然段内容 2. 归纳自然段 3. 能给自然段分层	1. 练习给课文分段 2. 练习归纳段意	练习归纳短文主要内容
五	练习边读边质疑	每分钟270个字左右	1. 练习抓住重点词句段理解课文 2. 练习解释含义深的词句	1. 能理解自然段思想内容 2. 能给自然段分层	1. 能给短文分层 2. 练习理清段与段、段与篇的关系	1. 能归纳短文主要内容 2. 练习概括中心思想 3. 练习按要求体会文章的写作特点 4. 练习给短文加题目
六	练习边读边注	每分钟290个字左右	1. 能抓住重点词句段,理解课文内容及感情色彩 2. 能解释含义深的词句	1. 能理解自然段思想内容 2. 能给自然段分层	1. 能给课文分段 2. 能归纳段意 3. 能理清段与段、段与篇的关系	1. 能归纳课文主要内容 2. 能概括中心思想 3. 能按要求体会文章的写作特点 4. 能给短文加题目

三、语文教学运用互动反馈技术的全程策略

互动反馈技术（简称“按按按”）的恰当运用，不仅在理科教学中应用广泛，而且在语文学科中也大有作为；互动反馈技术的恰当运用，不只是课题研究的需要，更是促进学生发展的需要；互动反馈技术的恰当运用，既有技术的掌握策略，又是教学艺术的探索。互动反馈技术的恰当运用，不仅体现在具体环节的设计策略，更体现在教学全程的操作策略，因此，应从“课前预设策略——课上的操作策略——课后的分析策略”的全程去研究语文教学互动反馈技术的恰当运用。

（一）课前预设策略

1. 具有三个储备。

既然互动反馈技术的运用与语文教学息息相关，就应全方位做好储备。

（1）具有新课标的理念储备，这是互动反馈技术恰当运用的正确方向。否则，方向不明，运用自然盲目。

（2）具有语文教学规律储备，这是互动反馈技术恰当运用的学科科学。否则，互动反馈技术不符合语文要素、范围及规律，就会运用不准、不广、不深，语文素质的培养不佳，两败俱伤。只有互动反馈技术的运用符合语文规律，才会使用自如、广泛、深入，达到双赢。举个例子来说，识字教学的要素，有以下范围及规律，掌握了这些，运用就丰富多彩。

识字

会读字音（声、韵、调；同音、多音、易错音、儿化音、变音）

会认字形（笔画、笔顺、结构）

会懂字义（原意、引申义、文意）

会明字理（字源、字让、字美）

会扩字族（形旁字族、音旁字族、结构字族……）联词

会写汉字（写对、写美）联句

会用汉字（组词、造句）联文

识字能力

借助拼音识字（拼读法）

汉字特点识字（象形、会意、形声、指示、结构）

用工具书识字（会查“三种查字法”、能懂、会用）

在语境中识字（词中识、句中识、段中识、文中识）

（3）具有互动反馈技术特点储备，这是互动反馈技术恰当运用的操作前提。否则，不知互动反馈都有哪些技术特点，有哪些优势，不会操作，就谈不上恰当运用了。

互动反馈技术运用现代系统论、信息论，控制论的原理，在课堂教学过程中构建了信息技术新环境；师生双方在合作的气氛中，由教师引导学生进行创造性的学习，促进学生的发展。通过系统提供的多媒体教学和信息反馈功能，把学习结果返回教师和学生中，从而调整教与学，重新组织学习，对学生来说，查漏补缺，强化正确，纠正错误，找出差距，改进学习等；对教师来说，可以及时掌握教学效果，利于及时调控、改进教学，取得最佳效果，达到提高课堂教学质量目的。

以上的反馈功能，应该说并非是“按按按”独有的，运用其他手段也是可以达到的。那么，为什么在语文教学中非要运用“按按按”系统？由于这个系统硬件有其特点：①每个学生都自己掌握一个操作器。②在屏幕上能及时显示自己和别人的答案。③能储存下来。④教师手里有个教学调控器。⑤另有后端综合平台的支持。这些就是与其他现代媒体不同之处，看来，“按按按”系统硬件的特殊性决定了在教学中的特殊意义：

A. 激发情趣，挑战思维。

人手一机，犹如遥控游戏，学生兴趣甚浓，乐意使用，为主动参与提供条件。更重要的是，“按按按”训练多为判断、选择，题中设计均为对立、混淆选项，具有挑战性，激发思维，引发探究；同学之间不同见解，又会引发竞争，形成讨论、争论，气氛活跃。

B. 面向全体，尊重个体。

人手一机，全体参与，真正做到一个不漏。同时每人既是自主操作，又是必须操作，不受干扰，避免从众、自卑、紧张心理。体现面向全体，尊重个体。

C. 真实反馈，针对调控。

人手一机，有学号，有显示，快速、真实反映每个及全体学生每个题的答案、数据，教师、学生一目了然，便于学生自我反思，便于教师课堂及时调控，启发指导，取得实效，针对性极强。

D. 方便分析，建立档案。

由于课堂上“按按按”的学习情况有记录，并有综合平台的支持，可以回放、统计，对每个学生的学习质量了如指掌，便于教师分析全班乃至个人的状况，建立形成性的学习档案。便于今后教学针对性地辅导。

2. 预设的四定

俗话说，不打无准备之仗。课前备课的重要性不言而喻，精心设计“按按按”是课上实施“按按按”的前提，必须高度重视。设计策略大致有“三定”。

(1) 定“按按按”练点。

①根据教学目的着力点——定点。

确定好教学的三维具体目标，选定着力点，将“按按按”好钢用在刀刃上。教学目的是课堂一切环节的根据，应设计直奔教学目的的训练题。如：《画杨桃》有个生字词“叮嘱”，为了完成造句的目的，如果只让学生明白“叮嘱”的意思是“再三嘱咐”就造句是不够的，必须明确用词的范围，于是设计出情境选择题：

用“叮嘱”造句应注意什么？下面几个造句你认为哪个正确？为什么？请选择：

1. 水开了，妈妈叮嘱我：“孩子，快关上煤气！”

2. 一辆汽车闯了红灯，警察挥手拦住，叮嘱道：“靠边快停车！”

3. 爸爸经常叮嘱我：“上学要关心同学。”

4. 小芳叮嘱同学小刚：“要按时完成作业。”

经过这样的训练，“叮嘱”中的长辈对晚辈、柔和的情感、循循善诱的态度，几个用词的范围就显现出来了，为学生正确造句打下扎实的基础。

②依据教材，钻文本——定点。

“按按按”是运用现代技术帮助学生学好语文的辅助手段。所以，首先要钻研文本，读懂、读透教材，若钻不透教材，就抓不住课文的中心、重点、特点，挖掘不出引起学生自主、合作、探究兴致的探究点，只会在表面上游来游去，设计的“按按按”训练点就会流于形式，就会走偏、走窄、走浅，就会错用、滥用，语文素养即会抛之九霄。所以，钻透教材是预设“按按按”训练点尤为重要的基础。应从以下几方面钻研教材。A. 钻“面”。要整体把握课文。不仅要抓理解每段具体内容，而且要抓住全文的主要内容。B. 钻“线”。把握整体不仅要钻面，也要钻线。它是纵向地整体把握，是深层地整体把握，犹如串糖葫芦，要抓住串糖葫芦的竹签。a. 结构线：要善于理出文章的结构线索、结构特点。去皮肉见其骨。b. 主旨线：不仅要准确地归纳出中心，而且要悟出体现中心的层次。去其骨见其魂。c. 情感线：表情达意是语文的特点。钻文要悟情及情感变化。C. 钻“体”。以文本为依托，了解文本背后的内容，了解写作背景，补充有关资料。D. 钻“点”。点就是局部，要从整体中抓局部，从局部中悟整体，善于抓住牵一发动全身的“牛鼻子”，钻研反映整体的字、词、句、段……通常钻点有七要素：音、形、意、道、境、情、采。如：《只有一个地球》中抓住“本来”与“原来”意思的差别，设计“按按按”的替换选择训练，体会地球资源的奉献与有限。教例充分说明，只有钻语言因素，才能设计出体现语文特色的“按按按”。

③想学情，思发展——定“点”。

有了以上钻研文本的坚实基础，定“按按按”的训练点正是课文解读的重点，才会达到文本准、深、宽的理解。但这还不够，定“按按按”训练点还必须思考学生的学情，选择的教材点是不是利于学生的发展，学生朝何处发展，估计学生会怎样回答。判定“按按按”的点是不是值得训练。

设计的“按按按”点，学生会怎样回答的学情来确定，常有三种情况：A. 学生会全错；B. 学生会有分歧；C. 学生会全对。学生全错或有分歧，正是学生的发展点，有挑战性，能引发思考，这个点才值得在课上关键时候练，而学生全对，说明学生都会，虽然也是，放到课上训练必要性不大，可放到课前调查，了解学习情况，或放到结课时，检查效果，较为合适。总之，只有将文本与学情真正联系，教材的重点与学生发展点紧密结合，确定的“按按按”训练点，才算恰到好处。

有哪些是学生的发展点呢？

①难点：抓住学生认知的难点，引导学生破难，建构新知，训练思维。

如：《画杨桃》有个生字“肃”要书写，学生的难点是字的下半部的特殊笔顺——先两边后中间，学生最易按“自左至右”或“先中间后两边”的书写，于是，设计从学生难点出发的“按按按”：

> 生字“肃”中下半部的笔顺是怎样的？你认为下面的三种笔顺哪种是正确的，请选择，并想想为什么？
>
> 1. 撇——小撇——点——竖
> 2. 撇——竖——小撇——点
> 3. 小撇——点——撇——竖

当学生知道正确的笔顺是：撇——竖——小撇——点后，教师不失时机地引导探讨原因。从而认识到，想写外框后写内笔，写出来才工整，体现汉字的整体美，写字不仅要写对，还要写美。

②品点：品味语言的音、形、意、道、境、情、采。展现语言文字的魅力，热爱祖国的文化。如《一个小村庄的故事》，有个生字是“森”，它的特点是“品字结构”的会意字，学生又学过“木”“林”。于是，就可以设计出：

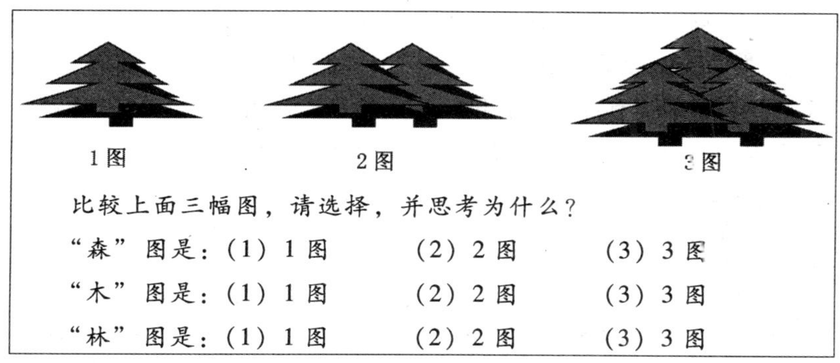

比较上面三幅图，请选择，并思考为什么？

“森”图是：（1）1图　（2）2图　（3）3图

“木”图是：（1）1图　（2）2图　（3）3图

“林”图是：（1）1图　（2）2图　（3）3图

这样设计，既可以“森”字以图会意，而且在巩固了熟字的基础上，明白汉字“木——林——森”的演变规律，为“品字结构”的字族的扩展做了铺垫。

③扩点：抓住文本的简略处、省略处、概括处、延伸处，给学生练语再创造的空间。可用“按按按”进行选择训练，应该扩什么最合适。

④疑点：华人诺贝尔奖获得者李政道博士有句名言：“要学问，先学

‘问’，不学‘问’，非学问。”学生敢“问”、学“问”、会“问”、爱“问”，就是一门极为重要的学问，重要的素质。一般说来质疑，应在难点处质疑，关键处质疑，疑惑处质疑，无疑处质疑，可将学生的质疑展现在“按按按”选项中，了解学情。

⑤异点：从语文教材看，没有终极真理，只能是相对真理。学生是有差异的个体，这种差异不可能认识一样，必然出现求异。新语文课标多次强调创见，意在鼓励求异，开拓创新的空间。抓住异点，运用“按按按”可选鼓励求异，开展创造性的语言实践活动。如：《妈妈的账单》，设计出判断式，意在引发求异。

> 妈妈给儿子彼得欠款的账单上写下的都是0芬尼，你同意吗？为什么？
>
> (1) 同意　(2) 不同意（写上你认为是多少）

结果学生同意的，说明的理由不同；学生不同意的，写出了不同的钱数，10万芬尼、100万芬尼……异彩纷呈，讨论后，终于明白了0芬尼的含义，母爱无私、无价。

⑥争点：备课要善于抓住教材揭示的矛盾冲突，引发学生的讨论、争论。抓住“争点”，运用“按按按”可亮出不同观点，引起热烈争论。

⑦联点：文章都是由句段有机组成的整体，有着内在联系。找到比较点、联系点，运用“按按按”可在比较、联系中引导学生发现、解读。

如：《语言的魅力》中有个关键词语“无动于衷”，理解它需联系上下文。于是设计出：词素选择的“按按按”。

> 文中的“无动于衷”的“无动”指的是什么？请选择。
>
> 街上过往的行人很多，那些穿着华丽的绅士、贵妇人，那些打扮得漂亮的少男少女们，看了木牌上的字都无动于衷，有的还淡淡一笑，便姗姗而去了。
>
> (1) 无行动　(2) 无感动

学生普遍认为是“无行动”，教师引出联文思考，“行、看、笑、去”不是有行动吗？引出查字典中的“衷”是指内心动，词义准确理解，学会了联系思考。

⑧评点：由于教材是作者、编者与教者、学者共创的过程，发动学生跳出教材思考，抓住评点，去评价作者，评价人物，评价情节，评价观点，评价语言等，运用“按按按”可出示不同评价意见，引出讨论。如：《语言的魅力》中运用魅力语言的练习：

看“水龙头滴水图”，你认为下面的哪句话最有魅力，为什么？ （1）请不要让我再流泪了。 （2）水是宝贵的，请不要浪费。 （3）你在沙漠里，这滴水可以……

⑨融点：融其他学科的他山之石，融入课外有关信息，攻语文之玉，进行综合学习。如：《养花》的作者介绍，运用“按按按”，设计作者老舍姓什么的选择题？（1）老（2）舍（3）其他。可比直接讲述作者、展示更能激发深入思考。

⑩调点：顺学而导就要了解学情，通过“按按按”可以快速、准确地进行调查。如《猫头鹰能当劳动模范吗》一课，课题是文章主线又是问句，根据这个特点，设计出初读时悬念调查选择题：

你认为猫头鹰能当劳动模范吗？请选择。 1. 当然能当。 2. 就它能当。 3. 调查后评。 4. 不能当。

学生意见不同，教师了解了学情，并不做结论，而是作为悬念暂时挂起来，为下面带着问题探索，也正是循着“不能当——调查后评——当然能当——别人也能当——竞争当”的教与学思路展开教学，最后，悬念迎刃而解，自然拓展，使学生认识到全面看问题的重要。

（2）定“按按按”题式。

在定点的基础上，应根据教学目的、教材、学情设计“按按按”的具体训练形式。每个点应设计两项：①题干（其中有：A. 文本内容，要清楚、简洁。B. 提出问题，要指向明确。C. 操作要求，要明了）。②选项。要突出重难点，切中学生实际，且易懂、简明。“按按按”的每个常用题式都有各自的优点与不足，设计时必须权衡利弊，做出决断。具体题式见下表：

“按按按”的常见训练题式表

题式	优点	不足
判断式	是与非；同意与不同意，择一	观点暗含，不明确
选择式	几个选项，择一或择几	观点明确，限独思
创新式	选项中含有扩展发散选项，引学生求异	时间较长，不易调控
抢答式	选择争先，激趣	不易静思
生题式	选项出自学生，真实性强	教师发现典型选项难
答卷式	师拟数题，生限时逐题做答，后统计	重结果，看不出过程
随机式	师随机选人、选组做答，有趣活跃	只能了解部分反馈

题目仅是获得反馈的手段，不是灌给学生结论，目的是引学文、引互动、引创新。如《鹬蚌相争》一文，为了让学生明白鹬和蚌的错误在于互不相让的寓意，而不在于开始鹬啄蚌的肉，蚌夹鹬的嘴。某教师设计了选择式的“按按按”训练题，如下：

> 读课文下面的话，你认为谁错了，请选择：
>
> 一个河蚌刚张开壳晒太阳，一只鹬看见了，就用嘴啄住了它的肉。河蚌急忙合上外壳，紧紧夹住鹬的嘴。
>
> 1. 鹬和蚌都错了。（　　）
> 2. 鹬错了。（　　）
> 3. 鹬和蚌都没错。（　　）

这样就引导学生从动物生存的食物链角度体会，三个选项都不对，鹬和蚌都没有错，错在后面的二者相争，互不相让，意在引导学生深入到重点处学习。定题式准确巧妙。

再举创新式一例：教师教《搭石》一课，在结课时，设计了一个换课题的创新练习：

> 你认为课题《搭石》能不能换个题目？
>
> 1. 能换（　　）
> 2. 不能换（　　）

其实，这两个选项没有对错之分，学生的不同观点都有道理。不能换的讲出搭石已是家乡人们叫习惯的名字，“搭”字表明联结情感；在教师的引导下，同意换的学生，说出了另起的“关心石”“情感石”，求异创新在迸发。这样的设计突破了选项非对既错的模式，为发散开辟了新路，这对语文教学广泛运用“按按按”展现了美好的前景。

(3) 定“按按按”时机

题目确定后，何时使用，也要预设。有课前、课中、课后三种选择。课前多为调查性题，课后多为检查性题，而课中则是形成性题，更要选准时机。

(4) 定“按按按”操作

“按按按”的设计点确定了，还要思考在课堂上怎样操作。预设课堂操作时的教学方法。估计学生会有怎样的回答，如果出现分歧，如何处理，教师如何引导学生深入学习课文，突破难点，提高语文素养。

(二) 课上的操作策略

课前的精心设计是为了课上实施“按按按”，促进学生生成。操作决定效果的成败、优劣。除了师生应熟练掌握操作技术外，课上教学策略尤为重要。总的原则是：学文为本　学生为主　激思为根　反馈为真　互动为场　调控为准。

1. 按键策略

到了课堂，当题目出示后，遇到的第一个操作问题就是按键。按键似乎很容易，其实不然，表面看，按键是个手指动作，实质是学习、思维的结果，否则，按前没有学习思考的过程，会出现错按、错选，甚至正选的假象，并不是真实的反馈，原因会有多方面：可能是学生未看懂选择判断题，可能是对所有选项未认真比较，可能是联系课文未认真思索，可能是简单直觉的仓促判断，甚至可能是遥控器下意识按错。这些原因就会使教学走弯路。按键就成了乱按、盲按的现象，反馈数据就有假象，失去了反馈的真实，“按按按”不就丧失了意义。如何避免这种现象的发生，有两个操作要点：

(1) 按前思。

为了避免学生乱按，应训练学生做到“四先四后”。

①先看懂后按键。首先要看懂题目的要求及选项，这是按键的前提。

②先比较后按键。学生对题中的若干选项，不要简单地看中一项。就拿起遥控器按。这样就失去了学文思维训练。要进行认真比较，区别在哪。

③先自学后按键。看懂选项后，不忙于按键，要给充足的自学思考时间，暂不要小组讨论，让学生踏踏实实地自学文本，对各个选项进行比较，联系语境掂量之后，再做出判断。

④先按键后思答。按键后学生应养成思答习惯。学生要想想为什么选它，又为什么不选其他。做好讨论准备。

（2）谁来按。

①学生按。这是主要的，一般要求全体学生都参与。当运用随机选号时，就只需部分学生参加，可以随机选个体，也可随机选小组，有针对性地反馈。全体与个体，随意与有意的统一，体现差异教育。

②教师按。教师不仅要当按键的旁观者、评判者，也应是参与者，师生共同学习。教师参与的更主要目的是，产生对立面，引起争论，师生角色对话。常有这种情况，学生选择可能是少数，甚至是个别时，这些学生往往会显现紧张、自卑状态，而教师有意当少数派，可增强学生的自信心。

2. 显示策略

学生按键后，反馈情况可及时显示出来，这是互动反馈技术的特点、优势。①显示。有两种，可显示整体比例，必要时可显示个体学况。②观察。显示是为了看，不仅教师要观察，还要引导学生观察。教师要观察学情怎么样，学生观察反馈既要思己的位置，又要思人。

3. 调控互动策略

课上按键反馈的最终目的是为了学生学好语文、促进发展。针对学生的反馈，教师调控互动策略尤为重要。

（1）基于发现。教师在观察反馈学情后，分类应心中有数，发现焦点、要害所在。

（2）深于思考。深入思考出现反馈不同意见焦点的原因是什么，并快速想想怎么调控。

（3）善于引动。这个环节是集中体现“按按按”互动反馈技术达到运用目的的关键环节，不可草草收场。

先亮观点，反馈后如何讨论呢？教师不要急于把自己的倾向暗示给学生，甚至将观点强加于学生，应充分让学生发言，将观点的理解亮出来。根据需要，如果反馈答案一致，或全对或全错，也要说说为什么这样选；如果有分歧，有时可先亮错误的观点，有时可先亮正确的观点。亮观点一定要联系文本谈道理，不要空谈。

后引互动。在此基础上，引发师生、生生互动。互动要善于引学生爱动、引全动、引学文、引互动、引心动。特别注意生生互动要学会倾听别人的意见，要针对对方意见发表看法，不能各说己见，互不交锋；而且要学会分享、修正，不要固执己见，从而达成共识。教师要适时启发诱导，精于评价，但不要越俎代庖。

再次反馈。如果第一次反馈有分歧，经过互动讨论，应二次按键，检查全体学生学习效果。

举一例说明。某教师在理清《只有一个地球》课文的分总结构时，运用“按按按”，出了一道选择题：

课文从哪几个方面说明要保护地球？请选择。	
1. 三方面	2. 四方面
地球可爱	地球可爱
地球资源有限	地球资源有限
不能移居	不能移居
	要保护地球

当出现分歧，特别是错误认为是四方面的，却是大多数26个学生时，教师及时显示不同意见，并迅速抓住焦点是对第9自然段的理解，于是，启发学生看看题目，再读第9段，写的是什么，展开讨论；当明白此段是总结，不是具体方面时，适时进行二次“按按按”，结果还有8个学生选错，教师并不放过，追问改对答案学生的理由，指导仍然选错的8个学生，帮助解惑，直到全体学生都对为止。这样的操作扎实有效。

（三）课后的分析策略

此系统的后端，以班级为单位，每一位系统单位成员都会与其他班级有关联，提供教师教学反馈信息和学习成绩，存取和管理教学素材。多媒体教学资源、题库，学生学习相关知识与进行在线活动的网络辅助教学平台；是一个提供学生数字成长记录，面向教学管理服务，形成性评价服务的工具环境。

由于此系统的后端，有综合平台的支持，所以，它还有教学之后的查询、统计、分析、评价的后期功能，面向教师、学生、学校、家长多角度快速、交互、服务。建议可有以下几项工作：

1. 教师的工作策略

（1）回放课堂“按按按”的学生反馈，统计、分析全班与个人的语文学习质量。

（2）建立每个学生的学习档案及形成性的评价。

（3）建立教师“按按按”的题库。

（4）有针对性地个别辅导。

（5）进行教学反思，改进教学。

2. 学生的学习策略

学生可以查阅自己的学习轨迹，主动找差距，探原因，改进学习。

3. 学校的教学管理策略

建立以班级为单位的教与学档案，优化管理。

4. 家长的教育策略

每个学生家长可以通过系统平台查询孩子的学习状况，及时沟通，加强配合，利于教育。

随着互动反馈技术的设计、运用策略的实践与深入研究，有几个关系必须处理好，才能取得优化的效果。

1. 设计“按”要处理好“应用深度”与“应用广度”的关系

若想走向成熟，取得大家公认“用它就是好”的效果，没有深度，不会信服；而没有广度，面窄，也没有说服力。必须处理好“应用深度”与“应用广度”的关系，深中拓广，广中研深。

在“应用深度”研究中，要克服“五重五轻”：重多设、轻精设；重预设、轻现设；重按前、轻按后；重首按、轻复按；重课堂、轻课后。

在“应用广度”的研究中，可从以下五个方面拓展：

（1）要按语文学科的教学不同类型研究求广度（识字、写字教学、阅读教学、口语交际教学、习作教学、综合实践活动教学)。

(2) 按语文课堂教学的全程的不同阶段求广度(课前、课中、课后)。

(3) 在互动反馈技术的不同功能求广度(激发动机、调查了解、点拨学路、激思解疑、测验应用、引导调控、作业设计、有效评价)。

如:古诗《黄鹤楼送孟浩然之广陵》,中“孤帆远影碧空尽,唯见长江天际流。”应理解李白对孟浩然恋恋不舍的深情,为了更好地引导学生展开多角度想象,运用“按”,设计出点拨学路的多选题:

李白目送孟浩然时,他在想什么?选择角度,展开想象。 1. 忆过去 2. 想现在 3. 盼未来

这道题的答案没有对错之分,只有哪个更好,更全。为的是提供想象的多角度,点拨学路,引导学生广开想象空间,求异思维。这个设计在“按”的功能上做大胆创新尝试。

(4) 按现行语文教材的不同年段研究实施策略求广度(低年段、中年段、高年段),逐课研究,精心设计,积累资料。

(5) 在“按按按”设计的不同题式多样性上求广度。

如:《孔子拜师》中有这样一句“老子说:‘……听说你要来,我就在这儿迎候。’”为了让学生明白孔子拜老子为师时,老子主动前来迎候的品行,设计出图示形式的选择题,很形象地表示“迎候”的意思:

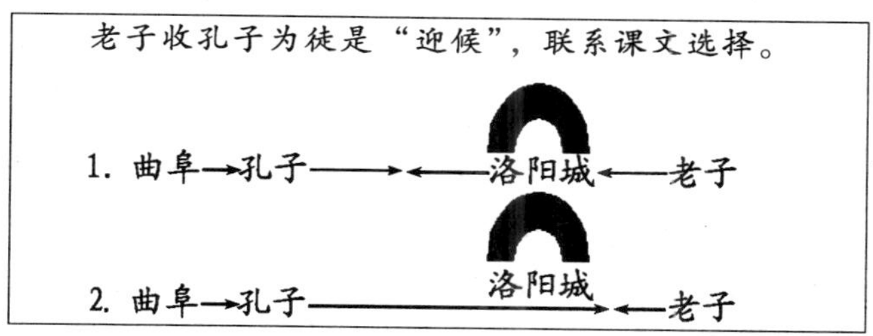

再如:古诗《黄鹤楼送孟浩然之广陵》教学,为了让学生明白李白究竟目送孟浩然到什么地方?教师设计了连锁式组题,先是一个判断题:

李白目送孟浩然应该到黄鹤楼。你认为是不是? 1. 是 2. 不是

当学生通过学诗讨论,弄清不是去黄鹤楼后,到底去什么地方?紧接

着又设计了一个选择题：

李白目送孟浩然应该到什么地方？读诗后，选择： 1. 广陵　2. 扬州

经过读诗，配合地图，学生明白了广陵与扬州是同一地点，同时也品味出诗人为了不重复，押韵，运用了不同地名表达的精妙。连锁式组题体现出，层层递进，步步为营，追根到底。这个设计在“按”的题式上做大胆创新尝试，正是“领异标新二月花”。

2. 设计“按”要处理好“为研而设”与“顺学而设”的关系

我们应清楚地认识到：使用互动反馈技术是目的也不是目的，从本课题研究的意义看，当然是目的，如果不有意识地运用它，课题就失去了方向；但更应该清醒地认识到，“醉翁之意不在酒”，互动反馈技术终究是完成教学任务的手段，离开了最终目标，盲目地设计“按”，就成了天上浮云，水上浮萍，无根无本。所以，必须辨证地看透“按”，弄清它“是目的”又“非目的”的和谐关系，将有意识地运用它靠在为出色完成教学任务的基础上。要为标而设，依文而设，顺学而设，不要为设而设。

3. 预设“按”要处理好“按”的“数量”与“质量”的关系

运用互动反馈技术需要一定的量，没有相当的数量，质量也显现不出来，也说明“按”的使用率不高，没有普遍性；同样，如果每次使用没有质量，再多的数量也无济于事，仍然表明“按”的使用没有意义。正确的认识乃是在确保质量的基础上，保证一定的量，保质的标准就是好钢用在刀刃上，就是要在学文的重点、难点、特点处设计，就是要在非用“按按按”才能取得教学实效、高效的地方设计。求数量应在拓宽运用“按”的功能上寻。应做到好中求多，好中求快。

即便如此，也不是越多越好，一堂课用上十几次，师生忙于运用、处理“按”，遥控器快成了主角，必然造成学生学习空间变窄，学文的时间变少，其他语文教学有效手段被挤掉，教学效果必受影响。“按”能用则用，不好用就不用，不要硬用。要知道，超越真理一步，就会走向荒谬。所以，用“按”要适度，和谐发展。

4. 设计“按”要处理好“备教材”与“备学生”的关系

如何确保设计“按”的质量，“备教材”与“备学生”是两个大家都熟悉的关键因素。虽说熟悉，但不一定熟悉到家，常见的现象是，设计的“按”点不准，不是偏，就是浅，甚至是错的，“按”的题式、内容，不是太简单没必要，就是太难了，学生摸不着头脑。原因就在于教师没有“备好教材”，更没有“备好学生”。举一例：《给予树》中，妈妈紧紧拥抱着女儿金吉娅，激动地说：“这个圣诞节，金吉娅不但送给我们棒棒糖，还送给我们善良、仁爱、同情与体贴，以及一个陌生女孩如愿以偿的笑脸。”怎样深入理解这个中心句呢？某教师设计出选择题：

> 妈妈激动地紧紧拥抱金吉娅的原因是：
>
> 1. 圣诞节，金吉娅没有给家人买到像样的礼物是有原因的，知道自己错了。
>
> 2. 圣诞节，金吉娅不但送给我们棒棒糖，还送给我们善良、仁爱、同情与体贴，以及一个陌生女孩如愿以偿的笑脸。

结果，学生几乎都选择了正确答案2，这能说明学生都理解了吗？不是，因为选项1明显不对，选项2是课文的原句，对比强烈，学生甚至不必思考，当然要按2了，这正选的反馈恰恰是掩盖深入理解的假象。究其原因，是设计的粗浅，更深层的原因，既是教师钻研教材的肤浅，又是备学生的缺失。为什么呢？我们分析一下句子“这个圣诞节，金吉娅不但送给我们棒棒糖，还送给我们善良、仁爱、同情与体贴，以及一个陌生女孩如愿以偿的笑脸。”因为金吉娅用妈妈给家人买圣诞节的钱，给陌生女孩买了洋娃娃。所以给了“一个陌生女孩如愿以偿的笑脸”，才是这个中心句的理解重点，再深入分析，句中为什么不说“一个陌生女孩如愿以偿的洋娃娃”，却说“一个陌生女孩如愿以偿的笑脸”呢？看来，陌生女孩得到的不仅仅是圣诞礼物，还享受了到了快乐，更感受到人间的善良、仁爱、同情，是精神与物质的双丰收。在深钻教材的基础上，再来思考、估计学生在理解此处的难点，陌生女孩为什么笑呢？学生极有可能肤浅地认为，就是因为得到了如愿以偿的洋娃娃。到此为止，自然就会设计出深钻教材与深解学情融一身的“按”了，引发学生对人物的深层、多元理解：

> “一个陌生女孩如愿以偿的笑脸”。陌生女孩为什么笑呢？就是因为得到了盼望已久的洋娃娃。你同意吗？
>
> 1. 同意　2. 不同意

足见，“备教材”与“备学生”是设计“按”的前提，“深钻教材”与“深解学生”是设计高质量“按”的关键，而且“备教材”与“备学生”关系密切，不是泥水分家，不是油水分离，而是水乳交融。先要抓住重点钻研教材，再围绕钻的重点，思考学生此处的疑点、难点、盲点，在解文的关键处去思考学生，以抓重点的难点处设计，以破难点来解重点，相得益彰。

5. 预设“按”要处理好每个设计题式的扬长与补短的关系

人无完人，金无足赤，任何事物都可以一分为二，互动反馈技术的众多训练题式各具特色，每个题式都有其优点及适用范围，同时也有其不足，如同皮毛，融于一身。因此，必须明确每个题式的长处与短处，才能充分发挥其优势。见表 2-7：

表 2-7 “按按按”的常见训练题式表

题式	长处	短处
判断式	是与否；观点暗含，择一，易引发	观点不明确，后续长
单选式	几选项有观点，择一，讨论集中	观点亮出，限独思
多选式	几选项有观点，择一或几，求异讨论	不集中，调控难
创新式	选项中含有扩展发散选项，引学生求异	时间较长，不易调控
组题式	紧密联系的几题，逐步深入，层层递进	时间长
抢答式	争先权，激趣	不易静思
现设式	选项出自课堂学生，真实性强，顺学导	教师发现典型选项难
答卷式	师拟数题，生限时逐题做答，后统计，全体独立自学	重结果，看不出过程
随机式	师随机选人、选组做答，有趣活跃	只能了解部分学生反馈

因此，设计时要根据教学目的需要，选择较适合的题式，发挥其优势，对产生的副作用，应采用其他“按”题式或其他常规办法加以弥补，不要排斥其他方式，各种教学手段整合应用，扬长避短，扬长补短，达到最佳效果。

如《伯牙绝弦》有个重点句“伯牙所念，钟子期必得之。”采取什么题式才能让学生理解钟子期是伯牙的唯一知音者，如果采取选择式：

> “伯牙所念，钟子期必得之。”中的所“念”与“之”指的是什么？
>
> 请选择：1. 高山、流水　　2. 高山、流水……

因为正确的答案是2，在题中亮给了学生，学生独思的空间小了，较容易都选择2，不利于联系全文真正理解，选择式的缺陷放大了。最好的办法是将答案2隐藏起来，激学生学文思考，感悟出正确答案，这就把“按”设计为判断式：

> “伯牙所念，钟子期必得之。”中的所“念”与“之”指的是“高山、流水”。你同意吗？
>
> 1. 同意　　2. 不同意

这样，观点暗含，学生只能判断同意或不同意，至于为什么，引发学生联文讨论，伯牙仅仅会弹“高山、流水”，怎么算“善鼓琴”？钟子期仅仅会听“高山、流水”，何为“善听”呢？钟子期是伯牙唯一知音者，应是弹什么，就懂什么才是。所以，采用判断式将选择式的不足化解了，虽然，后续用时较多，但在解读中心的关键处用时多些，值得，这才叫好钢用在刀刃上。

6. 运用“按”要处理好“课前预设”与“课上现设”的关系

俗话说：不打无准备之仗，课前的精心备课，深思熟虑“预设按”是教学质量的保证，设计不到点、不到位、不到家，直接影响教学的成败、优劣。教师都很重视预设。

但是，到了课堂，教师要关注学生的表现，师生、生生的交往，教学过程定有变化，尽管课前预设教师做了精雕细刻的准备，尽管设计的选项做了充分的估计，也不可能预料的完全合适，学情是千变万化的，又如何办呢？如果在“预设按”时教师只明确意图与按的时机，至于选项可估计，却不事先预设，而是预留出来，待到课堂上，选项从学生真实情况列出，顺学而设，顺学而导，主体与主导和谐统一。这就是“课上现设”的一种情况。

“课上现设”还有另一种情况。课堂上常出现教师预设始料未及的新情况、新疑难、新争议，这些意料之外，应看成是可贵的资源，是不可多得的教学资源，盼望出现的生成资源。往往也应成为“按按按”的设计资源，教师应该抓住它、重视它、研究它、设计它，不能只靠课前预设按，要有课上灵活运用互动反馈技术的意识，打开“按按按”设计新天地，这就是“现设按”，称为“预设按”的插曲。主旋律与插曲，预设与生成，相得益彰，相映成辉。

这就要求教师：①乐于发现。到了课堂上，教师胸中有教案，目中有学生，应乐于全神贯注地观察、倾听学生的表现，出现意料之外的情况，及时发现，如获至宝。②精于思考。针对发现的情况，迅速、准确究其原因，思考解决办法。③善于设计。思考后，应立即做出反映，“现设按”，顺学而导，调节教学，做出应变。

归纳起来，有三种设计：①课前全部预设。②课前预设现设。③课上完全现设。总之，“课前预设”与“课上现设”是“按按按”的姐妹花，只有相互补充，才精彩纷呈。

7. 运用“按”要处理好显示反馈“教师查看”与“学生观看”的关系。

“按”后必然要显示反馈情况，以便调控教学。师生都想观察、都要观察，但不一定都会观察。教师要查看各类数字、比例、个体状况，并准确分析原因、迅速正确判断、做出恰当对策，引导学文、引发讨论，达到教学目的。

我们知道，学生也在看反馈，但不一定会看，往往很盲目。虽然显示反馈“教师查看”与“学生观看”角度不同，但都是为了学生学好，殊途同归。教师不仅要自己查看反馈，还要引导学生观看，训练学生学会观看，培养他们自学、自悟、自得、自律。指导他们学会观察反馈。

（1）要学会看多方。既要看自己答案的位置，又要看其他人的解答情况。

（2）要学会反思。对比中，想想自己对不对，想想其他答案对不对，为什么。做好发言的准备。

（3）要有和谐的心态。不要以自己是少数就产生自卑，也不能以自己是多数就自傲，应有敢于坚持真理、善于修正错误的态度，同时，还要学会分享成果，有想办法帮助别人的意识，让别人快乐自己才快乐的境界。

8. 运用“按”要处理好“按前思”与“按后学”的关系

到了课堂，当题目出示后，遇到的第一个操作问题就是学生按键。按键似乎很容易，只是个手指动作，实质却是学习、思维的结果，按前没有学习思考的过程，按键就成了乱按、盲按的现象，出现错按、错选，甚至正选的假象。原因会有多方面：可能是学生未看懂选择判断题，可能是对所有选项未认真比较，可能是未认真联系课文思索，可能是简单直觉的仓促判断，甚至可能是遥控器下意识按错。这些并不是真实的反馈，反馈数据就有假象，使教学走弯路。“按按按”就丧失了意义，互动反馈技术也就失去了的初衷。所以，“按前思”非常重要。如何避免这种现象的发生，按前思应训练学生做到“四先四后”：

（1）先看懂后按键。首先要看懂题目的要求及选项，这是按键的前提。

（2）先比较后按键。学生对题中的若干选项，不要简单地看中一项，就拿起遥控器按，这样就失去了学文思维训练。要进行认真比较，区别在哪。

（3）先自学后按键。看懂选项后，不忙于按键，要给充足的自学思考时间，暂不要小组讨论，让学生踏踏实实地自学文本，对各个选项进行比较，联系语境掂量之后，再做出判断。

（4）先按键后思答。按键后学生应养成思答习惯。学生要想想为什么选它，又为什么不选其他。做好讨论准备。

由于训练题目定有调查性、引发性、挑战性，所以，即便“按”前学生经过了认真思考，也会出现真实的错选，甚至异见，是十分正常的反馈。因此，“按后学”更为重要，是引导学习的关键，是达到教学目标的调控，是互动反馈技术运用的归宿。那种学生按后教师赶紧做结论草草收场，或是学生讨论不充分的草草收场，或是未深入学文浅尝辄止的草草收场，均不可取。操作时应注意：

①学生先亮观点，反馈后如何讨论呢？教师不要急于把自己的倾向暗示给学生，甚至将观点强加于学生，应充分让学生发言，将观点的理解亮出来。根据需要，如果反馈答案一致，或全对或全错，也要说说为什么这样选；如果有分歧，有时可先亮错误的观点，有时可先亮正确的观点。亮观点一定要联系文本谈道理，不要空谈。

②后引学生互动。在此基础上，引发师生、生生互动。互动要善于引学生爱动、引全动、引学文、引互动、引心动。特别注意生生互动要学会倾听别人的意见，要针对对方意见发表看法，不能各说己见，互不交锋；而且要学会分享、修正，不要固执己见，从而达到共识。教师要适时启发诱导，精于评价，但不要越俎代庖。

③学生再次反馈。如果第一次反馈有分歧，经过互动讨论，应二次按键，检查全体学生学习效果。

总之，“按前思”与“按后学”都是在为了调查学，引导学，学好文，“按前思”是“按后学”的序曲，“按后学”是“按前思”的续曲，“按”仅仅是“按前思”与“按后学”的间奏、中介、手段而已。

四、信息论与语文教材训练因素选择

从“信息论”观点看，语文教材是教学信息的重要来源。语言文字就是信息。教师备课即是将教材的储存状态信息转化为传递状态的信息，将教材静态信息转化成教学使用的动态信息，选择准确而又有效的语言因素则是转化的重要前提。在备课中怎样运用信息论的观点选择教材训练信息呢？浅谈以下几点认识。

（一）运用信息的“不确定性”，选择教材中“疑点”训练

信息的定义是这样表述的：“指对消息接受者来说预先不知道的报道。”也就是说，只有接收者（信宿）在接收前具有“不确定性”的消息，才称为信息，信息的特性及作用即“消除不确定性”。信息的计量并非简单的相加，是与信宿在获信息前不确定的可能性多少有关，不确定的可能性越多，信息量越大，反之亦然。无“不确定”的可能，信息量为零。可见，在备课中，只有选择能使学生消除不确定性的教材信息，才算是有效的教学信息。

依据“信息论”这一原理，备课应以学论教，从学生已知出发，钻研教材，选择学生的疑点处作为训练因素。因为‘疑点’正是学生的“不确定处”。抓住疑点训练，学生求知练能有欲望，获知后有快感，信息通畅，有疑转化为无疑（当然，还应激发更高层次的有疑），教与学才真正有效。

以课文《鲸》第三段首句“鲸用肺呼吸。”为例，这五个字中哪个字是学生的疑点，信息量大呢？稍一剖析就会发现：“鲸”字处于课文的中间部分，这个消息早已明白，无不确定性可言，属冗余信息；“呼吸”二字，学生既有亲身体验，而且鱼需要呼吸也已明了，信息量微乎其微，至于“用”字，学生认识到它在此句中仅起连通作用，无实际认知意义，信息量也可以算为零，剩下的“肺”字相对来讲信息量最大。这是因为学生的习惯认识是鱼用鳃呼吸，这获知前的猜测与课文的结论截然不同，这样，“肺”字对学生来讲就具有了信息的不确定性，选择“肺”字，也就抓住了学生认知的疑点。从这段内容看，也是以鲸怎样用肺呼吸，怎样演变到用肺呼吸的主线叙述的。

（二）运用信息的“传递性”，选择教材中的“难点”训练

信息的一个重要特征是它的可传递性，也就是说信息是要流动的。如果永远不将信息传出去，那就失去了它的意义了。这也是信息与物质的区别点之一，所以研究信息必须是为了传递，要考虑它的流动。而欲想流动，信源（发出者）与信宿（接收者）之间存有信息差，信息才能传递。正如有电压才存在电流的原理一样。无差势，信息不会真正流动，即接收者不愿接收。迁移到语文教学上，训练因素的难度就是信息差。无难度，说明学生已会，教师传输的一厢情愿，实际末被学生接收，成了无效劳动。差势太大，训练因素过难，学生也不好吸收，只有适当难度的教学信息，找准最近发展区，才能让信息通畅的传递。因而，从教材中选择适当难点是符合信息的“传递性”的。

例如，《给颜黎民的信》有一处易忽略的情节。鲁迅在信的结尾明确指出颜黎民署的是假名，其实此处蕴含着深刻的内容，揭示了中心。但是，正确的领会则要开动脑筋，透过现象才能挖掘出本质。所以此处属于有难点的重点，有较大的信息差，倘若教师抓住这个“难点”点拨学生思考以下三个问题：（1）既然颜黎民这么信任鲁迅，为什么写信还要署假名？（2）既然鲁迅这么爱护关怀颜黎民，为什么信中还要点破署假名呢？（3）既然已知颜黎民署假名，为什么鲁迅还要给他回信呢？这三个角度的设问，信息差势就会显露出来，从而揭示出署假名里丰富的内涵。结合上下文“龙华屠场几个青年就死在那里”，“信的内容不怕发表”，再与假名联系起来思索，即能体味到当时白色恐怖的政治背景，推断出青年署假名及鲁迅点破假名都是对当时黑暗统治的无声抗议，无情揭露，点明署假名还反衬出鲁迅先生对敌刚直不阿的大无畏精神，同时明知是假名还要回信，更加说明他对青年一代的关心。看来，此处是颇有嚼头的“难点”，选它作为训练因素，学生在接收中极其有益地培养了由此及彼、由表及里的分析力。可见，备课时恰当难点的选择，并非顺手拈来，教师须透彻地钻研教材，洞察学生实际，从信源与信宿间找到信息差。

（三）运用信息的“压缩性”，选择教材中的“重点”训练

信息是可以压缩的。比如电视节目中的“简明新闻”就是“新闻联播”的压缩信息，同样的一项内容，发短信就是写信的压缩信息。语文教学中也不胜枚举，概括段意、归纳主要内容，缩写以及教师板书均应看做是信息的压缩。在课文中，那些具有概括性的词句，点中心的句子，总起、总结段……都是文章思想内容的压缩信息。它们显示出课文的“重点”，备课及教学中抓住它们，以少而精的因素去悟丰而深的内容，必然会提高教学的效率。因而，从信息论的观点去认识常说的抓重点，会增加备课的自觉性。

比如《再见了，亲人》一课，叙述了朝鲜大娘为志愿军送打糕一事共写了六句话。若选择事情起因“空着肚子”，事情经过大娘“带、顶，冒、穿、送”打糕，事情结果“打胜仗”，“大娘昏倒”等这些词语理解内容，虽说也可以，但并未扣准这部分课文的压缩信息。只要仔细分析这六句话的内在联系，就会发现“雪中送炭”一词集中概括了这几句话，而“雪中送炭”中的“送”字更是突出大娘情谊最精辟的压缩信息。教学中可用下面图示表示“送”对其他内容的压缩关系：

（关系）	（词语）	（分析）
雪中送炭		
雪——在什么情况下送：	供应困难	起因
	空着肚子	
炭——送去了什么：	打糕	经过
送中——怎样送：	带、顶，冒、穿、送	
送后——送的结果：	打胜了　昏倒了	结果

看出朝鲜人民急志愿军所急，冒着生命危险，送去最好的食物，做出了牺牲，真是鲜血凝成的友谊。足见，抓住了“雪中送炭”一词为重点，以“送”字为主线做训练线索，切中要害，牵一发动全身。不仅对成语的表义，文义、含义，感情色彩有了立体理解，而且透过事情的表面联系，理清了句间的内在联系，更加深刻地领悟了朝鲜人民对志愿军的情谊。以富于压缩信息的重点处训练，确有以少胜多的优点。

（四）运用信息的“弹性”，选择教材中的“扩点”训练

虽然信息的特征是消除不确定性，即提供确定性信息，但是，这确定性信息，也有“弹性”也称为“模糊性”，即根据不同的交际目的的需要，传递不同的信息。如要知道一个人的年龄，如果是为了做身份证，就要一丝不苟地准确信息，如果是大致了解这个人的年龄，告诉大致的年龄即可。这就是弹性信息。迁移到教学信息也是这样，语言文字是信息，虽然要求准确，特别是知识性信息，但在许多情况下并不需要精确。像《金色的鱼钩》一课中，写老班长“个儿挺高”到底多高，没有点明，“个儿挺高”这个词语就是模糊信息，它既不精确，又没必要精确。因此，教学中弹性信息包含着伸缩性，扩展性、求异性。在教材中我们叫它“扩点”，实际也就是教材中的“不确定因素”。选择“扩点”，启发学生把它落实，可以激发学生活跃思维，促进发散求异，展开想象．培养创造性。

例如《记金华的双龙洞》描绘，山路溪水有这样一段描述：“……随着山势，溪流时而宽，时而窄，时而缓，时而急，溪声时常变换调子”，其中变换调子就具有明显的弹性，究竟有哪些调子，却藏而不露，引而不发，这正是引发学生以扩展寻求答案的“扩点”，备课时应选择它。某教师曾巧妙地扣准此扩点，发动学生结合课文，联系生活，想象都会有哪些溪声。由于解答扩点没有现成答案，有创造成分，很能激发学生浓厚兴致，他们纷纷描述出：水少流慢时的“叮咚”声，溪宽流缓时的“脉脉”声，“淙淙”声，溪窄流急时的“汩汩”声，“哗哗”声，山陡溪降时的“啪啪”声、“呜呜声”……学生讲得绘声绘色，扩点落实了，模糊信息明朗化，既形象地领会了“宽，窄，缓，急”与溪声的逻辑关系，又体味到了溪水那丰富多彩的自然音乐之美。

五、课文后习题的“三备”

课文后习题是教材的组成部分。它有三个明显的作用：①体现大纲的要求，编者的意图。②揭示课文的重点、特点。③提供训练的途径。因此，它是教师备课的重要凭借。下面以《绿色的办公室》第2题为例，试谈课文后习题的“三备”。

（一）备答案，解决“是什么”

备答案的过程，既是在理解课文，也是在了解学生。通过审题、解题，体会学生解答时可能出现的疑点、难点。《绿色的办公室》第2题首先要求回答“列宁在办公室里是怎样开始一天的工作的?”接着要“对照课文看图，说说哪些话是图上看得出来的，哪些话是图上看不出来的。”第一问求解的内容集中在课文第三小段，应答出三个要点：①起得早；②埋头写；③忘吃饭。说明了列宁全神贯注的工作态度，废寝忘食的革命精神。找到解答的内容并不困难，关键在于能提炼要点。第二问，既须图文对照，又要准确分辨。分辨的重点应放在图上看不出来的部分，这样图上看出的内容即可迎刃而解。依照行文顺序共有三处：①笔尖在稿纸上“沙沙”声，图上听不出；②早餐“该煮熟了，散发着一阵阵香气”，图中闻不出；③列宁工作时“忘记了周围的一切”，图上看不出。至此，教师对解答胸有成竹，对学生难点心中有数，为引导正确回答奠定了基础。

（二）备目的，解决“为什么”

编者为什么设计这样的题目，要训练学生什么能力？仔细分析《绿色的办公室》第2题，充分体现了看图学文的特点。从看图的角度看，通过分辨活动，图文间的同异比较，使学生加深对观察的全面性认识。观察应包括用耳听，用鼻嗅，用脑想，是动用所有感官的活动。从学文的角度看，此题着眼点为提高学生的阅读能力，借回答“怎样”培养归纳的技能；以分辨“看到与看不到”，训练分解的技能。通过这步备课，理解了实质，搞清了“为什么”，明确了教学目的，为教与学的双边活动指出了方向。

（三）备方法，解决“怎么样”

要把教师掌握的“是什么”“为什么”落实到学生身上，须进一步解决方法问题。要从知能的结合上精心设计“怎么样”。解答《绿色的办公室》第2题应与讲读课文三小段融为一体，边讲边答。为了达到第一问的教学意图，要学生看图说文，做理解性的回答。可分两步训练：①看图按序分点说。②看图有中心地先总述后分述。这样学生才能开动脑筋，图文对照，归纳概括，既读懂了课文，又学习了作者观察的方法。

回答第二问更须图文结合，可发动学生边分辨边填写下面的表格（表2-8）。

表 2-8

列宁开始一天工作（要点）	图上看出来的部分（重点词语）	图上看不出的部分（重点词语）
1. 起得早	天亮、晨光、坐在树桩上	
2. 埋头写	埋着头，双膝托文件夹，笔尖划	沙沙（声音）
3. 忘吃饭	篝火燃烧，锅里的早餐，煮，全神贯注	熟了，散发着一阵阵香气（味道），忘记了周围的一切（程度）

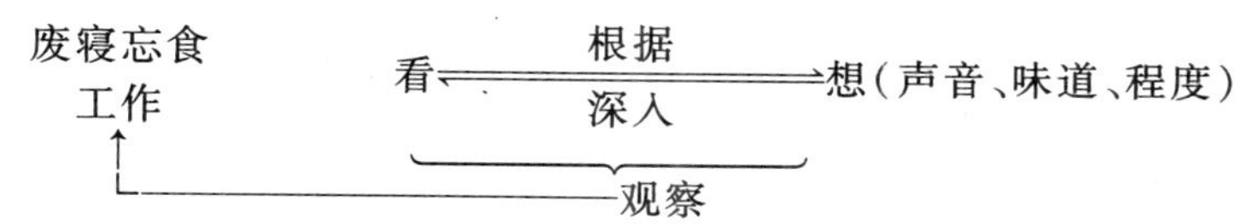

填好后，再口述。还要深挖其所以然，接着再紧紧抓住难点——图上看不出部分，试用“发现法”让学生从表中探求下面问题：①“图上看不出部分”是作者在怎样观察？（一看二想，做到了观其景、闻其声、嗅其味、窥其神。）②“图上看不出部分”起什么作用？（表现人物，突出品质。）③“图上看不出部分”与“看得出部分”有什么关系？（看是想的根据，想是看的深入。）学生找到了规律，提高了认识，进一步培养了能力。

综上所述，课后习题的“三备”是一个渐进的过程。一备当读者，定标准；二备想编者，明目标；三备教学生，思措施。前两步是第三步的前提，前三步是前两步的归宿。有了“三备”的基础，教得必然精，学得必然好。

六、更新观念　改革提问

当前，学生“厌学”“弃学”的现象已在教育界引起了重视。这种情况的出现，有多方面的原因。从小语教学来看，课堂教学的沉闷严重影响着学生积极性的发挥。下面，从破除课堂沉闷的角度，谈谈改革课堂提问的问题。

（一）课堂沉闷的提问现状

（1）浅。教师提问需要回答的多是表层性的问题，多是字面内容，十分浅薄。提问均是问课文前半句，答后半句，随着课文一串就答对了，无需动脑，平淡乏味，不能引起学生答问的兴致。

（2）碎。所谓“碎”即是将好端端的整体性课文掰碎提问，以多取胜。经老师嚼碎的课文韵味没了，学生犹如嚼蜡，课堂怎能不沉闷呢？

（3）窄。这样的提问，要求学生回答的内容很窄，几乎不会答错，也没有求异的可能。像《麻雀》一课有一个重要情节：“老麻雀用自己的身体掩护着小麻雀，想拯救自己的幼儿。”其中“用身体掩护”是关键词语。教师这样提问：“老麻雀用自己的什么拯救自己的幼儿小麻雀？”除了“身体”一词之外，课文原句的其他内容在教师提问中均有提示，只留下了一个窄窄的胡同让学生钻，只能答“身体”一词，没有其他选择，十分被动，毫无理解之意，毫无解答兴趣，从信息论观点，这样的提问没有“不确定性”，信息量为0。

（4）干。“干”就是干巴巴。教材中选入的大多是文质兼美的典范文章，语言文字中蕴含着优美的形象、丰富的哲理、无穷的韵味。但课堂上的不少提问却充满着“××是什么意思”，“××说明什么”？“××写的是什么？”干瘪的提问引不起学生的兴趣，此类问题不是绝对不可问，而是不能问太多。

（5）冷。从提问者的态度看，有的老师摆着师者的架势、冷冰冰的面孔，以教训的口吻提问。什么“谁给我说说XX是什么意思？”什么“快举手回答！怎么？你们今天都傻了！”“谁不举手，我就叫谁回答。”诸如此类，提问者的冷态把师生的距离拉大，情感疏远，甚至把学生吓住，不可能有畅所欲言回答问题的心理环境。

（6）盲。许多提问没有考虑到学生的基础、难点、需要，具有盲目性。有位教师教生字“垦”时想做到形近字比较，问道：“与‘垦’字形相近的字，你们知道是什么吗？”学生默然置之。老师奇怪地问，“你们没学过‘恳’”吗？学生齐摇头，教师脸红了。这种提问因为教师不了解学生的知识基础，盲目提问，学生难以回答。

综上，课堂提问的内容存在着“浅”“碎”“窄”；提问的语言太“干”；提问的态度“冷”，再加上不考虑对象的盲目提问，严重抑制着学生的积极性发挥。

上面只是从教师角度分析提问沉闷的现象。从学生的角度分析从“答”去分析“问”，因为“浅”问、“碎”问、“窄”问的答案学生不需动脑早已知道，答案既成定局、摆在明处，造成学生不想答。“干问”，问的无奇，学生听后倒胃口，不爱答。“冷问”呢？提问者严肃有余、热情不足，学生敬而远之，不敢答。至于“盲目问”脱离对象实际，学生不会答。学生对教师提问形成了“四不”：不敢、不愿、不爱、不会，积极性甚低，课堂怎能不沉闷呢？因为教师不能从学的角度去考虑提问，没有把学生摆在主体地位，不是为学而问，而是为教而问。提问反映着教学观念的陈旧。

（二）种种新型提问

1. 整体型提问

叶老曾将一篇文章生动地比喻为一个环拱着圆心的圆球，一语道破了课文的整体性。每一个细小的局部都为中心而存在。课堂提问就要根据这一特点，从整体问局部，从局部问整体，问局部与整体的联系，抓住牵一发动全身的“牛鼻子”。

2. 集散型提问

窄问的致命弱点是对于同一个问题，要求回答的是明摆的同一答案。而且只要一个学生答出，第二个学生就不必再答了，提问即完成了使命。而“集散型提问”打破了这种同中求同的模式，集中一点发问，回答发散，同中求异，点上生花，既能激发学生围绕一个问题发表意见，又能使全体学生加入答问的行列，甚至形成热烈讨论的气氛。《忆铁人》一课中，当铁人得知自己批评错了阿姨后，立即冲回托儿所。一下车，他就把小娃“搂”在胸前。这个搂字就是突出中心的关键处，也是提问的集散点。可以这样设问："'搂'字仅仅是表现了铁人对小娃的感情吗？"发散问必然会激起层层思维的浪花。从一点发散开去，"搂"不仅表达了铁人对刚才哭的小娃的疼爱，也表达了对阿姨那崇高品格的敬佩。更突出铁人内疚自责、知错就改的品质，也展现石油工人那朴实、果断、粗犷的性格。所以设问必须要想到学生答的内容的发散，学生回答数量的扩散。

3. 入境型提问

教师教文、学生学文绝不是处于旁观者的地位，课文中语言文字也决不是枯燥的符号，而包蕴着活生生的形象、丰富的内涵，一旦学生进入了课文中的情境，把自己当成文中角色时，他们的兴趣最浓，受感染最深。教师提问就应立足于学，做到两个进入：进入角色、进入情境，这就是"入境型"提问。例如《狼和小羊》一课，某教师抓住"狼说着就往小羊身上扑去"的结局，采取入境型设问："假如你是这只小羊，打算怎样对付狼"？一个"假如你是"，一下子将学生转为角色，带入情境，他们的答问热情立即迸发出来。

4. 矛盾型提问

问题是思维的路标。矛盾型设问旨在思维上设置对立面，激发学生认识上的冲突、论争。也只有在头脑中存在矛盾时，方能使学生出现恢复心理平衡的要求。这时学生最爱思考，思维最活跃，沉闷空气一扫而光。因此，提问要努力揭示两种矛盾：一是抓住课文中内在矛盾，二是激发学生心理矛盾。（表 2-9）

表 2-9

课　题	课　文　原　句	矛盾型提问
赶　集	看，大车也不少呢？一辆大车往……	既然是写一辆大车，为什么说大车也不少呢？
草地夜行	他用力把我往上一顶，一下子把我甩在一边，大声说："快离开我……"	小红军已被甩开了，为什么老红军还要说："快离开我"？
十里长街送总理	一位满头银发的老奶奶……焦急又耐心地等待着。	又焦急又耐心，到底老奶奶急不急呢？
惊弓之鸟	更羸并不取箭，他左手拿弓，右手拉弦……大雁直掉下来。	既然换一个人拉弦也能使大雁掉下来，那更羸的本事在哪里？

5. 针对型提问

针对学生的心理、针对学生的疑难发问，问学生不明白的、理解错的、不知道的就会激发他们的求知欲望，定会触发答问兴致。

6. 热情型提问

教师和蔼可亲的发问，平等的发问，向学生学习式的发问，会取消师生间的界限，使语言交际渠道畅通，造成和谐、民主的答问气氛。有位青年教师在进行点名读词时，教师手握着一张张卡片，他并没有生硬地问"我点到谁，谁就站起来读卡片选词。"而是热情地发问："我送给谁一张卡片，就请你来读词，好吗?"一个"送"字，似乎像礼物一样送到学生面前，学生听了心里暖洋洋的，打消了点名的紧张感，从心底里愿意接受这份应答的礼物。苦中有乐，学中有乐。

总之，由重教转为重学，教学观念转变，精心改革提问，学生的积极性就会充分调动起来，一扫沉闷压抑的气氛，生机勃勃的课堂气氛就会出现。

七、板书设计、运用三题

（一）板书要利学

语文课的板书是教师帮助学生理解课文的重要手段，因此要精心设计，使板书不仅利于"教"，更要利于"学"。

1. 板书要让学生"爱看"

板书应该能使学生"爱看"，这是利于"学"的前提。板书具体直观，能激起学生的兴趣，唤起想象，有助于对课文内容的理解。第七册《草地夜行》是一篇进行革命传统教育的课文，下图的板书可具体直观地展示课文的思想内容。

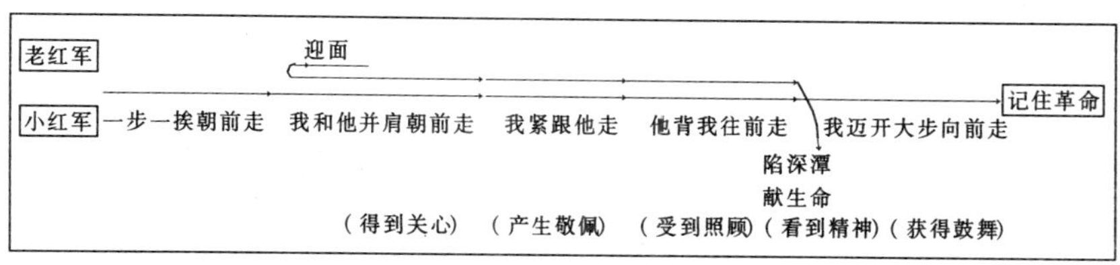

《草地夜行》板书

板书运用线条、箭头展开图示，并配以文字，既直观地显示出老红军行进的路线；又展示出紧扣课题的五个段落之间的联系；还体现出老红军舍己救人的精神，以及小战士从“一步一挨”变为“迈开大步”奔向陕北的必胜信念。

2. 板书应体现“学法”

板书不能仅仅是课文的浓缩，还要渗透“学法”。学生看了有“学法”的板书，就能举一反三，学会自学。如第七册《董存瑞舍身炸暗堡》一课的板书（如下图），分为上下两部分。板书的上部分显示了课文的内容及结构，下部分归纳出选材步骤，从具体到抽象。它立足于课本，又超出了课本，有效地体现了本组教材的重点训练项目“怎样选择材料”。

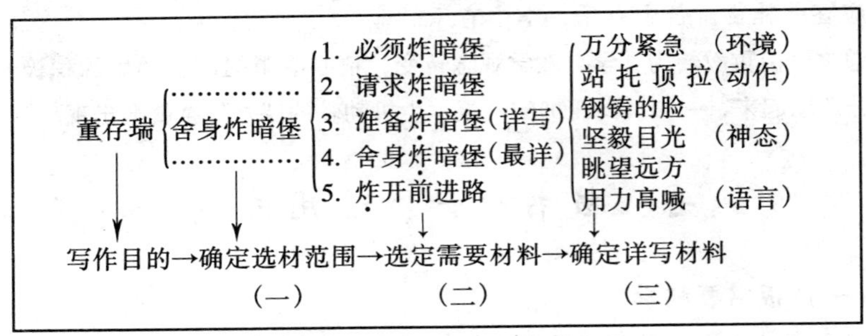

《董存瑞舍身炸暗堡》板书

3. 板书可让学生“填写”

在板书中恰当地安排一些内容要求学生填写，有利于学生学习。如第七册《再见了，亲人》一课，教师只设计板书轮廓，由学生填充内容（板书中表中除表头外均由学生思考填写）。（下页图）

学生边读书边填写，动脑动手，发挥了主体作用，从而提高了教学效果。

（二）板书要应变

板书不仅是课文的科学浓缩，更是教学的有效手段，它与教学实践息息相关。教者设计一篇课文的板书，常常应根据教学思想的转变，教学目的的变动，教学实际情况的需要等等客观条件而作出相应的变化。

1. 教学目的不同引起“变”

再见了，亲人！	告别	回忆		抒情	中心
		朝鲜人民为志愿军做了哪些事？	朝鲜人民付出了什么代价？		
	大娘	送打糕 雪中送炭 救伤员 丢下、背进	昏倒路旁 失去唯一孙孙	比山高 比海深	中朝人民鲜血凝成的友谊
	小金花	救老王 钻、解、救出	失去妈妈	刚 强 落 泪	
	大嫂	挖野菜 跑到前沿	倒血泊 靠双拐	友 谊	

《再见了，亲人》板书

教学目的决定着教学过程的方向。同是一篇课文，由于教学目的不同，板书的侧重点就不同。应有“变”。以《黄河象》为例，可根据不同教学目的设计出三种不同板书。

（1）思路式板书，侧重帮助学生揣摩文章的中心思想。

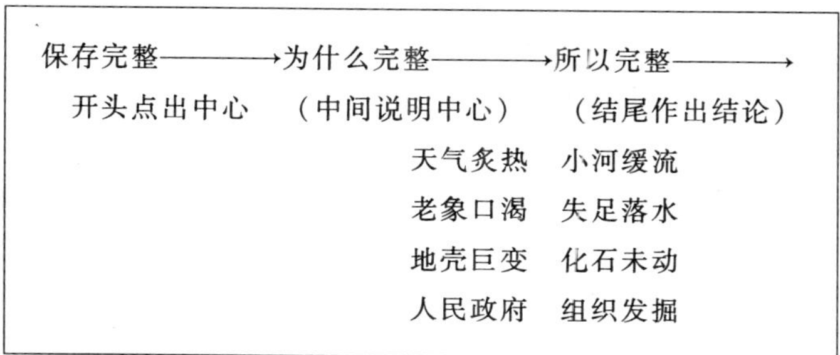

（2）推导式板书，根据这篇课文是科学知识说明文的特点，侧面训练学生假想（推想）的能力。

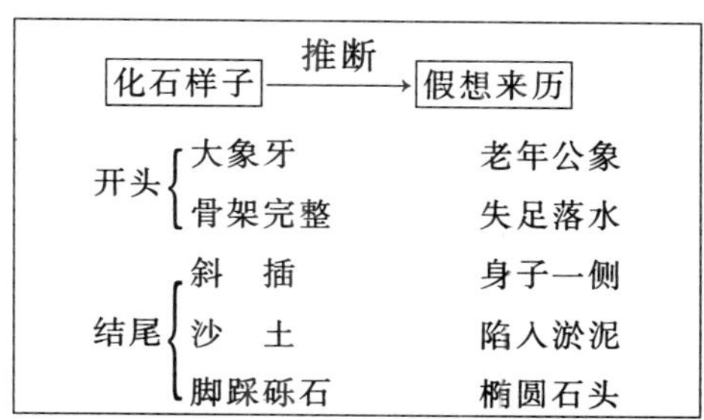

(3) 针对课文运用倒叙以突出科学假想的特点，设计出能体现文章结构的板书。

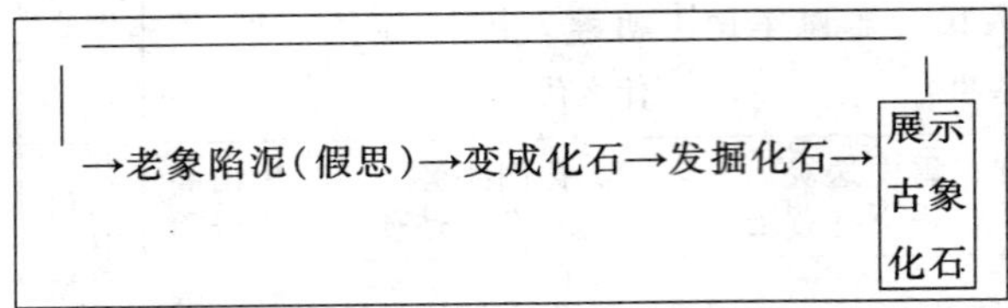

2. 教学实际情境需要“变”

课前精心设计板书是完全必要的，但不等于教学时丝毫不变。到了课堂上，根据教学实际情况的变化，须对原板书作出相应变化，才能利教利学。通常有两种应变：

(1) 附加“小板书”

教学中发现预料不到的难点（或出现精彩的即兴教学），有时需要运用这种“临时板书”加以突破。有时不必改动原板书，只需在它的旁边附加新板书。这种新板书具有局部、暂时的特点，占地不大，用后即擦，故称“小板书”。如此大小板书结合，相得益彰。如《挑山工》一课结尾句：“这幅画一直挂在我的书桌前，多年来不曾换掉，因为我需要它。”这句话蕴含着中心，某教师在引导学生体会这句话的含义时遇到了障碍，而原板书对此处未很好体现。学生的信息反馈促使教师及时调控，边启发边附加了即兴“小板书”：

我需要 [它] —是→ 画 —中→ 挑山工 —的→ 不断登攀精神

板书抓住句中关键代词“它”，层层剥皮，由画见人，从人见心，化虚为实，化暗为明。学生顿时领悟了作者需要的是挑山工那脚踏实地、负重登山、永不停歇的攀登精神。

(2) 修改“原板书”

有时，课堂上学生的回答与原板书设想异曲同工，换上学生的用语更好；有时学生的答案启发了教师，需要立即对原板书作必要修改、补充。改后的板书里有学生自己的心血，他们会倍感亲切、兴趣盎然，从而使师生之间形成融洽民主的教学气氛。以《十里长街送总理》为例，某教师曾在备课时设计了第一段的板书：

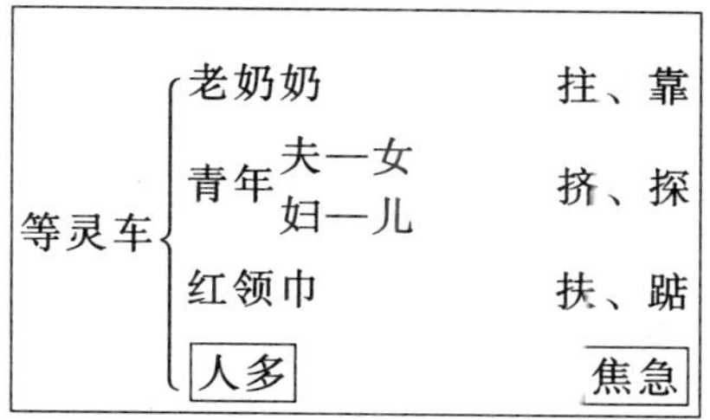

教学第一段时，教师发问："这段哪些地方看出等灵车的人多?"学生不仅准确列举了文章具体写的几种人，而且将几种人加以归类分析。有的从性别上看，男女均有；有的从年龄结构上看，老、青、少、幼都来了，证明爱总理代代相传；还有的抓住"一位""一对""一群"三个数量词分析，说明人民爱总理的情景。学生的发言迸发着创新的火花，从不同角度反映出文章列举几种人富有代表性，是亿万人民哀悼怀念总理的缩影。教师立刻在原板书上加框添字，体现了学生的思维成果：

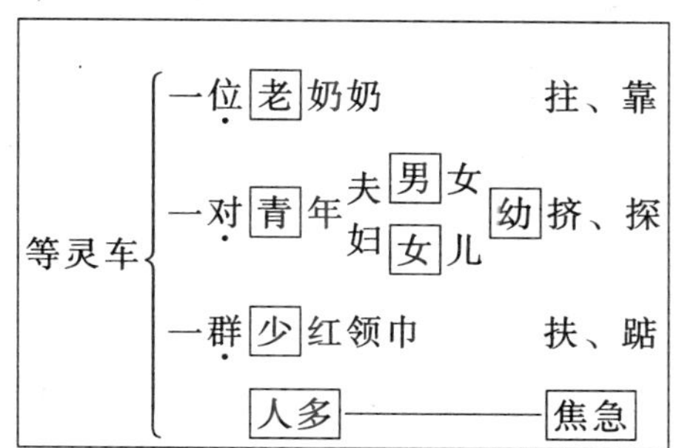

3. 教学思想提高促进"变"

同是一课书，教学指导思想转变，必然促进板书的变化。俗话说"常教常新"就有这个意思。即使曾多次教过的课文，也不该板书原样照搬，多年一贯。何况学生的状况也不同呢。因此，应把板书

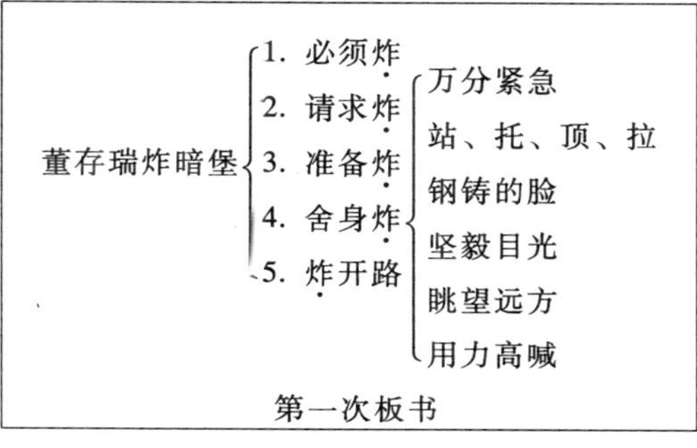

第一次板书

的改进看做是教学改革的重要内容。我曾听过同一位教师两次教《董存瑞舍身炸暗堡》，前后两次板书同中见异：

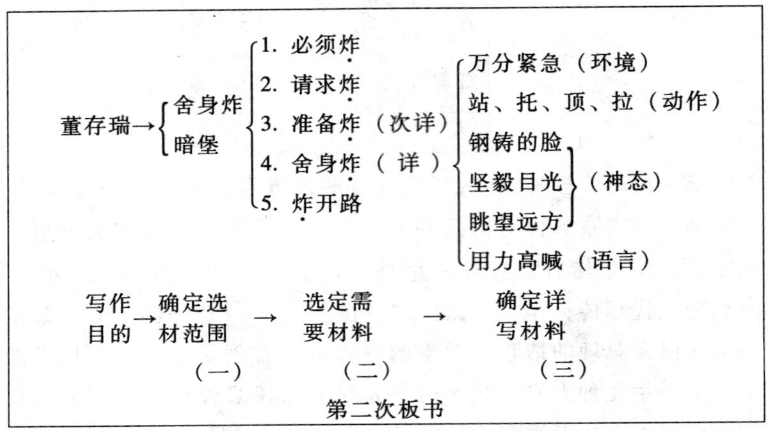

第二次板书

两相对比，前次板书体现了以“炸”为线索的文章思路和董存瑞的高大形象，有利于课文的理解；而后次板书，除吸取了前次精华外，还从个别课文抽出一般选材规律，引出“学法”，既立足于本课，又超出了本课，展现了选材的步骤及其关系，在使学生得到“金子”的同时获得了“点金术”。两次板书的变化，足见教师教育思想的升华。

（三）板书会“展现”

板书作为教学手段，不仅包括课前着眼于教学的精心设计，还体现在课上板书的展现及使用上。

一则设计好的板书，到了课堂上绝不该、也不可能和盘托出，总要经过由部分到整体，一点一滴汇聚而成。这种逐步展现也绝非随心所欲，应遵循教学规律，安排合理的展现“序”，使之更利于达到教学目的。

1. 展现板书要符合“文路”

板书的目的之一就是帮助学生读懂课文。那么它的展现过程也应对准这个“标”。课文是围绕中心的结构整体，有着固有的层次，板书展现也应符合课文的特点，这正是板书展示“序”的客观依据。这里有两种情况：

（1）亮板书与文章顺序合拍

就是说，板书逐步出现与文章叙述线索、段落同步并进，比如六册《麻雀》是典型的按事情发展顺序记叙的课文，三段清晰交代出“猎狗发现了小麻雀——老麻雀保护小麻雀——小麻雀得救了”的过程。板书展示就可以循着这个“起因——经过——结果”序分阶段出现。

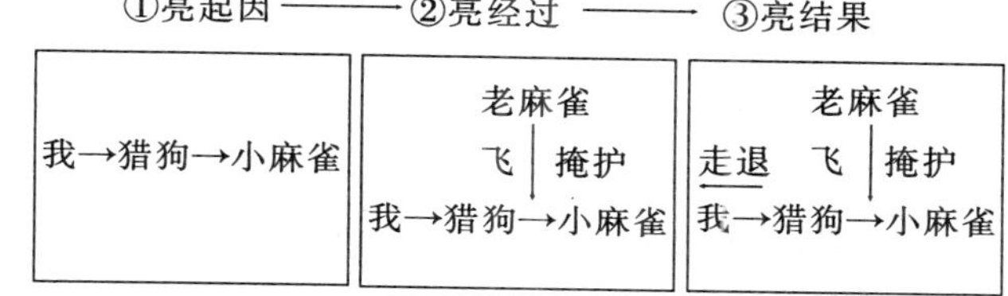

这样课文与板书协调一致，板书成了文章最好的注脚。

（2）亮板书与作者思路一致

有时候，为了体现文章的特点，有意不按课文顺序板书，而最终正是突出作者的构思用心。此乃暂抛表序的一致性，去抓实质的一致性。例如《凡卡》的多次插叙结构，是作者思路的一大特色，也是学生理解的难点。为解决这个问题，某教师曾根据课文以“信”为线索插入作者语及回忆与爷爷甜美生活的构思特点，打乱了课文的表序，采用了“先顺后插”的板书“序”。

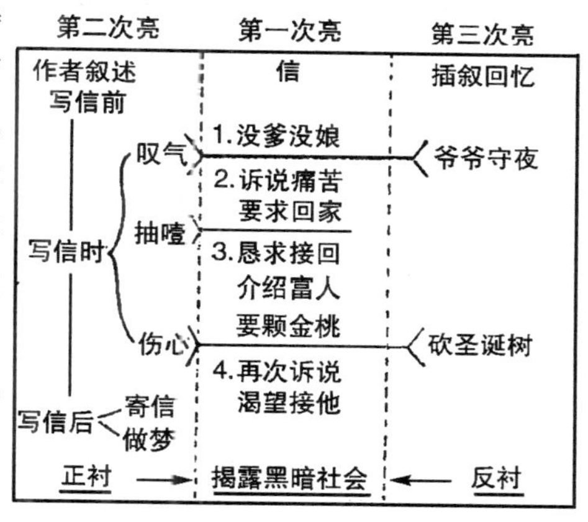

如此“先顺后插”“先主线后副线”“先正托后反衬”的亮板书“序”，一下子就把作者思路勾勒得一清二楚，学生对课文的杂乱之感顿清。板书展现过程即是揭示文章特点的过程。

2. 展现板书要适应“学路”

学生是学习的主体，板书的展示也应遵循学生认识事物的规律，学习语文的规律，以及他们的心理特点。比如，根据由浅入深的学习原则，可设计“结构——内容——中心——特点”的“递进序”；根据小学生以形象思维为主要形式的特征，可设计出先亮具体内容后抽规律的“归纳序”；

为了培养学生的自学能力，还可设计“先举一后反三”的“扶放序”……譬如，某教师在教《再见了，亲人》时曾设计了“表格式”板书。又由于课文前三段结构相似，教师采用了先扶后放的三步亮板书的“序”。

第一步，边讲读第一段边启发学生，教师出示板书，有意将“表头”空下，目的是让学生先从感性入手，自悟规律。

大娘	送打糕　雪中送炭 救伤员　丢下、背进	昏倒路旁 失去唯一孙孙	比山高 比海深

第二步，让学生回顾第一段的学习方法，在教师导引下上升到理性，从思维结果深入到思维过程的揣摩，归纳出板书的“表头”。

告别	回　忆		抒情
	朝鲜人民为志愿军做的事	朝鲜人民付出的代价	
大娘	送打糕　雪中送炭 救伤员　丢下、背进	昏倒路旁 失去唯一孙孙	比山高 比海深

第三步，在举一的基础上，下面两段放手让学生按表头思路自学反三，并要求他们到黑板上填板书。最后教师画龙点睛，完成全部板书。

告别	回　忆		抒情
	朝鲜人民为志愿军做的事	朝鲜人民付出的代价	
大娘	送打糕　雪中送炭 救伤员　丢下、背进	昏倒路旁 失去唯一孙孙	比山高 比海深
小金花	救老王　钻、解、救	失去妈妈	刚强 落泪
大嫂	挖野菜　跑到前沿	倒血泊，靠双拐	友谊

用鲜血凝成的亲人情谊

纵观亮板书全过程，学生自悟、自练、自填，巧妙的顺序安排提供给学生广阔的天地。

3. 展现板书要体现“教路”

板书并非孤立存在，它乃教学这一整体的有机组成部分。所以亮板书应与“教路”并行不悖，才能体现教学整体功能、板书的助教作用以及教师的主导作用。例如《奇异的琥珀》是一篇科学性很强的文章。一位教师为了训练学生逻辑推理能力，循着科学家推导的过程组织教学（先找推导根据，再推导形成条件，后想象形成过程）。这种“跳跃式”的课堂结构决定了板书展现的顺序，从而达到了教学与板书此呼彼应、配合默契的程度。(下图)

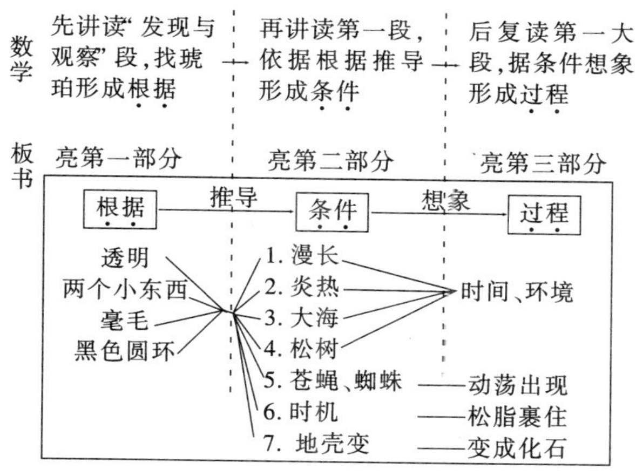

《奇异的琥珀》板书

板书三次展现正是推理的三个阶段，也是教学的三个环节，结合十分紧密。学生从中也悟出了科学推理的思维方法。

上述的“教路”“文路”“学路”，并非各自为政，而是融合在教学的整体中，板书的展现应服从于“三路”的结合体，以教路为导，以学路为体，以文路为凭。

八、《黄河象》的三种教学设计

俗话说“文无定法”。教一篇课文，为了达到不同的教学目的，可以设计出不同方案。试以《黄河象》一课为例，做三种教学设计。

（一）中心突破法的设计

《黄河象》一课的教学难点在于理解作者为什么要写这篇文章，也就是揣摩课文的中心。为了解决这一关键，分两步进行。

1. 抓黄河象“完整”的特点——初获中心

由于课文结构清晰，语句浅显，所以学生通读全文后，不必花很多时间，很容易读懂内容，分清段落。在此基础上，按四段的先后顺序，先讲读第一段，直奔中心。设问“黄河象最主要的特点是什么?”引导学生从几个句式的作用入手，归纳出黄河象保存完整这一特点。

（从整体看）	除了……全部是……	完整
（头部）	甚至……也…………	
（脚部）	连………也…………	

从头到脚，由最大的象牙到最小的舌骨、末端趾骨都保存着的事实充分证明了“完整”。抓住了黄河象这个特点，也就等于初步获得了中心，因为作者通过这篇文章告诉读者，这具古象化石保存完整。

2. 思考黄河为什么这样完整——深化中心

这时学生会出现一个悬念，黄河象为什么会这样完整地保存下来呢?这正是文章后三段所要阐述的。因此，要启发学生搞清每一段与保存完整的关系。

（二）“跳跃法”的设计

《黄河象》也是一篇科学说明文。它的科学性体现在黄河象来历的假想，并非凭空臆断，而是有事实根据的想象。这一特色是培养学生科学想象力的极好素材。为达此目的，跳跃式的讲读较适宜。它与按课文记叙顺序教学不同，采取“先中间后两头”的方式。

1. 先读中间，搞清黄河象的来历

暂时撇开头尾段，直奔假想部分，提出“科学家们怎样一步步想象黄河象的死因?”发动学生分三步找答案。

(1)探间接原因。将二大段分三层，每层要求用一个字即“热”“渴”“陷”加以概括，再理出三层间的内在联系：炙热的天气促使老象干渴，找水的欲望造成它失足落水而死，“热”与“渴”是致死的前提，可谓间接原因。

(2)找直接原因。然后紧紧抓住“陷”设问：“老年公象经过几步才身陷而死?”从而总结出①跨进水里，右脚下陷；②回收不及，左脚深陷；③使劲挣扎，全身下陷；④呼吸灌水，身陷不动。黄河象直接死因已清。

(3)看化石形成原因。细读三大段，让学生找出化石形成的三个条件：①时间漫长；②泥沙掩盖；③地壳变迁。

2. 再读两头，寻求来历的根据

教师设置另一悬念：“黄河象来历的假想是凭空猜想吗?为什么?”激起学生深入探索，给假想找根据。

(1)教师问，学生找。教师提示着学生填充表2-10，从头尾段中找假想根据。

表 2-10

提　　示	假想的根据（头尾段）
为什么假想黄河象“陷入淤泥”?	(沙土)
为什么假想黄河象“身子一侧，栽进河里”?	(斜斜地插)
为什么假想黄河象“右脚正好踩在一块椭圆形的石头上”?	(脚踩砾石)
为什么假想黄河象化石“未曾移动过”?	(骨头相互关联)
为什么假想黄河象“失足落水而死”?	(完整)

2. 学生自问自找。课文中还有许多细节的假想同样能从发掘与展示的情景中找到根据。这就给学生提供了独立思考、自问自找的机会（表2-11)。

表 2-11

自问	自找	自推导
1. 为什么假想“河水流过”?	砾石、沙土	砾石、沙土都由流水冲刷而成
2. 为什么假想有“一条弯弯的小河”，而不是“一条宽直的大河”呢?	沙土	只有弯弯的小河才易形成泥沙的淤积
3. 为什么假想是“一头老年公象而不是一头幼年母象”呢?	象牙 高大的骨架	有象牙证明是公象，骨骼高大证明年迈
4. 为什么假想其他古象“吓得四散逃跑”?	一头大象骨架	发掘时只有一只骨架，说明其他不在原处

最后让学生畅谈体会。学生明白了科学家们为什么不假想老象饿死、冻死、病死、咬死……而偏偏假想失足落水的道理；浮想联翩的来历处处都能找到根据，可见，假想并非胡思乱想，而是有根据的科学推想，与此同时，课文用词的准确、推理的严密也跃然于纸上。

(三)“变文序法”的设计

《黄河象》一文的结构安排别具一格。从展览化石样子引出了来历的假想、变化石的经过，最后再讲发现时的情景。此思路有力地突出了中心。用“变序法”进行教学，便于学生体味结构特色。

1. 理清结构顺序

在分段基础上，让学生从时间的角度理出结构顺序，

一段	二段	三段	四段
展示样子——	假想来历 ——	变成化石 ——	发掘化石
如今	二百万年前	日子一天天过去	一九七三年

现在——————————过去——————————现在

2. 变换结构顺序

而后点拨学生：如果按时间顺序组材，还可以怎样安排段落？激发学生求异。这不仅能检查学生对课文脉络的理解，而且也是一种创造性的变序练习。可得出另两种结构安排：

①（原二段）　（原三段）　（原四段）　（原一段）

假想来历——变成化石——发掘化石——展示样子

过去————————现在

②（原一段）　（原四段）　（原三段）　（原二段）

展示样子——发掘化石——变成化石——假想来历

现在————————过去

3. 比较几种结构

至此已出现了三种不同的结构，这就创设了对照的情境。教师应让学生比较选优，进一步肯定和深刻理解作者组材的精妙。可提出以下思考题剖析：

（1）为什么要把展示古象样子放在开头？

①符合科学推理的逻辑。从见黄河象骨架的样子去假想，由现实出发。②符合读者的认识过程。知道了样子必然会引起思索古象来历。

（2）为什么要将发掘化石放在结尾？

①它与变化石紧紧相连。②结尾点明考古的依据，点明保存完整的中心。

（3）为什么把假想内容安排在中间？

①插在中间使假想段显示明显，突出了重点。②把假想段夹在现实中间，强调了假想的科学性。

九、三备《记金华的双龙洞》

去年秋初，为了赴广州试教《记金华的双龙洞》，我们在北京进行了三次集体备课，并先后在两个教学班预教。几备的经历，感想颇多。现以本课最后一段的处理为例，回顾备课过程，谈谈感受。

《记金华的双龙洞》一文结尾段只有一句话，“我排队等候，又仰卧在小船里，出了洞。”备课时我们揣摩作者的意图，领会到此段从内容上看，既交代了游览双龙洞的结束，又点明了返回的游线，体现出游记的完整性，从写法上看，出洞虽又途经洞中众多景物，但只一笔带过，不必重复详述，这种详略得当的结构是课文精炼性的表现。在此理解的基础上设计了一备教案：

一备教案
△学生齐读最后一段。
△提问：1. 这段向我们交代了什么？（教师板书画回游线）
2. 既然回游又经过了双龙洞的所有景色，为什么文章只写一句？
（详略得当）

第一次预教，下课后几个学生围着老师提出了意想不到的疑问："作者游览中处处都在找泉水的来路，为什么在内洞知道有上源后就出洞了，而不继续游呢？"这个质疑引起了我们两点深思；①这说明一备对教材理解不够。泉水是两个岩洞的奇观之一，"水线"又是作者的游览的"导线"，寻水源乃是兴致所在，因此，读懂本篇节选的课文不能脱离原文"记金华的两个岩洞"。促使之下我们阅读了叶老原著，对照课文，进一步弄清了"出洞"的含义是走出双龙洞，但不是游览的全部结束，了解到"出洞"的原因在于从双龙洞无法游上源岩洞，只得原路返回，再拾级而上，饱览了"冰壶洞"的胜景。同时还阅读了《旅游》杂志关于双龙洞的介绍，丰富了感性认识。可见，精读需要博览，博览促进了精读，教师备课须向深度、广度进军。②也说明了一备对学生心理了解不够。教案并未估计、解决学生的疑点，在一定程度上成了无的放矢。要教好学生必须先理解学生，通常所说的"吃透两头"，其中一头就是学生。基于这样的认识，备出了第二个教案。

二备教案
△学生齐读最后一段。
△学生质疑。（估计学生会提出：作者为什么不继续找上源，而出洞？）
△教师释疑。（告诉学生本课是节选，并说出处。叶老出洞后继续饱览了上源的冰壶洞。）
△顺势提问。1. "出洞"一词告诉我们什么？（①回游线；②游双龙洞的结束；③游冰壶洞的开始。）
2. 为什么回游双龙洞只写一句话？
（详略得当）

第二次在另一班预教后，学生读懂了课文，解决了疑难，课堂效果比较圆满。可是第二天经过调查，阅读叶老原文的学生却寥寥无几，这又一次引起了我们的深思。是何原因呢？看来教师解疑只让学生知道而已，并未激发学生强烈欲望，主动去探寻知识。教案只做到了了解学生，而未设计如何训练学生。因此，我们再一次坐下来，备出了第三个教案。

三备教案：

△学生齐读。（看板书划回游线，显出详略得当。）

△教师激疑　大家想一想，作者“出洞”后干什么去了？

　学生想象（学生可能想到：“回家”“休息”“写游记”……）

△教师设悬念引课外阅读

①大家猜想不对？作者不顾年迈，劳累，继续游览了上源的冰壶洞。（学生进入“愤悱”）

②同学们一定愿意和叶老再去游冰壶洞吧！本课只是《记金华的两个岩洞》的节选，回家后大家找找初中课本，一看就全明白了。

（学生已有求知欲望）

用此教案，课上学生趣味盎然，思维活跃，浮想联翩，课后主动进行课外阅读。此教案将激疑与解疑，阅读与思维，课内与课外结合起来。

回忆三备两改教案的过程，确有备无止境、其乐无穷之感。进而体味，深感到备课的关键是处理好教与学的关系，必须把“学”摆到第一位，才算抓住了“教”的要旨，而课文只是教为学的凭借。备课的过程实际上是教师做学生——教师懂学生——教师练学生的过程。这就是我们备课得到的一点收获。

第三章　阅读教学的优化与创新

一、正确处理几个关系，促进小语教学和谐发展

几年来，全国小语界贯彻《语文课程标准》的热潮方兴未艾，极大推动了小学语文教学改革发展，为培养新时代可持续发展的创新人才做出了突出贡献。

在前进道路上必然会遇到困难、困惑、挫折、弯路……这不足为奇，但要正视它，研究它，解决它。笔者愿和大家一道，饱含热情地冷静思考，谈谈对几个关系的处理，促进小语教学科学、健康、和谐地发展。

（一）正确处理工具性与人文性的关系

1. 人文的培养要寓于工具训练之中

人文性是各个学科育人的共性，语文工具性是语文学科的个性，离开个性的共性是架空的，是不存在的，共性必须寓于个性之中，才能落实，殊途同归。

2. 善于挖掘语文工具中的人文内涵

语文中的人文性与工具性是皮毛关系，不可分割。皮之不存，毛将焉附？要通过语言文字赋予人文性，所以，教师善于挖掘语文工具中的人文内涵，是工具训练与人文融合培养的必由之路，双赢之途。

3. 教学主线训练工具，过程中渗透人文

在操作中，不要忘记语文学科姓“语”，教学的目标，出发点及归宿，主线要训练的是语文工具，在训练的过程中渗透人文，才是健康和谐之路。

（二）正确处理语文训练与语言交际的关系

1. 语文是重要的交际工具

语文是活的语言，是生活的语言，是动态的语言。听说读写都是交际

的需要。叶圣陶先生曾对作文说过精辟的话："作文原是话语的延续，用来济说话之穷，在说话所不及的场合，就作文。"不能离开交际环境孤立地学词法、句法、章法，只有在交际中学母语才是康庄大道。

2. 在交际中练语，在语境中练语，在角色对话中练语

既然是交际，就有情境，就有角色，就要对话，就应互动。所以，在操作中，就要在语境中练语，在角色对话中练语，在交际中练语。听说读写是交际的训练场。

（三）正确处理学习结果与学习过程的关系

1. 学习过程与学习结果并重

作为三维目标之一就是过程与方法，过程方法是结果替代不了的重要素质，是形成能力、习惯的重要内容，是学生可持续发展的重要条件。同时也应看到，过程与结果是一个问题的两个方面，过程是为了获得结果，结果的获得须经一定的过程，不可分割。正如过河的桥是为了到达彼岸，要想到达彼岸必须过桥一样。既不要只重学习结果，忽视学习过程；也不要只重学习过程，不管学习结果。

2. 学生要参与学习过程，自主获得学习结果

学生是学习的主人，只有学生参与学习过程，才能积极、主动、牢固、灵活地获取结果，同时，过程中的素质才得以培养，这是个双刃剑。教师越俎代庖是不行的。

3. 不仅学生要参与学习过程，更要探究学习过程

随着课改的深入，对于语文学习过程、方法越来越引起同行的重视，那种教师包办学生学习过程的现象已不多见，诸如让学生自学质疑解疑，合作探究问题，文本对话表演，综合实践活动，自由查找资料……均是这种转变的操作显现。

但冷静观察分析某些教学现象，不难发现，虽是全体学生、全程参与了学习过程，可师生关注的仍然是最后的结果，只是走了过程，只是感受过程而已，并不自觉，并非掌握。所以，仅仅发动学生参与学习过程是远远不够的，要引导他们研究探索，掌握过程中蕴涵的方法。不仅让学生参与学习过程，更引导学生探索学习方法。正是感觉了的东西，不一定理解它，只有理解了的东西，才会更深刻地感觉它。

（四）正确处理阅读共创与阅读共识的关系

1. 阅读是个共创的过程

作品变为教材，性质发生了变化，作者、编者与学者、教者见面了，交流了，理解、表达是作者、编者与教者、学者共创的过程。俗话说：一千个读者，就有一千个哈姆雷特。这种个性化的理解，独特的感受，是主动阅读的表现，是正常的教学现象。教学中应鼓励学生共创，是阅读教学的一项重要任务。看清了这一点，对发挥学生的创造潜能大有裨益。

2. 阅读也是个共识的过程

作者写出一篇文章，定有它的意图，有其规定的意思，而且能够充分体现主要意思；编者将其编入教材，也是为了让学生读懂作者本意，从中受到熏陶教育。什么是阅读呢？阅读是看（书报等）并领会其内容。如果学生读了都不能领会规定的意思，怎么叫阅读呢？文章规定的意思就是阅读的共识点。引导学生达到共识也是阅读教学的不可或缺的任务。

3. 要在阅读共识的基础上共创

共识与共创都是需要的，两者不是对立的，是相融的。一千个读者，可有一千个哈姆雷特，另一方面，一个作者，就一个哈姆雷特。教学中如何处理共识与共创的关系呢？可有两种做法：一是引导学生阅读领会文章规定的意思，在达到共识的基础上，鼓励学生求异共创；二是在鼓励学生充分发表自己的看法后，引导学生领会文章规定的意思，达到共识。将共识与共创结合起来，将“再现式”教学与“表现式”教学有机结合起来。实现和谐。

（五）正确处理学习课文与课外资料的关系

1. 引进课外资料要成为学习课文的需要

引进课外资料不是可有可无的，而是学习课文的需要。作者根据表达意图，每篇课文都要有取有舍，有详有略，不可能将有关资料都写进文章里，那样也就不成其文章了。但阅读者解读时可以有自己的需要、疑问、延伸，这才是学习课文与课外资料的“引进点”，课外资料成为了学习课文的需要。那种为了赶时髦，为引进课外资料而引进的做法，那种不是学生学习课文的需要，教师硬性规定学生查阅课外资料的做法，均不利于培养学生查阅课外信息的素养。

2. 要在解读课文的关键时运用课外资料

有句古诗名句："山重水复疑无路，柳暗花明又一村"。运用课外资料要有诗句的意境。这就要选择好运用时机。应在课文理解出现山重水复疑无路时，恰到好处地运用课外资料，收到柳暗花明又一村的效果。那种不为解读课文的需要，不在解读课文的关键处，简单地让学生汇报交流查阅的课外资料的做法，失去了运用课外资料的作用，是不可取的。总之，只有课内需要课外，课外解决课内，才是和谐之路。

（六）正确处理学习方式与学习内容的关系

1. 学习方式与学习内容是不可分割的整体

任何学习都离不开学习内容与学习方式，学习方式是为学习内容服务的，学习内容又要采取一定的学习方式。学习方式也不是被动的服务，学习方式的改变会促进内容学习的深化。新课标倡导自主、合作、探究的学习方式，正是极大促进了学生学习的主动、学习的优化，学习效率的提高。

2. 钻研学习内容是选择恰当学习方式的通途

一般说来，内容决定方式，什么学习内容决定用哪种学习方式。当前，淡化钻研教材，抛开学习内容的钻研，一味追求学习方式的时尚，花样翻新的现象，走上了形式主义道路。课堂上热热闹闹，华而不实，极大地影响了学生学习语文的质量。许多优秀教师的经验，都是深入钻研学习内容，品味语言因素，挖掘出学习语文的精彩处，此时，恰当的学习方式应运而生，将学习方式与学习内容恰到好处地结合起来。足见，钻研学习内容是选择恰当学习方式的通途。

（七）正确处理课前预设与课堂生成的关系

1. 课前预设是课堂生成的基础

俗话说，不打无准备之仗。课前预设是课堂教学的预案，是有目的、有计划教书育人的准备，是教师负责的表现，十分重要。那种草草了事，单凭经验就上课，甚至不备课就上课的做法，当然不行。要知道，课前预设与课堂生成不是对立的，而是相辅相成的。课堂生成有两种情况：一种是教师胸有预设（预设只能是估计到学生的表现），到了课堂，关注学生的表现，师生、生生交往，将预案较顺利地付诸实施，达到学生生成的目的；另一种是教师拿着预案，课上出现意外，教学过程有变化，预案改变，顺学而导，达到学生生成的目的。可见，生成不只是靠意外去完成，课堂上能顺利完成课前的预设，是我们理想的目标。所以，课前预设是课堂生成的基础，带着课堂生成的精心课前预设是真正的预设，关键是课前预设要把学生作为学习的主体去设计。

2. 课堂生成是课前预设的必然发展

即便课前预设再精妙，到课堂上也会有变化，变是必然的，局部改变的情况更是常见现象。绝不能上课拿着预设教案，照本宣科地背诵，课前“备课”成了课上的“背课”。要知道，“备课”是动态的过程，不是一次完成的，是不断修改的过程。这种课上的现场设计与修改，就称为“生成”，是课前预设的变奏曲。

3. 课前预设的意料之外是课堂生成的资源

预设到了课堂出现的意料之外，正是课堂生成的关注点、着眼点。对于这意料之外，应看成是可贵的资源，不可多得的教学资源，盼望出现的生成资源。既不要害怕避开，也不要草草了事，而要正视它、重视它、研究它、解决它，现场精心修改预案，关键是教师善于应变。操作有以下几个环节：

(1) 乐于发现。到了课堂上，教师胸中有教案，目中有学生，应乐于全神贯注地观察、倾听学生的表现，出现意料之外的情况，及时发现，如获至宝。

(2) 精于思考。针对发现的情况，迅速、准确究其原因，是教案不足的原因，是学生理解的原因，还是学生创新的火花，思考解决办法。

(3) 善于应变。思考后，应立即做出反映，调节教学，做出应变。这里需要指出的是，应变不是让学生回到教师的预案上来，而是顺学而导，修改预案，师生互动，课堂生成，促进学生发展。

(八) 正确处理现代媒体与传统手段的关系

随着教育的飞跃发展，电脑、课件、网络等现代媒体的运用，为教学的现代化，教学效果的提高注入了新的活力。它的快捷、形象、生动、互动、远程……优势已显现出来。但对于传统手段，诸如：板书、教具、图片、教师的体态语言……并不是退出历史舞台，它们的简单、随机、省钱，特别是板书能根据课堂实际，顺学而写，即写即擦，随机应变，是现代媒体所不能替代的。教学中应发挥各自的优势，取长补短，和睦相处。那种撇开教学目的、内容，追求时髦，为使用课件而使用课件，以鼠标代替教师，“白幕”代替“黑板”，“黑土地”成了“北大荒”的现象，应引起我们警惕。

手段是为目的与内容服务的，选择哪种手段应根据教学而定。可有三种情况：

1. 用现代媒体效果好，就用现代媒体。
2. 用传统手段效果佳，就用传统手段。
3. 当用现代媒体与传统手段都可以时，选择最有效、最简单的。

二、语文教学中的“育人点”

小学语文教学是基础教育中的一门重要学科，担负着进行思想教育的重任，并有其特有的育人优势。为了达到所期望的目标，首先应该了解小学语文学科进行思想教育的特点，才能提高育人效益。可注意以下五点。

（1）必然性。小学语文具有很强的思想性无可争议。编入小语教材的数百篇课文，包括了思想政治教育、道德教育、心理品质教育各方面的内容。这丰富的固有因素，决定了它进行思想教育的必然性。

（2）必要性。语文学科的微观教学始终不能忘记培养什么人的宏观目标。思想教育的优劣直接影响着人才的素质，祖国的前途。因而，大有必要加强学科思想教育。

（3）自觉性。鉴于语文教材的工具性，须按字词句篇、听说读写的序列安排，所以语文教材不能像思想品德教材那样，以思想教育系列编排，故其思想教育的因素虽丰富，却很分散，分散就易忽视，这就为在语文教学中进行思想教育带来一定难度。教师若仅靠固有因素无意识天然育人，那效益肯定不高，只有吃透教材中的教育因素，在教学中自觉主动育人，才会事半功倍。正是，只有理解了的东西，才会更深刻地感觉它。

（4）整体性。小学语文教学乃主体、客体、媒体组成的多因素的有机整体。语文教材仅仅解决了思想教育的内容。至于谁来育、育谁、采取什么方式育人，教材是无法包揽的，需要从教师、学生、教学手段诸因素中寻求解决的途径。只有注意横向的主体、主导、媒体的结合，注意纵向知情意行的贯穿，才能发挥整体育人功能。

(5) 渗透性。小学语文教学的思想教育的渗透性由以下三点决定：①在形象中感染。语文教材的明理不是直接灌输，而是凭借文质兼美的文章，凭借物、景、事、人的形象去感染学生，教育学生。②在训练中同步。语文教学的特有任务是培养听说读写的能力。思想教育不能游离于它去单独进行，须在语言训练中渗透。③与小学生年龄特点适应。大家都知道，小学生的生理、心理特点是以直观、形象思维为主的，不能以成人化的教育硬套，要寓教育于学生喜闻乐见的形式之中，才能取得潜移默化的效果，否则欲速则不达。

总而言之，明确小语教学必然育人、必须育人、自觉育人，注意整体育人、渗透育人，则为小语教学中思想教育开辟了广阔的前景。根据以上规律，探索小语教学中思想教育“育人点”尤有必要。笔者试做以下浅析：

(一) 育人的凭借点——挖掘教材

语文课本是教师教学的凭借体，是教与学的媒介。文质兼美的课本蕴含着丰富的育人因素，这是育人的必然性；它们的具体形象又为学生乐于接受，这又提供了育人的可能性。因而善于挖掘教材的育人点，是加强思想品德教育的必由之路。不光育人点明显的课文如此，就是那些育人点暗含的文章也不例外。它们犹如地下的石油，一旦得以开发，将会喷发巨大的能量。在钻研教材中的育人点时，要注意以下几点。

1. 防重点遗漏

对于某些育人点不够明显的课文，特别是状物、写景、说明一类的文章，须依托教材仔细挖掘，防止重点处遗漏。现以科普小品《黄河象》为例。全文写的是陈列在北京自然博物馆的一具古象化石的来历，说明古象化石保存得十分完整。为什么会这样呢？原因是多方面的。其中有个容易遗漏的育人点。文章在结尾段写出了化石发现时的情形，某位教师注意到了“挖掘”与“发掘”这对近义词的区别，从而设问：“社员挖掘沙土时，为什么立即向上级报告？”“是谁组织发掘？这体现了什么？这与化石的完整有什么关系？”促使学生认识到，象化石的完整保存也浸透了党和政府对考古工作的高度重视，人民群众有着保护文物的美好意识。学生从中受到了爱国家、爱人民、爱文物的教育。所以，古象化石之所以保存完好，除了黄河象的死亡原因、地壳变迁的地质原因、时间漫长的历史原因，还有政府与人民重视的社会原因，这一个育人点是不能漏掉的。

2. 防明理不透

晓之以理是达到育人目的的前提。掌握的知识愈多，智力生活愈充实，精神世界愈丰富，道德意识就愈发展，因此，凭文挖道尤为重要。这里有着浅挖与深挖的区别。备课时浅尝辄止，明理不透，道德意识就不易形成，或层次较低。反之，悟理透彻，信念才更坚定。故钻研育人点要挖透防浅。如课文《小猴子下山》的寓意是做事要有目的，并且要有始有终。某教师曾针对这个育人点，设计了“假如你是小猴子，应该怎么办?”的情境练习。结果课堂上学生的回答五花八门，什么“我就肩扛玉米，嘴叼桃子，怀抱西瓜去追小兔”，什么“我就多跑几趟，一次搬一样，都搬回家”，什么“我借辆小车，遇到什么装什么，样样不落”。这些回答只注意到了小猴子不能喜新弃旧，却淡化了办事要有目的关键。另一位教师对此有更透彻的理解，办事离开了目标，将一事无成，目的明确、有始有终才有方向。这样他设计的情境练习就大不相同了，提出了：“假如你是小猴子，下山的目的是什么？你打算怎么办?”课堂效果则别有洞天了。有的说：“猴妈妈病了要吃西瓜，我路过玉米地，桃树连看也不看，摘了西瓜就回家。”有的说：“假如我的目的是又吃玉米又尝桃子，我就把两样都拿上山。”还有的说：“我就想和小兔子玩，于是就直奔树林，找小兔子商量，能不能和我一起做游戏。”教师另辟蹊径，顺势发问：“假如我也是小猴子，下山就是要散步，观赏大好风光。最后结果如何呢?”学生先是一愣，经过思索回答出：“小猴子应该兴高采烈地空手回家。”这个“空手”与课文中的“空手”意思不同。一个目的明确，有始有终；另一个则是目标不清，见异思迁。两个教学片断一比，后者教学“育人点”挖得透，教得活，效果好。

3. 防生硬外加

要“实”，即育人点完全是教材中实际存在的固有因素，绝不是生硬外加的。否则，游离了凭借体，育人就失去了依托，既不符合语文学科特点，说服力也黯然失色。所以要注意一种倾向掩盖另一种倾向。例如《鸟的天堂》的结尾处，叙述了作者回头望望大榕树，感叹地说："我有一点儿留恋。"有个教师曾抓住"一点"这个词语大做文章，竟问学生："大榕树这么美，作者怎么仅仅有一点留恋，那更重要的是什么？"最后竟然要结合写作年代硬拔到"作者主要目的是要抗日去"，真叫人啼笑皆非。其实，课文写得明明白白，作者是看朋友路过此处。这句抒发了对榕树的赞美，激发学生对祖国大好河山的热爱。

4. 防喧宾夺主

还有一种情况，一篇课文的育人点不是一个，又该怎样处理呢？这里有一个原则，须根据文章的主要内容、中心思想，抓准主要的育人点，至于其他的，虽可以兼顾，但不应喧宾夺主，偏离主旨。像《小壁虎借尾巴》应紧扣几种动物尾巴的功能去挖掘育人点。至于小壁虎每次借尾巴时的彬彬有礼，则是次要的，随着教学适当点拨就行了。

（二）育人的入手点——摸透学生

教材是育人的凭借，学生才是育人的对象。挖透教材仅是解决了育人的内容，摸透学生才能解决育谁的问题，尤其要摸透学生的思想实际，育人点才会敲到学生心坎里，他们才乐意接受，从而顺利提高其认识水平。反之，凭想当然，教师一头热，事倍而功半。所以应摸准学生对教材思想内容的认识实际，从此入手，有针对性地进行教学。通常有两种入手。

1. 从初步印象入手

初读文章后，教师让学生谈谈对课文的初步认识，往往能找到育人的突破口。如学生在粗读了《在炮兵阵地上》后会产生彭总脾气大的印象，不必回避，应就此入手，引导深入理解。帮助学生逐步认识到这表现了彭总工作负责的态度，雷厉风行的作风，为国为民的信念和严中有爱的品格。学生的理解不是抽象的概念，深深地启迪着他们的心扉。原因很简单，育人点的确定从学生而来，才会真正回到学生中去。

2. 从质疑问难入手

在教学过程中，给学生质疑的机会，会使育人入手点趋于符合学生实际。有位教师在讲读《麻雀》时，适时让学生提问，不少问题都是教师始料不及的。如有的学生提出："猎狗是庞然大物，为什么面对一个小小的麻雀会后退呢？难道它害怕吗？"有的问："猎人的任务就是猎取动物，为什么他看到老麻雀从树上飞下来，不将麻雀母子一起逮走？”还有的说：“猎人带着猎狗走了，小麻雀仍旧不能飞回树上，危险仍然存在，猎人没有彻底拯救小麻雀呀！”这些问题既暴露了学生对课文的不解处，又反映了他们对小麻雀的关切，母爱力量深深打动了学生的心灵，同时为教学育人提供了可靠的信息。

（三）育人的融合点——寓于训练

语文教学中的育人有其自己的特点。小语大纲明确指出：“在听说读写训练的过程中，进行思想品德教育。”所以，将教育性寓于听说读写的语言训练之中，乃是语言教学中育人的融合点，既不能孤立地进行语言训练，又不能脱离语言训练空谈育人。试举一例。某教师教《狐假虎威》，当学生理解了这篇课文的寓意后，教师进行了别开生面的语言训练。首先练习将成语《狐假虎威》用一句话展开，即“狐狸借老虎的威风把百兽吓跑了”，而后展示了电影《小兵张嘎》中的三张人头像，分别绘着“日本鬼子”“翻译官”“老百姓”，接着启发学生按成语“狐假虎威”的展开语序，排列三个头像，“翻译官”“日本鬼子”“老百姓”的排序训练了逻辑关系。最后用“狐假虎威”之意将以上三种人物连成一句完整、情感正确的话。学生分别说出了“胖翻译官借着日本鬼子的威风欺压老百姓。真不要脸！”“翻译官借着日本侵略者的势力压榨老百姓，一个狗汉奸！”“胖翻译官假借洋鬼子的威风压迫善良的老百姓，白给他披了一张中国人的人皮。”这样，在理解成语寓意，迁移运用成语的语序、褒贬色彩的训练中，孕育了革命传统教育，是与非、爱与恨蕴含其中，训练与育人融为一体。

（四）育人的催化点——情感效应

学生获得知识，仅是达到育人目的的第一步。只有这种知识、道德变成了坚定不移的信念，才会架起化为行为的桥梁，而信念又是情与理的合金。晓之以理，还需动之以情，情感是知识转化为行动的催化剂。在课堂教学中，学生动情，更能在求知、练能、开智中育德。如课文《我爱故乡的杨梅》，为了让学生与作者共鸣爱家乡，爱杨梅，受到美的熏陶，某教师十分重视情感育人效应，别开生面地拿着一瓶杨梅罐头走进教室，初读课文后，分发给每位学生一粒杨梅果，让他们看着它的形状、颜色，并品尝滋味。别看仅有一粒，在课堂上吃水果却十分新鲜，学生们异常兴奋。值得一提的是，教师有意不发给自己一粒杨梅果，等同学品尝后，教师提问更具感情色彩："同学们都分到了杨梅，老师没有尝。你们能够告诉我，它是怎样的味道呢?"教师奉献的行为、平等的态度、求助的语气，使学生产生了敬佩感、舒畅感，乐意回答，情绪顿生。经过情感滋润后的课文知识已打入学生的心田。这时的体验真，感受深，信念坚。从上例我们可以摸到激情育人的主要途径：①寓抽象道理于直观形象之中，易于产生情感效应。②寓抽象道理于亲身实践之中，诱发情感体验。③以教师的真情实意激起学生的情感波澜。教师不仅要具备"实"的知识，还要备有"虚"的思想、情感。

（五）育人的扩展点——知行结合

思想道德的形成是知情行意的复杂运动，其中知是起始点，行是终极点，只有思想与行为一致，才算达到了育人的目的。因此，晓之以理，动之以情，仅仅完成了德育的十分重要的一半，还要完成导之以行。正如爱因斯坦说的："人格决不是靠听到的和所说的言语，而是靠劳动和行动来形成的。"语文课堂教学要有意识地促进知朝行的转化，注意育人的扩展点，做到课内外、校内外的结合，使学生逐步养成说到做到的习惯，形成知行统一观。一般说来，有两种做法：①课上知引向课外行。比如课上学习了纠正错别字的意义与方法，课余就发动学生为迎奥运走上街头，发现与纠正街头错别字，净化祖国文字。②课上边知边行。课堂上可设置模拟行动的情境。有篇课文《钓鱼的启示》，通过小作者在爸爸的命令下，由于不到规定的时间，放掉钓到的特大鲈鱼，得到终身启示：道德是个简单的问题，实施起来却很难。为了进一步理解这句含义深刻的话，教师设置了导行情境：课堂上开展钓鱼比赛游戏，分小组围在一个水盆，盆里有若干塑料小鱼，每组有个钓鱼的小钩，教师提出竞赛要求，只许用左手钓，看哪组钓得多。教师有意不注意监控，竞赛成绩公布后，教师调查用什么办法钓的，结果用右手的，用手抓的，用手捞的，各种不合规则的都能启发学生联系刚才的游戏，再次理解"道德是个简单的问题，实施起来却很难"这句话，有了更深刻的体会，为今后做个自觉遵守纪律的人打下坚实的烙印。

（六）育人的默化点——为人师表

孔子曰："其身正，不令而行。其身不正，虽令不从。"教师的身教在语文德育教学中起着重要示范作用；教师的形象具体、直接，对少年儿童具有很大的感染力、说服力，最易激励他们模仿，乃潜移默化点。这是课堂上的无声教育。教师的一笔好字，一身质朴的外表，一段朗朗的范读，一篇流畅的例文，都会发挥着润物细无声的育人功能。如一次《记比赛活动》的作文指导课。内容是评比各小队为亚运献上的心意，当学生们拿出了他们各自的杰作："亚运村模型""少年书法条幅""红领巾捐赠的零花钱""盼盼迎嘉宾绘画"，教师并未仅以旁观姿态当评判者，而是为亚运献上自己的心意——一盒录下自己演唱的亚运歌曲的录音带。当大家纷纷要评教师为冠军时，老师又以自己的礼物参赛不参评为由，谢绝了学生们的盛意。教师的亚运意识，谦虚的态度，已为学生树立了做人的榜样。师者必应以知传知，以情传情，以行导行，取得育德的高效。

纵观以上六个"育人点"，体现着小语教学中思想教育的教学程序。从课堂教学的纵向思考，这个程序可分四个阶段：

1. 感化

语文教材的形象、语文教学的渗透功能、小学生年龄特点的要求，应首先让学生明白语言、理解情节、感知内容，即感之以形才能明理导行，这是思想教育的起始阶段——感化。如《詹天佑》一课，为了让学生体会詹天佑才华出众、为国争光，对学生进行爱祖国、爱科学的教育，就可首先引导学生根据课文内容试绘居庸关、八达岭两隧道分别采取的两头掘进、中部凿升工程示意图，青龙桥的人字形路线图，形象感知，一目了然，詹天佑的杰出已蕴含其中，学生也会初有所悟。

2. 深化

若仅停留在感化阶段，只会就事论事，必须进一步上升到理性认识，到达第二阶段——深化。这里需要的是挖掘、分析、归纳、抽象，晓之以理。比如《草地夜行》。学生感知身陷泥潭救战友的动人情节，已初步体味到老红军那舍己救人的革命精神，但就此停步仍明理不透，需深入挖掘关键的语言因素，可抓住两次出现的"快离开我"，设问："既然已把小红军甩到一边。为什么老红军还再次对小红军说'快离开我'？"甩前的"快离开我”含义是“你要为革命活下去。我们不能一块丧命”，而甩后的“快离开我”则蕴含着“你不要过来救我”。不光救前想到小红军，而且救后仍想到小红军，多么高尚的舍己救人精神啊！学生顿悟，稍一提炼，即可水到渠成，舍己救人的精神已深深印在学生的脑海。

3. 强化

由明理到形成学生的信念，还要以情催化，凭借文情、师情激学生动情，运用适当的教学手段达到情理合一。试举一例。某教师教《董存瑞舍身炸暗堡》，当学生已抽象出董存瑞为革命勇于献身的精神后，教师采用了配乐学生朗读、教师插话的新颖手段，加以感情强化。当学生读到为炸暗堡冲在最前面的战士倒下了后，老师适时插话：“敌人罪恶的子弹夺去了战友的生命，殷红的鲜血撒在大地上，董存瑞怎能坐视呢?”激情的语言引出了学生朗读董存瑞的请战；当学生读到董存瑞猛冲到桥底，在万分紧急关头时……教师二次插话：“多耽误一分钟，战友就多一分牺牲，战斗就迟一分胜利，决不能让敌人逞凶！用自己的身体做支架，坚决炸毁它！”教师的情感感染引出了学生朗读“舍身炸”的可歌可泣的情节；当读到董存瑞牺牲前的最后一句高喊时，教师又第三次插话：“董存瑞为了新中国献出了宝贵的生命，要为董存瑞报仇！踏着先烈的足迹朝着胜利冲啊！”学生已被教师的激情感染，入境动情，配着喊杀、枪炮的音响，激昂地朗读出结尾段。这段精彩的感情插读，以情引情，情理相融，产生了强化教育的效果。

4. 转化

我们已知道，明知、晓理、动情还要导行，才能达到思想教育的终极目标。那种“道理我懂，不去行动”的天桥把式是不行的。因此，教学还要不失时机地转入第四阶段——转化，采取一些迁移性、扩散性、课内外结合方式，促情理向行为转化。需要提醒的是，这种转化不能靠一次练习解决，需要细水长流、坚持不懈的滴水穿石工夫。

总之，只要沿着感之以行——晓之以理——动之以情——导之以行——持之以恒的教育之路，坚持地走下去，思想教育之花必然结出育人硕果。

三、小学语文“质疑”教学法

华人诺贝尔奖金获得者李政道博士有句名言：“要学问，先学‘问’，不学‘问’，非学问。”学生敢‘问’、学“问”、会‘问’、爱‘问’，就是一门极为重要的学问，重要的素质。小学语文“质疑”教学法应运而生，它重视、激励、引导学生“问”，它是对单纯的师问生答，重答轻问的一个挑战，是课堂结构一项改革。

（一）小学语文“质疑”教学法的意义

＊从教师角度看

1. 是了解学情的有效途径

教学生就要了解学生。在课堂上让学生发问质疑，可以直接了解学情，达到心中有数。

2. 是提高教学针对性的有效措施

教师清楚了学生的疑难之处，可以有的放矢的解决，提高课堂教学效率。例如：学生在读《周总理的睡衣》课文时，提出“周总理是国家领导人，为什么总穿带补丁的睡衣？为什么不买一件新睡衣？”“邓奶奶这么大岁数了，不会让身边护士去补，为什么亲自补呢？”这些问题使教师了解了真正的学情，在体会周总理、邓奶奶艰苦朴素革命传统时，因势利导，发动学生结合针线包的“引人注目”讨论质疑的问题，收到了明显的效果。学生质疑利于达到学生会了不待教，学生不会才需教的境界。

＊从学生角度看，则是更重要的一方面，可有以下意义。

（1）质疑可以引导学生深入理解课文

古人称学习为“学问”，要学必要问，不无道理。“问”是开山斧，“问”是深耕犁，打开一切知识大门的钥匙都是问号。学生能提出疑问，就会引着他们对课文逐步到达深入理解课文的彼岸。

（2）质疑可以促进学生探究、创新

学生质疑的出现打破了传统的师问生答的一统天下，改变学生机械被动的应答行为，课上学生有机会发表疑见、异见、创见，这是多么可贵的品质。且不谈学生质疑水平如何，单就质疑本身，就是朝着培养学生创新精神迈出的坚实一步。

(3) 质疑可以激活学生思维

亚里士多德有句名言:"思维从疑问和惊奇开始。"质疑会打破思维的平衡状态,出现活跃的不平衡,激发求得新的平衡。常常质疑,可激活思维。读书无疑者须教有疑,有疑者却要无疑,越学疑问越多,方是长进。

(4) 质疑可以促进学生内部语言、外部语言的发展

思维称为内部语言,质疑是将思考的内部语言说出来或写出来,转化为外部语言,在转化的过程中使疑问明朗化、清晰化;反过来,思维的内部语言要借助外部语言来发展,语言器官所发出的动觉刺激是思维不可缺少的。所以,让学生质疑,表达出心头想,必然促进学生内部、外部语言的双发展,何乐而不为呢?

(5) 质疑可以培养学生求知情趣

大科学家爱因斯坦曾在自己的传记中写道:"我没有什么特别的才能;只不过是喜欢寻根探底地追究问题罢了。"学生想质疑,这说明他们对所问感兴趣,求知欲会更强烈,质疑情趣更浓。

综上,质疑融多项素质培养于一身。

(二) 小学语文"质疑"教学法的操作步骤

小学语文"质疑"教学法是以培养学生发现问题、分析问题、解决问题为目标,教学中重视、激励、引导学生敢"问"、学"问"、会"问"、爱"问",教师以学生的问题为线索,以课文内容为载体,以学定教,以教导学,展开教学。一般的操作步骤如下:

1. 激疑

人饿了,就会主动找食物,吃起来也香,这是常理。质疑也是如此,只有激发学生产生"质疑"的饥饿感,学生才想"质疑",有强烈的"质疑"欲望,教师的责任就在于激发学生"质疑"的内动力。操作时应注意:

(1) 教师应以亲和、鼓励的态度激疑,营造学生宽松、和谐的质疑环境。

(2) 教师应以教材的内在魅力激疑。要展现教材中探索点,蓄势待发。如《鸟的天堂》一课,教师启发:"鸟的天堂"指的是什么?学生说

指的是大榕树。板书出现“鸟的天堂”和“大榕树”，两词中间加个“?”，这就勾画出本课的关键点，魅力所在，引发学生思考。

2. 思疑

在这个环节中要做到三给：一给学生思疑的范围。既不能范围过泛，疑得漫无边际，又不能过窄，限制学生思考。二给学生思疑的充分时间。三给学生独立思疑的环境。

3. 质疑

放手让学生质疑，说出来或写出来。

4. 梳疑

在学生质疑后，教师怎么办？如何在质疑教学上处理主体与主导的关系。目前出现了三种方式：

一种是学生质疑与教师教学分离。学生提出了不少的问题，教师并不重视，也不解决，只是轻描淡写地说一句：“大家提的很好，这些问题，一会儿我教后就明白了。”于是教师仍旧按既定教路教学，撇开学生疑问不管，质疑成了虚晃一枪的形式，成了两张皮，这是不可取的。

第二种是学生质疑，教师跟着学生问题跑，提一个，解答一个，教师放弃了主导作用，质疑成了“记者招待会”，教材也被肢解了。这种做法也不是方向。

第三种是“梳疑”。将学生质疑与教师引导有机结合，应是较好的办法。所谓“梳疑”，即像梳理头发一样，把疑问条理化。操作时可有以下几个环节：

（1）书疑。当学生质疑时，教师应及时用简洁的语言将学生所有的疑问都板书出来。既表示对学生的尊重，又使教师心中有数。

（2）归疑。可发动学生将疑问梳理归类，分成一般性局部问题和关键性整体问题。对于一般性的局部问题，师生立即给予解决。对于关键性全局问题，不马上解答，而是按照学生的认识规律、课文叙述顺序及教师教学思路逐步加以解决。

（3）排疑。也就是将暂留的关键性全局问题，师生共同排一排解疑的序，先解决哪个，后解决哪个。这样，以学定教的教学思路就水到渠成了。

5. 解疑

按照上面师生共同确定的教学思路逐步解疑。这样，学生疑问解决了，课文叙述顺序没有打乱，教师的主导作用也充分体现出来了。这种思疑有范围，质疑要梳理，解疑在分类的安排，将学路、文路、教路三路合一，恰当处理了质疑教学中主体与主导的关系。

6. 照疑

当一个疑问解决后，教师应询问质疑的学生，是否明白了，还鼓励质疑者谈谈理解，这种解疑后照应质疑的环节，是教师目中有生，为学生服务的体现。

（三）小学语文“质疑”教学法的有关问题

1. 既引导学生敢质疑，又教学生会质疑

课上，学生非常热烈地质疑，但水平却很不一样，态度也不尽相同。为什么有些学生仅仅停留在“这个词语我不懂”、“那个句子不明白”这些低层次的质疑水平呢？为什么有的词语明明学会了，学生又提出来呢？为什么有的为了获得表扬而明知故问呢？这说明只满足于学生敢质疑是远远不够的，还要教学生会质疑、端正态度、提高水平。可以从以下几方面人手。

（1）让学生懂得为什么要质疑。

教师教学中，在不打击学生质疑积极性的前提下，相机点拨，使学生逐步明确：①质疑是为了探索，是前进不是后退。②质疑是为了解疑。③质疑要质真正的疑问。应在认真阅读与思考基础上提出。④质疑不只在量的多少，而在质的水平上。

（2）引导学生在何处质疑。

一般说来，应在难点处质疑，关键处质疑，疑惑处质疑，无疑处质疑……如《白杨》一课，当学到“爸爸只是在介绍白杨树吗？不是的，他也在表白着自己的心”这个关键句时，教师告诉学生：“弄明白这个句子的含义，对全文理解帮助很大，你们能根据这个句子提出几个‘为什么’一类的问题吗?”于是学生抓住了关键句提出一系列颇有质量的问题：为什么爸爸妈妈要到新疆工作？为什么爸爸要带我们到新疆？爸爸为什么要介绍白杨树？这是教学生在何处质疑的成果。

（3）教学生从哪些方面质疑。

何处质疑知道了，还应学会从哪些方面质疑。质疑的内容范围很宽，不是杂乱无章，是有层次的。一般说来，有五层：①疏通性问题。属于初读课文中提出的有关文章表现的疑问。②深究性问题。主要提出有关思想内容深层的问题。如《飞机遇险的时候》，学生提出："为什么周恩来同志让给小扬眉伞包时亲切地说，而拒绝大家让来的伞包却用命令的口吻？"这是涉及周恩来舍己为人品质的问题，有一定深度。③鉴赏性问题。这是从思想内容回到语言文字，有关表达形式的赏析疑问。如学生阅读《草船借箭》，对课题发问："课题为什么不用'骗箭'，而用'借箭'呢？"是在品味用词的精妙。④延伸性问题。这往往出现在课文读懂后，学生想知道有关的扩展知识。比如《蝙蝠和雷达》学生会提出："既然蝙蝠的眼睛对探路没有用，它还长眼睛干什么？"这就涉及到生物进化的知识了。⑤评价性问题。可以对课文的内容、情节、观点、人物、语言进行评价，提出不同看法。

（4）教学生质疑的思维方式。

疑必有问，问必先思，怎样思考呢？需要教师相机渗透，才能提高质疑水平。比如《美丽的小兴安岭》，教师在若干班试讲中，学生围绕"阳光千万缕"提出过不同思维方式的问题。有的提："什么叫'千万缕'？"，这是以"什么"为形式的直问。有的提："阳光无处不在，为什么会出现'千万缕'？"这是以"为什么"表述的深问。有的问："既然千万缕阳光照射到草地上，那怎能说森林被封得严严实实？"这是以反问形式出现的。还有的问："既然千万缕是千万条的意思，干嘛课文用'千万缕'？"这是以比问的形式提出的……疑问的角度截然不同，原因之一是思维方式不同。

不解决学生怎样思考，质疑不能算落到实处。教学生思维方式的办法有：①教师示范性提问后，让学生仿着质疑。②学习课后的思考题，品味问题的思维方式及表达方式，也能逐步学会。③总结学生质疑。当学生质疑后，教师可梳理，启发学生互相学习怎样思考。

（5）既让学生会质疑，又要导学生会解疑。

质疑是发现问题，但这只是学习成功的一半。只有会分析、解决问题，才能抵达成功的彼岸。质疑毕竟是手段，解疑才是目的。谁来解疑呢？不能满足于学生质疑，教师解疑，要着力培养学生解疑能力才是根本。教师要打破教师包办解疑，除了教师适时解疑外，可以发动学生互相解疑。还可以引导学生自己质疑，自己解疑，带着自己提出的问题，阅读课文，深入思考，想办法解决，这是质疑最高境界，应大力提倡。

附：《语言的魅力》质疑法教案（四年级）

一、教学目标

1. 结论目标

（1）通过阅读，理解语言的魅力表现在能引发联想，激发情感。

（2）运用有魅力的语言解决实际问题。

2. 过程目标

学习自学，学习探索，学习质疑，学习交往，学习创新。

二、教学思路

以解决实际问题为主线，以质疑、解疑为导线，以课文为例展开教学。

三、教学过程

1. 创设解决实际问题情境。

展示奇树照片，出示征集广告，明确问题情境。

征集有魅力的广告语

亲爱的游客：

为了让这棵紫藤缠绕槐树的百年奇树永远供人们观赏，让游人自觉爱护它。特征集公益广告牌上的有魅力的语言，欢迎大家踊跃献言！谢谢！

世纪植物园管理处

2008 年 4 月

2. 激发需要，学生质疑。

（1）根据问题情境，激疑。

（2）围绕课题，学生思疑。

（3）自学思考，学生质疑。

（4）全班讨论，师生梳疑。

疑问 1：课文中什么语言有魅力？

疑问 2：语言有什么魅力？

疑问 3：什么样的语言有魅力？

3. 指导学习课文 1～～5 自然段，解疑。

（1）在自学基础上，同桌合作，互读，互听，互帮。

（2）全班解难。

（3）推荐朗读（解疑问 1：木牌上的字“春天到了，可是我什么也看不见！”有魅力。）

（4）创设联想情境：假如你是上午过往的行人，看到木牌上的字，会想什么？

（5）读课文，思考：木牌上的字，中午后有什么变化？产生了什么作用？（解疑 2：钱多了。）

（6）创设联想情境：假如你是下午过往的行人，看到木牌上增加后的字，又会想什么？（解疑 3：引发对春天美好的联想，对盲老人产生同情心。）

4. 指导学习课文第 6 自然段。

（1）自由读体会。

（2）引读体会。

（3）归纳：什么样的语言有魅力（引发联想，激发情感）。

（4）感情朗读，评读。

（5）创设交际情境：同桌一人扮演盲人，一人扮演诗人，回答盲人的问题。

5. 解决实际问题——编有魅力语言的“奇树”广告语。

分组编拟，汇报展示，全班评议。

附课文

语言的魅力

在繁华的巴黎大街的路旁，站着一个衣衫褴褛，头发斑白、双目失明的老人。他不像其他乞丐那样伸手向过路行人乞讨，而是在身旁立一块木牌，上面写着："我什么也看不见！"不用说，他是为生活所迫才这样做的。街上过往的行人很多，那些穿着华丽的绅士、贵妇人，那些打扮漂亮的少男少女们，看了木牌上的字都无动于衷，有的还淡淡一笑，便姗姗而去了。

这天中午，法国著名诗人让·彼浩勒也经过这里。他看看木牌上的字，问盲老人："老人家，今天上午有人给你钱吗?"

"哎!"那盲老人叹息着回答"我，我什么也没有得到。"说着，脸上的神情非常悲伤。

让·彼浩勒听了，拿起笔悄悄地在那行字的前面添上了"春天到了，可是"几个字，就匆匆地离去了。

晚上，让·彼浩勒又经过这里，问那个盲老人下午收入情况，那盲人笑着对诗人说："先生，不知为什么，下午给我钱的人多极了!"让·彼浩勒听了，也摸着胡子满意地笑了。

"春天到了，可是我什么也看不见!"这富有诗意的语言，产生这么大的作用，就在于它有非常浓厚的感情色彩。是的，春天是美好的，那蓝天白云，那绿树红花，那莺歌燕语，那流水人家，怎么不叫人陶醉呢？但这良辰美景，对于一个双目失明的人来说，只是一片漆黑。这是多么令人心酸呀！当人们想到这个盲老人，一生里连万紫千红的春天都不曾看到，怎能不对他产生同情之心呢?

四、学法指导的认识与实践

备课时加强"学法指导"意义深远。它是新世纪人才的需要。变有限知识获得为无限知识的索取；变一个阶段的学习为一世学习的素质；变被动的继承过去为主动创造未来。它是扎实落实小学语文工具性的需要。大家知道，落实语文工具就要靠训练，究竟何为训练呢？叶圣陶先生指出：所谓训练，第一必须讲求方法，第二必须使这种方法成为学生终身以之的习惯。毋庸多言，"训练"本身就含有学法。足见，工具靠训练，训练有方法，方法育能力，加强学法指导正是在扎扎实实落实语文的工具性。它是小学语文教学改革的重要突破口，尽管小学语文改革十分活跃，但仍有些顽症及误区始终影响着教学效益的提高。叶老有句名言："语文教材无非是个例子"，目前教学中不同程度存在着"教学以读懂课文为主，教师以分析课文为主，学生以理解课文为主"的现象，与"例子"的观点大相径庭。而学法指导的纳入教学，则冲破了"三为主"，且"例子"的观点落到了实处。更重要的是在观念上表现出三个方面的突破。

（1）从课文的地位看，由阅读教学读懂的目的向提供语言情境转变。既然课文是例子，对课文的理解就不应作为阅读教学的主要任务，而应把培养学生阅读能力及习惯作为阅读教学目标。课文乃文选，无非是提供练语言的情境，做练能力养习惯的实例而已。读懂课文是掌握学法后的必然结果，这对走出当前阅读教学"教师以分析为主，学生以解为主，课堂以问答为主"的"误区"有着重大意义。

（2）从学法的地位看，朝着既是手段更是内容的方向转移。课文是例子、它做谁的例子？当然是作为训练阅读能力的例子。叶老讲："凭这个例子要使学生能够举一反三"，"一要得其道，二要经常的历练，历练到成了习惯，才算有了这种能力"。这其中的关键是掌握学法，有了学法才能反三，才能历练。学法从广义上讲是完成学习任务的手段、途径，但从阅读数学领域上看，学法应堂堂正正、责无旁贷地迈入阅读教学的殿堂。

（3）从课文与学法的关系看，标志着三个转移。①由重知向重能转移。教学生读懂了课文仍属知识，通过例子教学生读懂课文的方法，则进入能力范畴。寓文授法，标志着重知向重能转移。②由重结论向重过程转移。读懂课文是该出什么，乃阅读结论；通过课例教学法，则是教怎样读，乃阅读过程。由读懂到会读，体现着由重结论向重过程转移。③由重个别向重一般转移。课例属个别语言现象，而学法则出于某课又超出某课，具有闻一知十的一般规律，在变化了的语言情境中仍有生命力。寓一般于个别中的教学，显现着由重个别向重一般转移。

学法应具备以下特征：

科学性。学法必须科学，小语学法应符合语文本身的规律，符合学生认识规律，符合学生年龄特点及心理特征。

目的性。任何小语学法都毕竟是完成语文学习任务的手段，所以小语学法都应有个明确的指向目标，是“理解句子方法”，还是“朗读的方法”……指向必须清楚。

程序性。任何学法都表现一定的程序，都有可操作的步骤，学生才能运用。

功效性。学法里面有规律性知识，但并不是死记硬背的知识，不是干巴巴的条文。它必须有用，必须能在语言实践中举一反三，看到真正的功效。这种功效不是局限在某一段、某一课中，而是具有普遍意义的功效，才称为学法。

独立性。学生掌握了学法，就能展卷自能通解，下笔自能作文，张嘴出口成章。这就告诉我们，学法具有独立性、个体化。

层次性。小语学法不是无联系的一盘散沙，而是有层次的方法体系。一般说来有三个层次；高层：辩证唯物主义方法论（初步渗透）。中层：一般性的学习方法（如思考方法、想象方法、预习方法、听课方法、复习方法……）。下层：语文单项的学习方法（如解词、释词、分段、括篇方法……）。

小语教学中“学法指导”的实施。

1. 备学法

“学法指导”并不是局部教学环节，而是一个系统工程。下面重点谈备课的改革，学法指导的备课则应集中在教师如何指导学生掌握学法上。主要应备出四点：

（1）备出学法指向。即本节课要进行哪个方面的学法，指向要一清二楚。有五项注意：①恰当。符合课标、年级、教材、学生。②明确。③具体。不能笼统及空泛。④精小。一堂课时间有限，多而大的学法不易完成，加以分解，抓住精华，逐一解决。⑤通俗。学法是让学生学的，指向要通俗易懂。

（2）备出学法的操作步骤。备指向是指什么学法，备步骤则指学法内容是什么。定要备出具体的操作程序，否则学生无法运用。学法程序要体现：①科学②有序③具体④概括，乃概括性与具体性的统一。举一例说明。以古诗《寻隐者不遇》为例，指导学生掌握读古诗的一种方法——把

“话”变“画”。在备课时，先备出的学法步骤是：A 找诗“话”。B 思“话”意。C“话”变“画”。D 悟诗情。试讲之后，发现学生在第 3 步上困难极大。到底怎样把“话”变“画”呢？不够具体，无法操作。于是二次备学法，重点放在如何把“话”变“画”上。摸索出；先提问题，再根据问题想诗境的方法把“话”变“画”，最后概括为：提问题，想诗境。再次试教后，由于有了学生看得见、摸得着的办法，效果好多了，可又出现了新的难题。究竟提什么样的问题呢？靠老师提是不行的，要把提问的权力交给学生，因此坐下来第三次备学法，重点探索提什么样的问题，才能把“话”变“画”。经过分析，归纳出，可提什么？什么样？怎么样？一类的问题，学法步骤更趋具体化。经过实际教学的检验，效果甚好，学生运用自如。比如学生抓住“言师采药去”一句诗，相继自问自答“谁言？”“童子说什么？”师傅“什么样？”“师傅怎样采药？”“师傅在何处采药？”……俨然出现了一幅在云雾山中，一位仙翁般的老人逍遥自在采药养身养心的隐居者形象。以“话”说“画”，把“话”真正变成了“画”。回顾几备的过程，关键在于学法步骤的逐步立体化，让学生能够自行操作。

（3）备出学法的适用范围。学法范围是指某种学法适用的语言环境。单个学法特征之一是能举一反三，具有能迁移使用的普遍规律，从另一个角度看，单个学法又不可能包医百病，又有其局限性，是一定范围内的普遍意义。所以学法必有适用范围，乃普遍性与局限性的统一。

（4）备出落实学法指导的措施。这是要回答怎么样指导学法。设计学法指导的课堂结构。常见有三种：

A 新授学法型	B 发现学法型	C 巩固学法型
①导入——学法人境	①复习基础学法	①复习学法
②明示——学法领悟	②创设发现情境	②适用学法
③迁移——学法模仿	③悟出发展学法	③畅谈学法
④延伸——学法活用	④运用发展学法	
	⑤整体迁移用法	

2. 悟学法

学法是让学生掌握的，消化理解的，并非死记的，因此，要明确“悟学法”，绝不能“灌学法”，但同时也不能“藏学法”。该明示就需要亮出，若想学生“悟学法”。备课、教学时应注意三点：一是要从具体课例中抽出学法；二是寓学法指导于语言文字训练之中；三是教师要善于让学生悟学法。常用的“悟学法”有以下几种方法：

(1) 示范法。某些新授的学法需要教师带着学生学。教师可采取教一步，亮一步，学生学一步的方法，逐步掌握办法。

(2) 回顾法。教师以教材为例，暗含学法程序，一步步操作，而后启发学生回顾刚才的学习过程，从中悟出学法，用形象化可表述为：走一段，停一下，回头看。

(3) 点拨法。教师在教学中适时点拨，让学生体会刚刚品尝的学法，从想结论向悟过程转化。

(4) 追问法。有时好的学习方法是由学生创造出来的，但往往不自觉，没有意识到，教师应及时抓住追问——“你是怎么学的?”抽出学法，变成大家的财富。

(5) 交流法。针对某项训练，发动学生畅谈自己的学习方法，互相交流，大家收益。

(6) 尝试法。先让学生尝试性地完成某项学习任务，可能会出现毛病，这正是创设的悬念，于是“学法”露面了，疑难迎刃而解，学生从中尝到了学法的奇效，对学法也印象深刻。

(7) 发现法。教师有意创设学生参与学法产生的过程，让学生发现学法。

3. 用学法

学法的功效性决定了必须用学法。这是因为学法是否科学有效靠“用”来检验：学法学生是否掌握靠“用”来检查；学法领悟是否变为能力也要靠“用”来转化。用学法的操作要注意两点：①选择用学法的例子必须具备学法的同一性和语言情境的不同性。也就是在同一学法前提下，须更换适合的另外例子，相同和不同的结合才能迁移。②教师在指导学生用学法时一要放心二要放手。即使学生运用学法不熟练，甚至出问题，是正常现象，教师不必急刹车，待用后再点拨不迟。

4. 选学法

在学法指导中，常见教师让学生按指定的学法去完成某项任务。长此下去，等于教师代替学生选学法，越俎代庖，学生离开老师，仍不会独立选用学法。指定用某学法可以作为初练的一种形式，并非是用学法的全部。会用学法应包括能用学法、能选学法两项技能。因此，教学时应适时、有意地训练学生优选学法。有位心理学家曾说过："当你只有一个点子时，这个点子再危险不过了。"只有积累学法，才能摆脱困境，才能优选学法。逐步构成有学法——异学法——优学法——创学法合理四部曲，形成对中求异，异中求佳，贵在求创的学习策略。

举一例。一次，教师辅导学生作文，指导如何写人。教师提出一个问题："一般可从哪五个方面写人呢？"学生很快答出；外貌、语言、动作、心理四个方面。还缺一个方面，谁也不知道。当时老师没有直接告诉学生，而是发动他们自行解决，启发到："答案就在作文辅导书中，但不要马上翻书，先讨论讨论，都有哪些方法，可以从书中解开谜底。"学生很兴奋，相继说出四种方法：①按页翻找。②查找书中的标题。②按序查目录。④根据要求及已答内容在目录中筛寻。教师认为优选时机成熟。于是按照学生提出的四种方法，自愿组成小组，同时操作，比一比哪种方法又快又好。学生十分投入，翻书查寻，均得出正确结论：通过细节描写。但完成的时间不同，以第四种方法最优，仅用几秒钟时间迎刃而解，同学们从实践中体验到学法策略的效用。最后，请用第四种方法的同学介绍筛法的操作步骤：只读目录，筛去书体；纵向读目录，筛去非写人的标题；纵向精读写人部分目录，筛去已说的四个方面标题，从而很快找到细节写人的标题。如此"三筛"读法，多么巧妙，学生顿生信服感，渗透了学法策略思想。

五、变"要我用学法"为"我会用学法"

有一个问题引起了我的思考：教师费力教了不少学法后，拿出一篇短文让学生独立阅读，学生却茫然无措，用学法的实效甚微。经调查分析，发觉学生有四个困难：①不想用法。只读文解答，想不到用学法。②不明在哪用法。学法不少，却不知各在何处用。③不懂怎么用法。学法名词术语记了不少，没有掌握操作要领，仍是枉然。④不知用哪个法。学法学了若干，碰到具体学习对象，却不知用哪个好。以上"四不"困难，归结起来，从学生角度看，不仅学法未学到手，而且学得被动；从教师角度看，只顾教不顾学，未收到学法实效。我们知道，学法指学生的学习方法，不从学的角度探索，学法指导就成了空中楼阁，关键是要由重教向重学转移，变“要我用学法”为“我会用学法”。

（一）增强学生意识——让学生乐意用学法

这里的学法意识，指的不是教师，而是学生。这种意识是客观需要性与主观能动性的统一。若学生不明用学法的好处，不产生需要，不乐意用，再好的学法，也只会束之高阁。因此要促进学生“我爱用学法”的意识。

增强学生的学法意识，不能空讲大道理，要在具体形象的实践中加温，让学生产生学法“饥饿感”，看到学法的成效后逐步树立起来。有这样一个例子，某教师出示一道图形观察题，要求学生按序观察5个图形，找出规律，在（　　）里画出第6个图形。

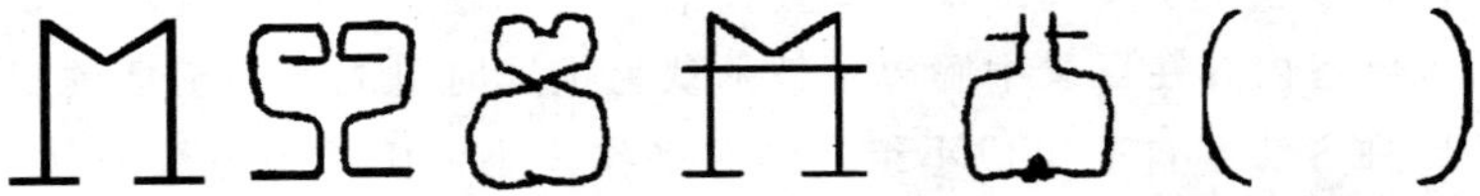

虽然学生兴致很高，但在限定时间内都没有找出规律，自然也画不出第6图了。此时正是“学法饥饿”时，教师顺势拿出一张白纸，用遮挡每幅图形左半部的方法，露出了右半部：1、2、……仅仅遮挡了两幅，全班学生都兴奋地喊出第6幅是6的对称图，画出。此教例的收益，不仅是解决了难题，更重要的是增强了学生需要学法的意识，为乐用学法注入了动力。

（二）掌握学法三要素——让学生能用学法

学法定义是：学生完成学习任务的手段或途径。剖析定义有三要素：一是“完成学习任务”，指用学法的目的，即学法指向。二是“手段或途径”，指学法本身的程序，即学法步骤。三是从“完成学习任务”与“手段或途径”的关系看，一方面，手段是为任务服务的；另一方面学习任务对学生来讲又是具体的，不同的任务要用不同的学法。这里就有一个学法适用范围，掌握了它，学生才会根据任务定学法。这第三要素是学法指导中易忽视的要素，三者缺一不可。

1. 明确学法指向——熟知用学法干什么

学法指向是用学法要完成的学习任务（或目标）。不明指向，学法就失去存在的意义，无用武之地。如某教师教学生一种学习方法：①找出人物言行。②思考言行的原因。③挖掘人物品质。这三步学法，指向是什么呢？就是为了体会课文人物的品质。学生只有记住了这三步学法程序，掌握了用法过程，明确了这三步的目标，使目标与过程在头脑中统一起来，某项学法才算能用。当前值得注意的是，要避免学法指导中只教学法程序，不明指向的倾向。

2. 熟悉学法范围——清楚学法适用何处

学法范围是指某种学法适用的语言环境。单个学法特征之一是能举一反三，具有能迁移使用的普遍功能。但单个学法不可能包医百病，有其局限性，所以学法必有适用范围。举以下几例（表 3-1）。

表 3-1

学法指向	理解句子意思的方法			
	词语突破法	层层剥皮法	上挂下联法	成分扩缩法
学法步骤	①抓句中关键词语 ②挖关键词语意思 ③解全句意思	①解句子表面意思 ②剥句子实际意思 ③剥句子含意	①明原句表意 ②联上文解句 ③联下文解句	①先缩句抓主干，明主要意思 ②再扩句添枝叶，解全部意思
学法范围	有关键词语的句子	内容含蓄、意味深的句子	与文章联系紧密的句子	附加成分多的长句

以上几例可以看出，同样是理解句子意思的方法，不同类型的句子有不同的解句法，一种句子类型适应一种方法。假如学生遇到课文的一种句子，必须判断句子类型，再确定用哪种解句法合适，才能具体操作。否则，不是张冠李戴，就是费力绕弯，完成不了任务。所以，在课堂教学时，悟学法不仅要教学生学法步骤，还要教适用范围；用学法不只引导学生会使用程序，还要引导学生练习学法范围的选择。

3. 熟练学法步骤——学会怎样用学法

学法步骤应符合四项要求：①科学。符合认知及语文规律。②有序。程序合理，步步为营。③具体。步骤包含的内容要具体，利于运用。④概括。表述上又不能冗长，要领不繁，便于记忆。学法的步骤应是在科学有序的基础上，概括性与具体性的统一。

（三）渗透学法策略——让学生优选学法

什么叫学法策略？就是说，学生手里已掌握了众多具体学法，遇到某项学习任务，选用哪种方法呢？这就是策略。用学法也要讲效率，讲效益，要用最好的方法，以最快速度高质量完成学习任务。

学法优选策略的要求有四点：①熟知每种学法的特点。学生应掌握一定量的学法，并组成网络。这是优选的基础。②摸透要完成的学习任务的要求。这是优选的前提。③根据任务熟练地选择学法。对号入座，这是优选的关键。需反复练习，才能灵活运用。④适合学习者个性的学习习惯。不同个性，习惯不同，同一任务选择的学法也可以不同。只要能高效高质完成任务就是好的学法，不必整齐划一。

在学法指导中，常见教师让学生按指定的学法去完成某项任务。长此下去，等于教师代替学生选学法，越俎代庖，学生离开教师，仍不会独立选用学法。指定用某学法可以作为初练的一种形式，并非是用学法的全部。会用学法应包括能用学法、能选学法两项技能。因此，教学中应有意、适时地训练学生优选学法。

六、内化·求异·互动·活用
——在小语教学中培养创新

培养创新精神是实施素质教育的重点，正是先进生产力的发展要求，代表了先进文化的前进方向，更体现了最广大人民富国强国、人才期望的根本利益。

学生首先是人，是一个个有个性的人。学生是学习的主人。创新精神的培养只有融化在每一个学生的心田，转化为自觉的意识、行为才算落实到位。是由外到内再到外的过程。若想真正实现融化及转化，“内化、求异、互动、活用”是有效途径。

（一）创新培养必须“内化”

学习是怎么一回事呢？传统的认识似乎把学生当成一个容器，一张白纸，不看作人。教师一灌输，学生就得到；教师一传授，学生就获取。实际上，学生并非白纸一张，是生命。他们已有自己的知识、经验、情感储备。学生的学习也并非简单的传授，而是已有经验系统建构的过程，这就是主体的“内化”。用个通俗的比喻，学习如同吃东西，吃的是粮食，经内部器官的消化，变成的却是血液、肌肉、精神。可见，创新精神靠外部灌输是行不通的，必须主体的“内化”，必须促进学生的“内化”。

1. 主动参与——“内化”的前提。

人饿了，就会主动找食物，吃起来很香，易消化；若不饿，吃什么也不香，这是人之常理。学习也是如此，主体不参与，无法“内化”；不主动参与，不愿“内化”。在教学中，不仅要学生参与，而且要主动参与，才为“内化”提供强大动力，才有好效果。例如，一年级学《蔬菜》，知识点是弄清什么是蔬菜，分清每种蔬菜吃的是哪个部位。为了巩固，教师并未采取老师举例，学生说部位的被动教法，而是从学生的意愿、情感出发，每个学生画出自己最爱吃的一种蔬菜，并说出吃哪个部位。课上十分活跃，有的画个“藕”，说吃的是茎，不是根。有的说：“我最爱吃香菜，吃叶子，也吃茎，根洗净腌了也能吃，一点不不浪费。”还有的质疑：“我最爱吃蒜苗，不知道吃它的什么部位，谁能帮助我。”看，主动参与促内化，创新精神迸火花。

2. 激活前知——“内化”的前导

学习是前知的重组，教学信息的刺激必须勾起前知启动，自我建构，才能创新。这里有三个要点：①前知须启动，由静态变动态。②前知须外显，由暗含变外显。或语言外显，或体态外显。外显可促内化，教师也可了解前知。③激活要启发。启而不发，无法调动前知。可通过参与、询问、质疑、评价激活。无论采取什么手段，关键是学生乐意又自然地流露真实的前知。

3. 展现过程——“内化”的形成

激活前知仅是“内化”的前导，进而要展现自我建构的过程，通过外部新知的刺激与前知的相互作用，内化重组。一种是“同化”，即将新知融于前知系统中。另一种是“顺应”，即新知改变了前知系统，形成新的认知结构。无论是“同化”还是“顺应”，都要形成认知冲突。教师的责任就是要引发学生的认知冲突，展现学生由错知到准知，由少知到多知，由浅知到深知，由偏知到全知，由孤知到发散，由求同到求异……一般教学有三个层次：①展现前知。②自我冲突。③呈现新知。举一例，某教师教寓言《滥竽充数》，通过读文学生达成共识，“滥竽充数”的意思是比喻没有真才实学的人混在行家里充数，然后，教师别出心裁地设计了一个填空练习：李军擅长打乒乓球，当大家推选他参加区队时，他说：“我只不过是（）罢了。”当大家认为填“滥竽充数”恰当后，教师追问：“‘滥竽充数’不是没水平吗？怎么……”一句话触到了学生的偏知点，惊异顿生，激发了认知冲突，内化顺应，认识由偏到全，“滥竽充数”既可以贬用，又可以表示自谦的褒用，品尝到内化的快乐。

（二）创新培养应该“求异”

创新精神的培养应该“求异”，理由有四：①从创新的实质看，就是要敢于、善于与别人不一样，必须求异。②从学习的主体看，学生是有差异的个体，这种差异不可能认识一样，必然出现求异。③从学习过程看，学习不是简单的复制，是自我建构的过程。同一信息，建构也会不同，需要求异。④从语文教材看，教材无非是个例子，没有终极真理，只能是相对真理。理解“春天到了”，既可以解为“一片新绿”，又可联想到“积雪融化”，也可联系到“农忙播种”，还可想到“春暖花开”……不可能也没必要有唯一答案。因此，新语文课标多次强调创见，意在鼓励求异，开拓创新的空间。

语文教学中的“求异”，就应挖掘“创新点”，开展创造性的语言实践活动。

1. 散点

即发散点，鼓励学生多角度思考，扩散求异。比如，教材中的简略处求扩展，教材中的省略处求补充，教材中的概括处求具体，教材中的延伸处求续编，教材中的暗含处求明朗……例如，课文《惊弓之鸟》有一暗含处，即到底是谁使大雁从天上掉下来？从表面上看，当然是射箭能手更赢的功劳啦。若换换角度，就会发散。大雁掉下也有使它受箭伤的前一个猎人的成绩，试想没有箭伤的大雁，再拉弓也无济于事。更重要的是大雁自身，它的心理素质太差，一年被蛇咬，十年怕井绳，一听到弓弦响，就怕得要死，所以，大雁也是在自杀。如此这样三个原因，通过求异明朗化了。

2. 疑点

疑问是发现问题，乃创新的起点。鉴于学生在与教材的沟通中，在前知与新信息的冲突中，必然有疑问。教学中应鼓励学生主动质疑。在质疑的层次上，可有疏通性质疑，深究性质疑，鉴赏性质疑，评价性质疑，扩展性质疑。提出不明白什么，还想知道什么，怀疑什么等问题。

3. 评点

即鼓励学生来评价。变再现式理解为评价性理解，发动学生跳出教材思考，就会异化，展现新认识。可以与作者的认识不同，通过自我建构，评价人物，评价情节，评价观点，评价语言等等。就拿《跳水》一课为例，由于水手逗猴子，猴子放肆，把孩子的帽子抢走，孩子不顾一切追猴子，走到轮船桅杆的顶端，命悬一线。最后，船长命令跳水，才转危为安。教师发动学生评价课文人物。学生从不同角度谈出自己的评点。有的评价孩子不应为了面子就不顾一切；有的评价水手不该挑逗猴子，引发事端；有的评价船长机智果断。多么好的创见，正是评价阅读的恰当运用。

4. 争点

如果在教学中引发争论，这是激发创新的最佳时机，最能激起情感投入，最能调动前知建构。抓住“争点”，就要有论题，有不同观点的论方，有依据的热烈争论，结论不必统一。有篇课文《将相和》，在渑池相会时，秦王侮辱赵王，让其鼓瑟，而蔺相如则令秦王击缶。对此情节，教师发动学生争论：这场智斗，是双方打成平手，还是赵王取胜？学生立刻分成甲乙两方，联系课文激烈争论。最后，从谁让谁、瑟与缶的区别、秦国与赵国的势力对比几方面得出赵王取胜的结论。锻炼了学生的思辨力。

在求异中应与求同相结合。要在同目标下求异，才有意义；要在求对的前提下求异，才有价值，要在求异后求佳，才能升华。

（三）创新培养需要“互动”

创新不仅需要独立思考，也需要相互沟通；创新不仅要竞争，敢于求异，还需要合作攻关；创新不仅要自我内化，还需要伙伴交往，在互动中受启发，在生命碰撞中激创新火花。创新离不开“互动”。

“互动”包括师生、生生互动，互动即为合作，合作应该平等，创设融洽、和谐的合作环境，创新的温床。“互动”的关键在于教师，不能高高在上，应以服务者、帮助者、组织者、学习者的角色出现，“互动”的佳境才会形成。在“互动”中有两个操作性问题。

1. 师生换位

所谓“师生换位”指老师当学生，学生当老师。这种换位是创设轻松“互动”，利于创新的好办法。①老师当学生。就是教师以学习者的身份与学生共学。这里有个“真”与“假”的矛盾。老师当学生，实际还是老师，主要目的是指导学生学习，这是“假”。但是，老师本来就是学习者，实现培养学生的外在价值中，自身价值也在提升，况且学生的见解常会启发老师，教学相长嘛！所以，老师要放下架子，诚心诚意当当学生，这是“真”。正确处理应是：教师以学习者的身份，以指导学生为主，以真实虚心的态度换位，才能收到预期效果。像学生评读老师，学生评说老师，就是较常见的方式。②学生当老师。学生当老师绝不应做教师的傀儡。要给学生以主动权、选择权、创见权，建立自信心。作为老师，要启发，不要代替；要多放手，少控制；要多鼓励，少批评。

2. 生生和谐

生生之间是“互动”不可缺少的途径，这是因为生生之间年龄、心理、水平相近，交往中最放松，而且，在交互中碰撞，在争论中启发，最能激发创新。教学中要充分运用这难得的创新氛围。

生生之间的“互动”包括集体中互动，小组中互动，个体中互动。但从现状看，生生“互动”存在着不和谐现象，表现为：对自己，只顾自我表现，不愿修正自我；对别人，专挑别人毛病，不注意学习吸收；对小组，组内无分工，各唱各的调，缺乏组织归纳，责任感不强。这极大地影响了互动的实效。因此，在互动中应大力提倡：①对成功者的赞许。②对困难者的帮助。③对暂时失败者的友善。④对集体勇于负责。⑤对自我，既敢于坚持真理，又善于纠正不足。通过合作交流，形成聆听、接纳、赞赏、争辩、互助、修正、和谐健康的互动。

（四）创新培养要求“活用”

创新精神既体现于学习过程中，也表现于学习结果上。知识是工具，不能仅是静态储存。只有取出应用，才有意义，只有灵活运用，才能创新。这就是“活用”。创新的“活用”需要创设情境，一般应具备以下条件：

1. 真实性

真实的情境是社会的需要，生活的需要，做人的需要，而且能产生运用欲望，情感投入，调动已知，充分发挥才能。比如学习了《只有一个地球》后，学生有了精心保护地球的欲望，学生可设计写一份给全校学生的保护地球倡议书，或自绘自编优化环境的公益广告。

2. 情境性

设计学习活动要有具体情节，形象化学生容易入境入情，身心投入，激发创见。如我在改编北京市小语教材时，编写了一道这样的口语交际题：“小刚的生日元月一日到了，怎样过生日呢？他请同学们出主意。你们一定乐意帮助他，让生日过得有意义、有意思。请大家展开讨论，说说你的方案，讲清怎样过生日，为什么这样过。然后，评出最佳方案，送给小刚。”题中有情境、有需要、有对象、有要求，学生会积极参与，活用知识。

3. 整合性

灵活运用知识，应有较大的自主空间，学习活动应具有综合特点，整合才好创新。还以《只有一个地球》为例，课上开展了这样一个学习活动；学生自拍环保照片，或自绘环保画，并在照片或图画下面编写公益广告词。学生参与这项活动，在学科间，须是摄影、绘画与表达的整合；在内容上，应是课内外知识的整合；在表达上，乃达意与抒情的整合。学生在照片或图画下面分别写出了：“这砍下的树桩，多像人的墓碑！”“保护环境就是保护自己！”“污染的鱼在呼喊，别吃我，有毒！”……在整合活动中，出现了多么有意义的创意呀！

总之，在教学中，沿着内化、求异、互动、活用的康庄大道迅跑，创新之花必将结出累累硕果。

七、词语教学的解读七法

如何进行词语教学，是阅读教学中重点的训练项目，在小学各年段都很重要。广大教师有很多行之有效的方法。下面简要介绍几种常见的方法。

（一）直观法

词语是生活的反映，某些词语往往是具体事物或具体动作的概括，拿出实物或做一做也很方便，就可以展示出来，让学生一看、一做就明白了，建立起词语与事物的直接联系。如：“敲”只要让学生做一个敲的动作，就解决了。

（二）图解法

有些词语是一种事物或情境的表述，不便拿出实物、观实景，就可以用图解的方式一目了然。如：“天安门”，展示一张北京天安门的挂图或课件即可。

有时，还可以让学生自绘图画解词。

（三）词素法

复合词语是有若干词素组成的，用分析法将词语拆开，再合并，把每个词素的意思弄明白了，合起来词语也就理解了。如：“势不可挡”一词由三个词素组成，“势”乃情势，“不可”即不可以，“挡”是阻挡，合起来就是情势不可阻挡。

（四）描述法

有些词语描写了一种情景、状态、心情……用以上办法行不通，可用情景描述的办法解词。如：“情不自禁”是一种激情表现，就可以引导学生联想，在生活中何时有这种情感，像五星红旗升起时，奥运夺金牌时，都会情不自禁。

（五）比较法

1. 替换比较

所谓“替换比较法”，即将课文中的某个词换成别的词，借以让学生深入理解词语的一种教学手段。根据不同的阅读目的，有以下几种情况。

（1）释词中之“意”的“替换”

①同义“替换”

为了正确理解某词的意思，要求学生用恰当的同义词代替，以同解词，就是同义替换。如小语六册《一定要争气》第二小段中作者用了三个“才”，而读懂每个“才”的意思则是理解本段的关键。一位教师进行了这样的替换，首先让学生找出带“才”的课文原句反复朗读，然后要求他们将每个“才”换一个恰当的词来表达原句的意思。学生经过动脑筋选词，是这样替换的：第一句“童第周十七岁时才进中学”中的“才”换了“刚刚”，表示上中学太晚；第二句“他……平均成绩才四十五分”换成“只得”“只有”“仅”，说明成绩之差；最后一句“校长……才勉强同意让他跟班试学一个学期”用了“只好”替换，表明了勉强的程度。通过三个“才”的替换，学生自然从不同角度体会出童第周发奋学习的艰苦条件。这样换词的过程也就是理解同义的过程，读懂内容的过程。学生用熟悉的词去解释生疏的词，以旧释新，容易明白，平时积累的词语也有了用场。因此，让学生用同义词来解词的方法，这比单纯提问词意具有突出重点、突破难点、品味表达的作用。

②近义“替换”

有时为了明确某词词意，教师有意替换与它有差别的近义词，再与原词比较，从而使学生得到准确理解，即“近义替换”。如小语四册《森林爷爷》，用直接解释“森林”一词的办法学生不易说清，这时可把“森林爷爷”改为“树林爷爷”或“树木爷爷”，并引导比较，学生就会懂得“森林”指的不是一棵树，也不是几棵、几百棵树连成的树林，而是由成千上万棵树组成的。三个词的范围区别清楚了，“森林”一词的概念也就明确了。同时也明白了课文中写森林爷爷带领千万个子孙战胜风灾、水灾、旱灾的道理。这比单独解释什么叫“森林”好得多。“近义替换”与“同义替换”不同之处就在于近义替换的词与原词意思相近但不相同，用换词办法突出近义词之间的细微差异，从而准确地理解课文原词。

（2）挖词中之“道”的“替换”

词中有道，道寓词中，明道不仅是解词之必须，也是懂文之必要。悟其道必须透过表义看含义，这就增加了理解的难度。“替换法”则有利于突破难点。《狼牙山五壮士》课题中的“壮”字就包蕴着文章的中心。如何理解呢？一位教师曾这样提问：“课题‘狼牙山五壮士’为什么不可改为‘狼牙山五战士’呢?”学生阅读课文后回答：“五战士”只是告诉我们这五个人是什么身份，而“五壮士”才能表现出他们在战斗中阻击、诱敌、跳崖的勇敢精神。教师顺着学生思路又提出：既然五战士很勇敢，那课题为什么不改为“狼牙山五勇士”呢？问题深入了，学生反复思索后深感到：“五勇士”一词不足以体现他们的高大形象。五位战士为了革命利益明知路已绝，偏向绝路行，这是个壮举；任务完成了他们又毫无惧色，英勇跳崖，真是壮烈豪迈，气壮山河。只有“壮”字才能突出他们的英雄气概。这位教师用“战”替“壮”，又用“勇”替“壮”，两次替换诱导学生从文题的重点词中明确文章之“道”。这种替换的目的不在词意上，而在含义上。从表面上看，换后的句子也能读得通，但在突出中心上就显得黯然失色了。“换”的实质是以失色之词去反衬出原词的光彩，是一种启发性很强的点拨。如同一层窗纸，教师有意润湿，就等学生去捅破。这类替换有效地培养了学生解词的深刻性。

(3) 悟词中之“情”的“替换”

文章中的词汇不仅能达意，还能传情。用替换的方法也有助理解词语的感情色彩。《心愿》一课有这样一段情节：作者询问法国小姑娘怎么能认出自己是中国人时，她说：“因为我家有好多中国人，你像他们。”一位教师就用此法启发学生体察句中代词“他们”的思想感情。教师先问：“句中‘他们’指的是什么?”学生答：“是指她家的二十多个中国泥人。”教师接着问：“既然泥人不是真人，为什么‘他们’不写成‘它们’呢?是不是文中出现了错别字?”这一替换式提问引起了学生的强烈兴趣，感到一个不引人注意的词中也有文章可做！纷纷亮出个人见解。除了肯定了词的书写正确之外，还悟出了小姑娘把小泥人视如珍宝，称为“他们”，当成真的中国人一样看待，充分表达这个小中国迷对泥人的热爱之情，对中国人民的深情厚谊。“替换”的意图在于说明原词不能替换，以衬托原词之精妙，用词之传神，词内包含的感情跃然于纸面，也使学生自然地受到感情的熏陶，增强理解词语的鉴赏力。替换比较，是把课文原句中的某一个词语换成近义词，然后让学生加以比较。

2. 增删比较

增删比较有两种情况；一种是，在课文句子中增添某些词语，然后与原句比较；另一种是把某个词语从课文原句中删掉，然后和原句进行比较。这里着重介绍后者。如小语第十册《工人代表》例数第四自然段，写到刘少奇同志严正申明到戒严司令部商谈条件时，刘少奇同志是这样说的："不商谈条件我就不来！"为了让学生体会双重否字词的作用，就可以运用增删比较的方法进行教学。把原句两个"不"删掉，与原句相比，学生很容易就体会到"商谈条件我就来！"与"不商谈条件我就不来！"这两句话的意思相同，但是加上"不……不……"双重否定词就更加强调非商议条件不可。经过比较，学生就会明白同一意思可以用不同的表达方式来表达；而不问的表达方式，表达效果不尽相同。

3. 变序比较

把课文句子的语序改变再与原句比较。《草地夜行》中，老红军陷入泥潭时立刻先说："小鬼，快离开我！"然后又说："我掉进泥潭里了。"原句这样写，是为了强调老班长首先想到的是小战士的安全，所以先叫小战士离开，然后才说出自己的危险处境。训练时，可以将句子语序改换，把"我掉进泥潭里了"放在"小鬼，快离开我"的前面，让学生将两个句子进行比较，从而认识到，表现老班长舍己救人高贵品质方面，原句给人的印象更为强烈深刻。

4. 异同比较

同中求异与异中求同是准确理解词语，深刻理解课文的有效方法，也是训练学生思维的重要途径。

（1）同中求异

同中求异就是比较同一词语在不同语言环境中的不同含义。有时同一课中反复出现的同一词语，语意也有差别，要引导学生结合课文进行同词辨析。《赶羊》一课写"我"学羊叫把"小调皮"赶回羊圈。"咩咩"这个象声词在课文中先后出现了四次，但四次使用的含义都不相同。第一次是羊逗"我"的叫声；第二次是"我"气羊的叫声；第三次是"我"学羊叫唤羊的叫声；最后一次是羊跑到"我"身边高兴的叫声。由于含义不同，感情色彩也就不同。让学生从课文中找出有象声词"咩咩"的四个句子进行比较，然后用不同感情朗读，这对理解词义、读懂课文、训练朗读都有裨益。

（2）异中求同

一篇课文中大量不同的词是为突出中心而组织在一起的，因此这“异”中存在着“同”。这里的“同”就是表现共同的主要内容、中心思想，透过词语理解思想内容的过程，实际上也是异中求同的思维过程。如《火烧云》中，火烧云形状变化的动态描写是全文的重点，体会火烧云变化的特点则是理解的难点。需异中求同，从纷纭的词语中找到共同的特征。一位教师曾巧妙地设计了一个填充表，在课堂上引导学生找出具体变化之“异”词，揭示变化特点之“同”。

异中求同		火烧云变化比喻物	表示变化时间的词语	形态变化的重点词语	
				动态	神态
异	形态不同变化	马	一会儿 过两三秒 正在	跪 尾 大，伸开，长，不见 模糊	等人骑
		狗	忽然跑着	跑 小狗跟 不见 不知	凶猛
		狮	接着一转眼	蹲 看不到	威武镇静
同	共同特点	多	快	奇	

学生边读边填，将几方面词语贯穿起来思索，透过具体事物、时间化、动态神态词语的不同，发现共同特点，从特殊到一股，从现象到本质，揭示出火烧云形状变化多、快、奇的特点。课文读懂了，怎样写动态也掌握了，在异中求同的活动中，学生运用了由此及彼，由表及里，由个性到共性的思考方法，有效地锤炼了思维的抽象性、深刻性。

5. 原义转义比较

词不离句，这是词汇教学中一项重要原则。但不少词语放在一定的语言环境中它的本义会有变化，这就有必要进行原义转义的比较。《草地夜行》中“魁梧”一词，原义应是“身体强壮；高大”，但在课文中描写的却是脸又黄又瘦的老班长，因此“魁梧”在这里不能理解为身体强壮高大，而只能说明老班长个子高骨架大。

6. 选择比较

选择比较就是将一个词语的正确解释和不确切的解释都摆出，引导学生比较。如解释小语第八册《古诗四首》“题西林壁”诗句中“不识庐山真面目”中的“不识”一词，可摆出“不知道”“不认识”“看不清”三种解释供学生选择。联系语境确定“看不清”才是准确理解。这种方法培养学生据文定义的解词能力。

（六）词联法

课文是个整体，词语之间存在着内在联系。从探求词语间的关系可迅速准确地理解课文。这种阅读方法简称为“词联法”。依据词语在文中的不同关系有以下几种：

（1）前后承接

某些词语之间有着承接关系。把前后词语贯穿起来，能搞清事情发展的全过程，领会文章的中心思想。《饲养员赵大叔》中有一段赵大叔精心照料“金皇后”产小马的重点情节。为了了解赵大叔的优秀品质，可让学生按顺序找出他久久等候的时间词语，并联系起来思考。将“下午”“上灯的时候”“两个钟头”“天明”这些词语串起来，就不难看出赵大叔守着“金皇后”整整忙了半天又一夜，对集体的牲口关怀备至。

（2）同类综合

课文作者常常列举了不同的个别现象，目的在于从个别中抽出一般规律。理解时可将并列词语一齐找，联系起来综合想。《威尼斯的小艇》第五段是难点，一位教师采取同类综合的词联法进行突破。他先问：“这段中乘小艇的有几种人？每种人乘小艇都要做什么，分别划出相应的词语。”接着启发学生分别将两类词语综合分析，想想各要说明小艇的什么。学生从联系中很快悟出了作者的用意：“商人”“妇女”“小孩”“老人”代表了威尼斯城的男女老少，说明水城中什么人也离不开小艇，而“做生意”“谈笑”（即游玩）“到郊外”“上教堂”这些联想，又进一步指出了干什么事都离不开小艇，从两方面突出了小艇是重要交通工具这一中心。

（3）对比追根

从词语之间的对比关系中刨根问底，以文悟“道”，是对比追根的词联法。如《草地夜行》中小战士开始是拖着僵硬的脚一步一挨地向前走，最后却是迈开大步向着部队前进的方向走。教学时可引导学生将“一步一挨”与“迈开大步”前后对比质疑：是什么力量使小红军有了这么大的变化？寻找力量的源泉。小红军的力量源于老红军的崇高品质；临终时对他的殷切期望；对革命必胜的坚强信念。

(4) 循果探因

对属于因果关系的词语，须抓住“因”词和“果”词，据因查果，或循果探因，在联系中理解文章。《鸟的天堂》作者两次来到大榕树下，见到的情景为什么会不同？理解这个问题可启发学生找出两次的“果”词，即“见鸟的景象词语”，再找出相应的“因”词，即“时间词语”进行前因联后果的认真思索。

第一次“吃过晚饭（因）——不见一只鸟（果）”

第二次“早晨（因）——鸟热闹（果）”。

原来黄昏时鸟都已安歇，所以不见一只鸟；而第二天清晨，正是鸟起床时刻，因此出现了一片热闹景象。说明这里既是鸟栖息的摇篮，又是鸟活动的天堂。

(5) 抓主找衬

对于映衬关系的词语，应以“主”找“衬”，以“衬”托“主”进行分析。一位教师教《手术台就是阵地》时十分注意培养学生从词间联系中去体味的思维方法，精心设计填充表：

《手术台就是阵地》抓主找衬填充表

小段	情况的重点词语（衬）	白求恩怎样表现的重点词语（主）	说明什么
2	庙前空地	镇定	镇定自若
3	周围爆炸	继续	坚守阵地
4	火苗扑手术台	争分夺秒	不顾安危

学生边读边填，边联边思，充分认识白求恩同志国际主义的献身精神。

总之，以上几种“词联法”，各种词语间的关系都是依据课文词间、句间、段间的内在联系，是从篇章角度看词语，从词联之中解篇章，符合文章的构成规律及阅读文章的认识规律。

（七）反诘法

所谓“反诘”，既以学生对词语的初步认识为依据，教师以“其人之道还治其人之身”的反问形式，逐步达到正确的理解。

举一例说明。课文《我的伯父鲁迅先生》有一词“爱戴”，一位教师为了帮助学生能准确理解，用反诘做了下面的一段导引。

师：你们知道“爱戴”是什么意思吗？

生：“爱戴”是对一个人很喜欢。

师：那你很喜欢邻居的小弟弟，可以说“爱戴”吗？

生：不行。小弟弟只是天真可爱，值得“爱戴”的人必须有突出的成绩。

师：照这样说，我校杨丽同学是全区的三好学生，对她说“爱戴”行吗？

生：不可以，“爱戴”必须是晚辈对长辈的喜爱。

师：噢！你们都很喜欢自己的妈妈，能不能说“爱戴”呢？

生：这……（学生答不出，处于非常想知道的“愤悱”状态）

师：（顺势）“爱戴”是敬爱和衷心拥护的意思，不是一般的喜爱，通常表现在下级对上级、晚辈对长辈的态度上。鲁迅先生就是这样受爱戴的人。

教师顺着学生理解的思路，导引着学生不断否定自己的认识，使他们对“爱戴”一词显然已处于想说又不会的“愤悱”状态，产生的心求通而未通，口欲言而未言的积极思维状态。此时他们求知欲望强烈、兴趣浓厚、集中注意、思维活跃，是掌握知识、发展智能的最佳时机，是提高教学效益的重要前提。这时教师讲解词意，是雪中送炭，学生听得聚精会神，听后茅塞顿开，尝到获知后的甘甜。这种“反诘”，遵循了“不愤不启，不悱不发”的原则。

八、悟句意八法

理解句意是阅读教学的重要组成部分，是学生阅读能力的基本功，课文中的重点句、难懂句、复杂句、含蓄句、优美句是文章理解之必要，也是学生难点之所在。因此，抓住这些句子的不同特点，结合课文运用恰当的方法，领略句意，通常有以下几种方法。

（一）图示展现法

某些难懂句由于内容离学生生活较远，可采用直观手段，图示展现，就会化远为近。《詹天佑》中这样一句："这样一来，六个工作面同时施工，把工期缩短一半。"理解的难点是对工程术语生疏。教师只要帮助学生画一示意图（见下图），施工方法也就历历在目，句意随之而解，詹天佑那高超技艺与智慧也跃然于画面。

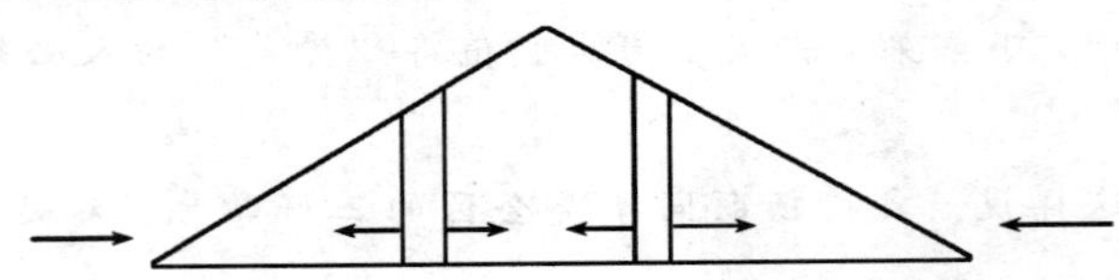

（二）联想旁通法

有的句子描述的情景不易直观，就可采取类比联想的办法，诱导学生由此及彼，触类旁通。《鸟的天堂》在描写大榕树生命力时有一难解句："……似乎每一片树叶上都有一个新的生命在颤动。"这是作者的实地感觉，而学生看来，树叶怎能有新生命在颤动呢？有位教师于是就启发学生联想，电视节目中花蕾逐渐开放慢拍快放的镜头去体会，并配以教师渐渐张开的手势，使学生身临其境，恍然大悟，深感到这句生动展现了榕树旺盛的生命力，静中欲动、生机勃勃的情势。

（三）词语突破法

句不离词。有些重点句读懂的关键在于句中的重点词，只要词的含义明确了，句意也就迎刃而解了。《伟大的友谊》最后两句，是点中心的重点句。句中出现两个"伟大"可做悟句意的突破口。发问："两句中的'伟大'各指什么伟大？"学生从句中会分别找出，第一句的"伟大"是指"马克思主义"，表明友谊的成果伟大；第二句的"伟大"说的是'共同奋斗的目标'，可见友谊的基础也伟大，从两方面看出两人友谊的伟大。这样不仅句意明，而且全文的中心也揭示无遗。

（四）成分扩缩法

课文的长句往往附加成分较多，造成学生领会的困难。此时先缩句抓主干，由长变短，再扩句添枝叶，逐步恢复原状，句意之锁可开。比如《大理石街》第四小段有叙述磨制大理石达几十个字的长句："工匠、学徒在这样的小房子，长年累月劳动着，把巨大粗糙石头打磨成光滑的精巧石镜、建筑材料，装饰人们的生活。"解句意采用扩缩法最为适宜，可分三步进行：

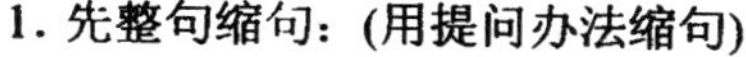

1. 先整句缩句：(用提问办法缩句)

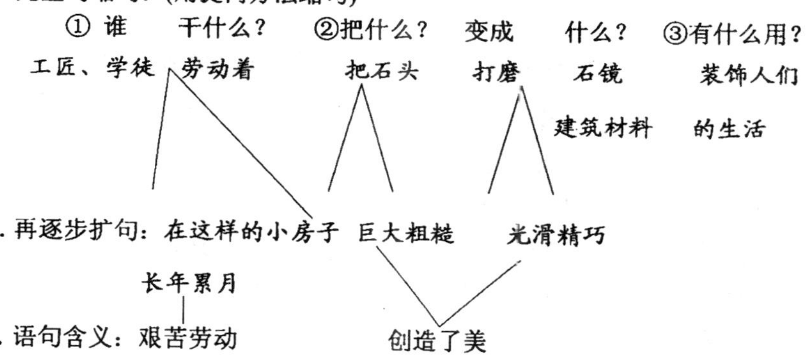

由于以压缩办法抓住了句子主干，表义可懂，接着又分步扩充，附加成分作用可知，含义可解，中心可明。

（五）关系理清法

某些句子是由关联词语连接的几个分句组成的。紧扣关联词语，理清句间关系，句意解在其中。《跳水》一文在叙述孩子爬上桅杆顶端，处境危急时用了两个紧密相关的假设条件句，教师可以启发学生绘制句间关系图帮助理解。

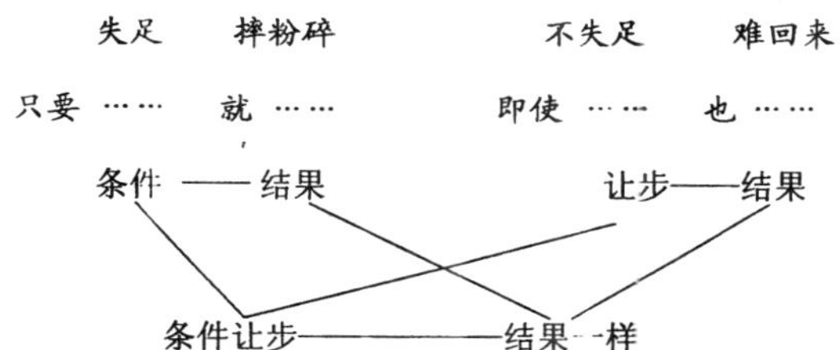

句意：孩子处境万分危急

（六）层层剥皮法

表达含蓄、意味深长的句子，经常是笔触中心的关键处，又往往使学生不易深入其旨，教学时应抓住句中的语言因素，像吃竹笋一样，层层剥皮，层层深入，可化暗为明。《跳山工》结尾句：“这幅画一直挂在我的书桌前，多年来不曾换掉，因为我需要它。”某教师曾抓住句中的“它”采用了剥皮解句法，从一词入手设计了一组递进式设问，刨根问底。

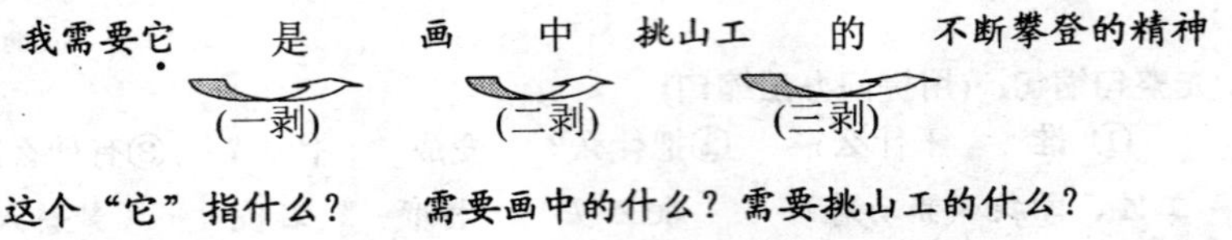

我需要它　是　画　中　挑山工　的　不断攀登的精神

(一剥)　(二剥)　(三剥)

这个"它"指什么？　需要画中的什么？需要挑山工的什么？

这样就逐步弄清了作者一看到画就犹如看到了那脚踏实地、负重登山、永不停歇的高大形象。句中蕴含的"意""道""情"均鲜明地显现出来。

(七) 句式比较法

课文中出现的很多句子通常通过别致句式、生动的修辞体现句意。形式突出了内容，明白了句式的特点及作用，也就理解了句意。运用句式比较法，将课文原句改换为不同句式加以比较对照，即能达到目的。

《手》一文，王新春称赞陈秉正的手使用了一个否定反问句："没有那两只手，这里还不是一片荒坡吗?"教师只要将它改为陈述句："没有那两只手，这里还是一片荒坡。"诱导学生对比，就会发现反问句的意思与陈述句相同，否定的反问实际表示肯定之意；同时在比较中也会认识到这个反问句更强调了这双手的巨大作用，更强烈地表达了夸赞的激情，在对比中显现出原句的深刻含义。

(八) 上挂下联法

句不离文。有些句子需要联系上下文才能获得句意，这就要用上挂下联法。《大海的歌》第四段第二句："海的颜色由绿变蓝，由蓝变成墨蓝。"如果孤立看这句，只能得出海水的颜色在变化，并没有真正了解作者的用意。理解它要靠上下文。

首先上挂，问："联上句，本句海色的变化与作者乘的船有什么关系?"就会体味到句子表明了作者乘坐的海轮已到达了深海。

然后再下联，问："这句话又与下文的石油钻探船有什么关系?"从而又明确了此句也交代了石油钻探船耸立在深海之中。

用如此的教法，点拨学生透过海色之变洞察出文章交代两"船"位置之意，为领会中心打下了基础。

九、怎样划分段落

准确分段既是重点，也是难点及考查点。若想提高这项能力，应从“明确概念”，“理解意义”，“掌握标准”，“学会方法”四个方面努力。分述如下：

（一）明确分段概念

同学们需要明确三点：一是分段中的“段”不是指自然段，而是指意义段，或称逻辑段。二是明白什么叫分段？即把文章分为意义上比较完整，相对独立又与全文有联系的单位（逻辑段）。三是分段乃篇的分解，与全文息息相关，应属于篇章阅读能力，并不是段的理解。明确以上概念对准确分段大有裨益。

（二）理解分段的意义

首先是理解意义。一篇完整的文章，已有自然段的划分，为什么要再分为意义段呢？这绝不是多此一举。自然段仅仅是文章的“皮肉”联系，意义段则是文章骨架的联结，这如同照相只见外表，透视才见内部一样，分段等于理清课文的结构，把握文章各部分间的内在联系，犹如去皮肉见骨架一般，是深入理解的过程。比如有篇课文《珍贵的教科书》，全文共十二个自然段，十分繁多。只理解了每个自然段的意思是不够的，如果将文章分为五段，就一下子展现出“盼书——有书——取书——护书——赞书”的结构主线，进而体会出在党中央、毛泽东亲切关怀下，在张指导员用生命护书的情况下，才得到久已盼望的教科书，怎能不珍贵呢？揭示了课题的含义，文章的中心，足见，给文章分不分段，文章理解程度大不一样。

其次有表达意义。从提高作文能力的另一个角度看，作文要具备布局谋篇的技能。这种技能不能只靠作文课，还应从阅读中培养。每篇课文都可作为学习作者布局谋篇的范例。通过分段可以学习作者怎样围绕中心安排材料的，分析作者布局谋篇是学会布局谋篇的必由之路。

再有，分段还有思维意义。我们知道，文章反映了作者对事物、事件的观察、分析。分段实际是我们揣摩作文成行思路，也是在学习作者认识事物的方法，自然会促进同学们思维的发展。另外，同学们在分段过程中，要对文章各部分进行一番分析比较，对各个部分的内在联系进行分析综合，这都是思维活动，都是在分段过程中进行的。所以，分段也是在练思维，一举两得。

（三）掌握分段的标准

有的同学说：分段分对了不就行了吗？还要什么标准？这是一种片面的认识。其实，回顾一下上面提及的概念及意义，就不难看出，分段不只是分对了，就算完事大吉了。归纳起来有三条。

（1）分准每段的起止

既然分段是把文章分为紧密联系的几部分，就不能随意乱分，要分得准。什么叫“准”呢？就是分得有道理，要符合作者的思路。这是分段的基本要求。

（2）理清段间联系

分段不只是把文章划分几部分，还要搞清楚这几部分之间的内在联系，也就是找出作者组织材料的线索。假如只会分，而不知道根据什么分，将一课书切成几段书，也就失去分段的意义了。所以，分段既要会“分”又要会“连”。这是分段的重要标准。

（3）明确每段在篇中的作用

仅理清段间关系还不够，还要明确每段与全篇间的内在联系，也就是要分析作者为什么要写这段。再以《珍贵的教科书》为例，为什么第一段非写炮火连天的战争环境，详述学习条件的艰苦呢？盼书之急正是衬托了书来之不易，雪中送炭更显珍贵。这才算懂得了这段在全文的地位。明确段篇关系是分段的进一步要求。以上三条标准中前两条是主要的。

（四）学会分段方法

（1）掌握文章的结构规律

既然将文章分段，就得熟悉文章结构的一般规律。掌握了它，分段才会建立在科学基础上，提高分段准确性。与分段直接相关的结构规律有以下两方面：

①分段的依据

一篇文章的段落是作者按一定的序写出的，这个序的不同部分就是各个段落，这个序也就可以作为我们分段的依据。文章不同，结构不同，分段依据也不同。常见的有以下几种：a. 按时间先后顺序，包括写入的不同年龄段，状物文章中生长过程。b. 按事情发展顺序分段。叙事文章大都依照发生——发展——高潮——结束，写出事情的起因、经过、结果。c. 按空间位置转换分段。游记、参观记，写活动文章常用这种结构。d. 按分合式结构分段。有三种情况：一种是先总述后分述；一种是先分述后总结；另一种是采取总分总结构。e. 按概具式结构分段。常以先概括后具体，或先具体后概括，或先概括再具体后概括组织材料。f. 按不同内容分段。

②分段的标志

分段依据是文章段落间的内在联系，这种内在联系会从字里行间显露出来，这些外在的表现就是分段的标志。同学们若能指出分段标志，就等于抓到了开门的钥匙，可提高分段的质量和速度。常见的标志有：a. 时间词语做分段标志。如《一定要争气》重点写童第周上中学及留学期间奋发进取为国争光的事迹，文章分别出现了“十七岁”、“二十八岁”两个时间词语。b. 地点词语做分段标志，以空间位置不同做分段依据的文章，地点词语常出现在段落的交接处。《记金华的双龙洞》一文中就出现了“路上”、“外洞”、“孔隙”、“内洞”等地点词语做标志，为准确分段提供了方便。c. 总起、总结句段做分段标志。例如《人民大会堂》第二自然段写到“人民大会堂真是雄伟壮丽啊!”这是总起句。下面具体介绍大会堂如何雄伟。因此这个总述句明显地显出第二段的起始。d. 过渡句、段也是分段标志。文章从一段转至另一段，常用过渡语句、自然段衔接，使全文连贯，过渡句段就成了段间的结合部，也就成了分段的起止处。比如《赵州桥》第三自然段开头用了一个过渡句：“这座桥不但坚固，而且美观”。前半句承接上段，后半部交代了下段内容，这就明确标示出二、三段的分界处。需要注意的是，凡以总结上文为主的过渡段应归上段，凡以引起下文为主的过渡自然段归下段。

此外，以小标题或空行形式也可作为分段标志，因为这些比较明显，就不详说了。

总之，“明确依据”与“找到标志”都是为了掌握文章的结构规律。依据是内在联系，标志是外在表现。明依据是分段的关键，找标志只是分段的辅助手段。决不要拿到一篇文章，还未读懂就忙于找分段标志，忽略了确定分段依据，那就难免出错了，在实际运用时，应先找依据，后找标志。

(2) 掌握分段的方法

办任何事情都要有方法，分段也不例外。一般说来，可分三步走：

①通读全文，弄懂内容，确定依据。

分段是篇的练习，离开对全文的了解，就很难做到准确分段。所以先从全文入手，初步了解全文主要内容，找出分段依据，这是分段的前提。

②细读小段，理解内容，找到标志

有了通读全文的基础，就按照确定的分段依据逐自然段细读课文，读懂每个自然段意思，并从段落间找分段标志，这就为分准起止奠定了基础。

③精懂全文，按照依据，分出起止

这步又回到全文的精读，依照确定的线索，参考发现的标志，从而分清各自然段内容的区别与联系，最后分出每段起止。

以上的分段的三步体现了：阅读文章是由整体到部分再回到整体的过程。分段过程完成了由综合到分析再综合。

以上方法的最后一步要分起止，也需要正确的方法，提供同学们下面三种方法。

a. 自然段归并法

这种方法从自然段入手，将相邻的意思相同的自然段合并为一段。比如《麻雀》一文，在通读全文、确定依据，找出标志的基础上，逐自然段思考，归并意思相同的段落，也就分准起止了。如下图示：

自然段	段
1. 我打猎回来，走在林荫路上。 2. 猎狗发现了野物。 3. 原来是一只从巢里掉下的小麻雀。	归并：一、猎狗发现了小麻雀。
4. 猎狗要叨小麻雀，老麻雀从树上飞下来。 5. 老麻雀用身体掩护小麻雀。	归并：二、老麻雀保护小麻雀。
6. 猎狗愣住了，慢慢地后退。 7. 我把猎狗带走了。	归并：三、小麻雀得救了。

b. 提取中心段法

这种方法是从全文主要内容入手，通读全文，找到依据，抓住叙述主要内容的中心段，再分析其他部分，分准起止也就迎刃而解。还举《麻雀》一课，全文记叙了老麻雀在猎狗面前奋不顾身保护小麻雀的故事，其中老麻雀保护小麻雀是主要内容，按照事情发展顺序的线索，中间部分第4~5自然段就是中心段，作为一段，再看头尾，全文分三段的起止也就清楚了。这种方法的关键是抓准主要内容。

c. 线索分割法

这种方法特点是要从全文入手，尤其是理清文章的结构线索，也就是分段的依据。找准线索后，循着思路的阶段分出段落。线索分割，不同于概括每个自然段的内容，需要弄清作者在每个自然段要说什么，重点是分出阶段来。如《麻雀》采取这种方法可用下图表示：

线索		分割	分段
事情发展顺序↓	依据	先写为什么要保护小麻雀(1~3自然段)	一段
		再写怎样保护小麻雀(4~5自然段)	二段
		后写保护小麻雀的结果(6~7自然段)	三段

同学们运用这三种方法应注意什么呢?

一是要认真阅读文章，分段是读懂文章的结果，而不是读懂文章的序幕。分准的前提是读懂。请大家切记。

二是掌握三种方法要有先有后。自然段归并方法是基础，也较容易掌握，可以先练习，然后再练习其他两种方法。

三是要灵活运用三种分段方法。当你们初步掌握三种分段方法后，就可以根据不同文章的特点，灵活选用某种方法。自然段较多的文章适用于归并法；线索清晰的文章可采用线索分割法；重点段明显的文章运用提取中心段。

十、怎样概括段意

小学阶段从3年级开始就要掌握概括段意，三年级是学会概括自然段段意（也称自然段主要内容的归纳），从4年级起就要逐步学会概括逻辑段段意（也称概括段意），这里的段意既可以指某一段的段意，也应包括概括全篇中几段的段意。要求概括段意的文章，既有给课文概括段意，也有给适合少年儿童阅读水平的课外短文概括段意。足见概括段意是一项重要的阅读能力。这是小学中高年级一项学习重点，也是难点及考查点。

为了较快形成概括段意能力，可从“理解意义”、“掌握标准”、“学会方法”几方面努力。分述如下：

（一）理解概括段意的意义

（1）理解意义

概括段意实质上是用最扼要的语言将文章中某段或各段的主要内容归纳出来。也可以说是将全文归纳成简单的写作提纲，是作者写作思路的再现。从中可以清楚地了解作者布局谋篇的方法，文章段间的内在联系，为进一步总结全文主要内容及中心思想奠定基础。善于概括段意，就能一下子抓住文章要领，掌握了此项阅读本领，同学们会终生受益。

（2）思维意义

要想正确地概括段意，要费一番脑筋。要对文章各段仔细阅读，又要分析、比较、判断哪个是要点，哪个不是，最后还要归纳语言。需要大脑紧张地活动，这不是在训练大家的逻辑思维能力吗？

上面说过，段意反映了作者布局谋篇的构思，这正是学习作者思维方法的好机会，学习作者怎样观察、认识、分析事物。采作者思维之花，酿自己思维之蜜。

（3）表达意义

概括段意的过程实际上是在练习运用准确又简洁的语言表达（口头或书面）。不言而喻，它直接在练习表达的简练、准确、通畅。

（二）掌握概括段意的标准

小学语文教学大纲规定：“归纳段落大意，要抓住重点，语句要简短。”如果具体说，有三条标准。

（1）抓准要点

这里的“准”有两个要求：一个是“正确”，抓的确实是段的主要内容，而不是次要内容。比如课文《一个降落伞包》第一自然段共有两句话："1946 年 1 月，周恩来同志从延安乘飞机去重庆。同行的除了工作人员，还有叶挺的女儿小杨眉，她才 11 岁。"如果段意概括为："叶挺的女儿小叶乘飞机到重庆去"。就没有抓准要点，因为本段乃至全文的最主要人物是周恩来同志，段意未抓住第一主要人物，喧宾夺主了。另一个是"全面"。也就是要点全，不能遗漏。还以《一个降落伞包》第一自然段为例，如果段意概括为"周恩来同志乘飞机到重庆去"。虽抓准了最主要人物，却漏了一个要点"同行的还有小杨眉"，文章缺了小杨眉这个重要人物，让伞包的事情就没有对象了。所以，必须把两个要点都归纳进段意，才算"全面"。

（2）语言简洁

在语言表达上必须简洁、简短、简明。因为概括必须精要，繁多就不叫概括。比如《一个降落伞包》第四段段意如果这样概括："大家把自己的伞包让给周恩来同志，但周恩来同志坚决不要。"从抓住要点的标准衡量，是抓准了。但是从语言简洁看，就有毛病了。应改为"周恩来同志不要大家让给他的伞包。"就简明扼要了。

（3）段意间连贯

段意既然是整篇文章的写作提纲，就说明了每段的段意是全文链条上的一环，段意间是相互关联的，环环相连才对。所以段意还有一个要逐步达到的要求，段意间要连贯。连贯的要求体现在两个方面。一方面从内在联系看，各段段意之间必有区别，但也有联系。段意能从中看出全文脉络，作者思路，另一方面，从外在语言表达看，概括的角度要一致，句式大体相仿。比如课文《惊弓之鸟》三段段意概括的角度都应围绕"更羸射大雁"，都应以陈述句式表达，这样读起来给人以脉络清晰，一气呵成之感。

（三）学会概括段意的方法

（1）从自然段内部要点概括段意

同学们常常要做一种练习，就是概括某个自然段段意。这主要应从自然段内部要点去归纳。一般有两种方法：

①摘句归纳法

这是最简便的方法，就是从文章中找出足以表达段意的句子，把它摘录下来做段意。

有中心句或过渡句的段意往往可用这种方法。用摘句法要谨慎，必须先弄清这段的主要意思，然后再看看所摘的句子是否能明确、完整、简要地表达段意。同时也要注意摘录的句子是否需要修改加工。

②联词归纳法

联词归纳法就是找出能表达本段内容的词语，然后将摘出的词语连接在一起作为段意。用此法时必须认真思考所摘出的词语应是要点。把词语连接在一起时，要注意语句通顺、简洁。累赘是不可取的。有下面一个自然段：

那是去年五月的一个星期天，我不小心摔了一跤，左小腿骨折，被送进了医院。消息传到学校，同学们非常关心地来医院看望我。七天以后，由于我一再要求，医生同意我出院。

此自然段共有3句话，在句中画出体现要点的词语（见段中横线处）。勾画要点词语要抓住主要人物、主要情节、抓住主干，去掉修饰性、限制性词语。然后把要点词语恰当连起来，就是这段段意：我小腿骨折进了医院，同学们看望我。七天后出院。

（2）从自然段关系入手概括段意

几个自然段组成段落，概括段意可依据自然段间的不同关系掌握概括规律。

▲自然段间是总分关系，总结段段意就是段意。

▲自然段间是因果关系，一般把结果作为段意。

▲自然段间是顺承关系，段意应按事情发展，抓住各个阶段，要点串联。

▲自然段间是并列关系，段意应把并列几个内容都概括进去。

从自然段关系入手，要避免只看局部，忘记整体。要明确通观全篇是前提，概括前要读全篇，了解梗概后再从自然段关系入手概括。

（3）从段篇关系入手概括段意

这种方法要从段篇关系入手，抓住每段与全文主要意思紧密相关的内容概括。使用此法的基础是全篇要读懂，每段要读懂。概括的关键是两个"准"。一个是全文主要意思要抓"准"，二是每段中与全文主要内容紧切相关的内容要抓"准"。比如《列宁与卫兵》一课记叙的是列宁自觉接受卫兵检查通行证的故事。其中第二段包括5～10自然段，全段共出现三个人物：列宁、卫兵洛班诺夫，一位来开会的同志。段中描写洛班诺夫的笔墨很多，到底谁是主要人物，应以谁的角度概括呢？若孤立地分析本自然段，就会误认为主要人物是洛班诺夫，必然抓不准，应从全文内容去分辨，从段篇关系分析，全文主要赞扬的是列宁自觉遵守纪律，因此段意的着眼点就是列宁，而不能是洛班诺夫，段意应是：列宁自觉接受洛班诺夫的检查。这才是本段与全文主要意思紧密相关的内容。假如段意概括为“洛班诺夫认真负责地检查列宁的通行证。”就违背了作者的意图。

（4）从全文结构线索入手概括段意

不同结构的文章有不同的线索，概括段意也有各自的特点。

①按事情发展顺序组织材料的文章

这类文章的段意应体现事情的全过程及各个发展阶段。事情是由人做的，所以还要在段意中突出人物的表现。每段段意一般应抓住三个要点：在什么情况下，谁，干什么（怎么样）。

②按时间先后顺序组织材料的文章。

这类文章可以记事写人，也有写景状物的，既然按时间先后分段，段意也要突出时间的阶段性和连续性。

在什么时间↗事情怎样了（叙事文章）
在什么时间→谁干什么（写人文章）
在什么时间↘看到什么样的景与物（写景状物文章）

例如《一定要争气》是写人文章，又按时间顺序，所以三段段意分别要写上童第周“童年”、“中学读书时”、“留学时”这些时间词语。

③按空间位置变化组织材料的文章

游记、写景、参观一类文章常采用这种结构。既然结构线索是空间位置的变化，段意就要突出地点或空间的转换。概括时应具备以下要点：谁；什么地方；看到什么样的景物（或参观什么地方）。

④按不同内容组织材料的文章

说明性文章大都采取这种结构。每段段意应显示叙述什么事物的哪方面内容。

⑤按总分（概具）关系组织材料的文章

这类文章概括段意比较容易，只要每段都紧紧围绕总述或概括的内容分别概括就行了。

从结构线索入手概括段意的方法，关键是理清文章的脉络，找准文章的线索，足见“线”索既可以作为分段的依据，又可作为概括段意的前提，十分重要。

以上四种方法概括段意，区别在于思考的角度不同。（见下图示）

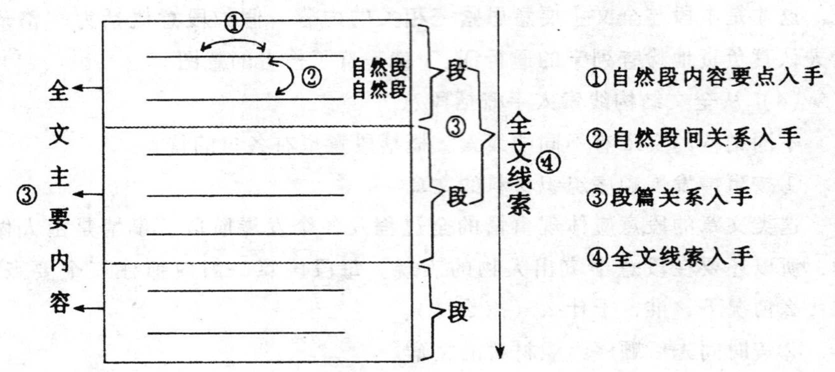

十一、怎样指导学生概括课文的主要内容

概括课文的主要内容是理解文章的重要标志之一，是学生升入高年级后的重点训练项目，是阅读能力的重要方面。那么，怎样指导学生概括课文的主要内容呢？我认为可以从以下三方面努力。

（一）明确概括课文主要内容的意义

概括课文的主要内容，从字面上看并不难理解，但需注意三点：①新课标提出：整体把握的能力。要从整体出发。概括课文（全篇或段落）主要内容，应从整体上加以归纳，不得以偏概全，以次要充当主要，以局部代替整体。②从内容本身出发。概括的角度应是课文的内容，它与中心思想虽有联系，但不是一码事，前者主要是指作者写的什么，后者则主要回答作者为什么写，两者不能混同。③从简括出发。既然是概括，就不能详细，而应是全文的浓缩，语言要简明扼要。

为什么要概括课文的主要内容呢？抓住主要内容，可以简明地理解课文要旨，为进一步总结中心打下基础，同时也有利于提高阅读能力和进行思维训练。在进入信息时代的今天，需要接受的信息使人应接不暇。善于一下子抓住主要内容，则是速读的重要方法，这样可以增加摄取的信息量。通过形象而通俗的教学使学生明确以上意义，可增强他们定向学习的主动性。

（二）教给学生概括课文主要内容的方法

1. 段意串联法

理解课文一般经历着从整体到部分，再从部分回到整体两个阶段。分段、归纳段意就是第一个阶段，概括课文主要内容则是第二个阶段，第一阶段是第二阶段的基础。这样就可运用“段意串联法”，即将各段段意连起来就是课文的主要内容。值得注意的是，整体不等于部分之和，主要内容并不是各段段间的简单相加。总结时要引导学生统观全文，区别重点段和非重点段，在段意串联时要做到有详有略，有的甚至还要舍去。在表述上也应做到段意间意思的融合，语句的通顺，语气的连贯。比如《董存瑞舍身炸暗堡》全文分五段，在归纳时就要权衡几段的轻重。第一段和第五段分别交代了“隆化战斗打响了”和“前进道路炸开了，隆化解放了”，写英雄故事所处的环境及战斗结果，因此概括为“隆化战斗”这一要点即可；至于第二段董存瑞请战，第三段董存瑞在战友掩护下猛冲到桥下，只是重点段准备，概括时完全可以融合于“舍身炸暗堡”的第四段段意中。这样全文主要内容就可简要概括为：人民解放军解放隆化的战斗中，董存瑞在关键时刻毅然手托炸药包，拉着导火索，以舍身炸暗堡的英雄行为炸开了胜利的道路。

2. 词语贯穿法

篇章是由字、词、句、段组合而成的。循着文章的结构线索，从文中找出显示线索的重点词语，然后将它们贯穿起来，如同连词造句一般，课文的主要内容也就概括出来了，这就是“词语贯穿法”。譬如《月光曲》，根据内容可列出贝多芬“走近茅屋——走进茅屋——弹一曲——再弹一曲——飞奔记曲”这些重点词语，而后把它们连成几句话，贝多芬谱写著名钢琴曲的传说则精要地展现出来了。由于这些词语基本上是从课文中摘抄来的，因而既利于学生认真阅读课文，又放缓了坡度，易于学生掌握。运用这种方法的关键是抓住“两主”，只有抓住文章的主线，抓准体现主线的主要词语，其主要内容的归纳也就水到渠成了。

3. 问题综合法

问题是思维的路标。概括课文主要内容还可以从问题着眼，自问自答。通常分两步进行：首先阅读课文，提出几个要害问题。比如《火烧赤壁》一课，可以提出“为什么要火攻?”“怎样火攻?”“火攻的结果怎样?”几个问题，从文中找到确切的答案；第二步再将答案恰当地连贯起来，归纳出《火烧赤壁》的主要内容：曹操率军攻打东吴，周瑜见曹兵坐不惯船而用铁索连船，便采纳了黄盖的火攻计策，借着假降，趁着风势，火烧曹操的战船、兵营，打败曹军。怎样才能提出准确的问题呢？那就必须体现作者的思路，紧扣全文的重点。假若抛开本文“火攻”的关键问题，而抓“黄盖的假降”“曹操的表现”来设问，概括出的内容也必然是喧宾夺主了。

4. 课题扩展法

题目是文章的“眼睛”。某些课文的题目直接点出了主要内容。我们只要联系课文，将文题加以扩充，就能概括出课文的主要内容了。比如《飞夺泸定桥》一课，课题是个动宾词组，交代了课文的中心事件。凭借它进行扩展，“谁飞夺”“在什么情况下飞夺”“怎样飞夺”，这样就概括出了课文的主要内容：“中国工农红军在二万五千里长征途中与敌人抢时间，攻天险，胜利地飞夺了泸定桥，继续北上抗日。”

（三）在概括课文主要内容的训练中，要注意的问题

纠正学生粗知课文就忙于概括，忽视学习课文语言的毛病，可训练他们逐步养成边读文边划重点词语的阅读习惯。为了克服“用词不准，概括不精”的问题，应训练学生用语的准确性。如《狼牙山五壮士》一课的主要内容，一个学生概括为：“课文记叙了狼牙山五战士，为了掩护群众和部队转移，把敌人赶上了绝路，英勇歼敌，壮烈牺牲的故事。”这里，“五战士”应改为“五壮士”，“赶上”应换成“引上”，至于“牺牲”一词，既没有点明“相继跳崖”的壮举，又不符合五壮士并未全部牺牲的史实，应改成“跳崖”。这样改后，语言就比较准确贴切了。

概括主要内容语言准确，并不等于表述的雷同。在符合课文本意的前提下，总结的主要内容可以有所不同，应该鼓励学生求异。仍以《狼牙山五壮士》的主要内容为例，其中“把敌人引上了绝路”这一要点，虽不能归纳成“赶上”，却可以概括为“把敌人拖上绝路”或“把敌人带上了绝路”“诱使敌人走上了绝路”几种不同表述。由此可见，语言表达上的同中求异，异中归同，有助于学生独立思考，发挥个人潜在的创造力。

十二、朗读训练的优化

朗读是阅读教学中最经常最重要的训练，书声琅琅是课堂上追求的效果。《语文课程标准》中多处对朗读提出了明确的要求：

·能用普通话正确、流利、有感情地朗读。

·各个学段的阅读教学都要重视朗读和默读。

·评价学生的朗读，可从语音、语调、和感情方面进行综合考察，还应注意考察对内容的理解和文体的把握。

（一）什么叫朗读

朗读就是用清楚、响亮、恰当的声音读文章，多种器官协同活动的复杂的过程。即朗读是眼看书面文字，进入头脑，将内化的理解，转化为恰当的声音表达出来，用耳自己听，给别人听。可用下图表示：

（二）朗读的意义

1. 巩固识字的效果。因为朗读是见字形、知字意、读出音，所以，汉字的三要素——音、形、义，通过朗读可以巩固，可以考查。默读在这点上不如朗读。

2. 语言形式的转化：朗读是把书面语言变成口头语言，锻炼口语，发展语言、规范语言。

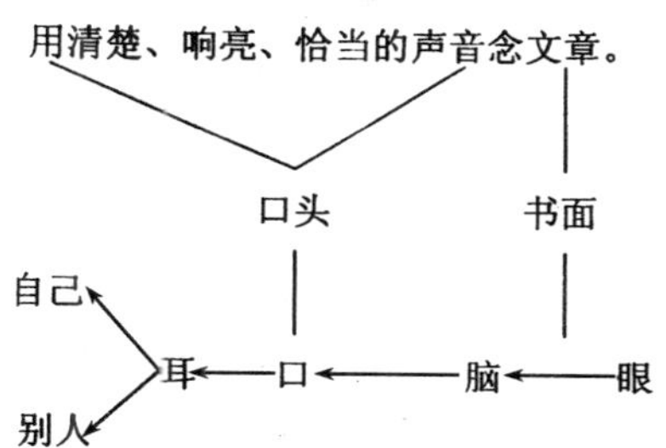

3. 阅读器官的合作：从上面的图示可以看出，朗读通过眼脑口耳的协同活动才能完成，促进了孩子们生理发展。

4. 语言理解的活化：由于有读者参

与，朗读就成了共创的过程，加入了读者的解读与感悟，声情并茂，增强语感，入境共鸣，陶冶情操。将静态的书面文字活化为栩栩如生的声音，乃创造性的劳动。

举例：不同语气、不同重音朗读意思不同。

原句：我有一本好书。

我有一本好书。（表达谁有？）

我有一本好书。（表达有否？）

我有一本好书。（表达数量）

我有一本好书。（表达书质）

我有一本好书。（表达类型）

5. 聆听对象的扩展。朗读要出声，不仅自己听，也可能有别人聆听，扩大听众，共享理解成果，达到育己育人的目的。如果是教师听，可以从朗读中考查、训练学生能力。

（三）朗读的要求

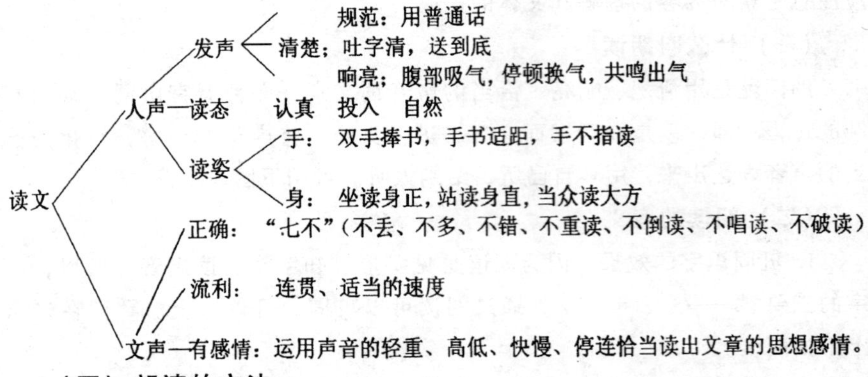

（四）朗读的方法

1. 读懂表层是朗读的前提

朗读文章，首先映入眼帘的是文字，见字形读准字音，读通句子、段落、全文，表面意思要明白，必须做到才行。不可想象，连字都不认识，词不明白，句也读不通，能很好地朗读？这似乎大家都明白，但实际上，很多情况教学会忽视。举一例，有这样一句话：一百岁的人造卫星遨游太空。有人由于不明白句子的表面意思，读成了：一百岁的人｜造卫星｜遨游太空。竟然成了一百岁的人能造卫星，还能遨游太空，天大的笑话。

2. 深理解是朗读的基础

读懂表面还不够，透过表面看到文章的内涵实质，也就是中心思想，深入理解乃是朗读的基础。下面一段课堂纪实给我们很大启示。

课题：小语七册《饲养员赵大叔》

课文原句：（第五小段）

他只顾跟牛说话，冷不防旁边一头驴伸过嘴来抢吃簸箕里的料。赵大叔推开它，用一个指头指着它的脑门说："你呀，就爱占便宜！批评你多少次了，一点儿也不改。"

课堂纪实（片断）：

师：请同学们自由朗读课文第五小段。想一想赵大叔用什么口气对驴说话？

生：赵大叔是在批评这头驴。

师：谁能用批评的口气朗读这一段？

生：（用严厉批评的语气朗读）

师：请大家再朗读这段，想一想这时赵大叔说的话是很严厉的吗？

生：（自由朗读）

生：说话不严厉。赵大叔是用亲切语气批评的。

生：赵大叔带着温和的语气说的。

生：赵大叔非常爱牲口。

师：对！从这段课文中的哪些地方可以看出赵大叔喜爱牲口呢？

生：赵大叔推它不是生气地"推"，而是轻轻推开；指着脑门点不是气愤地指，而是喜爱地"指"。这些动作表现了赵大叔对牲口的爱。

生：牲口不懂人话，可赵大叔却像和这头驴谈心一样，虽然是批评它，但很亲切，不严厉。

生：赵大叔说："……批评你多少次了，一点儿也不改。"从这句话里可以看出赵大叔对这头驴的贪吃习惯非常了解，不爱它怎么能这么了解呢！

生：赵大叔说："你呀，就爱占便宜"，说话时充满了对牲口的喜爱，不是讨厌它，而是帮助它，就像妈妈在耐心地教育自己的孩子一样！

师：同学们回答得很好！谁能用喜爱牲口的亲切语气朗读这段呢？

生：（表情朗读，语气亲切）

师：读得不错！大家再想一想，既然这头牲门这么贪吃，又是一贯的缺点，为什么赵大叔还这样爱它呢？

生：因为这头驴是集体的财产。

生：毛病再多的牲口也是国家的财产。赵大叔因为爱集体，所以爱牲口。

生：因为赵大叔热爱自己的饲养员工作，所以他对什么样的牲口都不讨厌。

师：对！赵大叔对牲口的深厚感情体现出他热爱集体的优秀品质。谁再用赵大叔热爱集体的思想感情朗读这一段？

生：（有感情朗读，先指名读，后齐读）

一小段课文在几分钟之内反复朗读了五次，才真正朗读到位，但每次读并不是机械的重复。学生经历了逐渐深入解读的过程。从由表面理解赵大叔说话的批评口气——体会赵大叔说话的亲切口气——领会赵大叔热爱牲口、热爱饲养员工作——读懂赵大叔热爱集体财产的思想感情。循序渐进，每一遍朗读都有新的要求。这样读读讲讲，讲讲读读，每循环一次，学生对课文的理解就深了一步，朗读水平也就提高了一步，做到了互相促进，相得益彰！在加深了对课文的理解中，指导了朗读，是优化的诵读。

这一小段课文的朗读，体现了理解与朗读间的辩证关系、依附关系。朗读是用声音再现文章的思想内容，离开了对文章思想内容的理解，声音的技巧就成了无源之水，无本之木。反过来，只有用恰当的声音去表达对文章的理解，这种朗读才有生命力。

3. 变形象是朗读的积蓄

通常说的朗读要入境，就是读时有形象，这就是语感。语感的培养是新课标的要求。何为语感呢？是对语言文字正确丰富的了解力。叶圣陶先生曾写过这样一段精辟的论述：“在语感敏锐的人的心里，‘赤’不但解作红色，‘夜’不解作昼的反对吧。‘田园’不解作种菜的地方，‘春雨’不解作春天的雨吧。见了‘新绿’二字，就会感到希望，自然的化工，少年的气概等等，说不尽的旨趣。见了‘落叶’二字，就会感到无常、寂寞等等说不尽的意味吧。”如果用句形象的话，我认为，语感就要把“话”变

“画”，把语言文字形成头脑中的形象画面。靠想象、联想达到了这样的境界，朗读才会水到渠成。

举一例：课文《第一场雪》有两个“咯吱”，如何读出形象？读出语感？

原句：“只听见雪花簌簌地不断往下落。偶尔咯吱一声响，树木的枯枝被积雪压断了。”

“大街上的积雪有一尺多深，脚踩上去发出咯吱咯吱的响声。”

教师可以这样引导学生想象，头脑产生画面：

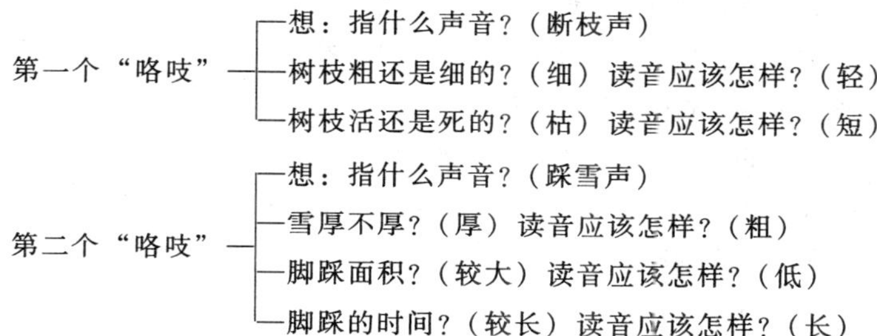

如何引导把话变画，从这个句子的朗读，教师应注意以下几点：①引导忌空洞，要具体。②引导忌灌输，要学生发现。③忌孤立指导声音，要画面与声音融合。④引导忌脱离学生实际，要将学生的生活经验，通过联想、想象完成。

4. 入情感是朗读的关键

抒发感情是作者写文章的目的之一，朗读文章就要将自己的情感与作者的情感产生共鸣，心相通，入情才能抒情。正确的路子是：悟情——入情——抒情。举例：古诗《送孟浩然之广陵》

故人西辞黄鹤楼，
烟花三月下扬州。
孤帆远影碧空尽，
唯见长江天际流。

此诗李白送挚友孟浩然到广陵，长江上船只来来往往，作者只看孟浩然的船，望眼欲穿，直到天际看不见。足见恋恋不舍，惜别之情，友情至深。这时，带着这样的感情朗读，就能到位。

5. 恰当声音是朗读的显现

朗读最终需要用恰当的声音来表现，声音的运用技巧有一定的规律，也是朗读的基本功。

（1）读音变化种类

- 轻重
  - 重音：根据表达需要
  - 轻音：根据表达需要
- 快慢
  - 快速：表达激动、紧张、欢快、愤怒、惊惧……
  - 中速：表达记叙、说明、交代……
  - 慢速：表达沉重、悲痛、悼念、庄重……
- 停连
  - 标点停顿：顿—逗—冒—句—问、叹、省略
  - 结构停顿：句间、层间、段间
  - 逻辑停顿：根据内容需要的停顿
- 高低
  - 升调：由平到高。表达反问、疑问、惊奇、号召
  - 降调：由平到降。表达肯定、感叹、请求……
  - 平调：保持一样。表达冷淡、严肃……
  - 曲调：先升后降或先降后升。表达含蓄、双关、讽刺、言外之意……

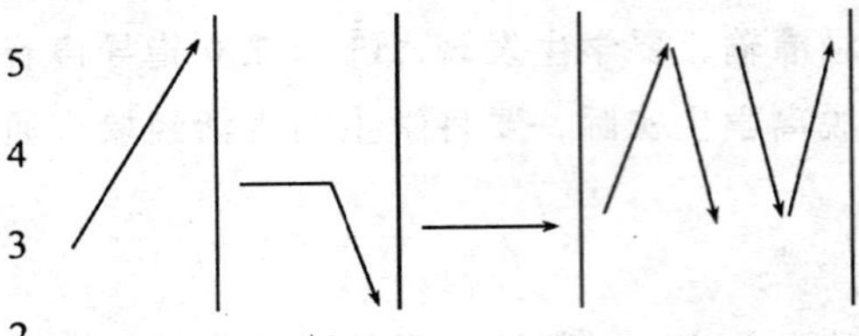

1 升调 降调 平调 曲调

（2）读音确定的依据

①依据文章思想内容确定读音

举例：课文《一夜的工作》

在回来的路上，我不断地想，不断地对自己说：这就是我们新中国的总理。我看见了他一夜的工作。（音低）

我想高声对全世界说，好像全世界都能听到我的声音：这就是我们中华人民共和国的总理。（音高）

我看见了他一夜的工作。他每个夜晚都是这样工作的。你们看见过这

样的总理吗？（曲调）

②依据不同文体确定读音

诗歌：注意节奏

说明文：平缓，主要观点加重

记叙文：区别人物，情感变化

童话寓言：亲切，慢速

当然，这些只是一般规律，并不是死的，读者不同，感受会有区别，声音也会有变化，鼓励灵活运用。

十三、训练学生“创造性阅读”

“语文教材是凭借”，在阅读教学中，我们凭借它可以对学生渗透思想教育；凭借它可以向学生传授语文知识；凭借它去培养学生的阅读能力；更可以凭借它训练学生的创造性思维。我们对语文教材，不应仅局限于再现的理解，而应在理解的基础上向创造性阅读延伸。在“人才观”的今天，我们必须改变旧的“教材观”“阅读观”，用新的观点去钻研教材，善于挖掘教材中固有的“创造因素”，凭借它开展创造性阅读。这对学生创造品质的形成大有裨益。

（一）抓住教材的“扩点”，进行展开性阅读

课文中常有概括、简略、省去的内容，这些未开展的内在因素正是发挥学生创造性的极好“扩点”。依据这些“扩点”，可鼓励学生大胆想象，将概括性词语具体形象化；详述文中的略写部分；补充作者省略的内容；推测事情的前因后果等等，把“潜台词”“画外音”均显现出来。这样可以培养学生的形象思维和逻辑思维。比如《小木船》结尾段写道：“陈明跟着爸爸妈妈搬到外地去了，那天以后，我们俩再也没有见过面。……”虽然两人没能再见面，但友谊是长存的。课文至此并未展开，某教师紧扣这个“扩点”，发动学生创造想象，续说“我”与陈明不见面而友谊长存的情景，别开生面的边读边想使学生兴趣倍增，浮想联翩：有的说“我”寄给陈明一套航模邮票做友谊的纪念；有的想“我”家养的信鸽传递着久别的友谊；有的假想陈明搬回两人喜重逢；有的畅想二十年后两人都成了

造船专家，并用激光电话交流彼此的科研成果。一幅幅友谊画卷的展现，学生对课文的理解更深入了，学生的情操也得到了陶冶，创造性的想象力更是迸发生辉。

（二）抓住教材的“异点”，进行发散性阅读

1. 理解内容的发散

课文中的关键之处、点睛之笔、意深之语往往蕴含着丰富的内容。这些既是理解课文的重点，又是训练创造性思维的“求异点”，应启发学生以此生发开来，把思维的触角伸向不同方面进行发散性阅读。九册《忆铁人》有一处细节描写，当铁人得知自己批评错了，调头冲回托儿所，紧紧地把阿姨的小娃搂在胸前，这个“搂”包含着铁人复杂的情感，乃是进行多极思维训练字眼。可以先点拨学生认识“铁人”的“搂”都是与谁有关?,再从小娃、阿姨、铁人自己三个发散角度去揣摩,即会闪烁出理解异彩:“搂”不只表现了铁人对小娃的喜爱之情,而且饱含着对阿姨高尚情操的敬佩,还突出了铁人由内疚自责到知错就改的主动精神。铁人的精神境界揭示得十分丰满,学生从中训练了多极思维。

2. 理解方法的发展

有些课文，在理解的方法上各不相同，但结论却殊途同归，如总结《伟大的友谊》的中心思想，答案应是揭示了马克思和恩格斯友谊的伟大，但思维过程可同中有异。只要激发学生进行发散：“你是用什么方法把握中心的?”就会从中心这一“同点”中发散开。既会有联系段意的思考法，也会有抓重点段（生活、事业上）的分析法，还会有抓关键词句的剖析法，更会有从课题、结尾段点明中心处入手的方法。如此多种方法，必会促使学生头脑灵活，逐步学会独立思考。

（三）抓住教材的“赏点”，进行品味性阅读

选入教材的很多文章文质兼美，写作的精彩处比比皆是。若采用对原文原封不动的“静态式”分析往往体会不透。那应怎样品味这些“可贵点”呢？就需要借助“动态式”的创造技法，即将原文佳句处作某种变动，看一看它的意思有何变化，这样佳句的特色就会显露出来。因此，抓住“赏点”让学生运用创造性的思考方式阅读，不仅能欣赏到语言的佳美，而且训练了创造性思维。可以引导学生使用以下几种常见的“动态”

思考方式：①删一删。把原文“赏点”删去，再恢复原状加以对照。像《威尼斯的小艇》第五小段几处推测式联想写得好，但联想的作用学生比较费解。如果删去这些词句后，剩下的内容只有乘坐小艇的有“商人、妇女、小孩、老人”，只能说明什么人也离不开小艇，而加上推想部分：“做生意”“到郊外”“上教堂”，则进一步说明干什么事也离不开小艇，全面展现出小艇是水域重要交通工具这一中心。②添一添。将课文“赏点”添加某些内容，再与原文比较体味。比如《钓鱼能手》中两次写钓鱼的同样程序，先详后略恰到好处。假如将略写部分也变成详述，一经比较就会感到变详的累赘，略写的紧凑，略写“我”学钓鱼，不仅证明“我”的确已学会了垂钓，而且映衬出阿成教得好，钓法灵验，确实是钓鱼能手。可见，详写阿成的教是为突出中心，略写“我”学钓也同样突出了中心。详略妙用通过添加技法更加清楚明白。③换一换。即替换一下课文某处的表达方式，再对照分析。④调一调。调换一下文章的叙述顺序或者语序，加以对比，体味文章特色。《黄河象》是一篇科学说明文，结构别具一格，从展览化石样子引出古象来历的假想，最后又回到发掘时的情景。为什么文章非按现在→过去→现在的顺序组材呢？难道不能按现在→过去，或过去→现在的顺序写吗？这就是在运用“变序”的创造思维方式，经过比较自然会得出原文才是最优结构。把假想放在客观现实的中间，既突出了重点，又体现出假想是依据客观的科学想象，并非凭空产生，具有严密的逻辑性。总之，引导学生学会运用创造性的思考方式，才能较好地欣赏佳品、品赏韵味、触到情丝，才会改变僵化死板的思考习惯。

（四）抓住教材的“疑点”，进行评价性阅读

教学中常有这样的情况：由于课文内容与学生生活经验有距离，学生会生疑；鉴于学生认识力不强，对课文内容会生疑；还有课文本身存在的不足，学生也会生疑。以上这些由学生与教材间的信息差而出现的疑点，乃是培养学生创造性思维的不可多得的素材，大可不必避开，而要迎着它们，抓住它们，在理解课文的基础上，发动学生对其进行探讨、评议，甚至可以怀疑、否定，发表独见，敢于创新，进行评价性阅读。比如《我的战友邱少云》有一个耐人寻味的结尾：“我永远忘不了那一天——一九五二年十月十二日。”某教师有意识地让学生围绕这句话质疑。他们凭借自己的经验和能力大胆地提出不少的疑问。有的提出:"既然那一天就是一九五二年十月十二日,这么写不是重复吗?";有的提出:"如果结尾段放在开头可以吗?";也有的提出:"既然这篇课文主要写邱少云,结尾改成'我永远忘不了邱少云'不是比'忘不了那一天'更好吗?";还有的提出:"结尾段是全文的概括总结,分段线索是按事情发展顺序或时间先后顺序正确吗?"多么可贵的独到见解啊!再如,某班学生曾对《麻雀》一课结尾不满意,认为"猎人只唤回了猎狗就走开了,那只小麻雀仍呆立地上,既飞不走,老麻雀又叼不动,猎人一走,它还会被野兽吃掉的,作者没有彻底拯救可怜的小麻雀。"多敏锐的洞察力!多美好的心灵!竟敢对名家名篇提出异议。

可见,开展创造性阅读并非可望不可即,我感到只要转变指导思想,备课中除注意钻研教材的重点、难点、特点外,还要注意挖掘教材中的扩点、异点、赏点、疑点,教学中有意识抓住它们着力培养、训练,学生的创造性犹如深埋地下的矿藏,一经能工巧匠开发,就将闪烁出令人赞叹的光彩。这里关键在于教师锐意改革,善于开凿,精于点拨。

十四、阅读中的"软性"思考

学生在阅读理解课文时常用的"是什么""怎么样""为什么"等一类思考模式称为"硬性"思考,往往具有静止的、直接的、肯定的、唯一的特点,是创造性思维的基础。但应同时教给他们创造性思考方式。这种思考具有发散性、动态性、灵活性,也称"软性"思考。常用的"软性"思考模式有如下一些。

(一)喻思——"好比……"

阅读中遇到费解处,思不明又查不到,怎么办?不妨向自己提出"……好比……"问题,去寻找与之相类似的事物,以它打比方,做解释。这种喻思属于类比思维,是一种迂回性的思考。古今中外许多科学家都是靠喻思获得创意,取得发明硕果。以喻思理解难点,也会触类旁通,化生疏为熟悉。《养花》中,学生不明白作者既"有忧""有泪",为什么会对养花产生乐趣呢?此时,若让学生自己思考:"这种苦中有乐好比自己生活中的什么事?”就会激发他们搜寻身边熟识的类似情况，就不难想到：做游戏、参加竞赛，输了可能要伤心，但不会因此而放弃玩和比赛，反而对它更有兴致。这样思考，难点迎刃而解。

（二）推思——“将会怎样……”

世间万物都处于发展中。囿于中心及篇幅，课文不可能将所有事物的发展均体现在文字上。为了达到对课文的深入理解，“推思”——“将会怎样……”的方式，则是一种极有效的思考。它的优势在于突破了课文的相对静止状态，将需理解的内容处于动态之中，去推其发展，展望结果，发现新意。如《伟大的友谊》，恩格斯在生活上竭尽全力帮助马克思，奉献出真诚无私的伟大友谊。若按常规思考“恩格斯用经营自己厌恶的商业挣来的钱汇给马克思说明什么?”只能体会到，恩格斯忍受着精神上的苦役以便在物质上全力帮助马克思，说明友谊伟大。假如联系上下文运用推思：“恩格斯将钱汇给马克思后，将会怎样?”思路即开，必能推导出新认识：一方面，马克思解脱了困境，可以专心致志地从事共产主义事业；另一方面，恩格斯不断给遭受反动政府迫害的马克思汇钱，也有同受迫害的危险。可见，恩格斯的生活支援，实质上是对其事业的有力帮助，他不仅付出了精神上的牺牲，而且冒着生命危险帮助马克思，友谊是何等伟大啊！这种新见解来源于“推思”的运用。

（三）变思——“假如……”

课文精彩处比比皆是。只有通过比，才能显示出精妙处。比，就要借助“变思”，即抓住课文某处做出假设，有意将课文做动态变化，提出“假如……”一类问题，设置对比面，再做对照，文中蕴含的妙处即可跃然而出。做哪些假设呢？一般可采取把课文删一删、添一添、换一换、调一调、变一变的技法，再行对比理解。《黄河象》假想黄河象陷淤泥灌水而死的来历是重点内容。“这种假想是凭空想象吗”？则是难点。破难的优化思考是提出“假如……”的一些假想，再逐一结合课文比较。假如黄河象由饥饿而死呢？不对，发掘时化石插入泥沙、脚踩砾石就无法解释；假如老黄河象被猛兽咬死呢？也不对，发掘时骨架的完整就不能自圆其说；假如黄河象因严寒冻僵而死呢？还不对，发掘时骨架呈站立的姿势说明不可能站着冻死……这样不断地自设自否，显露出课文推理严密，假想有

“事实”，有依据，推测很科学。虽然几种假设是错的，但它是在探索中出现的错误，这不仅成为深刻理解课文的垫脚石，而且成为练就创造想象触角的阶梯。

（四）反思——“反过来……”

所谓反思就是反过来思考，属于逆向思维。它是可贵的创造素质，首先需要有冲破传统观念的胆识。缝衣针是针尾有孔穿线。反其道，在针头上凿孔穿线，就发明了缝纫机的机针。阅读也应学会“反思”，才能融会贯通，富于创意。如会从语言文字抽出中心；反过来，还要能根据中心在语言文字中找体现，会给文中词语做出准确解释；反过来，还要会根据解释准确说出文中词语，均是常见的“反思”。以《月光曲》中贝多芬给盲姑娘再弹一曲的情节为例，如理解到贝芬的演奏使盲姑娘从中欣赏到美妙的钢琴曲，陶醉在想象之中，这只是表面的理解，还需反过来想：“贝多芬从盲姑娘那里得到了什么？”贝多芬正是被盲姑娘那炽热的音乐爱好，在清幽月光下穷兄妹俩的形象所感动，才产生了创作的灵感，即兴演奏了著名的《月光曲》；同时，贝多芬自己也陶醉得如痴如狂，飞奔回客店，记下这首名曲。这才触到了文章的要旨，此乃“反思”的结果。

（五）异思——“还有别的吗……”

阅读时，通常在教师提问、学生找到一个正确答案后，就不再寻求其他可能的正确答案了。这种习于“单一答案”的倾向，会严重束缚学生创造性思维的发展。纠正的最好办法是养成勤问“还有别的吗？”的异思习惯，训练思考的积极性。比如《老水牛爷爷》，全文可分为三段。分段的依据是以不同内容组材，第一段简介老水牛爷爷外貌印象，第二段介绍他的家庭情况，第三段详写名字的来历。按常情，分段教学可以结束了。某教师却又掀波澜：“还有别的分段线索吗？”学生在异思方式的导引下，从不同角度剖析。有的说：“全文按时间先后顺序安排，一段初到隅庄，二段很快熟识，三段日子长了。”也有的说：“文章是按作者逐步认识老水牛爷爷的线索安排。一段只是观察外表，二段则了解性格，三段才提示品质。”由表及里，层层深入，学生的见解入木三分，发散得很有见地。

（六）疑思——“这样对吗？”

发明创造，知识更新，常从怀疑引起。对小学生来说，即便疑错，也不能因噎废食。由疑错到疑对应有个摸索过程，应培养学生在阅读中常有“这样对吗”的生疑习惯，这样，他们的创造性思维就会大放光彩。试举学生生疑教材几例。

△《麻雀》一课的结尾不好。只把猎狗带走，小麻雀仍呆立地上，还会被猛兽吃掉，那可怜的小麻雀还有危险。

△《老水牛的爷爷》名字的来历分三层说，一层写“水性好”，二层写“脾气像牛”，三层写“辈分大”。前两层都是另起一段，那么结尾句的第三层应另起一段。

△《蚕和蜘蛛》最后一句孔雀说：“蚕为着大伙，蜘蛛只为自己。”不太对。蚕做茧也是为了自己繁殖后代，蜘蛛织网也可以为人类消灭害虫。

十五、课内外阅读结合的几种形式

课内阅读是语文教学的重要内容，课内外阅读配合则是提高教学质量的重要方面，也是提高学生读写能力的重要途径。课内外阅读如何结合呢？

（一）解疑式结合

学生在课内阅读中经常提出一些疑问，有的问题教师可以引导学生通过课外阅读解决，课内提疑，课外解疑。这样，往往更有利于培养学生兴趣和自学能力。比如，八册《老水牛爷爷》一课讲读中，学生提出这样的疑问：“本文写的是老水牛爷爷助人为乐、毫不利己的高贵品质，为什么课文第二段非写黄狮大狗呢？这不是脱离中心了吗？”教师并没有立即告诉学生，而是顺势说：“本文是峻青同志写的短篇小说的节选。后来老水牛爷爷因抢堵河堤英勇牺牲，那只寸步不离的大狗也因怀念主人绝食而死。究竟怎么回事呢？为什么课文一定要写狗呢？同学们看看原文就清楚了。”于是，老师印发了小说原文，学生主动从课文阅读中获得了答案，明白了作者借狗的细节描写突出、衬托中心的道理。这样带着课内阅读的问题进行课外阅读，目的明，兴趣浓，效果好。既读懂了课文，又扩大了知识，一举两得。

（二）补充式结合

此种方式是选择与课文内容紧密相关的课外读物提供阅读，作为课内阅读的继续和补充。有时可根据节选的课文推荐全书，如学《半夜鸡叫》时，可以介绍《高玉宝》一书；读了《卖火柴的小女孩》一文，可以阅读《安徒生童话选》。有时可推荐与课文内容有关的文章，像读了第八册《我和狮子》一篇后，学生被作者与爱尔莎之间深厚的感情所感动，很想再知道一些这头狮子的故事，教师就提供了《爱尔莎的故事》《亚当森和她的女儿》两篇读物，满足了学生强烈的求知欲，增强了课外阅读的兴趣，开阔了知识视野，也加深了对课文的理解。

（三）指导式结合

选择适合教材习作要求的课外读物作范文，指导学生练习写作。我曾听过一节第八册基础训练五的习作课，教材要求以《我和××》为题，写清楚我和××是通过什么问题联系起来的。教师先拿出一篇题为《我和我的同桌》的文章，让学生按习作要求边读边想：①谁和谁是通过什么问题联系起来的？②这种联系发生了什么变化？③后来产生了什么问题？④最后是怎样解决的？学生从课外阅读中不仅明确了习作要求，而且有一篇仿写的好范文，既有理性认识又有感性认识，圆满地完成了指导的任务课。

（四）练习式结合

另一种形式是，将学生课内阅读掌握的知识、技能到课外阅读中运用，作为知识的巩固、技能的熟练及检查。如学习了第七册第五组重点训练项目后，挑选几篇课外读物让学生阅读，检验学生是否掌握了抓住文章主要内容的方法。再如第八册《寓言三则》学习后，为了训练分清事情的前因后果及掌握寓意的技能，教师摘选了体裁相同的两则寓言《宣王射箭》《鹬蚌相争》作课外读物，要求学生读后写读书笔记，找出事物的前因后果，概括寓意。这样以课内阅读为举一，以课外阅读做反三，由课内迁移到课外，由教向不教过渡。

凡此种种，尽管形式各异，但都紧紧抓住课内与课外的联系开展课外阅读，把教材、教学、学生从不同角度联系起来，沟通和开阔了学习渠道，提高了教学质量。

十六、《小学生阶梯阅读学习》的教学

作为全国教育科学“十五”规划重点课题“中小学生‘阅读学习’实验研究”重要成果之一——《中小学生阶梯阅读学习》教材，不仅已经问世，而且经过两年的教学实验，对这套教材如何落实在课堂教学，落实到学生阅读能力的培养，有了更具体、更深入的认识。现做以下初探。

什么叫“阅读”？是阅读者看阅读材料领会其思想内容的过程。如此看来，阅读应包括三个要素，即阅读者、阅读材料、阅读过程。什么是“阅读教学”？是在教师的指导下，学生学会看阅读材料领会思想内容的过程。

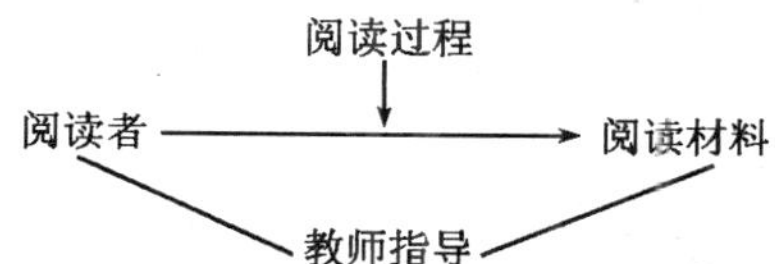

（一）《中小学生阶梯阅读学习》教材的特点

研究阅读课堂教学的过程，不能离开《中小学生阶梯阅读学习》教材的理念，要符合它的以下特点：

1. 从阅读材料看——

（1）以阅读的辅助读物为性质

不是要完成语文教学的全部要求，即便是阅读，也是一种辅助读物。

（2）变“文学性”阅读材料为“广泛性”阅读材料

阅读不只是语文学科的内容，各个学科都要用母语，都需要阅读，走入社会，阅读的材料更为广泛。此教材突破了文学性材料为主的框架，以全方位角度选文本。增加了文献、图画、符号、票证、说明书、试卷……跨学科的阅读材料。力求文体全、结构全、形式全。

（3）变“单文”阅读为“类文”阅读。

每单元的几篇阅读材料组成一个整体，以主题理念组织。既渗透了人文性，又体现了不同文体，形成功能性的“类文”学习，加速学生阅读能力的形成。

2. 从阅读者看——

以阅读学习的功能分类。此教材突破了按阅读材料文体分类学习，而是体现以人为本，以学生为学习主体、为学生一生服务的理念，按学习者的阅读功能分类。教材中体现在单元的分类上，每篇文章的阅读练习上，变“解文式”阅读为“功能性”阅读。不是人为文阅读，而是文为人阅读，变“被动”阅读为“主动”阅读。

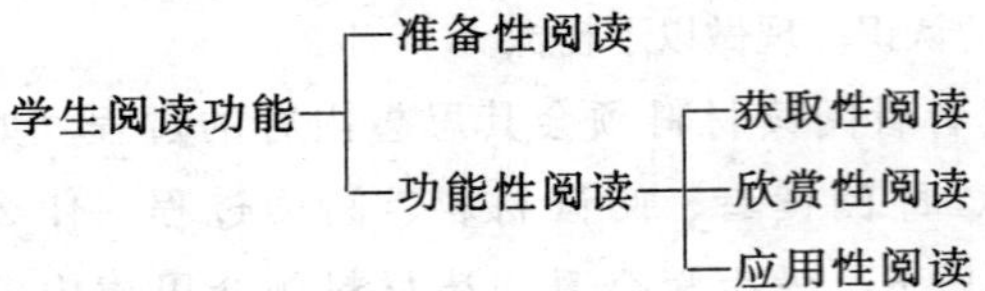

3. 从阅读过程看——

(1) 以阅读水平的阶梯螺旋培养。变“盲序”阅读为“阶梯”阅读

每篇：汲取、解读、评判、创新

每组：导例文、试学文、独练文

每本：由易到难、由浅入深

学段：准备性阅读（低段）、功能性阅读（中高段）

解读每篇教材的构架

阶梯	通俗理解	目的	操作
汲取	我知道什么 （提出来）	提取 基本信息	抓关键词　摘主句 写提要　列提纲 说梗概
解读	我明白为什么 （钻进去）	探寻 内涵信息	析因果　提主旨 理发展　绘图示 列表格　赏文采
评判	我有什么看法 （跳出来）	评价 原文信息	评人物　评事件 评观点　评表达
创新	我有什么创意 （延伸）	建构 创新信息	独特感受 改造作品 借文拓展创作

(2) “结论”阅读与“过程”阅读并重

在导例文中编入阅读例话，揭示类文阅读要点，试学文是尝试运用阅

读规律，独练文独立运用阅读规律，将阅读“结论”与阅读“过程”有机结合起来，阅读结论与阅读方法并进训练，由学会变成会学。

（3）变“再现式”阅读为“表现式”阅读

由于每篇文章的课后练习由汲取、解读、评判、创新四个阶段组成，汲取与解读属于学生理解作者意图与文本的思想内容，而评判与创新则是学生跳出文本去发表自己的见解，这套教材强化、优化了学生在理解基础上的个性化阅读，创新精神的培养。

（4）变阅读“只会答”为阅读“会问答”

单元的三种文：导例文、试学文、独练文，在练习设计上，采取了导例文给问给答，试学文只问求答，独练文要自问自答，这样的程序清晰地展现了有问有答——有问求答——自问自答三阶梯，激发了学生的主动学习，强化了类文学习方法，培养了质疑能力。

（5）以自评与他评相结合评价

每单元后都有自评表，发动学生自评、自省、自控、自调。

（二）《中小学生阶梯阅读学习》小学课堂教学

1. 准备性阅读教学（低段）

低年级是阶梯性阅读的准备阶段，课堂教学应抓住如何准备下工夫。应注意以下几点：

（1）要体现阅读的阶梯。在引领学生学习每篇课文时，课堂结构应分成汲取、解读、评判、创新四个阶段，将课后练习分解到这四个阶段中。发挥教师的创造性，调整、变式、补充一些活动。

（2）要渗透阅读的阶梯。低年级学生学习刚起步，对于阅读的阶梯要渗透，不必给汲取、解读、评判、创新的概念，要在具体体验中渗透，在多篇课文理解课文的过程中渗透，在反复的训练积累中渗透，自然地强化阅读的阶梯，达到润物细无声。

2. 功能性阅读教学（中高段）

每个单元是个整体，不应单打一。教学要体现以下特点：同类性（同类中的不同文）；规律性（均符合此类文的阅读规律，读懂此类文的要点）；联系性（①课文与例话的联系。课文为例话，例话举课文。②课文与习题、答案的联系。读文要解答题、研究答、研究题。③导例文与试学文、独练文的联系。导例文是阅读试学文、独练文的方法基础，试学文、独练文是导例文学习方法的运用）。

附：《中小学阶梯式阅读学习》单元教学设计常模参考

《中小学阶梯式阅读学习》单元教学设计整体框架

<table>
<tr><th>课文类型</th><th>目标</th><th>阶梯训练</th><th>类文规律</th><th>问答</th><th>评估</th></tr>
<tr><td>例文
例话</td><td>联例话读懂例文
类文要点
渗透育人。</td><td>老师引
四步教
明阶梯</td><td>初步明确</td><td>有问有答</td><td rowspan="3">每课后
生自评
↓
单元后
生总计
↓
生总评
↓
师评价</td></tr>
<tr><td>导读文</td><td>联例话读懂例文
类文要点
渗透育人。</td><td>生复习
四步走
练阶梯</td><td>试着运用</td><td>有问求答</td></tr>
<tr><td>自读文</td><td>自觉运用类文要点
读懂例文
渗透育人。</td><td>生自觉
四步走
用阶梯</td><td>自觉运用</td><td>自问自答</td></tr>
</table>

“阅读例文”教学设计常模参考

一、“阅读例文”特点

1. 例文典型性。典型的单元同类文。

2. 例文规律性。体现此类文的特点，体现读懂此类文的要点。

3. 例文指导性。指导学生读懂此类文，会读此类文，为下面导读文学习奠定基础。

4. 例文联系性。例文与例话联系，例文与拓展文联系，例文与习题、答案联系，例文与导读文学习联系。

二、“阅读例文”教学

1. 教学目的：读懂例文，会读一类文，会问要点，育人

2. 教学内容：例文（及拓展文）、思考与练习、例话

3. 教学时间：2 课时

4. 教学思路：

（1）自学为主，加强指导。

（2）重点学。重点培养阶梯阅读能力。

（3）对照学。例文与例话联系，例文与拓展文联系，例文与习题、答案联系、例文与导读文学习联系。

（读文章——审习题——看答案——思过程）

（4）分层学。按汲取、解读、评判、创新几遍读书，层层递进。

（5）两节分工。

第一节：读懂例文

明确阅读层级

思考答题方法

体会某类文要点

育人

第二节：联系例文读懂例话

初步掌握阅读某类文规律。育人。

“导读文”的教学设计常模参考

一、“导读文”的特点

1. “导读文”的同类性。与“阅读例文”是典型的同类文。

2. “导读文”的规律性。体现同类文的阅读规律，读懂的要点。

3. “导读文”的实践性。试着运用“阅读例文”学到的阅读规律。

4. “导读文”的指导性。要在教师引导下阅读。

二、“导读文”的教学

1. 教学目的：联例话，试着按类文要点读懂课文，渗透育人。

2. 教学内容：导读文、思考与练习

3. 教学时间：1课时

4. 教学思路：

（1）自学为主，适当指导。

（2）重点学。重点训练此类文的阅读能力。

（3）对照学。导读文与例文联系学。导读文与例话联系学。

导读文与练习联系学。

（4）半独立学。先复习类文规律——再按类文规律学文，先放后导。

(5) 分层学。按汲取、解读、评判、创新几个层级读书，层层递进。

每个层级：先读文——再按类文规律，带着练习的问题读文解答

"自读文"的教学设计常模参考

一、"自读文"的特点

1. "自读文"的同类性。与"阅读例文、导读文"是典型的同类文。

2. "自读文"的规律性。体现同类文的阅读规律，读懂的要点。

3. "自读文"的实践性。独立熟练运用"阅读例文"学到的阅读规律。

4. "自读文"的创新性。阅读中发挥创造性，按类文规律自拟题。

二、"自读文"的教学

1. 教学目的：联例话，独立熟练运用"阅读例文"学到的按类文阅读规律文要点读懂课文，自拟练习题，渗透育人。

2. 教学内容：自读文、自主学习拟题

3. 教学时间：1 课时

4. 教学思路：

(1) 自学为主，拟题较难，要适当指导。

(2) 重点学。重点训练此类文的阅读能力。

(3) 对照学。自读文与例文例话联系学。

自读文、自拟题与前两种文的课后练习题联系学。

(4) 独立学。复习类文规律、复习四层级拟题规律，先放后导。

(5) 分层学。按汲取、解读、评判、创新几个层级读书，层层递进。

每个层级：先读文——再按规律学文拟题——后带着拟的练习题读文自主解答。

《中小学阶梯式阅读学习》单元教学应注意的问题

1. 处理好阶梯阅读教学与新课改教学的关系

既要注意区别，又要相互融合，不要两张皮，更不要相互对立。应将阶梯阅读教学中新经验运用到常规教材、常态教学中。

2. 处理好尊重阶梯教材与灵活使用教材的关系

在尊重阶梯教材前提下，灵活创造性地使用教材（可变性、可增删、可详略、可调序、可修改）。

3. 处理好默读与朗读的关系

默读与朗读是阅读教学中最经常、最重要的阅读形式，有各自的功能，不可偏废。阶梯阅读中很重视默读，也要适时训练朗读，朗读既是理解的过程，也是理解的表现。

4. 处理好阅读笔答与其他阅读形式的关系

不要把教学上成答题课、答卷课，要运用多种形式阅读，才能完成三维目标，才能培养阅读的多种素养，才能渗透育人。

5. 处理好学生主体与教师引导的关系

让学生主动学，教师要设计学生活动、要全动、激互动，显生动；同时要善于引导、诱导、开导、辅导，善于提问、点拨、评价、调控、讲解。

第四章　作文教学的优化与创新

一、落实新课标11个专题　优化作文训练

（一）小学生作文的性质

作文训练要优化，首先要搞清作文的性质，才不会迷失方向。语文新课标指出：写作是运用语言文字进行表达和交流的重要方式，是认识世界、认识自我、进行创造性表述的过程。写作能力是语文素养的综合体现。这三个“是”十分明确点明了小学生作文的性质，也蕴涵着非常丰富的内容，归纳起来，可有五个一。

1. 一个生活反映——作文是认识世界、认识自我的反映

俗话说，巧妇难为无米炊。作文要表达的“米”从哪来？自然从生活中来，一个人的生活无非是客观世界和自我的主观世界，生活才是作文取之不尽的源泉，为渠哪得清如许，为有源头活水来。写一篇作文从何时开始，不是从题目开始，而是从生活开始。看下面一篇习作：

乘公共汽车

一天，我在车站等了很久，也不见车来，就恶声恶气地嘟囔着：“这鬼车存心跟我过不去。”不知谁叫了一声：“来了，来了。”只见车子像墨斗鱼一样喷着黑烟，慢吞吞地靠了站。车门一开，车上的人像爆米花一样崩了出来。车下的人，又像等待被崩的米，立刻乱哄哄地拥了上去。好不容易，我挤上了车，但马上就后悔起来，车厢内的空气混浊，几乎透不过气来了，我都快挤成相片了。车刚到站，我就被一股人流卷了出去，下车一看，唉，新穿的衣服皱得像老树皮。

为什么这篇习作写得如此生动形象？如果他没有挤公共汽车的生活经

历，是绝不会有“像爆米花崩了出来”“挤成相片”“衣服皱得像老树皮”这样的表达，足见，作文就是生活的反映。

2. 一个综合体现——作文是认识能力、情感与表达能力的综合体现

作文难写，就在于综合。不识字，写不了作文；无词汇，写不了作文；无生活，写不了作文；无对事物的认识，写不好作文……

一次，我上作文课，设置了表达情境：母女俩在大街上散步，女儿无意中发现地上有一枚一角钱硬币，就弯下腰去拣，母亲马上制止道：“孩子，就一角钱，怪脏的，别拣！”女儿执意要拣，母亲问：“你干嘛非拣不可呢？”孩子立刻回答：“________________”到底女儿说的是什么，假如你就是这个女孩，会怎么说。学生纷纷写出了他们截然不同的句子：

· 一角钱也是钱，不拣白不拣。

· 要拾金不昧，拣起来交给老师。

· 不拣就浪费了。

· 积少成多，每人拣一角，全国就上亿。

· 我知道，一角硬币背面是国徽，我不能让人任意践踏。

虽然都写的是通顺具体的完整句，但水平差距很大。相比之下，最后一句写得好，好在他对硬币有深刻、全面的认识，颇有爱国心。说明作文是认识与表达的综合素养。

3. 一种交际工具——作文是人际交流的重要方式

语文是活的语言，是生活的语言，是动态的语言。作文是交际的需要。叶圣陶先生曾对作文说过精辟的话：“作文原是话语的延续，用来济说话之穷，在说话所不及的场合，就作文。”不能离开交际环境孤立地学词法、句法、章法，只有在交际中学母语才是康庄大道。既然是交际，就有情境，就有角色，就要对话，就应互动。所以，在操作中，就要在语境中练语，在话题中练语，在角色对话中练语，在交际中练语。作文应是交际的训练场。可以从真实生活中选取交际情境，也可以模拟交际情境训练。语言训练在交际需要的情境中得以实践，这样的表达才是母语学习的必由之路，终身受用的表达素养。

4. 一种个性行为——作文是学生自己的事

学生是学习的主人，习作也不例外。新课标指出：“为学生自主写作提

供有利条件和广阔空间，减少对学生写作的束缚。鼓励自由表达和有创意的表达。”

作文是学生自己的事，教师要放手、放开，越俎代庖不可取。

5. 一项初步练习——学生是在学写作文，是习作

学生作文尽管是为了今后真正独立写作打基础，毕竟是初学，小学生作文姓“小”，不是成人作文，不能拔高要求。

（二）作文的过程，完成两个转化

下面谈谈写作的正确过程。我们知道，作文就是运用语言文字表达思想、抒情的活动过程。小学生作文也是如此，它是把自己看到的听到的想到的有意义的内容用文字表达出来。若仔细分析，里面包含着写作的必然过程——两个转化。既然作文是表情达意的工具，那么，作文要表达的当然是对生活的认识与积累了，如果说“炊”是作文的表达，“米”就是“炊”的物源，这就是第一个转化：从现实生活到客观事物向作者头脑的转化。不论是叙事写人，还是状物写景，以及书信日记，哪篇不是在写客观事物呢？哪篇不是作者对客观生活的认识呢？所以，作文既是在写客观世界，又不是客观世界本身，而是主观世界对客观世界的反映。

有了第一个转化，只能说大千世界已进入了作者的头脑中，但这仍不够，要变成作文，还需要第二个转化，即作者的认识与情感向文字表现的转化。再好的写作材料，假若不会用恰当的语言文字表达出来，就如茶壶煮饺子，有嘴倒不出，仍旧写不出好文章来，书中的众多杰作哪篇不是精彩的文字表达呢？

总之，这种“事物——认识——表现”的两个转化，是一切写作活动的必然规律。成功作文正是踏着这条必由之路才步入成功的彼岸，这也是我们共同的财富。如下图：

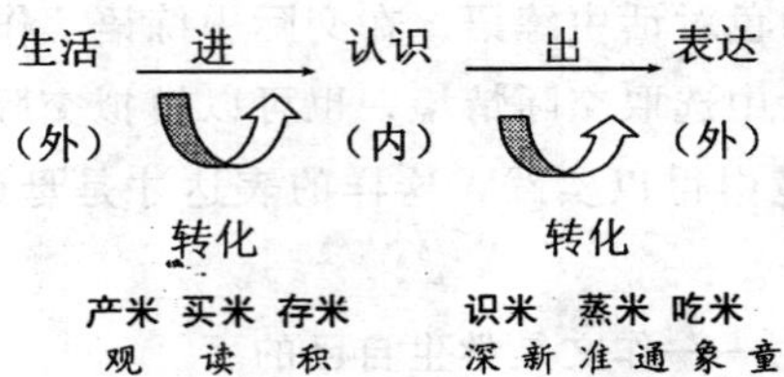

（三）注重从生活入手训练，促进第一个转化

1. 热爱生活起步（有生活不等于爱生活）

生活谁都有，学生也不例外。那为什么学生有五彩缤纷的幸福生活，却往往见题皱眉头、咬笔头、无开头，写的干巴巴？关键在于对生活的态度，由于学生年龄小，身在福中不知福，对生活不热爱，不敏感。所以，应培养学生对生活的热爱，愿意第一个转化，这不是一句口号，要精心训练。

举一例。在与北京著名的天坛公园仅有一墙之隔的天坛东里小学，某老师决定到天坛春游，因为学生常去，一片惋惜，但在教师的带领、启发下，对自己司空见惯的祁年殿、寰穹宇、圆丘台有了新的发现，有了深刻的了解，产生了浓厚的兴趣，延伸到对生活的热爱与探求。（见下页表）

2. 创造生活阔步（有生活不等于生活丰富）

生活不是被动的享受，生活是人与自然、社会共同创造的，这是热爱生活的更高境界。学生有生活不等于生活丰富。作为教师就应帮助孩子去创造更加多彩的童年生活。如：发动学生为妈妈洗脚；当一天家庭小主人；树叶贴画赛；制作自己的影集；自制贺卡；蒙眼睛写字；竞选班长；横切苹果；旧电池回收……这样，不仅能够积累丰厚的作文材料，更能激发学生对生活的憧憬。

景点	教师引导	学生发现	学生感受
祁年殿	大殿是干什么用的？ 瓦为什么是蓝色？ 殿柱有多少根？ 为什么有这些根数？ 根数分别相加有何含义？	殿用：皇帝祭天 殿瓦：蓝色与天相同 殿柱：外圈 12 根一年 12 月 中圈 12 根一天 12 时 里圈 4 根一年四季 相加：外圈 + 中圈 + 里圈 24 节气 28 星宿	建筑很形象 带有计时功能 含有天象
寰穹宇	回音壁为什么能传话？ 三音石为什么有三音？	回音壁用壁传声 三音石的回音时间有先后	回声的科学
圆丘台	每圈石条数字？为什么？	每圈石条均是 9 的倍数	离天最近
学生更大的收获是对生活产生了浓厚的兴趣，热爱生活			

3. 观察生活学步（有生活不等于会观察生活）

有生活不等于会观察生活，学生容易大略看，也不会观察，要学会给生活照相、透视、显微、照CT，才能内化储存非常好的材料。观察的方法很多，教师应随时点拨。

我曾经上过这样一节课，课上出示了一句概括的话："我喝这碗水真热!"要写具体，问学生："感觉喝水热，需要哪些器官观察?"学生分别只说出需要"口""眼""手"，我出乎意料地说出："除此之外，还需要'耳'!"学生吃惊了，觉得不可能。于是，我启发他们，从喝热水时，家人在旁说什么，你喝热水的声音，热水撒在地上的声音，热水杯掉在地上摔碎的声音……都是用耳听到的，都能说明水烫。从而，学生学到了观察不等于用眼睛看，掌握多器官观察的方法。观察的方法很多，见表4-1、表4-2：

表4-1 常见观察方法表1

类别	观察器官	举例
外部观察器	眼看　耳听　鼻闻　口尝　肤感	冬天寒风（眼看景物变化，耳听风声，肤感冷）
内部观察器	各种脏器	饥饿，干渴，疼痛，平衡

表4-2 常见观察方法表2

<table>
<tr><th>观察方法</th><th colspan="2">操作要求</th><th>举例</th></tr>
<tr><td>定点观察法</td><td colspan="2">观察者固定一点观察事物</td><td>观察器物
观察画面</td></tr>
<tr><td>移点观察法</td><td colspan="2">观察者边移动边观察事物</td><td>游览</td></tr>
<tr><td>重点观察法</td><td colspan="2">在全面观察的基础上，抓住重点处观察</td><td>观察人物</td></tr>
<tr><td>分解观察法</td><td colspan="2">在整体观察基础上，分部分逐一观察</td><td>观察动物</td></tr>
<tr><td>特点观察法</td><td colspan="2">抓住事物与众不同的地方观察</td><td>观察家乡</td></tr>
<tr><td>有序观察法</td><td>纵横序</td><td>上一下　左一右　远一近
低一高　外一内
事情发展　时间先后
生长过程　成长过程</td><td>观察景物
观察物、事、人</td></tr>
<tr><td>多器官观察法</td><td colspan="2">运用人体的多种器官全方位观察</td><td>观察　跳舞花</td></tr>
</table>

（续表）

观察方法	操作要求	举例
多角度观察法	从不同角度观察同一事物	观察杨桃
随机观察法	抓住无意中看到的事物 有意观察	达尔文 观察吃虫的植物
反复观察法	多次观察 同一事物，每次都有新发现	观察 断尾巴的金鱼

4. 认识生活跑步（有生活不一定认识生活）

好作文的素材不应是一般的材料，而是质料。好的质料才能写出好作文，标准是对生活有一定的认识。培养学生认识生活十分必要。有这样一个教例。一次，我在课堂上先让学生做喜欢的贴鼻子游戏，布置写做后的感想，意在通过比较，提高认识水平。学生同做、同观察一个游戏后，却写出了不同的体会：

· 贴鼻子游戏真好玩！

· 正因为观察不细，所以蒙上眼睛就贴歪了。

· 睁着眼睛贴鼻子，一贴就准，可一蒙上眼睛，就贴歪了，说明眼睛多么重要，要保护眼睛呀！

· 课堂上做游戏，再作文，我有的可写了。

· 我们只几秒钟眼睛看不见，就出错，可盲人一辈子都看不见，我们要关心残疾人。

经过比较，学生体会到认识有深有浅，要学会多角度思考，多方联想。

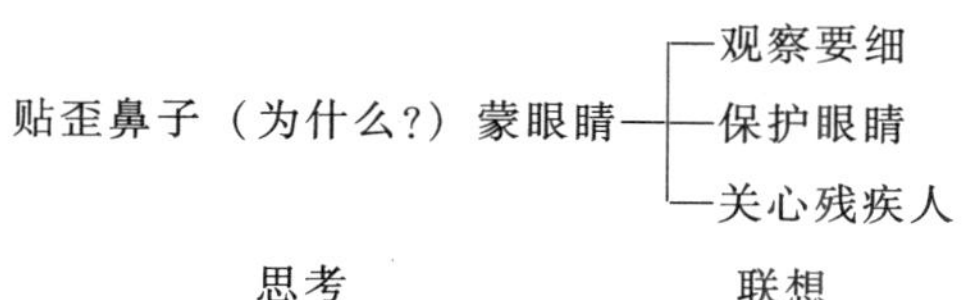

5. 积累生活踏步（有生活不一定记住生活）

国家粮食要储备，吃饭肚内要储存，心中有粮，遇事不慌。作文内化的生活材料也要积累。教师应引导学生有意识地用各种办法积累材料。比如：写日记、编自己的作文集、采蜜集、写自传……诚然，写日记是较经常、较便捷、较有效的方式。练写日记应注意下面几点：

（1）要真实。日记主要是写给自己看的，是个人生活的真实写照。要表达自己的真情实感，所以，写日记的内容不能编造。正如叶圣陶爷爷说的："凡是干的、玩的、想的，觉得有意思就记，一句两句可以，几百个字也可以，不勉强拉长，也不要硬性缩短。总之，实事求是，说老实话，对己负责。"

（2）应勤写。日记可以天天记，也可以隔几天记一次，但具有经常性。三天打鱼，两天晒网是不易奏效的。关键是持之以恒。

（3）有格式。日记属于应用文的一种，需要有固定的格式。

（4）单设本。为了好保存，为了好提取，最好单准备日记本。还可以有若干专题日记本，写人的、记事的、描景的、状物的……分别设本。给每个日记本起个好名字。

（5）创多样。日记虽有一定规律，一定格式，却大有创新的天地。种类、形式可多样。像观察日记、系列日记、交际日记、科技日记、学法日记、成长日记、好事日记、教训日记、趣味日记……都很好。

（四）注重夯实表达基本功，促进第二个转化

新课标指出：注重基本技能训练，给学生打下扎实的语文基础。再好的写作材料，还要会用恰当的语言文字表达出来，实现作者的认识与情感向文字表现的转化。严格训练、夯实下面几项重要表达基本功。

1. 写"准"——是正确表达意思的基本功

准就是表达要恰当，准确的意思。何为恰当准确呢？这里应做到三种符合。

（1）首先，符合客观实际就是恰当准确。尊重客观事实，不盲目追求新鲜的题材，怪癖的角度，华丽的辞藻，必须在恰当准确的前提下求新。其实，最恰当的东西是最符合客观实际的东西，也是最美的东西，古今中外许多名篇巨著，都是以朴实美而著称的。有个作家曾写了这样一个精辟的警句："有的人活着已经死了，有的人死了却还活着。"这里没有什么新潮的词，这句话的意思连文化水平比较低的人也能看懂，但它却包含着"死"与"生"的关系，揭示了客观存在的两种对立的人生观，多精彩的话呀！耐人寻味，给人以启迪。学生作文中也不乏其例。有篇《"小皇帝"与"老奴隶"》作文，小作者将那个被几位老人众星捧月般的七八岁小男孩冠以“小皇帝”的比拟，真是再恰当不过了，而那年过半百的父母、年逾花甲的奶奶竟让一个小孩子支使得团团转，这“老奴隶”的用语实在是再形象不过了。

学生表达不准确，原因有多方面，有的是观察不准，有的是认识不清，有的是词汇不多，有的是情感不对。如：有下面一句话需要修改，有哪些不准确的呢?

原句：寒假，我和爸爸有幸从上海住家来到杭州。

问题：①“寒假里”不准，应具体点明哪年。②我有幸可以，爸爸并不有幸。③“和”字不当，平辈不得体。④“来”的方向不对，应是“去”。⑤到杭州干什么，不具体。⑥对杭州的感情不够。这些准确表达问题的修改在一定意义上也就是修改思想。

改后句：今年寒假，我有幸随爸爸从上海住家去美丽的杭州游览。

(2) 其次，符合主观表达的需要就是准确恰当。作文在反映客观的同时，也是主观情感的抒发。找到最适合自己抒情需要的表达方式就是恰当的。有个小作者李刚写《我忘不了您——敬爱的老师》，当他小学毕业，即将离开敬爱的老师的时候，为了表达对班主任董老师深深的爱，恋恋不舍的情谊，采用了第一人称，用近似散文的写法。这种方式最适合小作者自身情感的倾吐，也正是他成功之所在。诸如这样的例子在书中不胜枚举。

(3) 符合读者需要的表达方式才算恰当准确。作文是写给人看的，因此作文要想到读者才行，怎样表达要考虑读者的需要，也可以说是他们成功的诀窍吧。这一点往往容易被忽视。有篇《寄往大凉山的七彩图》一文，大家无不为小作者那独出心裁的用自填图方式，来表达自己对首都之爱表示赞赏，她的表达方法是从遥远的大凉山朋友京京的需要出发的。由于京京所在的学校准备组织“爱北京”的活动，需要了解一些北京的情况。这可把作者急坏了，她先想寄些图片和简介去，可京京并没有到过北京，有了图片也不知它们各在什么位置。于是，想到买份北京市区图寄去，虽然位置问题解决了，可印刷图上看不到新建的和规划中的项目。最后才决定干脆自己填地图，自制的地图就这样诞生了。它既能展现北京的最新面貌，由衷表达小作者热爱首都的思想感情，还满足了四川大凉山的小朋友盼望了解北京的心愿。想得多么周到，不论内容的安排、语句的推敲，还是文体的选择上无不考虑到读者的需要。这才是最恰当准确的。

2. 写“通”——是行文流畅表达的基本功

文章是由一句一句按一定关系连接起来的，句间并不是句子的简单相加堆砌，字正句通地表达是行文基本的要求。“通”的关键是句间的关系合理，必须严格训练。如：有这样一段学生习作：

一天下午的时候（重复），张华和李虎来到赵刚家找他（多余）做功课。李虎看见了关没紧的门（语序颠倒），李虎就要推门而入。张华一把把李虎拉住了（强调不对）：“等一等，首先要先敲门（重复），得到主人允许后才能进去。”李虎不解地问：“门没关，干嘛还敲门呢？敲门真是多此一举！”（重复）张华耐心地说：“要先敲门，得到主人允许后再进入，有礼貌才是。”（语序颠倒）他听了他的话（指代不明），点点头，把门轻轻地敲着（强调不对）。

从上面这段话的问题看，虽然毛病五花八门，但均是词间、句间关系上出了问题，要训练学生行文瞻前顾后，左顾右盼，从联系上求通。

3. 写“象”——是写具体、生动的基本功。

“内容具体”是课标对作文的一个基本要求，也是教师关注的训练重点。

什么叫具体呢？许多老师会说，写事要写清六要素，写人要描写外表、语言、动作、心理、细节；写景状物要从形状、颜色、动态描写……这些都对，但必须抓住实质。实质就是“形象”，也就是“话”中有“画”。字不在多，关键是有形象。下面两句话要表达的意思都是不要骄傲，但表达方式不同：

· 我取得成绩，不能忘记帮助我的人。

· 我是山上一棵草，不是我高是山高。

两句话字数相同，意思一样，但第二句因为“象”，称之为更具体。只有从思维上训练学生，学会画像、联想、想象，让“话”中有“画”，才能解决具体问题。

举我的一个教例：一次，我向学生提出一个出乎意料的问题：“同学们，你们知道我的性别吗？”学生大笑，意思是没必要问，一看便知。我说：“我知道你们会说‘男’。现在要求你们不许说‘男’字，用其他的表达，也能猜出我的性别。”这个有趣的习作，勾起学生浓厚兴趣。纷纷运用联想、想象写出了形象的表达：

· 老师的性别是个字谜，“田里的劳力”，打一个字。

· 老师和我爸爸一样。

· 老师回到家里，儿子准叫您：“爹。”

· 老师留胡子。

· 老师如果要出家，只能当和尚。

……

4. “童”——是小学生写真的基本功

小学生作文写的是自己的事，是儿童眼光下的世界，童心无忌，童心可爱，童语生动，童情有趣。心里想的、口里说的，就是手上写的。不必装腔做事，不要摆弄辞藻，成人味十足，这才是真。教师应引导学生写童事、表童语、抒童情。比较比较下面一个内容的两种表达，就一目了然。

成人腔文　　　　　　　　　　午睡

午饭过后，妈妈叫道：“石琳，来洗洗脸。”我不情愿地说：“这不行！这不行！我需要睡午觉！”

我刚闭合眼睛，就听耳边“嗡嗡嗡，嗡嗡嗡”作响。睁开眼睛一看，是一只苍蝇在头顶盘旋。“滚开！”我拿折扇扑打，苍蝇“嗡”的一声，从窗口飞向远方。

不一会儿，我又迷糊了。忽然。觉得嘴角上痒痒的。呀！还是那只坏苍蝇。“真讨厌！”我用手在嘴上一抹，苍蝇跑了。一会儿眼角又感到痒痒的。我气极败坏，骂了声：“坏蛋，我揍死你！”同时在脸上狠狠打了一下。苍蝇飞走了，自己的脸却很疼痛。

妈妈被吵醒了。她问我；“石琳，出了什么事?”“苍蝇总骚扰我。”我嘟囔着说。

这时，我想起自己没洗脸，苍蝇爱停在肮脏地方。我打了盆温水，擦上香皂，认真洗了个脸，还喷洒了香水，一股香味立刻在我周围飘散。苍蝇再没有来捣乱。

童言文　　　　　　　　　　午睡

吃过午饭，妈妈喊：“琳琳，来洗洗脸。”我不情愿地说：“就不！就不！我还要睡午觉哩！”

我刚闭上眼睛，就听耳边“嗡嗡嗡，嗡嗡嗡”地响。睁开眼睛一看，是一只苍蝇在头上打转转。“滚开！”我拿扇子上去扑打，苍蝇“嗡”的一声，从窗口逃走了。

不一会儿；我又迷糊了。忽然。觉得嘴角上痒痒的。呀！还是那只坏苍蝇。“真讨厌！”我用手在嘴上一抹，苍蝇跑了。一会儿眼角又感到痒痒的。我气极了，骂了声：“坏蛋，我揍死你！”同时在脸上狠狠打了一下。苍蝇飞走了，自己的脸却被打得生疼。

妈妈被吵醒了。她问我：“琳琳，你是怎么啦？”“苍蝇老叮我。”我嘟囔着说。

这时，我想起自己没洗脸，苍蝇老叮脏地方。我打了盆温水，擦上香皂，认真洗了个脸，还洒了点香水，一股香味立刻在我周围飘散。苍蝇再没有来捣乱。

4. 写“情”——是作文抒情的基本功

大家知道，作文不是无情物，要在文中抒发情感。原因有三条：一是人有情，文是人写，当然有情；二、文是表情达意的工具；三是文写出来要让人看，有真情才能打动人。总之，以情写文是不可缺少的基本功。

要想以情写文，就应热爱生活，主动感受周围的一切，这是情的来源，善于从平常的小事中，敏感地激起真情，主动“生情”。试想无情怎能以情感人呢？足见生情是抒情的前提。

根据抒情的分类，可有直接与间接之分。直接抒情可从三个角度表达：一是作者直接抒情；二是文中主要人物或事物模拟直接抒情；三是文中次要人物或事物模拟直接抒情。间接抒情可从两个角度表达：一是借物抒情；二是借景抒情。

（五）激发表达的需要作文

为什么要写作文？新课标指出：懂得写作是为了自我表达和与人交流，语文是重要的交际工具。叶圣陶曾说过：“写东西全都有所为。如果无所为，就不会有写东西这回事。”归总起来，所为的有两项，一项是有什么要通知别人，一项是有什么要影响别人，假如什么也没有，就不会有写东西这回事。……写日记或读书笔记，算是例外，不过也可以这样说，那是为了通知将来的自己。这就是说，作文是一种需要。学生写作前，应有表达的需求欲望。所以，由生活认识的内化要转化到表达的外化，中间必须有表达的内动力——需要，乐意第二个转化。教师不仅要训练学生“有的写”、“会写”，还要培养他们“想要写”。

教学时，教师要设置学生需要作文的情境，做到五有：有目的、有需要、有情境、有对象、有情感。可以是真实情境，也可以是模拟真实情境。就称之为“应用情境作文”。

有这样一个模拟需要情境的作文课例。上课铃声响了，可老师还没来，正在学生疑惑的时候，一位陌生女青年来到教室，急切地询问学生：“你们的于老师呢？我有急事要通知他。”学生说：“他还没到，我们不知道发生了什么？有什么事您告诉我们，替您转达，行吗？”女青年说：“好！谢谢你们！请于老师今天下午2点到区教育局开骨干教师支教紧急会，务必出席。我走了，还要通知别人。”说完，匆匆离去。过了一分钟，于老师抱歉地跑进教室，学生纷纷举手，出现了一段师生引导需要作文的对话：

师：你们有什么事？

生：有一个女的找您？

师：她是谁？

生：忘了问了。

师：哎！真粗心。那怎么办呢？

生：我们说说她的样子，您猜猜，一定认识。

师：好！当不知是谁时，可以说说人的样子，写外貌也有用呀！能写一写吗？

生：（每人都写出了这位女青年外貌的一段作文，读给老师听。）

师：我猜出来了！是区教育局小教科的小王。她找我有什么事？

生：通知您开会。

师：什么时间？什么地点？开什么会？

生：知道。

师：那好，把这个通知写下来。

生：（每人都写出了应用文——通知，读给老师听。）

这个情境作文，模拟真实情境，产生了生活的作文需要，写出了人物外貌、通知两篇习作，增强了需要作文的意识。

（六）注重作文与做人的融合培养

新课标：要求学生说真话、实话、心里话，不说假话、空话、套话。

作文教学的育人更为明显，我从作文本身的要素，作文的过程出发，分析出作文育人五要素。

1. 从作文材料来源看——“文源”育人。作文源于生活，充实健康的生活才会出佳文。

2. 从作文的思想内容看——“文意”育人。作文不仅反映了要描写的客观世界，也反映了作者的主观世界，透视作者的认识程度、立场观点、情感色彩。正是见文如见人，见人如见心。高尔基曾说：“读一本好书，等于与高尚的人在对话。”

3. 从作文的表达形式看——“文采”育人。一定的思想内容需要恰当的表达形式。在这个过程中是对作者认识的再深化、情感再催化、心灵的再陶冶。从读者角度看，朗读一首好诗或一段精彩的片断时，会引起情思的共鸣，甚至会反复吟诵欣赏，仔细玩味，给人启迪。

4. 从作者写作文的态度看——“文风”育人。叶圣陶先生曾讲过：“我们作文要写出诚实的、自己的话。”那种抄、背、套、拼、凑、编的现象，文风不正，会直接损害学生的身心，甚至殆害一辈子。

5. 从作文后的使用看——“文宿”育人。写东西全都有所为，这就是“文宿”，即作文的归宿之意。作文的用处既可育人又可育己。足见，作文与做人紧紧相融，文是人生活的再现，反映了人意，体现了人品，又陶冶了人，文写出来又为了人。学作文中学做人是必由之路，有着广阔的前景。（见下图）

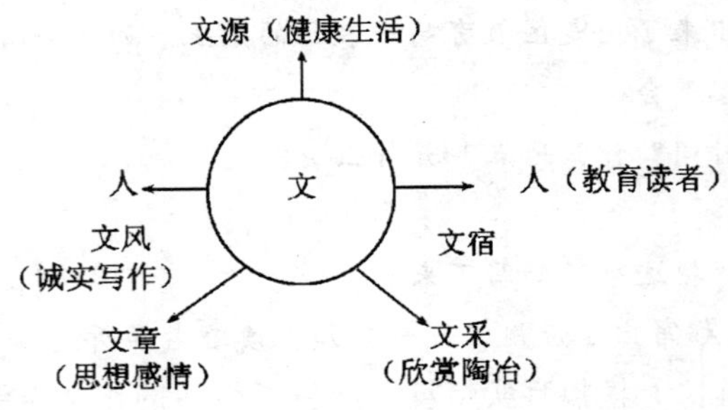

（七）注重读写的整体结合

俗话说“读书破万卷，下笔如有神”“劳于阅读，逸于作文”。这些脍炙人口的格言，都表明大量阅读对写作的重要作用，读写结合是祖国传统的教学经验。

但这里，只说到读对写的作用，而写对读有没有作用呢？读对写是读写结合，而写对读也是读写结合，应从双向探索出“两个层次，五种结合”。可用下图表示：

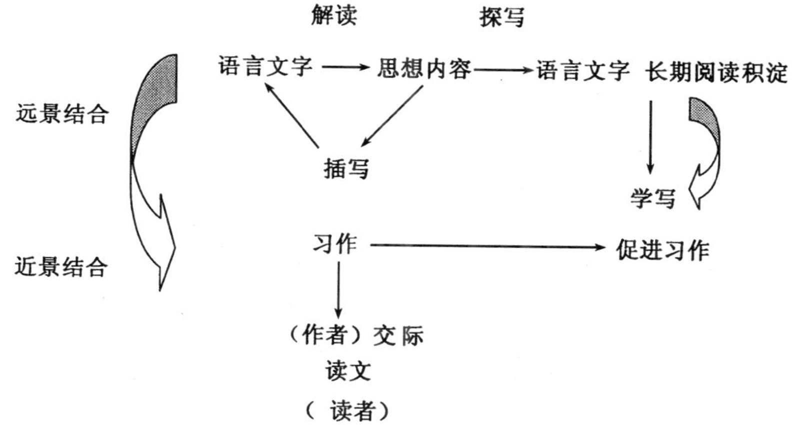

1. 第一层次——近景式的读写结合

所谓近景式的读写结合，即是具体学某篇课文时的读写结合，取得近效、速效。

（1）读中探写

阅读文章应是两个回合的过程，第一回合，即从语言文字入手理解文章的思想内容，是解读过程，接着是第二回合，即从思想内容回到语言文字，看看这样的思想内容是运用怎样的语言形式表达的，是探写的过程。全程是由形式到内容又回到形式，是由外到内又到外的过程，是不动笔写的读写结合。目前，语文教学大量的是缺少探写的第二回合。

我有这样一个读中探写教例：中年级课文《海底世界》有个典型

段落：

海里的动物各有各的活动方法。海参靠肌肉收缩爬行。有一种鱼像梭子，每小时能游几十千米，攻击其他动物的时候，比普通的火车还快。乌贼和章鱼能突然向前方喷水，利用水的反推力迅速后退。还有些贝类自己不动，能贴在轮船底下作免费的长途旅行。

首先完成第一回合解读过程，即从语言文字入手理解文章的思想内容，提出本段共有几句。(5句）用段中的一句概括这段的内容。(读首句)，根据这句话找出段中具体的重点词语，体会表达的感情后带感情朗读。

海里的动物（海参、梭子鱼、乌贼章鱼、贝类）

活动方法（爬、游、喷、贴）　　均用一个字

各有各的（慢、快、退、静）　　均用一个字

表达感情（惊奇、有趣……）

接着是完成第二回合探写的过程，即从思想内容回到语言文字，看看这样的思想内容是运用怎样的语言形式表达的。采取了：

①理清关系。第1句与后4句的总分关系，后4句分述之间的联系，以图示填词方式体会它们之间并非并列关系，而是辨证递进关系：

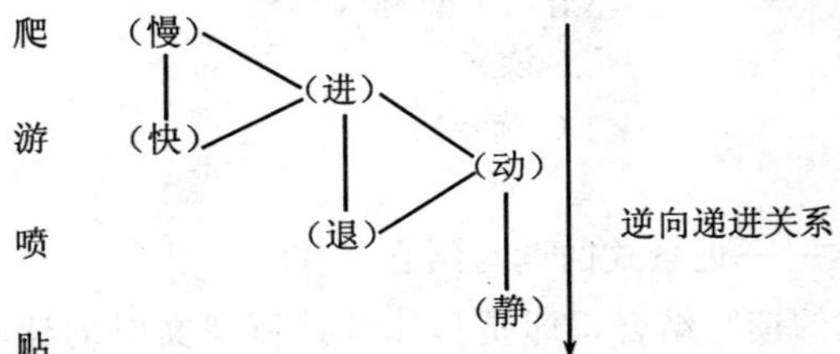

②体味选材。引导思考：作者只选5种动物能代表海底几万种动物的活动方式吗？引起学生辩论，讨论后，得出结论，作者用典型个别动物代表全部海底动物。进而探寻：作者能观察全部的海底动物吗？(只能看到部分)，作者观察到个别动物海参慢动后会想什么？(向相反方向思考，一定有快动的动物。）作者又去观察什么动物？(快动的动物）接着作者又在想什么？(快与慢都是前进，向相反方向思考，一定有后退的动物。）接着作者又在想什么？(前面都是自身能动的，一定有自身不动的。）作者运用什么思考方式选出典型的材料？悟出规律（边观察边逆向思考，就会发现典型）这样，才真正体味到作者选材与表达的精妙、匠心。

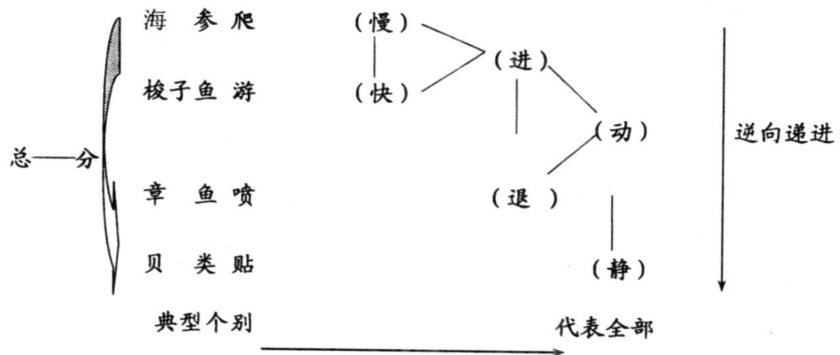

(2) 读中插写

在阅读过程中，为了深入理解课文，让学生亲历感受体验，往往紧扣语言因素，采取学生入境插写，即常说的小练笔、小作文。在练笔的过程中，深化课文理解，这是写为读的读写结合。

(3) 读后学写

这是教学中最常见的读写结合。学了一篇课文，立即仿写，仿内容，仿结构、仿观察、仿表达、仿文体……趁热打铁。

(4) 为读而写

写文章就是为了给读者看的，可以是别人，也可以是自己。写作文前想要交际对象，作文中要心中有读者，作文后用文为读者。这是作者为读者的读写结合。

2. 第二层次——远景式的读写结合

所谓远景式的读写结合，即是大量阅读文章，不是指学习某一篇文章，经过长期的积淀，积累，对写作的产生的促进作用。这是细水长流的慢功。正如古人云："胸藏万汇凭吞吐，笔力千钧任翕张""胸中万卷风雷动，无端直奔笔下来"。

(八) 注重写具体与写概括并重

作文既需要具体写，也需要概括写。根据不同表达需要，写不同文章，就是写一篇文章也如此。有详有略才称其文章，详与略相对而言，相反相成。教学时应强化概括训练，在阅读教学中，概括段意、归纳主要内容、提炼中心训练。在作文教学中练习缩写。掌握缩写中的四种方法。①留。

缩写的要领是留主，决定留的内容，尽量用原文的语句，写进缩写文。②删。缩写的要领是舍次，决定删的内容有两类：一是：次要的内容要大段删去。二是：主要的内容要删去描写的成分、句段中的修饰语言、附加成分，人物的语言、动作，神态，环境描写。③并。原文有些内容需要保留，但不够简洁，就要采取合并的办法，达到缩的目的。④改。原文有些描写可以改换叙述方式压缩：改句式。像直述句改为转述句、改词语。

（九）注重全体学生主动参与习作全过程

新课标的理念是学生乃学习的主人。作文不光指的是写出的成果——文章，更是一个完整的写作过程。对教学来说，训练学生也需要一个过程，但是，学生在教师的指导下，是怎样的一个程序呢？就有优劣之分。若要程序优化，取得优效，就应符合作文的一般规律，作文的全程学生都应主动参与。应从命题进行改革：不是限制，是开发；不是难为学生，是启发。少命题共命题自命题。还应从作文指导、讲评、批改进行改革，作文是学生自己的事，教师不能限制、代替学生写作，要把选材权、修改权、评价权放给学生。这就必须从程序上进行改革。

我们先来看看习作教学程序的现状。一般说来是这样的：

命题——→指导课——→习　作——→批　改——→讲评课

师　　　师　　　生　　　师　　　师

对习作教学的现状程序作个分析：

(1) 从学的角度分析：①学生不参与习作全程。②学生只写一次，无机会改文。③学生对教师批改，发了不看、看了不懂、懂了不改。④学生对教师讲评不够关注。⑤学生对读中促写不够关心。

(2) 从教的角度分析：①命题限思②指导无的放矢。③批改替生改、不激改、不引改。④讲评低效。⑤读写脱节。

为此，我进行了多年习作教学的程序改革实验，取得了一定效果。新的程序是：

命题　　提前作　　开题　　自命题

↓

预作　　不指导　放手写

↓

浏览　　了解情况　只划符号不改　优缺双划　不定分数

↓
三导课　导评（抓难点）、导读（破难点）、导改（练难点）
↓　　　　导内容　　　　　导构思　　　　　导表达
改文　　根据三导课和浏览符号，自行修改
↓
批阅　　只给分数表　加减结合　少写或不写评语
↓
三评课　评优文　评进步　评学读　师生共评

习作教学新程序改革有以下几个特点：（1）先不指导，放手让学生习作，放手让学生展现自能，放手让学生参与习作全程。（2）激发学生一文求改，一文多改，一文求佳。这样一题多作。（3）培养学生作文素养的全面发展，提高写文、改文、学文、评文能力。（4）教师指导移在试写后，针对性强，启发性强，导改性强。（5）教师批改有用、有层、有促、有效。（6）读写衔接紧密，以读助写，以读促改。（7）习作评价，加减结合，既肯定成绩，又指出不足，既有鼓励，又有鞭策，评价较为科学。

附：作文浏览符号

项目	不足处		优点处	
题目	?	文外划	☆	文外划
中心	¤	文外划	⊙	文外划
内容	口	文外划	口	文外划
情感	!	文内划	Ω	文内划
条理	∽	文外内划	↓	文外内划
表达	—	文内划	＝＝＝＝	文内划
书写	○	文内划	～～～～～	文内划

作文批阅成绩表

分类	题目	中心	内容	情感	条理	表达	写字	标点	卷面	总加减分	实得分
减分											
加分											

（十）注重开展创造性的习作

培养创新精神是新时代人才的需要，作文本身就是创造性的活动。教学中应从几个方面开展创造性习作。

1. 从题型上开拓创新

纪实作文除了通常的叙事、写人、状物、描景、记活动……还可以创新。如写自传。想象作文更可以有联想作文、推想作文、幻想作文、理想作文……近来出现了许多新题型：拼图作文、补图作文、照片作文、漫画作文、听音响作文、问题作文、话题作文、词语连缀、写童话、写寓言、仿写、扩写、缩写、改写、续写……应用文除了常见的写日记、写信、写读后感外，还可以写倡议书、发短信、写计划、写说明书、写导游词……

2. 作文的环节上开拓创新

从作文的审题、选材、立意、结构、文体、表达各个环节都可以培养学生创新。一次，我教参加竞赛的小选手学习运用诙谐妙语形象表达。先出示一段妙语让学生体会：

吸烟的“好处”

第一，永远年轻。吸烟的人一般都活不了多大岁数。第二，小偷不偷。吸烟容易得气管炎，夜里常咳嗽，小偷不敢来。第三，狗不咬。吸烟多了咳得直不起腰来。狗怕人哈腰，以为捡石头要打它。

学生读后从笑声中悟出用反话，形象地告诫人们戒烟。接着练习：教育人们维护交通安全，写交通事故的“好处”。学生兴趣盎然，纷纷写出了精彩的语句：交通事故可以锻炼警察的业务水平；交通事故可以减少人口；交通事故可以使医院收入增加……

3. 从培养作文创新思维上开拓创新

思维水平的提高，对学生作文创新具有根本、持续、扩散功能，往往会一通百通。教师应在训练作文的同时，重视创新思维的培养。一次，我上一节作文指导课，目的是在审题、选材中培养逆向思维，设置了以下几个环节：

（1）激趣味，设铺垫，悟逆向思维

①抢答反义词：师引说：上（下）左（右）长（短）老（小）高（矮）笑（哭）爱（恨）成功（失败）奖励（惩罚）快乐（悲痛）

②让学生发现我身上的反义词，练说话。（师可先引说，后生独说）

·眉毛长——头发短

·头上有白发——头上也有黑发

·上身穿——下身……

·右手拿着粉笔——左手……

·年纪老——精神年轻

③做反义动作游戏，悟逆向思考

坐下（起立）起立（坐下）举右手（举左手）不放下（放下手）向后看（向前看）趴下（坐好）叫赵老师（不叫）学生思考：当老师发出口令后，你想什么？（逆向）

（2）设情境，练逆向，明好处

出示一个故事情景，想办法，练逆向。

长汤勺

有这样一个故事：一天，教师带学生去一个房间，许多人围着一只正在煮食的大锅坐着，每个人都有一只汤勺，但是汤勺柄太长，所以没法把食物送到自己嘴里。他们又饿又失望，很不快乐。用什么办法让这里的人吃得又饱又快乐呢？

学生运用逆向思维，由汤勺喂自己改为汤勺喂别人，这里的人吃得又饱又快乐，尝到了逆向思维的用处，创新带来的快乐。

（3）练作文开题，用逆向

有了上面的铺垫，于是我出示了作文题《我快乐》①用“逆向”，练题中“快乐”的选材。问学生“快乐”的意思。（感到幸福或满意）启发快乐的角度。说说什么事使你快乐？启发逆思开题选材（如，从成功的快乐逆向失败也有快乐；从获取的快乐逆向奉献更是快乐……）后口头填空，练逆向：

母亲给我过生日很快乐——（　　　　　　　　　　）

老师教我很快乐——（　　　　　　　　　　）

运动会我跑了第一名很快乐——（　　　　　　　　　　）

同学帮我解难题很快乐——（　　　　　　　　　　）

课余玩游戏我很快乐——（　　　　　　　　　　）

最后练习：每人运用逆向思考，写选材，用几句话，写我快乐的一个材料。

②用“逆向”，练文题《我快乐》中“我”选材。学生审“我”题应写什么？（都说写自己），针对学生回答，我适时展示了三篇短文，发现是否可以写别的。

·我是自动铅笔，长得可漂亮了！身材又高又瘦，一件黑色礼服，头戴一顶银白色的礼帽，在阳光下闪闪发光，笔芯从笔头上露出来，不用削铅笔，小主人可喜欢我了。如果写错了，摘下礼帽，一块绿色的圆橡皮会主动出来帮助，我能为小主人做贡献，很快乐。

·我忽然觉得自己就是一朵荷花，穿着雪白的衣裳，站在阳光里，一阵微风吹来，我就翩翩起舞，雪白的衣裳随风飘动。风过了，我停止舞蹈，高兴地站在那儿。蜻蜓飞过来，告诉我清早飞行的快乐，鱼在脚下游，告诉我昨夜做的好梦。

·我叫人行横道，是保护行人过马路的卫士。因为车辆到我跟前都减速慢行。如果是红灯，车辆都自觉停下，让行人通过。行人只要从我身上走过，就非常安全。我能为交通安全做点事，是多么快乐！

学生阅读后，认识有了一百八十度的转变，完全可以写别的人或物。认识到用逆向思考，可以打开思路，选材更加广泛，可写的东西太多了。这时学生已尝到逆向思维的甜头，练习每人写选材就顺理成章了。

（十一）开辟四条习作的训练渠道

许多教师认为，小学作文训练只有每学期的八篇大作文，这种认识过于狭窄。其实，只靠大作文是很不够的。这是因为大作文是综合练习，习作要求是多方面的，每次训练又只有几节课，教师指导只能抓重点、难点，其他不可能细致指导，这就会造成不抓的地方，学生出了问题，老师管不了，学生就会认为是对的，于是接着错，形成错误强化，养成不良习惯，以后想改就难了。所以，必须配以其他习作渠道做补充，相得益彰。

1. 阅读小练笔。也称小作文，有两种：一是阅读教学中结合文章的某个写作特点，读后仿写，读为写结合。二是结合阅读文章中的深入理解，插入练笔，乃写为读的小作文。小作文当堂写，围绕一点写法、一点感受，训练集中，立竿见影，当堂指导，当堂见效，可以解决大作文不易解决的问题。而且，往往与单元大作文要求相关，大小结合，相辅相成。

2. 作文专项训练。有些作文素养、意识，靠小练笔还不能完成，比如：作文与观察、作文与想象、作文与交际、作文与生活、作文与做人、作文与思维、作文与认识……需要一定时间专门训练，可收到长效，是大作文的有力支撑。

3. 自由习作。作文是个细水长流、滴水穿石的过程，是个自觉的积淀过程，临时抱佛脚、临阵磨枪不能奏效。学生要养成自觉写作的习惯。日记是我们生活的记录，用它可以把自己生活里所见、所闻、所感中最有趣或感受最深的事情如实地记录下来。

4. 大作文。有了上面三个补充渠道，大作文就有了深厚的基础，综合起来也会得心应手。

二、作文23个新题型导写

（一）补题作文

补题作文是学生常见的作文形式。此类作文题目有两部分。一部分是命题人给的文字（如“我第一次……”），也就是题目提供了习作内容的范围及要求。同学们可从中思考应写的材料，避免跑题。另一部分是留给习作者的空间（题中的省略号），尊重、发挥习作者的主动性。需根据自己的材料积累补题。是出题者与习作者合作命题。

补题作文也有几种表现形式：

· 后补题：如：《我当上了……》《一次……》《我爱……》《美丽的……》

· 前补题：如：《……的周末》《……笑了》《……变了》《……以后》

· 中补题：如：《我……他》《关于……的遐想》

· 双补题：如：《……喜欢……》《……与……的对话》《……帮我……》《假如……有……》

怎样做补题作文呢？先来看一篇作文。

我第一次当家庭法官

我放学后和妈妈回到家里，看到屋里乱七八糟的，酒瓶、酒杯、茶壶扔了一地，满屋都是酒味儿。我跑到卧室一看，爸爸正四仰八叉地睡大觉呢！妈妈看到这番情景，生气极了，堵着气，一边收拾桌子，一边嘴里嘟囔。

过了一会儿，爸爸酒醒了，揉揉眼和妈妈说话，妈妈正在气头上，不理他，爸爸又连喊几声，可妈妈还是不吭声。这下爸爸生气了，也不理妈妈了。我一看"两军对峙"，矛盾激化，就慌了，这该怎么办？眼看一场"战争"一触即发。我突然想起一个好办法：第一次当个自我任命的法官，准能变"战争"为"和平"。

我猛地拍了一下桌子，然后接着说："现在我是家庭小法官，你们的案子我来处理，我问什么，你们都得如实回答，现在开庭！"妈妈先是愣了一下，然后偷偷地笑了，爸爸也偷偷地露出笑容。

我继续说："爸爸，今天晚上为什么喝酒？"

爸爸说："我的几个朋友来了，就和他们喝了两盅。"

我又问妈妈："你为什么不理爸爸？"

妈妈说："我懒得理他。"

"那爸爸你呢？为什么不和妈妈说话？你可是有错在前呀！"

爸爸强忍着笑说："妇道人家，不懂社交，什么都管，我也懒得解释。"

"要说出充分的理由。"我一本正经地说："要严肃，法律面前不能儿戏！"

他俩再也憋不住了，哈哈大笑了起来。

我又拍了一下桌子，说："那好，既然都没有充分的理由，本法官现在开始判决：爸爸必须在一分钟之内和妈妈说话。"

妈妈笑得眼泪都流出来了，嘴里还不停地说："这孩子。"爸爸冲过来，一把抱起我，把我抛得老高老高……

读了例文，我们可以从中悟出做补题作文的规律。

1. 看懂题目是前提

由于题中有范围及要求，如《我第一次……》要写自己，不能写别人；要写第一次的事，不是任何一次的事；后面要补上第一次的什么内容。这些都应搞清楚。

2. 补好题目是关键

随便补个题目不就行了吗？其实不然，因为只要补了什么，就得写什么，直接影响着全篇的质量。要想补好应掌握以下两点：（1）补自己熟悉的印象深的内容。熟悉才能写具体，印象深才能生动。（2）补自己特殊的内容。像《我第一次……》，如补《我第一次上学》、《我第一次戴红领巾》，虽然熟悉，但大家都有过这样的经历，并不新鲜，写出来别人也不爱读。补上自己特殊的内容，人无我有，就会吸引人。上面的例文不就是这样吗？一看题目《我第一次当家庭法官》，就很新奇，一个小孩子怎么是法官呢？什么家庭事件值得动用法律？最后的结果如何？一连串的问题引起我们快读的欲望。题目补得好。读后才恍然大悟。孩子以法官的身份，假装正经地调查、宣判，化解了父母的矛盾，融解了紧张的气氛，架起了亲情的桥梁，破怒为笑，家庭又恢复了往日的欢乐。

3. 写好文章是重点

当然，题目补得再好，还得写好。这篇例文之所以读后使人发笑，更让人感动，就在于小作者形象生动地写出了当时父母吵架的情景，当小法官时人物的对话、神态、动作，浓郁的家庭气氛，孩子机敏、智慧、孝顺的美好心灵跃然纸上。

（二）补写作文

有个妙想连篇的新朋友——补写作文。这个朋友是什么模样呢？先来看一道作文题：

请你根据文题及下面的开头、结尾，将文章的中间部分补写出来，成为一篇完整的记叙文。

题目：王大哥是个好心人

开头：

一个星期天，当大夫的王大哥穿着一身新的“阿迪达斯”带我去公园玩。骑车时，他在外，我在内，一辆公共汽车开过来，从打开的车窗里探出一个人头“哇”的一声吐了，真不巧，那呕吐物正落在王大哥的身上。顿时，他那“阿迪达斯”上像糊了一层黏黏的糨糊，恶心极了！王大哥看了看这堆呕吐物，微微皱了一下眉头，就蹬起自行车，飞快地追那辆公共汽车了……

结尾：

哦，原来是这样。王大哥真是个好心人哪！

从此题我们可以知道，补写作文就是将文章有意缺少的部分补写出来。如何补写呢？结合例子谈谈规律。

1. 懂。这也是给材料作文。必然要先读懂提供的开头与结尾，才能补写。要明确写的是谁（主要写王大哥）；时间（星期天）；地点（去公园的路上）；起因（王大哥穿着新衣骑车，突如其来被公共汽车里的人吐了一身后，去追汽车）；结论（王大哥是个好心人）。

2. 想。接着要根据读懂的内容，想一想要求补写的应是什么。要展开推理思考。如：王大哥被车上的人吐了一身脏物，他追汽车要干什么，去找那个人讲理吗？去让那个人擦去脏物吗？去叫那个人赔新衣吗？如果这样做，就谈不上王大哥是个好心人了。定是去做一件好事。做什么好事呢？这就需要联系内容，展开想象，既要合情理，又要大胆求异。

3. 补。想好了，就动笔补充，一气呵成。

4. 连。补好后，特别要注意与头尾的衔接，应衔接紧密，过渡自然。使补写部分与提供的部分浑然一体。

需要指出的是，补写作文的形式多样。除了给开头、结尾补中间的形式之外，还有给开头，补中间和结尾；给结尾，补开头与中间；给中间，补开头与结尾。

下面请看一篇例文，帮我们打开补写思路。

王大哥是个好心人

一个星期天，当大夫的王大哥穿着一身新的“阿迪达斯”带我去公园玩。骑车时，他在外，我在内，一辆公共汽车开过来，从打开的车窗里探出一个人头“哇”的一声吐了，真不巧，那呕吐物正落在王大哥的身上。顿时，他那“阿迪达斯”上像糊了一层黏黏的糨糊。恶心极了！王大哥看了看这堆呕吐物，微微皱了一下眉头，就蹬起自行车，飞快地追那辆公共汽车了。

我担心地跟了上去。车靠站了，王大哥跳下车，几步跑到车窗下对售货员说：“您快让刚才那位呕吐的同志下车。”售货员忙探头解释：对不起，那是位农村大嫂，刚到城里坐车不习惯，她不是故意的。王大哥好像“不领情”，皱起眉头说：“快让她下来，越快越好！”话中竟带几分命令。

这时，周围围观的人越来越多，人们议论纷纷。“你看看，人家穿的是‘阿迪达斯’呢！”“哎，现在小伙子全是火爆脾气，千万别打出个三长两短的，多不好！”“这小伙子也太计较了，人家也不是故意的，有什么的，回家洗洗不就得了！”

王大哥听了，转过身，环视了一下众人，笑笑说：“我是个医生，看到大嫂的呕吐物中有些异常物，所以想请她下车到医院检查一下！”王大哥扶起大嫂，请她坐在车上，推着车，顺着人们让开的路向医院走去。我赶紧帮助他推车，人群中响起啧啧的赞叹声。

哦，原来是这样。王大哥真是个好心人哪！

（三）改写作文

先来看一道作文题：请将下面的古诗《宿建德江》改写成一篇记叙文。

宿建德江

唐代　孟浩然

移舟泊烟渚，

日暮客愁新。

野旷天低树，

江清月近人。

从题目可以看出，要把古诗改为记叙文，古文变成白话文，浓缩文改为具体描写，足见，改写，就是按一定的要求，改变原文的表现形式或部分内容的一种创新作文。就像“插花艺术”，运用自然界提供的现成的花朵、枝叶、果实，重新组合、加工、构思，展现出美妙的观赏插花。

改写的种类很多，一般有以下几种：

1. 变文章体裁。常见是把诗歌改写成记叙文。本题属于这种类型的改写。

2. 改变人称。主要是第一人称和第三人称互换。

3. 改变结构。就是改变文章叙述的顺序，如将倒叙形式的文章改成顺叙文章，或将顺叙改成倒叙。

怎样写好改写文呢？还是读一篇改写后的作文。

宿建德江

秋天的一个傍晚，薄雾笼罩着大地，隐隐约约地露出了一条船。船慢慢靠近建德江边小洲时，从船里走出一个人，他就是唐代著名诗人——孟浩然。

他身着长衫，手拿一把纸扇慢慢地走上岸，在小洲上散步。雾渐渐散去，天上露出一轮圆月，忽然，一股浓郁的香味扑鼻而来，使他感到心旷神怡，往前一看，原来是一片花丛。花丛中间立着一座高大的亭子；诗人朝亭边的池子走去。池子里的水清澈见底。池里有许许多多的金鱼，它们游来游去，好看极了。

天色渐渐暗下来，游客们陆续离去，只有诗人孟浩然还在这里徘徊，他离开了家乡，感到孤独、寂寞。而这江边的景色更增添了他新的愁思：家人怎么样了？家人正在盼望着我的归来。他站在亭子边眺望远方，只见远处是一片空旷的原野，秋风习习，地上铺满了落叶，一股凄凉之感油然而生。再极目远眺，天地相接，由于雾的笼罩，仿佛树比天还高。诗人孟浩然回到船上，弯着腰看着水中的明月，就在身旁和自己做伴。

结合范文，我们可以体会出改写的基本要求：

一、遵照原文。要认真阅读原文、理解原文的内容及中心。改写是在原文基础上的再创造。因此，在改写前，先要认真研读全文，理解原文的内容以及原文反映的思想感情，这是改写能否取得成功的关键。如：范文中写的人物是孟浩然；地点是远离家乡月下船边；主要内容是见景生情；表达情感是寂寞思乡之情。这些都是诗人原作的原意。假若不顾原文内容另起炉灶，显然是不合适的。

二、确定改写点。在研读原文的基础上，在准确理解改写要求的前提下，确定改写点，即在体现原文主旨的地方扩充、展开、具体、形象。如：范文中“江边的景色”“诗人的心理活动”“见景生情”均是关键改写点。

三、展开想象。围绕改写点，精心构思，展开想象的翅膀，化做生动形象的语言表达出来。这篇古诗的改写，更需要自己组织语言。如：“他身着长衫，手拿一把纸扇慢慢地走上岸”，俨然是诗人的形象；“这江边的景色更增添了他新的愁思：家人怎么样了？家人正在盼望着我的归来”，揭示了诗人的思乡情；“极目远眺，天地相接，由于雾的笼罩，仿佛树比天还高。诗人孟浩然回到船上；弯着腰看着水中的明月，就在身旁和自己做伴”，正是诗句“野旷天低树，江清月近人”的具体化。

四、起草完稿。写好初稿后，应对照原文，看看有哪些不足，再做补充修改，完成改写文。

（四）话题作文

1. 话题作文的特点

先看几个话题作文的题目，体会特点。

·学习本组课文，你对动物可能有更多的了解，更深的认识。请从下面的话题中……跟同学交流。本组课文，让我们看到了动物丰富的情感世界；生活中，我们会接触到一些动物；阅读书籍报刊时，我们会看到关于动物的故事……我们来说一说自己知道的有关动物的故事，让同学从你的描述中体会到故事中动物的情感，加深对动物的了解和认识……

·“百里不同风。十里不同俗。”通过本组课文的学习，你对一些地方的风俗习惯是否有了更多的了解？请你将调查了解到的民风民俗加以整理，写成一篇习作。可以写节日习俗，也可以写富有地方特色的服饰、饮食、民居，还可以写新颖、别致的民间工艺品。可以是课外阅读时知道的，也可以是通过调查访问了解到的，还可以是在别的地方亲眼看到、亲身感受到的。写完后先在小组里交流。要抓住所写民俗的特点，尽量写清楚自己习作的内容……对习作进行修改、完善。如果有条件，可以将全班同学的习作集中在一起，编成一本民俗作品集，并给作品起个醒目的题目。

·读了《鲁滨孙漂流记》，你对他在荒岛上的经历一定很感兴趣。鲁滨孙在严酷的现实面前，战胜种种困难，顽强生存下来的精神，是否深深打动了你？虽然像鲁滨孙那样的遭遇是极少见的，但是，学会生存、具备自我保护的本领，对每个人都很重要。这次习作，我们就围绕学会生存的内容来进行。可以先说说由“学会生存”这四个字你想到些什么；再说说你遇到、听到或从报纸杂志等媒体上解到的有关自我保护的事情；还可以结合阅读书后综合复习中的《智慧之花》，或者观看影视剧《小鬼当家》《自护智多星》，了解别人是如何进行自我保护的，再和同学交流：我们可能遇到哪些危险或灾难？应该如何应对？

可以写一写自己经历的或从其他渠道了解到的自我保护的事情……写完以后，自己把习作中不合适的地方修改一下，也可以与同学交换改一改。

(1) 话题作文有专题——要围绕专题写

如：对动物的了解和认识；围绕学会生存，如何进行自我保护的内容；对一些地方的风俗习惯更多的了解。这话题也是大家关心的题目，都有话可说。

(2) 话题作文有活动——实践基础上写

话题作文在习作前，要进行一些实践活动。如：调查活动、阅读活动、观看活动等。

(3) 话题作文要交流——说写要结合

话题就要说话，要口语交流，在此基础上再写话。写后还可以交流感受。说写结合。

2. 怎样写话题作文

以“你对一些地方的风俗习惯是否有了更多的了解？请你将调查了解到的民风民俗加以整理，写成一篇习作。”为例：

(1) 弄清话题的范围

如：话题是“民风民俗”，要明确什么叫“民风民俗”。题目已提供了范围。

传统节日习俗，有地方特色的服饰、饮食、民居，民间工艺品等。

(2) 选择自己感兴趣的内容

①一选：在范围中选较熟悉的内容做二次分解，具体化。

如：工艺品分解：家中有画、彩灯、纪念章、花瓶、奇石、乐器……

②二选：在分解内容中印象深、乐意写的内容。

如：家中有块奇石——雨花石。

（3）认真观察选定的内容

如：对雨花石做一番观察、调查。样子、来历、意义……

（4）广泛与人交流，吸取营养

（5）写出作文草稿，修改后成文

例文：

一件心爱的礼物——雨花石

在我的小书柜的玻璃橱里，摆放着一块晶莹的雨花石，这是爸爸从南京给我带回来的生日礼物。

这块雨花石嵌在一个精致的缎面小盒里、它近似心的形状，乍看，犹如一汪醇酒，静静地卧在盒子里，轻盈盈的；细看，宛若一面翡翠宝镜，闪闪发光中隐约还有一颗红五星，从宝镜里放射着光芒，一条弯曲的五彩细丝缠绕着，像条曲折小路。

听爸爸讲，这雨花石来自南京雨花台，由此而得名。雨花台，那里埋葬着许多新中国成立前被国民党杀害的革命志士，新中国成立后那里被辟为烈士陵园，毛主席为烈士纪念碑亲笔题词“死难烈士万岁”。

看着这块光彩夺目的雨花石，我眼前闪过一幅幅动人的图画。我仿佛看见，地下交通员冒着生命危险在传递上级的命令；我仿佛看见战场上卫生员冒着枪林弹雨护送伤员；我仿佛看见，我们的革命前辈面对敌人的毒刑拷问，昂首挺胸，毫不屈服。

凝望着这心形的雨花石，我好像感觉到了千千万万革命者的心在跳动，他们的热血在沸腾，在他们的心中永远有那颗红五星在闪亮：革命烈士为了我们今天的幸福生活抛头颅、洒热血，宁愿献出自己的一切，他们就像那颗雨花石，用自己的身躯铺成了一条五彩的路，人们沿着这条路去迎接新的黎明和欢乐。

雨花石啊雨花石，是你告诉我幸福生活来之不易，是你教导我把革命先烈永远铭记，是你激励我刻苦学习、奋发努力。雨花石，这是爸爸送给我多么珍贵的礼物。

①要抓住话题写

如：雨花石是南京的特产，具有地方特色。符合话题“民风民俗”。

“听爸爸讲，这雨花石来自南京雨花台，由此而得名。”

②要围绕话题展开写

如：谁送的雨花石，雨花石的来历，雨花石的样子，雨花石的象征意义，观雨花石的联想。

③要把自己摆进去

如：雨花石啊雨花石，是你告诉我幸福生活来之不易，是你教导我把革命先烈永远铭记，是你激励我刻苦学习、奋发努力。雨花石，这是爸爸送给我多么珍贵的礼物。

根据话题作文的规律，发现下面“民风民俗”话题作文，有哪些地方需要修改：

菱乡风光

我的家乡焦岗湖盛产野菱。春末夏初，那野菱的菱形小叶便浮出了水面，满湖一片墨绿，像一块巨大的翡翠。下雨了，整个焦岗湖笼罩在染绿的烟雾中。天一放晴，湖面上泛起绿宝石般的光泽，飘散着浓浓的清香。

盛夏时节，菱秧长成了，密密麻麻的菱蔓层层叠叠拥挤在一起。湖面上菱花盛开，雪白的小花朵好像镶嵌在翡翠盘中的白玉，玲珑可爱，又像天真活泼的小朋友朝你仰着笑脸，盈盈可亲。傍晚，热气迟退，湖风吹送着凉意和缕缕清香，灿烂的晚霞染红了水面。

金桂飘香之时，是焦岗湖萎角丰收的季节。这菱角的确惹人喜爱，它穿着水灵灵的青中透红的外衣，打两只或四只微微上翘的角儿，像金元宝似的。剥开它硬硬的壳儿，便会露出白嫩嫩的菱肉，吃在嘴里甜丝丝、脆生生的。

现在，家乡正在兴建一座现代化菱角加工厂。我相信，我的家乡定会变得更加美丽富饶！

发现的问题：对“民风民俗”话题缺乏准确理解。只写家乡的菱角，没写家乡的人们，见物不见人，“民风民俗”话题中的“民”未体现。

修改建议：

①菱角长叶时，乡民在做什么？

②菱花盛开时，乡民在做什么？

③菱角丰收时，乡民在做什么？

④买卖菱角时，乡民在做什么？

改后文：

菱乡风光

我的家乡焦岗湖盛产野菱。春末夏初，那野菱的菱形小叶便浮出了水面，满湖一片墨绿，像一块巨大的葫翠。下雨了，整个焦岗湖笼罩在染绿的烟雾中。天一放晴，湖面上泛起绿宝石般的光泽，飘散着浓浓的清香。在湖边嬉闹的孩子们被这醉人的香气撩得心头痒痒，找来树枝、短棍，急不可耐地翻动菱身，看有没有早结的菱角扭儿。

盛夏时节，菱秧长成了，密密麻麻的菱蔓层层叠叠拥挤在一起。湖面上菱花盛开，雪白的小花朵好像镶嵌在翡翠盘中的白玉，玲珑可爱；又像天真活泼的小朋友朝你仰着笑脸，盈盈可亲。傍晚，热气迟退，湖风吹送着凉意和缕缕清香，灿烂的晚霞染红了水面。这时，到处响起了吱呀吱呀的摇橹声，人们吃过晚饭，荡着小舟来湖中心乘凉，真是“舟行碧波上，人在画中游。”

金桂飘香之时，是焦岗湖菱角丰收的季节，晨曦微露，采菱姑娘的笑声就把焦岗湖吵醒了，穿红着绿的姑娘们光着脚丫，蹲在船头，灵巧地摘着菱角，黝黑壮实的小伙用细长的竹竿挑起密密麻麻的菱蔓，“小小船儿摇呀摇，采菱姑娘笑啊笑，笑得鱼肥虾美菱儿胖……”悠扬的歌声在湖面上飘荡，不到半天工夫，船舱里的菱角就堆成了小山。这菱角的确惹人喜爱，它穿着水灵灵的青中透红的外衣，打两只或四只微微上翘的角儿，像金元宝似的。剥开它硬硬的壳儿，便会露出白嫩嫩的菱肉，吃在嘴里甜丝丝、脆生生的。

焦岗城——自是河汊纵横，每逢这个时节，装满菱角的小船就会跟着买鱼虾的船只，一起慢悠悠地摇着，沿河叫卖。“卖鲜菱角喽！”乡音十足的吆喝声此起彼伏。临河的人家推开临河的窗子，探出半个身子，手搭凉棚看着菱船渐渐拢来，从窗口吊下一只竹篮，称上三五斤。如果把这镜头摄下来，实在是一幅美丽的“菱乡风景画”。

现在，家乡正在兴建一座现代化菱角加工厂。我相信，我的家乡定会变得更加美丽富饶！

（五）词意描绘作文

“词”都有个意思，词意也只需一两句话就表述明白了，词意又怎么能描绘出一篇作文呢？这正是关键的疑问。

先举一个例子。例如，让你描写一个作文片断，表现“傲慢”这个词语。“傲慢”就是自高自大，轻视别人，对人没有礼貌，是某些人身上存在的一种不良作风。这种作风可以在某种场合下，通过这个人的神态、动作、语言等表露出来。因此，展开想象，描绘出一定的情景，写出作文来表现这一词语的含义，不就是词意描绘作文吗？请看下面的片断：

第三印刷厂的承包答辩会开始了。马龙非常自信，他想先听听别人的发言，最后自己来个一鸣惊人。头一个发言的是一个四十多岁，衣着土里土气的人。马龙已经知道，他是某乡镇企业的一位厂长。马龙不屑一顾地瞟了这人几眼，心里想：哼，这个农村来的“土包子”，能有什么新鲜点子，还不是弹老调！根本不值得一听。于是就翘起二郎腿，仰卧在沙发上，眼睛仰望着天花板，嘴里叼起一根雪茄，一串串地吐着烟圈。

这一片断中虽没出现“傲慢”一词，但却通过想象，描写承包答辩会上马龙的神态、动作、心理活动，入木三分地刻画出了他傲慢的作风，生动形象地表现出了“傲慢”一词自高自大、轻视别人、对人没有礼貌的含义。

由此可见，描绘词意作文并不是让你给一个词语作定义性的解释，而是让你根据某个词语的含义，描绘出一定的情景，运用这一情景来表现词语的含义。这里需要充分展开联想、想象，创新思考。具体步骤如下：

1. 理解词意。弄清要描绘词语的意思，这是前提。

2. 想象情景。根据词意回忆、联想、想象，什么样的情景可表现词意。将概念化的词意转化为形象化的词意。想事情、想事物、想人物，想得越具体越好。

3. 描绘表述。将想象的情景再转化为语言文字，写出作文。作文中一般不出现要描绘的词语，应通过情景展现。就如上面例文那样，通篇没有出现“傲慢”，却淋漓尽致地表现了“傲慢”。

下面再看一道词意描绘作文题：你能用生动形象的描写表现“馋嘴”一词的意思吗？例文如下：

一天早上，妈妈和三姨摊煎饼。上二年级的表弟小朋坐不住了，从配料到开始摊，来来回回看了十多次。妈妈把馅调好，放在一边去看火势。小朋伺机趴在盆边，凑上小鼻子嗅了嗅，鼻头一抽一抽的，那副模样可笑极了，谁见了都忍不住要乐。三姨见了，说道：“快点去写作业，再不老实，煎饼摊好也不让你吃。”小朋吐了吐舌头，无可奈何地泱泱离去。

开始摊了，妈妈把油倒入平底锅。三姨趁着油热，把一大勺饼料舀在锅里，铺展均匀细腻。一股浓郁的香味飘散开来，引得小朋如坐针毡，作业再也写不下去了，急不可待地站起来，在厨房门口踱来踱去。一会儿，妈妈用盘子端了一大块煎饼走出厨房。小朋见了，不顾一切地扑了上去，抓了一块就往嘴里塞。“你这孩子，姥姥没尝，你倒先吃，看看你的手！”三姨边说边顺手抓起桌上的筷子，使劲在他的大脑袋上敲了一下。小朋“哇哇”地哭嚎起来。可到了吃饭的时候，小朋早把那一筷子的教训忘得一干二净，狼吞虎咽，数他吃得最香最多。

这篇习作依据“馋嘴”一词的含义展开了丰富的想象，塑造了一个活灵活现的人物——表弟小朋，并把他放到吃煎饼这件事中，充分表现了“馋嘴”这个词的含义。

最后，再出两道作文题：

·描写一个场景，表现“热闹”一词的含义。

·想象描写一个情景，表现“热情”一词的含义。

（六）“音响”作文

看了“音响”作文的题型，你定会觉得有趣，但又会觉得不解。音响怎么能作文呢？还是先来看一道作文题：

作文：请你以“叮咚、扑通、哗啦、哧溜”四个音响为线索，展开想象，写一篇记叙文。

如此看来，所谓“音响”作文就是根据提供的音响，通过你们的联想和想象，把它们用情节连接起来，写成作文。题目除了给的几个孤立的音响词语，其他什么也没有提供，全靠你们的联想、想象，及活用生活及语言储备，才能完成。所以，对创新精神的培养极有好处。

写这类作文的一般写法是：

1. 理解“音响”。这是前提。要借助你的联想，弄清每个音响词语可能是什么发出的声音。不必局限，多想几种可能。如“叮咚”，也许是泉水声，也许是滴水声，也许是石子落水声……再如“哗啦”，可能是划水发出的“哗啦”，可能是玻璃碎发出的“哗啦”，也可能是拉开窗帘发出的“哗啦”……

2. 连接“音响”。这是关键。要凭借你的想象与思考，将这些无联系的音响有机地连接起来。应注意的是，先通过想象故事情节选择各是什么发出的音响，再合情合理连接音响。这样作文的思路就清晰了。最好能围绕一个中心意思来写。比如，有个小学生就以家乡的小河为线，写出了春天冰雪融化，小河发出“叮咚”，夏天“扑通”跳入小河游泳，秋天在小河里划船“哗啦”，冬天在小河上“哧溜”滑冰。表现了小河的四季给童年带来的无限欢乐。线索连接得多么清楚，音响连接得多么巧妙。

3. 连接成文。这是落实。按照自己连接想象的思路，扩充具体，展开情节，起草成文。下面让我们一起来欣赏这位小作者的音响作文。

我爱家乡的小河

我们村外流过一条清澈的小河，家乡的小河满载着我童年的欢乐。

春天，小河上面覆盖的冰雪融化了，河水“叮咚、叮咚”地流着。河两岸的柳树发了芽，从远处看，真像是绿色的长城。孩子们来到河边玩耍，放鹅、放鸭。鹅身穿洁白的衣服，头戴红红的小帽，一个个长得肥壮高大。鸭子不停地边跑边叫，仿佛在欢迎人们欣赏它们自己的“摇摆舞”。河水里荡漾着一圈儿，一圈儿的水波，那些柳树的倒影在水中摇曳。远处，河面倒映出白鹅、鸭子们可爱的身影，美丽极了。

夏天，下过几阵暴雨，小河里的水涨了许多。知了在树枝上不停地叫着，天热得像个大蒸笼。男孩子们把衣服脱个净光，“扑通、扑通”跳进河里洗澡。我们女孩子把裙子往上一撩，坐在河沿儿上，把腿伸进小河里，羡慕地看着男孩子在水中玩耍。他们在河中打水仗，那晶莹的水珠在河面上飞溅着、跳跃着。有的男孩子一个猛子扎进水里，半天不出来，吓得我们直叫，这时他们才从水中猛地钻出来，得意地冲着我们扮鬼脸。

秋天，树叶飘落到河面上，像一只只彩色的小洲船，顺水漂流。这时，我和同伴们在河里划船。他们用木桨在河里拨水，我总爱趴在船舷上，聆听那木桨击水时发出的“哗啦、哗啦”的乐声。

冬天，河面结了冰，我们又有了新的活动内容。我和小伙伴们在河上“哧溜、哧溜”地滑冰，一串串笑声在河面上飞扬。

我爱家乡的小河，它为我的童年生活增添了无穷的乐趣。

这类“音响作文”很有意思。再出几个这样的题目，供选择，写出别开生面的作文。

· 以“乐曲声、发令枪声、加油声、欢呼声”为依据，展开想象，写一个运动会的场面。

· “喵喵、汪汪、喔喔、呱呱、唧唧”，重组上面的叫声，写一篇想象作文。

· 请把“吵闹声、哭泣声、车鸣声、谈话声”一组音响重新组合，写一篇想象作文。

（七）科幻作文

汽车谁没见过？司空见惯。各种型号的汽车也如数家珍。可未来的汽车该是什么模样？那应该是汽车设计师的事，让学生写篇“未来的汽车”的作文，岂不是在胡思乱想嘛！其实不然，这种“胡思乱想”是有意义的。几十年前，人们曾胡想“电话”能否没有电线连接，随时随地就能打，现在，无绳电话的手机不也司空见惯了。录音电话、可视电话、密码电话……也相继问世。可见，“胡思乱想”往往是科学发明的前兆，对培养学生的科学精神，大有裨益。从写作角度看，大胆想象是作文水平的翅膀，有了它，可以展翅高飞。写点科幻作文，不无好处。

科幻作文是什么样呢？还是先来看一篇作文。

未来的汽车

到了21世纪，将会有一种新型汽车出现在地球上。这种全自动汽车与众不同，技术格外先进。这就是我发明的陆海空三用新型汽车。

这种豪华的汽车是用21世纪的新型车——ADEC型发动机。高强度的钢板、防弹玻璃、塑料和轻金属制成的。它的弹性极强，用铁锤在上面敲打，也不会留下一点儿痕迹。

汽车是全自动无人驾驶，它的司机是一台超级电脑，这台电脑控制着车内的一切系统。只要你往这种豪华小汽车里一坐，就会有一种奇特感觉。车内是用21世纪的塑料装饰的。这种塑料非常柔软，躺在上面格外舒服，车上装着隔音玻璃、空调、电视、录音机等。这些都是遥控的，如果你想看电视，随手按一下电钮，玻璃上就会立即出现图像，就像看戏一样逼真。

晚上人们休息的时候，它可以自动调节。它的速度快得惊人，每秒可以达到5公里，即使在坑坑洼洼的山路上，它都是那么平稳，安全性强，速度快得让人难以置信。它可以在1小时内环绕地球飞行一圈。真叫人惊讶！

如果你想自由自在地在天空飞行，只要按一下全自动起飞电钮，它就会自动起飞，自由翱翔。如果你想到大海畅游，电钮一按，它一下子就钻入水下，像潜水艇在海洋中观赏着海底世界奇妙景象。

将来，我一定要用自己发明的汽车载着我的老师和同学去世界各地旅游。

上面的这篇科幻作文写得多有意思啊！从中可以体会科幻作文的特点。

一是要有美好的幻想。

科幻自然要有幻想，就不是现实。而且要有美好的愿望才行。上面作文的作者就盼望着汽车无人驾驶，向往着汽车也能在海空中行驶，有了这个美好的愿望，写作文就有了方向。

二是具有科学的设想。

科幻作文与幻想作文主要区别就在于幻想的是设计科学的未来。上面的作文设想的21世纪汽车是新型发动机，内有超级电脑，多功能电钮，上天入地，展现了科学的神奇！

三是有具体形象的情景。

科幻作文不同于科普说明，要寓于形象，寄予情节，融于情感。上面的作文就描述了未来汽车上，躺在柔软的床上看电视，按电钮自由翱翔的情景。

掌握了以上三点，再动用平时的科学知识积累，科幻作文也就化难为易了。

准备设想怎样的未来汽车？提供下面的思路供参考：

1. 设想未来汽车的形状怎样更好。

2. 设想未来汽车的新环保燃料。

3. 设想未来汽车的速度更快。

4. 设想未来汽车的功能更多。

5. 设想未来汽车的价格更便宜。

6. 设想未来汽车更安全。

7. 设想未来汽车更舒适。

……

（八）扩写作文

介绍另一种创新作文题型——扩写。什么叫“扩写”呢？就是将给的一份很简略的阅读材料，加以扩充、扩展，成为一篇生动、具体的文章。要想写好扩写文，需要展开丰富的想象，需要活用自己的语言积累，这就包含着创新。

先看这样一道扩写作文题：

·请将“买椟还珠”这个故事扩写成一篇生动具体的文章。

原文：

买椟还珠

楚国有个珠宝商人，到郑国去卖宝珠。他用名贵的有香味的木料雕了一只盒子，又想方设法把盒子装饰得十分美观，然后把宝珠装在里面。

有个郑国人出高价买了去。他打开盒子，发现里边放了许多宝珠，就把宝珠还给了珠宝商人，只留下了盒子。

盒子做得太好看了，那个郑国人只看中了盒子，不晓得宝珠比盒子贵许多倍。

结合上面题目，可以体味出扩写的规律：

1. 懂原文。是根据原文扩写，只有读懂原文的主要人物、主要思想内容、抒发的情感，扩展原文是不能脱离这些主旨的。否则，不就成了另写文章了吗？

2. 定扩点。这是要想一想，原文中哪些地方需要扩展，即"扩点"，要扩充哪些方面的内容，等于明确了扩写方向。当然，不能随意确定扩点，只有能突出表现原文主旨的关键处，才是扩点。可以确定"高价买珠""开盒看珠""归还宝珠""吹捧得意"几个扩点，形象地表现郑国人主次不分，取舍不当。

3. 展开想象。根据确定的扩点和方向，展开大胆、丰富、有创造的想象。读读上面的扩写文，想象出的人物神态、动作、语言、心理描写非常生动。

4. 修改成文。起草后反复朗读，修改成文。

（九）联结作文

学写另一种创新作文——联结作文。如要写"大象和小老鼠"一篇作文。你们会问："大象"和"小老鼠"风马牛不相及，这怎么写作文呢？将不相关的事物通过你们想象的故事让他们相联系起来，再写出来，就是"联结作文"。这种"瞎编"有什么好处呢？

大家都知道鲁班发明锯的传说吧，一天，鲁班为了造一座宫殿，上山砍树，山很陡，鲁班抓住树根和杂草往上爬，手指不小心被一棵小草划破了，流出血来。小草怎么会这么厉害？鲁班仔细一看，发现小草的叶子边上有许多小齿，在手指上一拉，就是一道口子。他想：如果照小草的样子，用铁打一把带齿的工具，在树上来回拉，锯木头不就快多了吗？就这样，鲁班发明了锯。这个传说启发了我们：小草划破了手，与锯伐木头似乎没有关系，但鲁班却能将“小草”与“锯”，“手”与“木头”联系起来，锯就发明出来了。

像这样的例子是很多的。“矛”和“盾”的联结在军事上就制造出现代的坦克；“人”与“猴”的想象联结在吴承恩笔下就出现了《西游记》中的孙悟空；“人面”与“狮”的联结在埃及建筑师设计下就建成了世界闻名的“狮身人面像”。

以上几例，足见，善于把表面上无联系的事物，通过思考、联想或想象，将它们恰当联系起来，联结起来，新意就会出现，学习就会有更大的收获，创造力得以发展。所以，写“联结作文”对创新精神和表达能力大有裨益。

怎样写好这篇“大象和小老鼠”作文？要注意以下几点：

1. 掌握要联结的每个事物本体的特点

先不忙于想象联结，不把要联结的每个事物弄清楚，又怎么将他们连起来呢？这如同在沙滩上建大厦，无根基。只有掌握要联结每个事物的特点，（如大象的特点庞大、鼻长多用、耳大、力大无穷、厉害、素食……老鼠却小巧、灵活、夜行、偷油、怕猫……）才为想象提供思路和内容，才使联结合乎情理。

2. 思考联结事物的媒体

既然要联结的事物表面没有什么联系，又非要把他们连起来，这就要通过媒体介绍才行。媒体一介绍，事物就能联上了。这媒体可以是另外的事物，也可以是情节，还可以是某种观点、情感。就拿“大象和小老鼠”来说，可以这样思考：他们俩通过什么就凑在一起了？举几例：

· 大象与老鼠比赛跑步。（媒体是“比赛跑步”）

· 大象捉小偷老鼠。（媒体是“捉”）

· 老鼠治服大象。（媒体是“治服”）

· 大象和老鼠比优点，请兽中王评理。（媒体是“兽中王”“比优点”“评理”）

· 大象与老鼠互相帮助。（媒体是“帮助”）

3. 想象联结，编写故事主体

有了上面的思考，文章思路已有，循着思路展开大胆、丰富的想象，想想细节，想想大象、老鼠什么样，会想什么、说什么、怎么做。联结作文就在你们笔下生辉。

读读下面的例文，体会上面的写法。

联结作文——大象和小老鼠

大象正在休息，一只狗熊走过来，在大象面前张牙舞爪。大象不理睬他，他以为是大象害怕他呢，便伸出大掌向大象拍去。说时迟，那时快，狗熊刚伸出手掌，大象的鼻子忽地一扫，只见狗熊连翻了几个跟头，断了脊梁，躺在地上直哼哼。这场速战速决的较量，被周围的许多动物看在眼里，大家七嘴八舌地议论起来。

"大象的鼻子真有劲，我看见他用鼻子卷着一棵大树，轻轻一拔，就把那棵大树连根拔起！"

"我们的鼻子只能用来呼吸和闻味儿，他的鼻子除了这两种用处外，还能当手用。用它拔草，摘芭蕉叶，把食物卷起来往嘴里送，还用它喝水，用它喷水洗澡。"

"别看他的鼻子又粗又长，用起来灵活极了。他用它摇铃铛，吹口琴，还能拣起掉在地上的绣花针呢！"

"他的鼻子非常厉害，连狮子、老虎都不敢惹他。如果惹怒了他，他挥起鼻子一抽，对手不是呜乎哀哉，就是伤筋断骨。狗熊不自量力，偏要惹他，这不是自找苦吃？"

"不过，听说他很怕老鼠。老鼠如果钻进他的鼻孔，他就完了。"

这些谈话，刚好被躲在草丛中的一只小老鼠听到了。他非常兴奋，暗想：大象连狮子老虎都不怕，却害怕我们，真是太好了！明天，我要好好教训教训他，让所有动物都知道咱们老鼠的厉害，看以后谁还敢瞧不起咱们！

第二天，大象正在睡觉，把鼻子拖在地上。老鼠看时机已到，飞快地跑过去，一下子钻进了大象的鼻孔。

大象突然感到鼻孔里一阵奇痒，“啊嚏”打了一个喷嚏，老鼠像粒子弹一样从大象的鼻孔中射出，飞到半空中，又重重地摔到地上，摔成了一个肉饼。

传言不可轻信。老鼠丢掉了小命，就因为轻信传言。

（十）漫画作文

1. 什么是看漫画作文。

看漫画写出的作文就是看漫画作文。是一种看图作文。是较难的看图作文。是有意思的看图作文。

（1）漫画的特点

漫画定义：用简单而夸张的手法来描绘生活和时事的图画。

以下面的漫画为例说明。

①画面很简洁明了。

仅有两个小孩和果皮箱。两个小孩几笔勾画，形象简单。无背景。

②画意意味深长。

透过画面的内容一定包含着对某种现象的讽刺或歌颂。（难点）

③画风诙谐幽默。

一般运用夸张、比拟、象征的手法，构成诙谐幽默的画面，很有趣。（趣点）

(2) 看漫画作文的特点

①根据简洁明了的画面，写出漫画的内容。

②根据意味深长的画意，写出讽刺或歌颂的含意。

③根据诙谐幽默的画风，写出有趣的语句。

2. 怎样写好看漫画作文

(1) 看图，弄懂图意

①整体看连图，了解主要内容。

思考的问题	选择正确答案
主要写谁？	小女孩和小男孩
小女孩有什么变化？	看到——商量——放进——称赞
小男孩有什么变化？	看到——商量——写字——展示
果皮有什么变化？	扔在果皮箱外边——放进果皮箱的里边
果皮箱有什么变化？	贴上了字条“文明只差一步”
主要写什么事？	小女孩把丢在地上的果皮放在果皮箱内，小男孩写了“文明只差一步”字条贴在在果皮箱上

②仔细看图，注意细节意思。

小女孩的表情（眼、嘴、手）：惊讶——急切——欣慰——称赞

小男孩的表情（眼、嘴、手）：惊讶——思考——认真——自豪

果皮在外边的位置：离果皮箱只差一步

(2) 深入思考，分析画意

思考：两个小朋友把丢在地上的果皮放在果皮箱内就行了，为什么还要贴条？条上写“文明只差一步”的含义是什么？

（字条“文明只差一步”是为了教育不文明的行为，提示扔果皮的人做文明人，多走一步就文明，少走一步就不文明，举手之劳理应做到。）

这幅漫画只是在赞扬两个小朋友的文明行为吗？讽刺的又是什么？

（这幅漫画不仅赞扬两个小朋友的文明行为，也是在讽刺只差半步就能做到的不文明行为，连小孩都不如。）

(3) 展开想象，创编故事

①把漫画故事写具体。

按照事情发展顺序写出：发现问题——商量办法——分别行动——满意成果。

②让人物表现活起来。

将两个小朋友的神态、动作、语言、心理描写出来。

练习1：请将下面小女孩的动作词语连起来，写一段话。

走到、弯腰、拣起、捧着、放进、伸出

练习2：请将下面小男孩的动作词语连起来，写一段话。

走到、挠头、趴在、挥笔、贴在、伸开

③起草成文，精心修改。

举另外一个漫画题目：请同学们先看看下面的漫画《小猫钓鱼新法》，展开想象，写篇作文。

小猫钓鱼新法

《小猫钓鱼新法》的画面仅仅有猫、净水盆、河水、鱼儿几种事物，至于猫在想什么？鱼儿为什么跳？鱼儿跳入盆内后又发生了什么……都留给了你们去想象、去创新。

漫画《小猫钓鱼新法》中，小猫钓鱼的新法是什么？鱼儿为什么自愿跳入水盆？净水说明了什么？这告诉我们什么？（是猫很懒吗？是鱼儿太活泼了吗？是水盆里有丰富的鱼食吗？还是……）都要去思考。

读读下面的两篇习作，会对写好漫画作文有启发。

例文 1

小猫钓鱼新法

奇奇是一只聪明的猫，尤其喜爱钓鱼，只是被“冬爷爷”困在家中没法实现自己的愿望。在小猫奇奇的期待中，春天的脚步来临了。

一个美丽的早春时刻，一大早，奇奇扛着渔竿来到久别的小河边。只是这里的一切像没睡醒似的，天灰蒙蒙的，空气里弥漫着一股发霉的臭味儿，对这一切，奇奇并不在意，它在乎的是它的鱼儿。河里的水涨上来了，只是宽宽的河面上漂浮着发黄、变色的气泡，白色的纸片、塑料袋封住了水面。奇奇眯起眼睛在河面上寻找。它猛然发现河面上闪过几道银光，“咕咚、咕咚”它侧耳细听，那是久违的鱼儿吐泡声。这一发现让奇奇兴奋起来。顿时，它看到了好多鱼儿浮出水面吐着水泡、喘着粗气。

奇奇正待下鱼饵，忽然听到这样一段对话：

“妈妈，清水什么味?”那是小鱼的声音。

“孩子，清水——它甜甜的，带着芳草的清香，亮亮的，像星星的眼睛……”鱼妈妈深情地说。

“现在我若能喝上一口，就是死了也愿意!”小鱼儿的话语中充满了无限渴望。

“哎——”鱼妈妈长叹。

奇奇一听，心生一计：不如我用清水做诱饵，试一试。

说干就干，奇奇从家里端来了一大盆清水，放在岸边，悄悄地躲在盆后静静地闭着眼睛等待着鱼儿上钩。

奇奇梦中也不曾想到的奇迹出现了：鱼儿发现了那盆清清的水，奔走相告：“哇，这里有一盆清水，太棒了!”“伙伴们，快来呀!”只听“扑通”“扑通”鱼儿争先恐后地往里跳。随着水花的四溅，鱼儿们贪婪地享受着清水带来的甘甜。

太阳洒下最后一缕阳光，奇奇伸了伸懒腰，打了个哈欠，低头看了看清水里的鱼笑了。它为今天能吃到美味的鱼而高兴。

奇怪的是，第二天奇奇竟病倒在床上，熊猫大夫说它是吃了太多有毒的鱼。那个春天里，奇奇再也没有走出家门。

这是猫的悲哀？鱼的悲哀？还是人的悲哀？

例文 2

小猫钓鱼新法

"蓝天下，小河边，青的草，红的花，小猫多多在玩耍。"一只小猫边玩边高兴地唱着歌。突然他停了下来。原来他感觉肚子有些饿。多多坐在岸边，望着水面上冒出的小气泡，又大声唱到："小鱼小鱼真快活，天天都在水中过。我想和你交朋友，请你教我怎样做？"水中的小鱼听见歌声探出头来，望着小猫多多感慨地说："唉！你刚才唱的快乐的生活都是从前啊！那时候，河水清澈见底，水中有绿绿的水草，没有丝毫的污染。我们常常成群结队在这里一起嬉戏，可现在不比过去了，人类在河附近建了好多工厂、化肥厂……大量的污水被排放到小溪里，严重地破坏了水资源，致使我们这些可怜的鱼类无处安身。这不，前几天我的几个朋友就因为中毒都身亡了，剩下的伙伴也危在旦夕。朋友，你能想个法子救救我们吗？"

多多连连点头，心想：你们确实可怜，我也有心救你们，可我的肚子……唉，还是想怎样吃掉这些鱼，填饱了肚子再说吧。忽然，它眼前一亮：小鱼们一定好久没喝净水啦，我何不这样……于是，多多飞奔回家，端来一盆净水，放在河边，然后唱道："小鱼小鱼你别急，我来帮你出主意，请你跳进水盆里，准包你们都欢喜。"小鱼一听又高兴又感激，于是召集所有的小鱼们，争先恐后地跳进净水盆里，盆里的水那样清，小鱼们快活地跳来跳去。多多见此情景，乐得胡子直翘，看着盆中的小鱼，露出庐山真面目，笑道："哈哈，你们都上了我的当，我肚子饿得慌，你们让我大饱口福！"小鱼们一听，惊呆了，都伤心地落泪，齐声说："我们的命真苦啊，好不容易结上了多多你这个'朋友'，结果还是个骗局，本以为可以远离污水，可最终还是难逃一死呀！"

多多被小鱼们的话深深地打动了，它决定再也不吃这些活生生的小鱼了。于是，他对盆里的小鱼说："好！你们放心吧！我不会吃你们的。相信我吧！让我们成为真正的朋友吧！我一定千方百计劝说人类，保护水资源，保护好你们赖以生存的环境，还你们一个清澈美丽的水世界。"小鱼们听了小猫多多的话都破涕为笑了。

欣赏了这两篇漫画作文，我们看到，一篇写小猫新法钓鱼后吃有毒鱼病倒，另一篇则写小猫新法钓鱼却要保护鱼，思路截然不同，但都揭露了水污染的严重问题，大声呼吁保护水资源，异中归同。足见小作者丰富的想象力，大胆的创新。

漫画作文为什么有利于创新呢？这就要结合漫画的特点来说。

漫画的画面较为简洁，运用夸张手法，寥寥数笔，就勾画出情景，简洁就有了较大的想象空间，使创新有了施展的地方。

漫画往往具有讽刺性，简单的画面中揭露社会上、生活中的问题，尖锐而辛辣，蕴涵着深刻的道理。特别是漫画一般都配有发人深省的语句，画龙点睛。画面揭露的是什么问题，里面暗含着什么道理，都需要你们去通过因果联系、纵横联想，去揣摩发现，这又为创新打开了大门。

漫画很有意思，很能激发情趣，让人乐意看，乐意思考，这就创设了激发创新的温床。漫画《小猫钓鱼新法》中的小猫闭眼睡觉，守株待兔，新招多有意思！鱼儿自动跳龙门，自投罗网，多新鲜！这些都会使同学们乐意参与创新。

怎样写好这篇漫画作文呢？可按以下步骤进行：

仔细看图，弄懂图意——深入思考，分析寓意——展开想象，创编故事——起草成文，精心修改。

（十一）拼图作文

大家都见过"水果拼盘"吧，几种不同的水果，经过厨师精心设计摆放，呈现出一道别具特色的拼盘，再冠以吊起胃口的菜名"大丰收"、"葵花向阳"、"凤凰展翅"……一些不起眼、不相干的水果，何以成为一个整体呢？这全靠厨师的构思及丰富的想象力。大家都喜欢《西游记》中的孙悟空，他也是靠作家吴承恩的大胆想象，将人的性格、人的十八般武艺与猴的特性拼接在一起，成了神通广大的齐天大圣。

看图作文也有个"拼盘"的新形式——拼图作文。请见下面的例图，就明白了。

题目：将下面四幅图意恰当地用故事联系起来，写一篇作文。

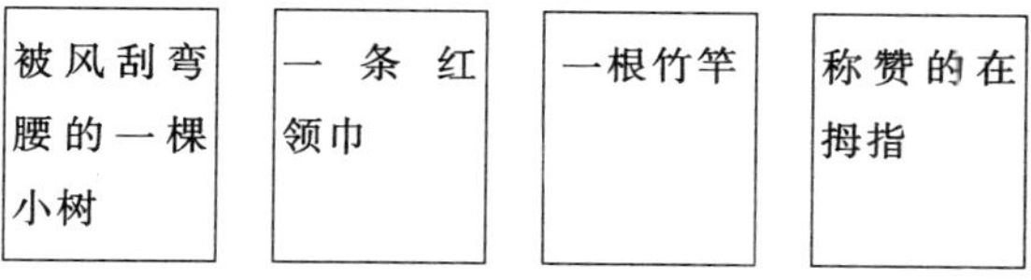

被风刮弯腰的一棵小树	一条红领巾	一根竹竿	称赞的在拇指

这四幅图与连图不一样，每幅图均是个孤立的事物（被风刮弯腰的一棵小树、一条红领巾、一根竹竿、称赞的大拇指），它们之间似乎毫无联系，却要求将四幅图恰当地用故事联系起来，写一篇作文。如果只分别看图，写出来的可能仅仅是四个词语，充其量是四个单独的句子，将不连的图变成有联系的几幅图，写篇文，就有些难了。其实，破难的锐利武器就是想象。写好拼图作文的关键还是在观察的基础上，展开丰富的想象。将图通过想象用“线”串联起来。这里主要有三条线。

想象拼出——人物线

拼图作文常见的是提供事物图，由谁将他们连接起来呢，最大的可能是人。就拿上面的这四幅图来说吧，红领巾代表的是人，称赞的大拇指更不必说，被风刮弯腰的小树、一根竹竿需要人将它们联系起来。用人物串事物，形成事情的线索。比如，最容易这样想：一位少先队员发现小树被风刮弯腰，于是将竹竿插入小树旁，用红领巾捆住，小树迎风挺立，受到了人们的称赞。即便是这样，思路也可打开，像受到谁的夸奖，不一定就是养树人，也可能是班主任，还可以是同学或过路人……

想象拼出——事情线

人要做事，事要人做，人事密不可分。所以，在想象人物线的同时，必然要有事情线。只要将图上的内容包括在事情的来龙去脉之中，作文就有谱了。如上面的举例，打乱图序，任意组合，都是可以的。如，先写受到人的夸奖，是怎么回事呢？再叙述事情的经过，用倒叙的方法不也很好吗？其实，事情线是有创新的天地的。就以“红领巾”为例，提出下面问题开阔思路。

· 红领巾仅仅是代表一名少先队员护树吗？

· 红领巾只是用来捆住小树，能否代表一种精神？

·红领巾不能作为一种奖励吗？

·红领巾在文中只能用一次吗？

·红领巾是否可以代表少先队大队部呢？

·红领巾能不能开口说话称赞呢？

想象拼出——情感线

还有一条线很重要，暗含其中，那就是“情感线”。人做事能无目的吗？能无情吗？情线贯穿，会使文章充满活力。如按常态想象：一位少先队员发现小树被风刮弯腰，于是将竹竿插入小树旁，用红领巾捆住，小树迎风挺立，受到了称赞。这里面情感颇丰。队员发现小树被风刮弯腰，一定很痛心、很着急；当想出了办法后，会很高兴；当看到小树直起了腰，怎能不欣慰？听到别人的夸奖，又怎能不自豪？若能将这些情感融于文中，会大为增色。

习作时，情感也是多角度的。图中人物有情感，图中的事物可以赋予情感，就是作者你也应抒发情感。

（十二）写日记

日记是我们生活的记录，用它可以把自己生活里所见、所闻、所感中最有趣或感受最深的事情如实地记录下来。

许多著名人物都有写日记的好习惯。鲁迅在他逝世的前一天还坚持写日记；雷锋的日记现在已成为全国人民学习的好材料；俄国小说大师契诃夫随身带的“生活手册”，我国古代作家的“诗袋”“锦囊”“瓦罐”都说明他们对日记的钟爱。为什么日记受到如此重视？

第一锻炼自己的观察、思维和写作能力。写日记时，要把一天中经历的观察的事件想一想，写下来，脑筋开动了，驾驭文字的能力也得到了锻炼。

第二，提高自己的品德修养。是对一天的言行作个解剖，做得好的，总结发扬，不好的，今后自勉。

第三，积累素材，弥补自己记忆力的不足。日记就是一个作文素材的仓库，写什么，用时提取多方便。现在的事，过三五年还能记得，过了十年八年、几十年就不一定记得清楚了，这时翻翻自己的日记，很珍贵，能引起美好的回忆。学会写日记收益多大呀！

怎样写日记呢？还是先来欣赏一位学生写的三篇日记。

在妈妈出差的日子里

2007 年四月二十三日　星期五　晴

妈妈去深圳出差，已经走了十天了，昨天就应该回家了，可今天还没有回来。回家时我先跑到邮政代投点，找妈妈的信，但是又失望了。

爸爸在医院昼夜看护生病的爷爷，我经常一个人在家，好寂寞呀！好想妈妈！

2007 年四月二十七日　星期二　阴

上学的路上，爸爸递给我一封信，是妈妈的信，信上说妈妈因没带身份证，没法买飞机票，只好再托人试试看。

晚上，爸爸又告诉我一个好消息，妈妈来了长途电话，票已买好，星期五回来。我高兴地蹦起来，可还得等三天呢。

2007 年四月三十日　星期五　小雨

我从星期二一直盼到星期五，下了课冒着雨就往家里跑。刚上楼，开电梯的阿姨告诉我："你妈妈回来了，正在楼底下打电话。"我的心一下子提了起来，赶紧跑下楼，跑着去找妈妈。终于见到了！我情不自禁地扑到妈妈怀里，我没想哭，但眼泪却不住地往下掉。嘴里还小声地说："妈妈，我可真想你……"

结合上面的日记，练写日记应注意下面几点：

1. 要真实

日记主要是写给自己看的，是个人生活的真实写照。要表达自己的真情实感，所以，写日记的内容不能编造。正如叶圣陶爷爷说的："凡是干的、玩的、想的，觉得有意思就记，一句两句可以，几百个字也可以，不勉强拉长，也不要硬性缩短。总之，实事求是，说老实话，对己负责。"上面的三篇日记都是小作者自己做的、心里想的，真实地写出了想妈妈、盼妈妈、见妈妈的情景。每篇都不长，多则详写，少则略写。

2. 应勤写

日记可以天天记，也可以隔几天记一次，但具有经常性。三天打鱼，两天晒网是不易奏效的。关键是持之以恒。上面的日记虽然是隔天写的，但是围绕妈妈出差、盼快快回来这件事，写的连续日记，将事情的发展，心情的变化逐渐展现出来，正反映小作者有勤写日记的好习惯。

3. 有格式

日记属于应用文的一种，需要有固定的格式。

（1）在第一行上写出年、月、日、星期以及天气情况，每部分之间要留有空格。

（2）第二行开头空两个格，然后就可以记述日记的内容了。

4. 单设本

为了好保存，为了好提取，最好单准备日记本。还可以有若干专题日记本，写人的、记事的、描景的、状物的……分别设本。给每个日记本起个好名字。

5. 创多样

日记虽有一定规律，一定格式，却大有创新的天地。种类、形式可多样。像观察日记、系列日记、交际日记、科技日记、学法日记、成长日记、好事日记、教训日记、趣味日记……都很好。

（十三）情境作文

先看这道情境作文题：

按照下面提供的情境，写一个完整的故事。

时间：一天中午——当天晚上——次日早晨。

地点：小刚家里。

人物：小刚妈妈，小刚

事件：小刚写了向妈妈要劳务报酬的账单，妈妈见了，也开了一个养育小刚的账单，小刚看后很羞愧，受到了教育。

从题目可以悟出，情境作文就是根据提供的情境要点，以此作为支架，通过思考、联想、想象，充实血肉，赋予灵魂，连接成一篇文章。

再来读读根据提供的这个情境写的一篇作文。

账　单

小刚是个商人的孩子，经常到爸爸做生意的地方瞧一瞧，常常看见爸爸填写账单，到银行交款或取钱。

一天是双休日，妈妈上班了，小刚忽然想出了一个主意：开一张收款账单给妈妈，索取他每天帮妈妈做事的报酬。

他拿起笔，写下了这样一个账单，放在了妈妈的床边。

母亲欠下儿子小刚如下的款项：

在家里帮妈妈扫地	20 元
把邮件送往邮局	10 元
到商场买生活用品	10 元
我一直是个听话的好孩子	20 元
共计	60 元

晚上，小刚在餐桌旁找到了他索要的 60 元。正当他高兴地要把钱放进口袋时，突然发现桌旁放着一份给他的账单：

小刚欠下母亲如下的款项：

你在家里十年的幸福生活	0 元
你生病时的护理	0 元
你十年的吃喝穿	0 元
我一直是个慈爱的母亲	0 元
共计	0 元

小刚读着，感到羞愧万分！妈妈的养育之恩是无法用金钱来衡量的，要终身报答。他怀着一颗怦怦的心走近妈妈，将小脸蛋藏进妈妈的怀里，小心翼翼地把那 60 元塞进她的口袋。

读了这篇作文，学生定会受到启迪，心灵受到震撼，母亲是多么伟大呀！孝敬父母乃是中华民族的美德，应发扬光大。

从这篇文章中也可以悟出写情境作文的规律。

1. 了解情境。认真读懂提供的情境，明确写作的依据及范围，把握基本框架。

2. 思考情境。提供的情境仅仅是个支架，给作者留有很大的思考空间。比如：小刚看了妈妈的账单，羞愧的是什么？受到了什么教育？也就是文章的中心是什么，需要深入思考。母亲是对儿女养育情义无价，是伟大的母爱！孝敬父母乃是中华民族的美德。

3. 想象情境。有了文章的主旨，接着就要展开丰富的联想或想象，扩充情境支架中的具体内容。如：小刚给妈妈的劳务报酬账单是怎样的；妈妈开的养育账单又是怎样的（是开有钱的账单，还是无价的账单）；小刚羞愧的表现如何，都要发挥你们的想象力，大胆求异，善于创新。

4. 情境。将你们的思考及想象的成果，按一定的顺序连接成文。

（十四）缩写作文

缩写作文，就是在不改变原文的中心、主要内容的前提下进行集中、提炼，把一篇长文压缩成短文的作文。我们可以打个比方，缩写就如同将“一般饼干”中的水分挤掉，气泡赶跑，把精华保留下来，变成“压缩饼干”，样子和味道还是饼干。

缩写的基本要求是：保持原文的主要意思，结构完整，语言简练，意思连贯。基本要领是留主舍次。

缩写有什么用呢？进行缩写练习，能提高你们对原文要点和总体的理解程度；检验概括语言的能力；培养我们运用简短文字勾勒出内容丰富文章的能力。以多写少是创造，同样，以少写多也在创造。尤其是进入信息时代，浓缩获取信息能力是必备的素质。经过浓缩的信息具有节时、高效的功能。

那么，怎样缩写呢？还是先来看看别人是怎样缩写的。

题目：请将下面的“乌鸦复仇记”缩写成一篇短文。

原文：

乌鸦复仇记

还记得乌鸦曾经轻信狐狸的花言巧语，把衔在嘴里的肉落在狐狸的口中。乌鸦上当受骗后，又羞又恨，一心要找机会报仇。

这一天，乌鸦正在森林上空盘旋，忽然发现一个老猎人走进森林，不觉心中一动，就悄悄地跟踪猎人向林中飞去，记住猎人挖陷阱的地方后，飞到离森林不远的小镇上。它机警地朝四面观望，从垃圾箱里东翻西找，叼出一只死鸡。

它衔着死鸡兴奋地朝狐狸家飞去，把鸡放在狐狸家门前的树上，然后高声叫道："狐狸大哥在家吗?"过了好一会，门才"吱"的一声开了。狐狸摇着尾巴，伸个懒腰，慢条斯理地说："是谁这么大嗓门啊?""狐狸大哥，打扰你了，是我呀!"狐狸看到乌鸦，脸"刷"地一下红了，但转眼又马上镇静下来。装模作样地说："你有什么事吗?"看到狐狸那双狡诈的眼睛、可憎的脸，乌鸦恨不得立即扑下去啄它几口。可是它忍住了，装出一副恳求对方的样子说："唉，善良的狐狸大哥，请你把绳子借我用用。""借绳子？哼！想得美，别说是没有，就是有也不借!"狐狸虽然心里这么想，嘴里却说："哎呀！可真对不起，我家偏偏就没有绳子。要是有哇，别说借，就是送你也没什么。不知你借绳子干什么用啊?"乌鸦一本正经地说："今天是我生日，朋友们送我一只芦花大母鸡。我嫌用嘴衔着太累，想借绳子把鸡捆在背上驮回去。既然你没有绳子就算了，我多歇几回，总能衔到家的。再见!"狐狸站在门前痴痴地想着：这个大傻瓜真有口福，我骗过它的肉，竟然忘得一干二净。今天这个母鸡又让我知道了，那只母鸡一定很大很肥，肉也一定很香。啊，好久没有吃到鸡肉了。口水也顺着嘴角流出来了。

乌鸦飞了起来，可是飞不多远就停了下来。狐狸赶紧跑过去。它的一对深绿色的眼闪着贪婪的光，朝着乌鸦身边的鸡迅速扫一眼；然后笑眯眯地说："哎呀！我说乌鸦贤弟，你体单力薄，等你衔到家时身子会累坏的。依我看，还是让我替你送回去吧""谢谢你的好意，等我衔不动的时候再请你帮忙好了!"乌鸦冲着狐狸点点头，衔着母鸡朝前飞去，飞不远，就停下来。狐狸不甘心地跟着跑过去，仰起脸说："今天是你的生日，应该休息才对。看把你累得满头大汗，我的心里可真难过!"说着两眼一挤，掉下几滴眼泪来。

乌鸦朝林中望望，然后对心怀鬼胎的狐狸笑着说："狐狸大哥，难得你这样关心我，等我衔到前面那棵树时，就请你替我送回家好了!"狐狸一听，喜出望外，美滋滋地想：哈哈，今天的运气可真好！它的眼睛转了转，又故意说："乌鸦贤弟，我能为你效劳，感到非常荣幸！不过你要是不太需要帮忙的话，那我也就不勉强了!"

乌鸦吃力地衔起鸡朝前飞去。狐狸急不可待地追赶着乌鸦。跑呀跑呀，忽然它看见乌鸦嘴里的母鸡"啪"地落在杂草丛中，又惊又喜，箭一般地扑过去。突然它脚下一软，身体连同那只鸡忽悠悠地向坑底下落去……

乌鸦站在高高的白杨树上，亲眼看到狐狸掉进老猎人的陷阱里，亲耳听到它发出凄惨绝望的呼救声，心里高兴极了，放声天笑。

缩写文：

乌鸦复仇记

自从乌鸦被狐狸骗走了嘴里的肉后，又羞又恨，一心想寻找机会报仇。可好久也没有想出惩罚狐狸的办法。

有一天，它发现一个老猎人在树林里，就悄悄地跟着老猎人向林中飞去。当记住猎人挖陷阱的地方后，就离开了猎人，来到了离森林不远的小镇上。它从一个垃圾箱里翻到了一只死鸡，衔着它来到狐狸家门前的树上，高叫不久，狐狸才出来，乌鸦向它借绳子。乌鸦见狐狸不肯借。一本正经地说："今天是我的生日，朋友送我一只鸡，衔着累，想借绳子把鸡捆在背上驮回去，既然你没有就算了。"

乌鸦飞走了，为了得到乌鸦嘴里的鸡，狐狸不甘心，赶紧追上去，想帮它背，可乌鸦说要到自己背不动时再让它背。狐狸动尽了坏脑筋，说尽了好话。

乌鸦吃力地朝前飞，狐狸不停地追，忽然它看见那只鸡"啪"地落在杂草丛中，狐狸猛扑上去，突然它脚下一软，身体连同那只鸡忽悠悠地向坑底下落去，一起掉入了陷阱。乌鸦报了仇，心里高兴极了，放声大笑。

如何缩写呢？要掌握缩写中的"不变"与"变"的规律。

1. 缩写要"三不变"

(1) 原文的中心思想和主要内容不变。这就要求缩写前，读懂原文，把握住中心思想和主要内容。这是留主舍次的根据。否则，无根据的乱缩，面目全非，就不叫缩写了。你们可将"乌鸦复仇记"的原文与缩写文加以对照，就会发现两篇文的中心思想和主要内容是一样的：都是叙述了乌鸦用死鸡引诱狐狸上钩，掉入猎人设好的陷阱，报仇的故事。说明了狐狸贪得无厌是没有好下场的，表现了乌鸦的聪明机智。

（2）原文的体裁不变。“乌鸦复仇记”的原文与缩写文都是寓言体，文体不变。假若变了文体，就成改写了。

（3）人称不变。原文是第几人称，缩写时也用第几人称。不可随意改动。

2. 缩写要“三变”

尽管缩写需要许多不能变，但变化的空间还是很大的。通常的变化有以下三种：

（1）删

既然缩写的要领是留主舍次，就要决定哪些要删，哪些要留。体现原文中心思想和主要内容、主要事物（乌鸦和狐狸）、重点情节（记住陷阱——衔着死鸡——谎称借绳——引诱上钩——掉入陷阱）要保留。至于那些原文中次要的内容（如，跟踪猎人、发现死鸡、狐狸不借绳……）描写的成分、句段中的修饰语言、附加成分，像人物的语言、动作，神态，环境描写，尽量删去。删繁就简。

（2）并

原文有些内容需要保留，但不够简洁，就要采取合并的办法，达到缩的目的。比如：原文中“乌鸦衔肉飞来”“高声叫狐狸”“慌称借绳”“狐狸不借”几个重要情节。缩写文仅用“它从一个垃圾箱里翻到了一只死鸡，衔着它来到狐狸家门前的树上，高叫不久，狐狸才出来，乌鸦向它借绳子。乌鸦见狐狸不肯借”采取“并”的办法用50个字合成了近300字的文章。

（3）改

原文有些描写可以改换叙述方式压缩，像直述句改为转述句。比如：原文乌鸦朝林中望望，然后对心怀鬼胎的狐狸笑着说：“狐狸大哥，难得你这样关心我，等我衔到前面那棵树时，就请你替我送回家好了！”就改为转述“狐狸不甘心，想帮它背”。

总之，缩写应在不变中求变，在变中求不变。完成初稿后，要认真检查是否达到缩写的要求，特别注意过渡是否自然，语气是否恰当，衔接是否贴切，语句是否通畅。也不能把缩写文写成提纲式，失去整体性。

(十五) 童话作文

童话是儿童文学宝库中的一朵鲜花，是专门为少年儿童创作的，因此，为少年朋友们所喜闻乐见。要写简单的童话也不太难，只要掌握它的特点就行了。

1. 奇妙丰富的幻想

儿童是最富于幻想的，童话则适应了这一心理特点，充分地运用了幻想手段，在读者面前展现你们幻想的世界。有人说“没有幻想就没有童话”，这话不假。童话中的幻想不是局部的，而是整篇的，并且奇妙无比。比如，小草竟然可以自由地从老枫树下进进出出，可算奇妙；再如，枪和子弹也要来个争吵、分裂，然后重归于好，可称新鲜。所以，上至日月星辰，下至鸟兽虫鱼，不论是有生命的，还是无生命的都可以变成人开口说话。但是，不能造成一种错觉，认为童话可以任凭脱离现实的胡编乱造。其实，童话故事从表面上看是虚假的，本质上却是极其真实的。不信？你们看看下面的童话例文《书的奇遇》，尽管幻想书能周游，由书店转到废品收购站又回到小读者手中，并引起它们的议论，借此规劝某些小朋友，不要买书不看书，看书不爱护书，要养成良好的读书习惯，这不正是现实中需要注意的问题吗？因此，写童话中的幻想要奇妙，实质要真实。这一点要切记。

2. 曲折的故事情节

童话要通过故事来表现。由于童话中充满了奇妙的幻想，要有故事情节。如果童话中的故事情节不曲折，就显得平淡乏味，失去吸引力。《书的奇遇》中，书就经历了被卖书——被毁书——变废书——印新书——护新书的曲折过程。使情节富于魅力，里面运用了比喻、拟人、夸张，童话更具有了神秘色彩。

3. 饱满的儿童情趣

既然叫童话，顾名思义，情节内容上是少年儿童所熟悉的，表达上要有童言童语，充满儿童情趣。

读读下面的例文，体会写童话的规律。

书的奇遇

夜幕悄悄地降临了。书店里的叔叔阿姨们早已下班回家了，店堂里面静悄悄的。忽然，从书架上传来一个声音："大家快来玩呀，大家快来玩呀！"原来是《捞月亮》小弟在叫大家。嘿，这下子可就热闹了。《相对论的故事》老爷爷，《安徒生童话选》老伯伯，《中国近代史》大哥哥，《那个世界的孩子》小妹妹……都纷纷跑来了。他们一会儿唱歌，一会儿跳舞，玩得可开心啦。

这时，《安徒生童话选》伯伯说，"明天就是六一儿童节了，将会有很多小朋友来把我们买走。"伙伴们听了又高兴又难过。高兴的是以后可以发挥作用了，难过的是马上就要跟这些好伙伴分离了。《安徒生童话选》老伯伯说："大家不要难过，虽然我们明天就分离，但帮助小朋友们增长知识、健康成长，不是我们早就盼望的吗？天快亮了，大家各回各的位置。"大家默默地走回自己的位置。书店里又恢复了寂静。

第二天早上，果然有好多小朋友来买书，他们站在柜台前，兴致勃勃地挑书，书相继都被买走。

时间过得可真快，转限间已经过去了几个月。一天，《相对论的故事》老爷爷、《那个世界的孩子》小妹妹、《捞月亮》小弟弟又相聚了。可是这次不在书店里，而是在废品收购站。小妹妹首先说："我的小主人简直不把我当书。下雨天，顶在头上当雨伞，看球时垫在屁股底下当凳子，还老撕我衣服。"说完，便伤心地哭了起来。《相对论的故事》老爷爷叹口气说："我那主人把我买回去后，连看也不看，就扔到箱子里。不久，我身上就被虫子咬得破破烂烂了，小主人见我成这样了，就把我扔到这里来了。"听着大家诉苦，伙伴们心里难过极了。大家在收购站呆了一段时间，一直没见《安徒生童话选》老伯伯，觉得挺奇怪。

又过了一段时间，收购站的旧书，经过工人叔叔的加工、处理，变成了白纸，然后印上字，又变成一本本干干净净的书了。

由于假期来临，同学们都想看一些书，所以没几天，他们又都被同学买走了。《中国近代史》大哥哥被小丽买到家中，偶然遇到了《安徒生童话选》老伯伯。俩人一见，甭提多高兴了！《中国近代史》哥哥诉说了自己的遭遇，《安徒生童话选》老伯伯很替他打抱不平。他告诉《中国近代史》大哥哥："小丽和那些孩子不一样，对我们特别好，她给我包了书皮，平时看完后，还把我们放得整整齐齐。"

《中国近代史》大哥哥听了以后，向《安徒生童话选》老伯伯请求道："老伯伯，求你帮助他们把我放得整整齐齐，改掉不爱护书的坏习惯吧。"《安徒生童话选》老伯伯想了想说："咱们去找小丽，她办法挺多。"便拉着大哥哥找看了小丽，说明了来意。小丽想了一会说："我们写一张告示，告诉每个小朋友都应当爱护书。《中国近代史》大哥哥，你去把大伙都叫来。"

不一会儿，大家都来了。小丽写了一张又一张，每本书里都夹上一份带回去。第二天，每本书的小主人都看到了这份告示。只见上面写到："我们是大家的好朋友，愿意把知识献给大家。希望以后多爱护我们，不要拿我当雨伞、当凳子，不要在我们身上乱写乱画，更别撕我们的衣服。"

那些不爱护书的小朋友脸一下子就红了，他们回到家，默默地开始整理书……

拿起笔来，写篇与例文《书的奇遇》不同的童话。

下面的思路，提供大家参考：

· 书周游世界。

· 捐书支援西部"希望小学"。

· 一本书是这样印出来的。

· 书的作者与不同读者的谈话。

……

（十六）图式说明作文

先来看一道下面的图式说明作文题：

仔细观察下面的平面图，以《我们的校园》为题写一段说明的文字。

这种图式说明作文是根据提供的图式，转化为说明文字的一种习作。有的同学会产生疑问：这怎么叫作文呀？其实，看图式作文也是看图作文，

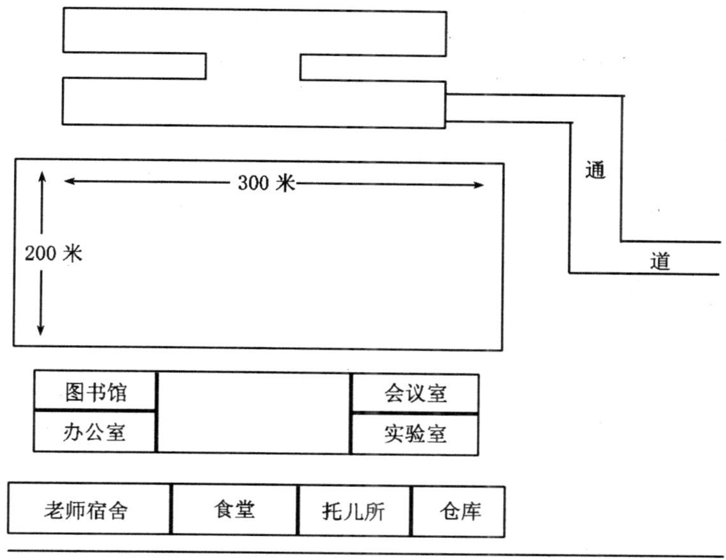

只不过这图不是情节图，也不是漫画，而是图式而已。新的语文课程标准指出："能根据日常生活需要，运用常见的表达方式写作。""学写常见的应用文"。记叙文是作文，想象作文是作文，应用文也是作文。需要才有表达，客观、主观的需要才乐表达。在日常生活中需要图式说明，商店中的电器、玩具、药品……哪一样没有文字说明？它就是同学们应掌握的一种写作技能。所以，不要把作文仅仅局限在文学作品上，作文的天地大得很！

从另一个角度看，图式说明作文的特点对训练作文基本功极有好处。看懂图式需要会观察，特别是要有方位感；在表达上，要将图式中的事物恰当、有条理、简洁地说清楚，是很好的语言训练。

写这类作文需要注意的是：

1. 看清图式。整体把握图式的内容（如：校园平面图），再把图式上具体事物的形状及位置，之间的关系搞清楚。

2. 思考图式。在此基础上，想想表达的切入口（如：可从校门口切入，也可从操场写起），先写什么，后写什么，最好有一个写作提纲，将顺序安排好（如：校门——操场——教学楼——图书馆、办公室、会议室、实验室——后排平房），这样写起来，就会步步为营，顺理成章。

3. 连接图式。所谓连接，是指用书面语言连接。连接时，需要注意的是，首先要真实，依据图式写，不能瞎编，否则不叫图式说明。其次，连接图式中事物并不是简单连接，在清楚的前提下，要具体形象，如：写图式中操场。假如写到“操场长300米，宽200米。”就显得干巴巴，若改为“眼前是长300米，宽200米的宽阔操场，塑胶跑道像几道光环，这是同学们运动、游戏的乐园。”就丰满多了。当然，语言要简洁，又不必过多地细致描写，那就不是说明图式了。这类作文的主要目的是把图式解释清楚、说明白。

读读下面的示例，体会写法。

我们的校园

我们的学校历史悠久，但面积不大。从校门口望去，映入眼帘的是长300米，宽200米的宽阔操场，塑胶跑道像几道光环，这是同学们运动、游戏的乐园。脚下的那青石甬道直通操场北面的四层工字楼。操场的南边，教学大楼巍然高耸。大楼的东面是实验室和会议室，西头是办公室、图书馆，中间都是教室。主楼的后院，沿着校墙盖了一排青砖平房，这里是教师宿舍、食堂、托儿所及仓库。现在，正值桃花盛开，墙根旁的一株株桃树，好像披上了粉红色的纱巾，绚丽多姿。

（十七）问题作文

看了《1+1+1=?》这个作文题目，一定很奇怪，怎么出了一道数学题，答案不是也很简单吗？其实不然，在数学中这是真理，但在生活中可就不一样了。中国有个俗话：一个和尚挑水吃，两个和尚抬水吃，三个和尚没水吃。不正说明1+1+1=0吗？这么一说，解答问题也可以写成作文了。请看题目要求：

请你用生活中的真人真事，或发挥想象，编个故事、童话、寓言……以1+1+1=？为题，写一篇文章。

先来读下面一篇作文：

1+1+1=0>3

一天，蚂蚁一家兄弟三人出了洞，去寻找食物。

它们走着走着，突然发现有一只瓢虫正在睡觉。老大说："我对付它，不过得归我自己吃"老二很不满："是我先看见的，应该我去对付它……"老三没等老二说完，就抢着说："我最小，你们应该让着我。"

它们正吵着，突然，瓢虫醒了，它看见蚂蚁就想跑，还是老大手疾眼快"噌"的一下就扑了过去，张嘴就要咬，瓢虫一蹬右腿，把老大踢了一个跟头。老二见哥哥被踢了回来，很不服气，也扑了上去，瓢虫一蹬左腿，也把老二踢到了一边。老三看见两个哥哥都被踢了回来，心想这回看我的吧！只见它迅速地爬过去，咬住了瓢虫的大腿，只听瓢虫"哎哟"一声，使劲一甩，把老三也甩出去老远。

瓢虫刚要跑，这一次哥仨都明白了：只有团结才有力量，这时1+1+1才大于3。说时迟，那时快，老大、老二、老三一起扑了上去。只见它们两眼冒着怒火，老大咬住头，老二咬住身子，老三咬住大腿。这回，不论瓢虫怎样挣扎，也没有用了，它尝到了1+1+1的合力。

从上面的作文，我们可以悟出写好这种文的方法。

1. 弄清问题的含意。问题1+1+1=？虽说是个简单的数学题，但联系生活，这"1"就可以代表器物、植物、动物、人物……这"+"号既可以是合作、联合、配合、融合的意思，也可以是打架、吵架，貌合神离的意思；而"=？"就是事情的结果、结论。

2. 想象问题情境。在弄清问题含意的基础上，想象你打算写的事物（如上面作文中的三只蚂蚁与瓢虫），思考你要写的1+1+1=？（如上面作文的结果先是0，后是3）想象它们之间发生的事情的经过（蚂蚁斗瓢虫，先是不合作，一事无成，后是团结协作，制服瓢虫）。

3. 解答问题成文。然后动笔，将想象的内容表达出来，写成文。

需要注意的是，1+1+1=？的答案不是唯一的，完全可以求异。

可以是：1+1+1=0

可以是：1+1+1=3

可以是：1+1+1>3

可以是：1+1+1<3

…………

（十八）小制作作文

既动手制作，又拿笔写作文，将这两件事联在一起，就是小制作作文。显然，通过小制作作文，你们的动手能力、思维能力、科技素养、表达能力都会得到综合发展。下面例文的小作者就有深切的体会。你们读一读。

橙子电池

那天，我正在美美地享受着可口的橙子，我的表哥“小博士”来了。我忙递给他一个大橙子。表哥接过橙子，神秘地说：“你只要找来两片金属导片，我就能做出一个能导电的‘橙子电池’。”“不可能，不可能！”我的头摇得像拨浪鼓。表哥胸有成竹地说：“我打个赌。谁赢了，橙子归谁。”“好，一言为定！”我自信地说。

一会儿，我帮表哥找来了工具和材料，他便动手做了起来。只见表哥先把橙子切成两半，然后左手拿起半个橙子，右手用镊子小心翼翼地夹起一片金属导片，一半插进橙子的中心偏右处，另一半露在外面；再用镊子夹住剩下的一片，插进橙子的中心偏左处，也把一半露在外面。“完成了，我的‘橙子电池’完成了！”表哥轻轻嘘了一口气。

我捧起表哥的“杰作”，左看右看，上看下看，就是不相信这怪东西能导电。表哥好像猜透了我的心思，说：“不相信？我们来测试一下吧！”

我照表哥的吩咐找来了电线和测电仪。表哥把两根电线分别接在两片金属片上，说：“我把两根电线接到测电仪上，如果指针转动，就证明‘橙子电池’能导电，你就等着拿出橙子来吧！”虽然我相信这怪东西能导电，但还是十分紧张，眼睛睁得大大的，想看个究竟。关键时刻到了，只见表哥刚把那两根电钱接上测电仪，霎时间，奇迹出现了！指针转动了！我输了，只得乖乖地把橙子全给了表哥。不过，我有一个条件，要表哥说出导电的秘密。

表哥边吃橙子边摆出“博士”的架势，摇头晃脑地说：“橙子本来是不导电的，然而，当金属导片插进橙子中时，橙汁里的酸就使金属导片活泼而放电。这样，橙子也能导电了。”我似懂非懂地点点头，心想：

表哥博览群书，知识渊博，令我大开眼界，输了几个橙子，值得！

写小制作作文需要注意什么呢？

1. 精心小制作

既然叫小制作作文，就应先制作，后作文，这是习作的素材，应集中精力去制作。制作什么？要打开思路，制作小玩具、制作小文具、制作小贺卡、制作小书签、制作科技小发明、制作小盆景……范围很广。要量力而行，应是自己或伙伴能做，用料花钱不多，制作工具简单的制作。要想好制作的步骤，按计划操作。

2. 细心做记录

小制作作文不同于单纯的小制作，做后要写出来。所以要瞻前顾后，边制作边做记录，可以下面表格的形式简单填写。为习作备好材料。

制作步骤	制作工具	制作产品的样子	遇到的问题或困难	自己的表现或感受

3. 专心写作文

写什么呢？一方面应写出：小制作的原因、小制作的过程、小制作的成果。这仅仅是写出了小制作。另一方面，不能忘记是谁在制作，要见物又见人，应把自己写进去。写出在制作过程中的神态、动作、语言、心理活动，写出制作中遇到的问题或困难，如何克服，写出制作后的感受……将两方面融为一体，小制作作文就写成了。

（十九）实验作文

什么叫“实验作文”呢？就是把亲自做的、看的实验过程，以及想到的如实地写出来。写哪些实验呢？内容十分广泛，动物小实验、植物小实验、物理小实验等自然科学方面的实验可以写，其实，不光如此，像心理小实验、学法小实验、智力小实验……都是写作范围。

举一例：某老师为了培养学生细致观察，做了这样一个有趣的观察力小实验。讲台桌上摆着一个墨盒，每个学生课桌上也放着墨盒，让学生仔细观察，学着老师的样子做，老师用手指蘸一下墨，然后往嘴里放，如此做了三次，学生也仿着做了三遍。老师让同学互相看看，每个孩子的嘴都成黑的了，大家都哈哈大笑，再看看老师，嘴并没有变黑，大家疑惑了，这是为什么？老师又用慢动作做了一遍，原来，老师用食指蘸墨，却用中指放嘴里，当然嘴不黑了，学生恍然大悟。实验结束，学生谈体会，纷纷写出实验作文，有的写《我上当了》；有的写《眼睛骗了我》；有的写《观察要细呀!》；有的写《笑了之后》；还有的写《应该换红糖水》……

由此可见，写实验作文好处很多，它将学科学与学作文连接起来，将观察与习作联系起来，将写与思结合起来，一石三鸟，何乐而不为呢！

写实验作文需要注意什么呢？

1. 选好实验题目。如果是别人做实验，很感兴趣，题目自不必说，如果你自己亲自做实验，就要想清楚实验内容，设计好程序。

2. 仔细观察实验。边观察边思考，还要做记录。

3. 认真分析实验。重点想想这个实验得出什么结论，你有什么收获，从中悟出什么道理，为作文做好准备。

4. 动笔写出作文。实验作文一般应写出实验题目、实验过程、实验结果、实验后的收获感受。既要具体写清实验，又要把自己摆进去。

读读下面的一篇实验作文，体会体会。

蚱蜢的鼻子长在尾巴上

奶奶真是个“百事通”。有一回，她告诉我，蚱蜢的鼻子不是长在头部，而是长在尾部。这真是一个新鲜事，它立即引起了我极大的兴趣，就像磁铁一样把我吸引住了。为了弄清楚，我决定亲自做一个小实验。

星期天下午，我捉来几只“试验品”——蚱蜢。我的弟弟端来一盆清水放在桌上，我拿起一只蚱蜢，把他的头按在水中。我琢磨如果蚱蜢的鼻子在头部，它就会被闷死。可是过了一会儿，不见有什么动静。此时我心想：也许再过一会儿，就会有变化。可过了几分钟，仍不见蚱蜢有什么痛苦气闷的表现。难道蚱蜢的鼻子真的是在腹部？我自言自语。

接着，我把蚱蜢的腹部按入水中。果然，过了一会儿，蚱蜢便痛苦地使劲蹬起腿来，两只翅膀直扑打。我继续观察，又发现蚱蜢的嘴里开始吐起白沫沫，我以为它死了，就把它拿出水面，谁知这个小虫一会儿又恢复了原来欢蹦乱跳的样子。从这个情况来看，蚱蜢的鼻子很有可能是在腹部。

为了进一步证实这一点，我又捉住它，把它的腹部再按入水中。它一放入水中就吐起白沫来。不过，这一回不管它怎样挣扎我却不予理睬。大约过了五分钟，这只用惊人毅力支撑自己生命的小精灵，就离开了这美丽的世界。我忽然可怜起这个小生灵来，后悔我不该这样做。只好感谢它，它用生命帮助我增长了科学知识。

我庆幸：实验成功了，蚱蜢的鼻子果然是在腹部。动物世界真是无奇不有，奥妙无穷！

挥起笔来，也写一写吧！下面的实验内容供大家参考：

· 摩擦生电

· 纸桥负重

· 联系上下文理解词语

· 鱼为什么能沉浮

（二十）写“读后感”

经常写读后感，可以帮助同学们在看书、读报中，更好地理解内容，培养和提高对事物的分析、综合能力。

大部分的读后感，是采用日记、书信、诗歌、散文等文体写成一篇文章。读后感，顾名思义，就是把自己“读”了书报，产生了什么感触、感想、感受，提高了什么认识懂得了什么道理，表达出来，让别人知道，让别人也受到教育，或吸引别人也来读。

怎么才能写好读后感呢？

首先，要仔细地阅读原作，是写好读后感的基础。没有去“读”，怎么会有“感”呢？如果是囫囵吞枣、浮光掠影地浏览，怎么能理解精神，品味书中的功夫呢？怎么又谈得上提高认识、懂得道理、增长知识呢！

其次，要深入地思考。有感而发，才会产生真情实感。谈谈书印象最深刻的内容，与自己或自己周围的人的生活、学习等等联系起来，这样的“感”才有意义。

再次，要认真地表达。读后感的篇幅，一般不太长，把自己的“感”写清楚，写明白。

要写好读后感，还要注意以下两点：

1. “读”与“感”紧相连

读后感要把读的内容和感的内容巧妙、自然、有机地组织起来。防止读后感变成了原文摘录或者是原文缩写（节选）。不要把“读”和“感”的鱼水关系变成“油”和“水”的关系。也不要把读后感一分为二，前半篇内容摘要，后半篇写毫不相关的感想、议论。

2. “读”为辅，“感”为主

“感”是重点。读后感不是原文的介绍，主要是写出感受。

“感”要集中。不要面面俱到、包罗万象，应把自己诸多的感想筛选一下，分清“芝麻”和“西瓜”，选择感受最深的一点，围绕这个中心写下去。

“感”要真实。不必将自己臭骂一顿，说得一无是处，变成了检讨书、决心书、悔过书。要表达真实情感，赞扬、揭露、联想、想象、建议都是可以的。

读读下面的一篇读后感，体会体会。

救救大自然

——读《猎场剿匪》有感

我读了《猎场剿匪》这本书后，脑海里却依然浮现着哈尔和罗杰这两位少年英雄的形象。这两位少年主人公为了保护野生动物，与心狠手辣的偷猎者进行了出生入死的搏斗，粉碎了偷猎者一个又一个的阴谋，一桩桩，一件件，多么激动人心，令人难忘。

但是我更多的是忧虑野生动物资源遭杀戮，大自然的生态平衡被少数人破坏。后果十分严重。我要大声疾呼：救救大自然！

野生动物与人类有着密切的联系。在非洲的一些国家他们靠野生动物发展旅游业，以此作为国家的主要经济收入。某些偷猎者为了满足私欲，为了钱，残酷地捕杀野生动物，有的珍贵野生动物数量急剧下降，濒临灭绝，使自然界的食物链受到破坏，直接或间接地把动物推向死亡边缘。

同样，保护海洋生物也是刻不容缓的。鱼类是人类蛋白质的主要来源。然而，海洋水质污染，有的乱捕滥杀，破坏了鱼类的生长环境和生活规律，使鱼类品种、产量都减少了。如今耕地面积减少，有的良田变成了盐碱地、沙漠。有的工厂、矿山把工业废气注入大气空间，使全球气候变暖，南北两极冰雪融化，空气中二氧化碳，二氯化硫的增加，影响人们的身体健康和大自然各种生物的生长发育。

当然，我们不能不看到，全世界也有不少人在为拯救大自然而做出努力，建立保护野生动物资金委员会，建立自然保护区，大力开展绿化造林、退耕还林，治理环境污染。

保护大自然是长远之计，我们应该像勇敢的哈尔和罗杰那样，为保护大自然的生态平衡贡献自己的力量。

明白了读后感的方法，又读了例文，就可以练习写了。请读读下面的短文，一定会有感受，写篇读后感吧！

朋　友

有一天，两个非常要好的朋友去森林里玩，突然碰到一只庞大的狗熊。其中一个人，不顾朋友，自己匆忙爬到身边的树上，吓得一动也不敢动。另外一个人不会爬树，又逃不掉。关键时刻，他想到别人曾经说过，狗熊是不吃死人的。于是，他急中生智，就地躺倒装死。过了一会儿，狗熊来到他的身边，转来转去，在他脸上蹭来蹭去，闻了又闻。他的心都要跳到嗓子眼了，努力屏住呼吸。狗熊似乎确定这不是一个活人，转身向林子深处走去了。

树上的那个人见狗熊走得很远很远了，才跳下来，对他的朋友说："啊，真危险啊！不过我知道狗熊是不会吃你的，所以没有拉你上树。我问你，狗熊刚才对你说些什么呢？"地上的那个人回答说："它说在危难中不能帮助你的人，不是朋友。"说完，他就一个人走了。

（二十一）写寓言

寓言，顾名思义，就是把道理寓于故事之中。由于寓言的故事生动有趣，又有启发性，学生很喜欢读，而且读过的寓言也很多。

既然喜欢读，亲自动笔写写寓言，也并不神秘。

写寓言与写记叙文有许多类似的地方，会写记叙文对写寓言帮助很大，但却不能完全画等号。了解了寓言的本身特点，才能写出一则则真正的寓言。

1. 要借故事说道理

寓言的中心思想就是寓意，寓意就要说明一个道理。可以透过普通的常识，表达深奥的道理；或者叙述常见的事物，寄寓深刻的道理；或者描写简单的现象，揭示复杂的关系。借此喻彼、借近喻远、借小喻大、借古喻今……像例文《内胎与外胎》就是借叙述常见的车胎，告诉我们世上工作没有高低贵贱之分，只有分工不同，应精诚合作。

如何写道理呢？要通过故事来表现。写寓言故事应注意：①故事要简单。故事里的人物或事物不要多，篇幅要简短。②故事不必是真人真事，可以想象虚构，但意图却要为现实服务。

2. 要有较强的讽刺性

寓言一般不是新风尚，赞扬好品质，而常常是暴露某些不良现象，批评不良作风，带有讽刺意味，意在促使人们警醒，引以为戒，受到教育。比如例文《内胎与外胎》，由于内胎与外胎互不服气，结果使汽车不能行驶，从中受到团结合作的教育。

3. 要运用拟人、夸张的手法

寓言往往把动物、植物现象当作人来描述，又能讲话，又能思考，还有感情，将人的一切特征都赋予了它们，编成一个个小故事。比如例文《内胎与外胎》中，内胎可以怒气冲冲，外胎可以挺挺肚子；内胎可以谦虚回答，外胎可以恍然大悟，都是运用了拟人的手法，人格化了。

为了把道理写得鲜明、深刻，夸张的手法在寓言里也不可少，有意将某些现象夸大，以至达到极限地步，从而走向荒唐，读后让人猛醒。

掌握了以上的规律，寓言的神秘感就会顿消，写寓言就会笔下生辉。借鉴下面的例文，写出与它不同的寓言。

内胎与外胎

汽车在泥泞的路上飞快奔驰。沾满污泥的外胎极不满意长期的露天生活，一股怒气冲内胎撒去："你的生活真是太好了，一切都由我护着你，你却成天躲在里边睡大觉，真是岂有此理！"内胎只是挺了挺肚子，并下作答。

又过了一段时间，外胎又发话了："老弟，我看世界上最舒服的就属你了，这么多年，你总舒服地躺在我的怀里。你饿了，主人给你打气，让你吃饱喝足；你病了，主人给你治病，主人就是不管我，还老是让我受荆棘、碴石的刺和硌。不管风里、雨里，都是我冲向前。夏天，太阳炽烤；冬天，寒风刺骨。你有这感受吗？"外胎絮絮叨叨地发着牢骚，说着怪话。只听"嘭"的一声炸响，内胎终于气炸了肚皮，外胎立刻瘪了下去，汽车不能行驶了。

这时，外胎明白了："啊！原来我使的力气全是你给的，这可错怪你了。我实在不知道，真对不起。"内胎谦逊地回答："没关系，在里在外，缺一不可，都得有人乐于去做才行哩。"

当你读完这个故事，能得到什么启示吗？

（二十二）续　写

"龟兔赛跑"的故事家喻户晓，现在要续编这个故事，就是创新作文了。怎么写呢？

先来复习一下"龟兔赛跑"的故事。

乌龟在河边爬来爬去。兔子问他："你在干什么？"乌龟说："我在跑步。"兔子听了哈哈大笑，说："你也会跑步？我们比一比、看谁先跑到那棵大树下。"乌龟说："好，比就比。"

兔子跑到半路上，回头一看，乌龟落得老远老远。他想，睡一觉再跑也不晚。不一会儿，兔子就睡着了。乌龟向着大树爬去，一刻也不停步。

兔子醒来，以为乌龟还在后面。他慢慢地跑到大树下，没想到乌龟早在那里了。

续写就是要在原文的后面接着另写一篇。续写有两个特点：

1. 要连续。续写内容要与原文有联系，应接得上才行。所以，原文一定要读懂（人物有乌龟和小兔，事情是赛跑，结果乌龟赢了，原因是兔子骄傲自满）。

2. 要发展。在联系的基础上必须发展，发展内容是原文没有的，这就要创新，靠的是丰厚的知识、丰富的想象。龟兔赛跑的故事怎样发展呢？同学们可打开思路，从不同角度大胆求异。下面一些思路供大家参考。

·从内容情节上想：第二次赛跑的结果可以乌龟继续赢，也可以让兔子取得胜利，还可以他们不分胜负……

·从思想感情上想：假如兔子取得了胜利，原因也会不同。可能是兔子自己吸取了教训，也可以是乌龟耐心帮助的结果，还可以是其他动物的启发……

·从语言表达上想：可在结构、用词、造句等各方面八仙过海，各显其能。

请看，有位学生的续写文《龟兔第二次赛跑》。

龟兔第二次赛跑

自龟兔第一次赛跑后，兔子一直忐忑不安，想，都怪自己太骄傲自满，结果连乌龟都没赛过。为了洗刷兔家族的这次耻辱，兔子决定给乌龟写挑战书，进行第二次比赛。

第二天早上，阳光洒满大地，森林中的动物们都来观看。发令枪一响，龟兔一起冲了出去。观众们一齐欢呼起来。乌龟满以为兔子还会睡大觉，自己是绝对的赢家，不必费九牛二虎之力。它竟然从兜里掏出口香糖，吃了起来，一边吃一边观赏路边的景色。路边的野花多美呀！乌龟不时向后望望，兔子一定在睡大觉，不信你看，我连它的影子都看不见。

其实兔子早就跑到乌龟前面去了。这时兔子心想："我一定要取胜，为我们兔家族洗刷耻辱，我要改正上次的大过失，不能骄傲了。"它一点都不敢停下来，飞快地向前跑去，汗水哗哗地向下流。脸变得赤红，奋力摆臂，脚下如腾云驾雾一般，路旁的一棵棵大树闪电般地向后倒去。一不小心，跌倒了，身上破了一个大口子，鲜血一滴滴地向下流，它全然不顾，猛跑不停。

兔子终于获得了冠军，乌龟十分难过。

（二十三）应用情境作文

什么是应用情境作文呢？有人可能认为这类作文是写应用文的，应该说这只说对了一半。需要弄清的是“应用”不完全等于“应用文”。应用文当然要应用，记叙文就不需要应用吗？难道就没有读者吗？少年儿童喜欢看童话、寓言等书籍，少年儿童不就是小读者吗？假如大作者写出的童话、寓言，往抽屉里一放，不印书，不出版，同样失去了写作的目的。所以，任何作文都是为交际的需要，没有读者的作文是不存在的。可见作文有读者，就有了交往，也就有了应用。这种有读者、有目的、有应用的作文，就称之为“应用情境作文”。应朝三个方面努力。

明白了什么是应用情境作文，再来看这样一道题：

王苹的妈妈星期天到菜市场买菜，不慎把一珍贵的伞丢失。李刚恰巧拾到了这把伞，立即交到了学校。在学校大队部的协助下，最后找到了失主。伞的经历中，一定要写一些作文，才能物归原主。请你们想想，需要写哪些文，然后，将这些文写出来。怎样写呢？

1. 根据情境想读者，想应用

要写好这类作文，作文前首先要从言语实际情境需要出发，应该写怎样的作文，这些文各应该写给谁看，才能达到目的。比如做上面的情境练习前，就要思考，若想伞物归原主（这是目的），应该写哪些作文（这是交际需要），给谁写最合适（这是读者）。写作的基本思路应该是：一方面要思考，写什么样的作文才能使伞找到失主；另一方面要思考，当伞回到王苹妈妈手里后，按情理是否还可以写其他有关内容；王苹妈妈的表扬信，大队部对李刚的行为如何评价及宣传的。下面的应用作文图供参考。

2. 写时为应用，为读者

构思完成后，行文也不能忘记应用目的，为读者。比如写“招领启事”，究竟写哪些内容，才能让王苹的妈妈看到启事，并尽快认回失物；连“招领启事”的题目也要考虑，尽量醒目些。可写“谁看见了伞？”或“快来认领伞”等；启事内容应写上拾到什么东西、找谁认领、联系地点，最好写上电话号码和邮政编码。这样失主就能很快见到启事，见到联系人。

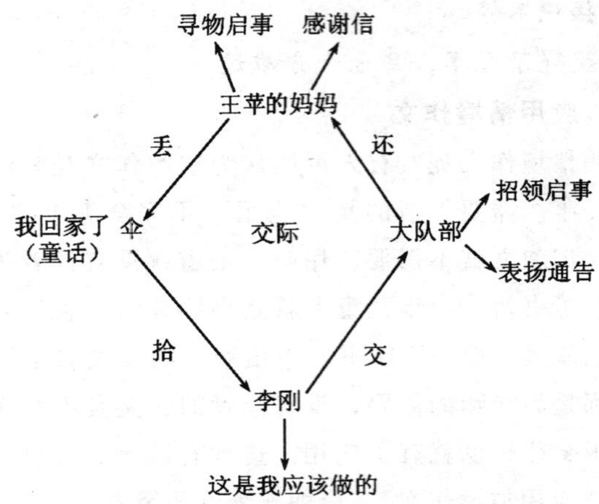

由此可见，只有心中有读者的观念，才能从读者需要出发去写文章。再如大队部的表扬通告，读者是全校学生，意图很明显，既要表彰李刚的行为，又要号召大家向他学习。在通告中就应写清楚学习谁的什么事什么精神，同时多写些带有鼓动性的语句，才能激发同学们学先进、赶先进、超先进。

需要指出的是，这个应用情境作文，不是写一篇文章，而是随着事情的发展，写数篇系列文章。

3. 写后要应用，有读者

既然作文要有读者，那么作文写毕，并不是作文的终了，而要有读者去看，才能说是一篇作文的终点。形成作者与读者真正交际，思想相互沟通，才算完成作文的目的。如这篇应用情境练习的情境不是真实的，是模拟式的，不可能重现丢伞、还伞的情境。这又如何做到写后应用有读者呢？这也不难，可以搞模拟读者、模拟用文。当同学们写好了数篇作文后。做一次现场演习，这不就有读者了吗？

读了下面几篇例文后，你也能写几篇吗？

例 1

寻伞启事

我不慎于昨日上午将一把三折自动两用花伞丢失了。伞面是白色尼龙绸，上面印有黄、红、蓝、紫、绿色的圆环。伞柱是浅粉色塑料的。

伞把是白色有机玻璃，上面刻有“吉祥如意”字样。有见到或拾到者请迅速用电话联系，以便前去认领。我除补还电话费外，还要表示谢意。联系电话：6701234。手机号：13901287866。

李洁

2007 年 6 月 9 日

例 2

一封感谢信

李刚小朋友：

你好！

虽然咱们彼此未见过面，但是阿姨知道你一定是个天真活泼、聪明伶俐、纯朴善良，非常可爱的小男孩，是个拾金不昧的好孩子，是一名雷锋式的好队员。阿姨从心眼里喜欢你，感谢你。

那天，我到自由市场买菜，不慎将在美国定居的独生女儿送给我五十岁生日的礼物——雨伞丢失。我伤心极了，因为我丢的不是一把普通伞，它凝聚着女儿的一片孝心，我把它当作女儿的象征啊！几天我都没有笑容，晕晕沉沉……

今天，我在商店门口看到“失物招领”广告，喜出望外。我半信半疑一口气奔到你们学校大队部，大队辅导员焦老师热情地接待了我。当我从焦老师手中接过失而复得的雨伞时，我好激动啊！双手紧紧地捧着雨伞。我深知雨伞增值了——它不仅饱含着女儿的一颗孝心，还饱含着少先队员的一颗诚心。我要发自内心地说一句：谢谢你，李刚小朋友！你是“红领巾”的骄傲。

焦老师告诉我，你为了早日把雨伞交到我手中，不顾饥渴穿梭在自由市场，大声询问谁丢伞了，不顾疲劳奔跑几公里返回学校写招领启事，又不顾天黑路滑把张张招领启事粘贴在广告栏中……你为了尽早把雨伞送还失主手中而耽误了为爸爸妈妈送行。阿姨感谢你，佩服你。孩子，你这种想他人之所想，急他人之所急的精神深深地让我敬佩。

我要写信告诉女儿，让她以你为榜样，努力学好本领，做一个有用的人，报效祖国。

谨表

谢意！

李洁

2007 年 6 月 11 日

例 3

表扬通告

“学校里出墙报，出墙报，来稿如同雪花飘，雪花飘。学习雷锋好事多，师生看了心欢笑，心欢笑……”广播室里又传出我们最喜爱的歌儿。是阿！自从开展向雷锋叔叔学习的活动以来，我校的好人好事层出不穷。这不，宣传橱窗里又增加了一张表扬通告。

表　扬

在学雷锋树新风的活动中，我校涌现出一大批先进个人和集体。表扬稿、感谢信接连不断。同学们用实际行动续写了雷锋日记。继上次表彰会后，又接到表扬五二班李刚拾金不昧的感谢信一封。李洁阿姨不慎将在美国定居的独生女儿送给她五十岁生日的礼物——雨伞丢失了，李刚不顾饥渴穿梭在自由市场，大声询问谁丢伞了，不顾疲劳奔跑几公里返回学校写招领启事，又不顾天黑路滑把张张招领启事粘贴在广告栏中……他为了尽早把雨伞送还失主手中而耽误了为爸爸妈妈送行，终于物归原主。此为李刚记一等功一次，为五二中队增加“新风尚”小红花一朵。全体队员要学习李刚拾金不昧、助人为乐的崇高精神。

先锋小学大队委员会

2007 年 6 月 15 日

三、单元作文的“三导课”

为了提高作文教学质量，我们尝试了一种单元作文教学的新课型——

“三导课”，即导评、导读、导改的合称，乃单元作文教学程序中的一个重要环节。

（一）作文“三导课”的内容

1. 外部系统的三个变化

作文“三导课”（导评、导读、导改）乃单元作文教学新程序外部系统链条的一环，编排出的新程序有7个环节：

①学生试作单元作文→②教师一批（导批）→③学习单元课文→④三导课→⑤学生改文→⑥教师二批（定分）→⑦总结评赏

从整体看局部，“三导课”较之教师讲读范文——指导作文——批改作文——讲评作文的旧程序有三个变化：

（1）环节上的增添。由于学生作文变为先试后改的一题两作，致使“三导课”中出现了“导改”，将原程序中教师包办修改变为教师引导学生自改，在教师只批不改的一批基础上，上“三导课”中的“导改”。

（2）环节上的调位。①“三导”中的“导评”实际上是将原程序作前导后移，变成作后导；教师讲评则由最后环节前移，成为试作的讲评。②“三导”中的“导读”，由于程序中加入了学生试作先行环节，学文推后，带有学生试作后针对性读文性质。

（3）环节上的合并。将上面提到的作后导读、导评，改前导引几个环节放到一处，并为一体，四种因素合一，成为一种新课型——三导课。

2. 内部系统的三个步骤

作文“三导课”内部结构是由三个相互联结的步骤组成。

（1）导评——评文抓难点。教师在对学生尝试单元习作进行略批之后，必会了解到他们的成绩及普遍性的不足（正是难点处）。有了这个前提，可以上“三导课”了。课上，首先根据习作要求，抓住学生难点，有的放矢地讲评、指导，评中寓导，导中带评。比如四省市教材第十册第六组习作题是《记一件值得回忆的事》，要求扣住值得回忆，选一件印象最深的事，按顺序写下来，重要的地方写详细具体。某教师从学生预作中发现普遍存在重点虽有，却不够详细具体，就抓住这一难点，课上选读几则有代表性的预作片断，引导学生评议，找到问题所在及其产生的原因。

（2）导读——学文破难点。症结抓住了，随之而来的是怎样破难点，这就要发挥单元范文的促写作用：引导学生从课文中找到解难的钥匙。这里的导读与新程序中的学习课文不同：一是集中导写的读文；二是针对学生预作难点的读文；三是将单元几课串起来的读文。仍以上面的课例为例，老师在黑板上列下了一张表（表4-3）。

表4-3

课 题	从哪里想象	怎 样 想 象	为 什 么 想 象
月光曲	弹琴、听曲	她好像…… （联想段）	表现乐曲的人民性
繁 星	望着星天	仿佛回到…… （回想句）	突出热爱星天
跳 水	走上横木	只要……就…… 即使……也…… （推想句）	说明情况危险，跳水必要
规 律	从能突出中心处想象	运用联想、回想、推想	突出中心处，写具体

先让学生按表头读文填答案，再启发他们串课例，按表栏纵向思考，归纳出表尾的规律（运用想象写具体），这样，以课文导出了破难的学法。

（3）导改——改文练难点。学生有了解难的条件，下一步就要付诸实践了——修改作文。导改一般分两步进行：①集体改。教师择一篇带有典型问题的作文或者片断，引导学生集思广益集体修改，实际上是一次“扶改”。上例中提到了学生获得了以想象丰富写具体的学法后，老师出示了一篇“为大熊猫捐款”的习作，文中多处缺乏想象，在学生找到文中不具体处，又找到几处突出中心的想象点后，围绕这几处，运用学法，展开想象，以实写带虚写，集体修改以下几处：

想象点	学生运用想象改文例
①听到熊猫的生存受到威胁的消息，我心里一惊，坐立不安。	△仿佛看到熊猫饿得只剩下骨架了。 △好像看见熊猫深陷的眼窝里流出了痛苦的泪水。

②我把买冰棍的钱伸向老奶奶。	△眼前出现了熊猫伸出如柴的、求援的手。 △好像熊猫在向我恳求：“我是国宝，你该救救我呀！”
③汇款寄出去了，我的心也跟着钱飞向四川的大森林。	△钱好像变成了鲜嫩的竹笋，熊猫正在贪婪地大嚼着。 △大熊猫吃足了，拍着饱饱的肚皮连声谢谢我。

学生的修改意见，证明了他们已掌握了写具体的一把钥匙。②自改既要按照集体改的办法改共性不足，也要适当改个性不足，改后朗读成果，师生评议。至此“三导课”任务完成了。

（二）作文“三导课”的特点

（1）针对性强。从教师角度看，“三导”是学生试作后的指导讲评，教师获得了学生习作的准确信息，减少了盲目性；由于抓住了真正的难点，教师输出的导评信息，对症下药。从学生角度看，他们接收到的是急需的信息，求知欲浓，主动吸收，收益较大。“导读”也是如此，学生通过预作，对该次习作的困难有了切身体验，在学课文时则会主动地到文中寻求答案，解决不了的问题，再听老师有针对性的辅导，会有“柳暗花明又一村”之感。

（2）衔接性好。任何系统中的要素的高效，不仅表现在它在系统中发挥自身独有的作用，更表现在它与其他要素的衔接配合上。由于“三导课”既是习作题的指导、预作的讲评，又是改文的引导，也是课文的再学，还是教师一批后的信息调控及二批定分赏评的前导信息；总之，“三导”将单元作文教学新程序各环节连通一气，成为一个有机整体。再者，鉴于作文提到单元开始试作，“三导课”又居程序中间，这样学生改文基本是在单元教学时间内完成，单元内各环节相互烘托、相互促进，具有较强的整体功能。而传统程序中，学生作文与讲评处于单元尾声到学生看到教师批改后的作文，已进入了下一单元的教学了。可见老程序各环节衔接松散，缺乏整体性。

（3）“自能”性强。“三导课”位置安排的主旨，是先放手让学生尝试习作，施展“自能”，在此基础上导引学生学文、评文、议文，提高各项

“自能”，始终把学生放在主体地位。导的着眼点是培养学生“自能”。

诚然，三导课的适应性是相对的，它适用于高年级，而且要易于学生试作的习作题。

四、改革作文评阅办法的尝试

作文评阅办法通常采用分数标定或等级评分制。这种办法虽具有统观全文，整体评阅的合理因素，但有两个亟待解决的弱点：①带有主观随意性。评阅者凭着个人观点、欣赏口味给分，标准的制约作用不大，随意性很强。同一篇作文，不同人看，相差一等的现象屡见不鲜，评定的等级往往与文质不符。②文章优劣处表示不明显。一篇作文获一个等级、一个分数，固然便于记录成绩，但文章到底何处好，何处差无法显示。同样得95分的作文，哪里扣掉5分，可能截然不同，但在总分上无法去显现。学生看了老师判的作文，不知何处有毛病，无法修改。只得了一个空空的分数，失去了给分的实际意义及作用。

为此，几年来我们对高年级作文评分办法做了改革尝试，试行了“统观全文，分项减加”的新方法。（表4-4）

表4-4 高年级作文评阅办法

评分原则：统观全文，分项减分，突出加分（百分制）

项　目	减分标准	减分幅度	加分标准	加分幅度
观　察（看图作文才有此项标准）	1. 观察或想象有个别明显错误 2. 观察或想象有严重错误 3. 不符合要求	2~4分 5~8分 16分	观察或想象有创见	1~2分
中心内容	1. 有中心内容，但内容有明显不足 2. 中心不够明确或内容不够具体 3. 中心不够明确或内容空洞	2~4分 5~8分 9~12分	1. 立意深刻 2. 选材突出	1~2分
条　理	叙述顺序或段落划分明显不当	每处2分 最多4分	结构突出	1~2分

（续表）

<table>
<tr><th>项　目</th><th colspan="2">减 分 标 准</th><th>减分幅度</th><th>加分标准</th><th>加分幅度</th></tr>
<tr><td rowspan="2">语　句</td><td>病句</td><td>1. 明显不符合平日语言习惯的
2. 明显不符合常见事理的
3. 不能正确断句或严重重复的</td><td>每处病句减1分，最多减6分</td><td rowspan="2">全文语言精炼生动</td><td rowspan="2">1～2分</td></tr>
<tr><td>加扣</td><td>除病句外，全篇语言表达能力不强的</td><td>加扣1～3分</td></tr>
<tr><td>书　写</td><td colspan="2">1. 错别字{(1)明显错别字 (2)严重不规范字
2. 标点、全文有多处严重错误
3. 卷面严重涂抹或不合书写格式</td><td>满2个减0.5分
最多减5分
减1～3分

减1～3分</td><td>写字有功底突出好</td><td>1～2分</td></tr>
<tr><td>备　注</td><td colspan="2">1. 首先看减分，以减分为主
2. 首先从低档减起</td><td>以上各项累计分一般不超过20分</td><td>1. 后看加分，以加分为辅
2. 加分必须从全文看
3. 加分必须是突出好</td><td>以下各项累计加分最多到满分为止</td></tr>
</table>

这项新办法包含三个特点。

（1）统观全文，分项分档。此评阅办法在统观全文基础上，变整体评为分项评。根据教学大纲对高年级学生的作文要求，分为观察（看图作文才有此项）、中心内容、条理、语句、书写五项分别核定。观察、中心内容两项中又分设三个档次，每档次确定评分幅度；语句、书写中也分别列出评分小项。评阅老师须定项定档定分。

（2）减分为主，加减结合。此办法变以往的给分制为减分为主制。看文先要确认何项中属于何档的问题，才行减分，使文病程度与扣分幅度相应挂钩；减分后，再看文章是否有突出好的地方，据项加分；最后累计加减分，合出总分。

（3）标出符号，填报登分。评阅过程中，凡需要减分、加分之处，要按以下统一分项批阅符号划出（表4－5），以示标记，既利于复核，又便于学生自阅。最后逐项填写登分表（表4－6）。

表4－5　作文批阅符号表

项　目	减　分		加　分	
	符号	位置	符号	位置
观　察	?	文外划	√	文外划
中　心	⊙	文外划	☆	文外划
内　容	▭	文外划	△	文外划
条　理	～	文内划	||	文内划
语　句	——	文内划	OOOOO	文内划
书　写	○	文内划	～～～	文外划

表4－6　作文批阅登分表（百分为满分）

项目／类别	观察	中心内容	条理	语　句		书　写			总减加分	实得分
				病句	加扣	字	标点	卷面		
减分										
加分										

评阅至此完成。

总括起来，批阅按三步进行：①读内容，观全文；②定减加，划符号；③登表格，算分数。

作文评阅新办法经过平日试行，特别经过崇文区小学毕业考试作文阅卷的实践，初步证明是可行的，也初步显露出以下效果。

1. 增强了评文的科学性

（1）加减分项目的确定是以大纲要求为基准，使得大纲要求与学生作文紧紧挂钩，达到依纲评文。

（2）由于分项分档，评分标准较细，极力克服以往标准的过于笼统，以及阅文中的盲目性。这样便于教师掌握，使误差大大降低。

（3）以减分为主的办法等于分数在学生手中，有问题才能减，即减分必须有根据，较有效地避免了那种分数在阅文者手里，想给多少就给多少的随心所欲的弊病。从“给分”变为“减分”，降低了评阅的主观成分，趋于客观。

（4）学生的作文既然称为习作，就不可能面面俱佳，常常是此处有大毛病，但别处又有可取之点，甚至某个片断写得精彩。采取整体给分就会使小优点掩盖于大缺点之中。而新办法则有病就减，病重多减，病轻少减，无病不减，佳处还要加分，这比较符合学生习作的客观实际，有益于评分科学化。

2. 促进了作文能力的提高

作文评阅给分说到底不过是提高学生作文能力的一个手段。作文评分作为一种信息，既传递给教师，又传递给学生。对教师来讲，它是检查自己教学效果的一种内反馈；对学生来讲，则是促使学生自我调节的外反馈。旧评阅办法，一篇作文只给一个分，学生看后只知其然，不知其所以然。即使有评语，也是概念化的几句，不痛不痒，学生仍旧对不上号，茫茫然，只得听天由命了。教师的信息输出，到学生脑中只是个弱信号，形不成学生的自我调节，变成了这次作文的终止信号。新办法则不然，鉴于评阅后出现在学生作文上的既有总分，也有分项的加减分，还有标明减分性质的批阅符号，组成了向学生输出的强大信息流，因此激起了一系列的心理效应。

（1）求懂。判后的作文发下来，学生看到登分表上分项分数，再到文中找到教师的批阅符号，便于学生一番思索，去追根求源，悟出作文的优缺点所在。教师的心血化为了学生难得的思维，即使后进学生也能看明白。有些孩子更有心计，在自己作文本后，将每次作语文的分项减分情况都做登记，纵向分析，发现了自己作文的主要矛盾。以上这些求懂心理的形成均是由于评阅办法将大纲要求——文质情况——批阅符号——分数，四位一体，为学生自检、自控提供了方便。

（2）求改。批阅中教师只划符号，不作改动，留有余地，把修改的权力下放给学生。符号、分数已表明应修改什么，从哪里修改，这实际上成了由作文到改文的催化剂。学生自然会努力把问题消灭在改文之中，必然训练了学生的改文能力。

(3) 求好。评阅中有了分项加分，很多学生心理状态起了变化，由只“求对”进而要“求好”，习作目标提高了。不仅促进了他们改好文的积极性，更激发了以后写佳文的自觉性。评阅不再是学生一次作文的终点站，而成了加油站。

反馈图示：

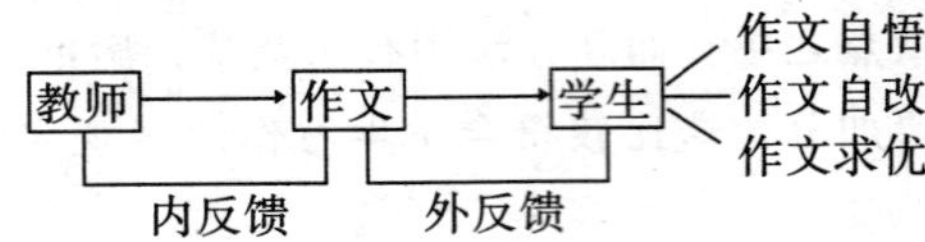

(4) 提高了教师批改的效用。这种评阅办法，考试时可以用，平日作文也可以用，所以它也是教师批改的一项改革，乃是师批生改的一种形式。它打破了以住“教师精批细改，一个总分一段总评”徒劳无功的老格局，换为“二不一划”（不写评语、不做改动、只划符号），“两结合”（总分与分项相结合、减分与加分相结合）的新方式。处处引而不发，以培养学生自能为目标，带动了学生改文实践，提高了批改的实效。

五、作文分项修改技法大全

（一）修改“中心不明确”

作文时有这样一句话常在你们耳边萦绕，那就是“中心要明确”。是的，这是一句非常重要的话。假如你写一件事，总要说明一个道理，假如你写一个人，总要洞察出他的闪光点；假如你记一次活动，必会有自己的点滴感想；假如你描绘一处景物，也总要抓住它与众不同的特点……以上所说的道理、闪光点、感想、特点就是这些文章的中心。

中心是文章的灵魂，文章的一切都要因它而存在，为它而服务。叶圣陶先生曾有这样一个生动的比喻：“圆球这东西最是美满、浑凝调合，周遍一致，恰是一篇独立的、有生命的文字的象征。圆球有一个中心，各部分都向中心环拱着。而各部分又必密合无间，不容更动，方得成为圆球。一篇文字的各部分也应环拱于中心，为着中心而存在。”这也正是你写文章的目的，别人读了你的文章，也能领会你的意图，从中受到启发、感染，这样才算做到了“中心明确”。

既然中心对文章来讲这么重要，要做到“中心明确”，甚至“中心突出”就绝非轻而易举，何况同学们正处于学习写作的阶段呢？因此，在习作过程中不可避免地存在各种各样“中心不明确”的毛病，这既不必大惊小怪，又必须重视修改它，归纳起来，此类毛病有以下几种。

（1）无中心

请先看某同学写的一篇文章：

有意义的一天

星期天清晨，天刚亮我就起床了，刷了牙，洗了脸，我就帮妈妈劈木柴、生炉子。

吃过早饭，妈妈让我陪客人玩。本来我不想去，但一想，表哥从很远的地方来，路又不熟悉，妈妈要上班，还是应该我去。于是我和表哥在动物园玩了半天。

下午，我复习功课，先抄生字、背书，后做数学题。有一道题真难做，我想了半天，终于攻破了这道难关，一直到妈妈叫我吃晚饭才完成。

晚上，妈妈陪表哥看电影。这部电影我看过了，就在家和邻居强强下了两盘棋，后来又在灯下写下了一则日记。

这个星期天我过得真有意义。

这位同学写了一个星期天的生活，虽然符合题意，但只是罗列了事实，早上整理内务，上午陪表哥玩，下午复习功课，晚上下棋写日记。全文像本流水账，仅仅叙述了过程，到底文章要说明什么道理，究竟意义在何处，丝毫看不出。这样的文章就是无中心。

（2）多中心

有些同学也想通过内容的记叙表现中心，只是由于内容多而散，要说明的问题又不止一个，造成了多中心的现象。仍以《有意义的一天》文题为例，有位同学写了他和全校师生一起游览香山的经过，文章的结构提纲是这样的：

叙述的内容	表现的中心
①段：总述全校师生满怀喜悦到香山游览。	扣中心，有意义。
②段：“我”在路上见到的繁荣景象。	歌颂粉碎“四人帮”后的大好形势。
③段：“我”克服困难，终于登上了顶峰。	说明要继承老红军的光荣传统。决不辜负祖国的期望，要努力学习。
④段：在山顶见到高大的电视塔，遥想祖国美好未来。	为我国古代劳动人民的智慧而自豪。
⑤段：下山后参观了碧云寺。	

纵观这篇习作的提纲，以路上——上山——山顶——下山为序，游览线索清楚。若从表现中心角度分析，每一段说明了一个道理，几段表现的中心又各不相同，既歌颂今日的大好形势，又称赞古代人民的创造，既要继承先辈的传统，又要立志创建祖国未来，之间互不衔接，太多了！造成了多中心。若读了写出的文章仍会感到不知所云。既然叫“中心”，就应集中，多中心实际上是无中心的另一表现形式而已，多中心也就无中心可言了。

（3）离中心

同学们现在的习作往往是根据教材或老师的命题去作文，甚至要依照文题规定的中心去作文。这里就有个是否符合文题要求中心的问题，因此，作文会出现文不对题，文不对中心的现象，起个病名，叫做“离中心”，即文章中心脱离了题目要求的中心。比如作文题是《记一个助人为乐的人》，写的文章却表现了主人公刻苦学习，文题要求《自己的事情自己做》，文章却详写妈妈怎样帮助自己洗衣服，将说明要自立的文章写成了要帮助的文章，猴吃麻花——满拧。

（4）浅中心

作文是思想认识水平与文字表达的综合体现。鉴于某些同学认识事物的能力不强，以致文章虽有中心，但比较浅薄。比如北京市曾举行了一次作文比赛，竞赛题是补题作文《我爱北京的×××》，其中许多同学选择了《我爱北京的小吃》做应试素材。尽管选材相同，但立意同中见异，有的详述了小吃的色、香、味，充其量说明北京小吃有特殊风味，很好吃；有的则从多年销声匿迹的小吃又在首都出现，歌颂党的三中全会路线带来的巨大变化，一滴水透视了太阳的光辉；还有的记叙了他到北京各处买来几十种久居台湾的爷爷爱吃的风味小吃，摆了一桌小吃筵席，全家为爷爷祝寿，字里行间寄托着对爷爷的怀念之情，首都小吃俨然成了连接海峡两岸人民的纽带，立意之深使读者赞叹不已。赞叹之余比一比，那种为写小吃而写小吃的皮毛描写，在立意上就相形见绌了，属于“浅中心”的问题了。尽管浅中心的作文不能算错误，但也应排在修改之例。这是因为修改作文不仅有由错改对的情况，也有由对改好的情况。

（5）不突出

还有一种常见的毛病是中心不够突出。看下面一篇作文：

自己的事情自己做

我虽然受到爸爸妈妈的宠爱，但我总是喜欢自己的事情自己做。

我家有一个不大的小院，在我的提议下种了豆角，我和爸爸妈妈说好，这些豆角全由我管。

种子撒下去了，种子钻出来了，叶子长出来了。我找来绳子做支架。在精心的培植下，豆角的长势非常好，叶子茂盛，就像一个大凉棚。

这天，我发现豆角的茎叶背面爬着许多小虫，我捉了几只一看，是绿色的，有六只脚，身上有浅毛。我问爸爸，爸爸在放大镜下看了看：“这是蚜虫，专吃蔬菜，得赶快消灭它。来，我帮你除虫。”我马上拦住了爸爸。从书架上找出一本关于农业除害虫的书，从书中我知道了蚜虫的天敌是瓢虫，我高兴极了。于是便到处找瓢虫，好不容易捉了两只，放养在院中。几天后，我又去察看豆角茎叶，蚜虫全不见了，这都是瓢虫的功劳。

这天，我请爸爸来参观小菜园。望着满架的紫豆角，爸爸不住地点头称赞。

这篇习作有中心，那就是表现小作者自己的事情要自己做，也能自己做。但是有几处关键地方，像“我”是怎样提议自己开菜园种豆角呢？爸爸要帮忙，“我”拦住时怎么说的？“我”独自查找除害虫书前是怎么想的？结尾爸爸称赞什么？均是突出中心的关键处，文章均没有着力写，以致中心不突出。

内容与中心是紧密联系的。中心上的不足必然涉及到内容上的不足，这里是从中心角度谈修改。

以上的五种常见问题，归纳起来不外乎两种原因。离中心、无中心、多中心、浅中心均是在写作之前对整个写作材料构思上的欠缺所造成的，当然也会体现在表达上：而中心不突出一般是局部上的问题，集中在表达上的不足。找到出毛病的原因，也就等于找到了怎样修改的钥匙。下面让我们手握钥匙去打开怎样修改“中心不明确”的大门吧。

1. 对材料的再思考

（1）修改“离中心”，就要重新选材料

由于脱离中心是写作材料脱离了文题对中心的要求，离心虽显现于文中，实际上选材不当。因此修改此类问题，应重新审文题，搞清题目对中心的要求，而后重新选择与文题中心相符的写作材料。材料选恰当了，离中心毛病也就迎刃而解了。

（2）修改“多中心”，就要对原材料加以删、留

“多中心”的造成与“离中心”不同，不是所有材料都不合适，而是材料要表现的中心太多。文章只能有一个中心，所以修改时，只要对原材料加以分析，保留体现一个中心的材料（感受最深、最有意义的）就行了，至于表现其他中心的材料就暂且割爱吧，多则惑，少则得嘛！经过筛选，材料由多而杂变成少而精，文章的中心也就集中了。比如，上面提到的那位同学写游香山的文章，转换了四个游览点，就表现了四个中心，多了，应对几部分材料再次审核，看看哪些材料最值得写，倘若游香山脚下古建筑——碧云寺印象颇深，那好，干脆把其他几个材料统统删除，集中力量充实观赏碧云寺的所见所闻所感，集中力量表现古寺所浸透的祖国古代劳动人民的无穷智慧，这样中心也就明确了。

（3）修改“无中心”，就要确定材料所表现的中心

所谓“无中心”，即文章就事论事，只写怎么样，未写为什么这样写，如同失去灵魂的一堆骨肉。修改这类毛病的关键，一般情况下要对原材料进行再思考，透过现象抓住实质，想一想写这些内容到底要说明什么问题，从而确定这篇文章的中心。在此基础上再依据确定的中心思考材料，凡与中心紧密相关的均要保留，甚至要扩展，凡与中心无关的材料都删去，在这点上与修改“多中心”问题方法基本相同。

（4）修改“浅中心”，就要对原材料深入认识

这种毛病的症结是虽有中心，但对所描述的事物均认识较为表面。作文本身是作者对客观事物认识的表达，表达不深刻必然归结于认识的肤浅。叶圣陶先生曾说过：“修改文章不是什么雕虫小技，其实就是修改思想，要它想得更正确，更完美。”所以，“浅中心”一类文章的修改，着力点应是作者对所描写事物的认识提高，认识提高了，表达自然会跃于纸面了。例如，有位学生在观察螳螂吃蝗虫的情景后，兴致勃勃地写出了《螳螂》一文。其中重点段是这样写的：

第二天，邻居小冬拿来一只蝗虫，想看螳螂吃不吃。于是，我把蝗虫放在桌子上，蝗虫一蹦，正好跳到了螳螂的面前，说时迟那时快，螳螂前爪用力一抓，紧紧钩住蝗虫的身体，蝗虫努力挣扎，可是怎么也逃脱不了螳螂的铁爪。只见螳螂先咬它的翅膀，咔嚓咔嚓几下子翅膀就掉了，接着，转过头来，紧咬住蝗虫的脖子，不一会儿，脖子上就出现了一道深沟，蝗虫渐渐失去了抵抗力，奄奄一息了。螳螂松开爪子，昂起头，迈开大步，好像一个凯旋的将军。

这篇作文写得虽然逼真生动，但充其量中心仅仅表现了螳螂吃蝗虫的有趣与有力，表达了小作者喜爱之情。应该说，存在着“浅中心”的问题，有必要进一步挖掘对螳螂的认识。当时，这位孩子的父亲阅读了这篇观察习作，发现了认识有待提高的问题，于是做了如下启发：

父：你知道，蝗虫好不好？

子：它是害虫，专吃庄稼。

父：那么，能吃掉害虫的螳螂又是什么昆虫呢？

子：当然是益虫了，是捉害虫能手。

父：对！既然是益虫，那你应怎样对待它呢？

子：应该放了它。(在父亲启发下，孩子将螳螂放飞了。)

父：孩子，你的作文又应怎样修改呢?

子：把刚才这些内容加进去。

就这样，孩子把自己的新知识、新行动补在原作的结尾：

……我禁不住高兴起来，为它吃掉一只害虫而祝贺。转念一想：既然螳螂是消灭害虫的能手，我就应该放了它。于是……

经此一改，立意由螳螂吃蝗虫有趣升华为喜爱益虫、保护益虫，浅中心一跃成为较深刻的中心。此例充分说明，修改文章就是在修改自己的认识。

2. 对内容及语言的再推敲

解决中心不突出的问题，一般不是整体写作材料的重新筛选，而是局部内容及语言的充实与推敲。常见的修改方法有两种：

（1）充实关键内容

中心是靠内容表现的，文章突出中心的关键内容举足轻重，决定着中心是否明确、突出。一般讲，重点段、重点层、重点情节是关键处，也是修改点。中心不突出，就是这三个重点内容不完美。抓住了这些地方，等于抓住了修改的主要矛盾。比如，有一篇《记一个助人为乐的人》的习作，描写了一位身患疾病的老奶奶，坚持为全单元楼清扫楼道，表现了她助人为乐的好品质。其中原重点段是这样写的：

昨天，突然沈奶奶高血压病发作了，大家都很着急，今天一大早，我就和妈妈拿着扫帚要扫楼道。七点了，沈奶奶又走出来了，要坚持扫楼道。我感动极了!

划______处是重点段中的重点层，是集中体现文章中心的关键处，但原文写得不具体，沈奶奶怎样走出来的，怎样要坚持扫，“我”又怎样感动呢？都没有写，因而中心不突出。这位同学抓住了这个关键处，充实了内容，写出修改稿。

昨天，突然听说沈奶奶病又发作了，大家都很着急。今天一大早，我就和妈妈拿着扫帚开始扫楼道。大钟敲了七下，随着“吱吅”一声响，七号门开了，一把大扫帚探出头来，紧接着，面色苍白的沈奶奶从屋里艰难地走出来。我用惊异的目光望着她，“病成这样，您怎么还来扫？有我们呢!”老奶奶装作有精神的样子说:“我能扫。你们还得上班、上学呢!”看到这情景,我急忙跑上前,搀扶住老奶奶,夺下了大扫帚。

修改后的重点段,充实了老奶奶的神态、动态、语言,老人带病清扫的决心与恒心跃然纸上,中心也就突出了。

(2)点明中心思想

这也是修改中心不突出的一种办法。只需在原文适当地方加上自己的感受,直接抒发你的思想感情,点明中心,就能起到画龙点睛的作用。例如,有一篇习作《我爱北京的豆汁》文章写的是北京的风味小吃——豆汁买卖在首都街头的不断兴旺,从全城仅一家豆汁店到两年前的多处开业,而今个体户走街串巷叫卖豆汁,歌颂了党的三中全会路线带来的巨大变化,抒发了小作者爱北京、爱祖国、爱社会主义的真情。但初稿结尾处未点中心,以致美中不足,中心突出不够。修改后,增加了一个结尾段:

我喜欢北京著名的风味小吃——豆汁儿,我更喜欢变化的北京,变化的祖国。

甭看结尾仅增添了一句话,分量却很重,直接点出了小作者爱的是什么,不仅是风味豆汁,更是爱北京,变化的祖国。真是好钢使在了刀刃上,在中心的铜锣上敲了一个重音。

最后,还有一点要注意,对于离中心、多中心、无中心、浅中心的缺点,虽然重点要对材料做再思考,但语言的推敲也必不可少。上面的方法也是适用的。只是修改的侧重点不同罢了。总之,只有做到认识与表达的结合,内容与形式的统一,才能收事半功倍之效。

(二)修改条理不清楚

“条理清楚”是写作文时必须达到的起码要求。那为什么要做到条理清楚呢?

首先,文章是一个完整的整体,整体是由各个部分组成,它们之间绝非胡乱拼凑,而是按一定顺序有机结合在一起的。按照合理的顺序一段段、一层层地写下来,就做到了言之有序,段落分明,才能更好地表现中心。“条理清楚”才符合作文本身的组成规律。违背了这一规律,就不成为文章了。俗话说“杂乱无章”就是这个意思。

其次,写出来的文章是给人看的。如果写时不按一定顺序一步步地写,东写一点，西写一点，写出的文章就不易搞清楚讲的是什么，别人读了它，也会丈二的和尚——摸不着头脑，甚至会产生歧义。这里是从一名小学生作文本上抄下的一个病句："我们少数希望不再打打闹闹的同学。"乍看这是半句话，希望不再打打闹闹的同学怎样呢？没有写。经询问这个同学才知道，他是想写"我们希望少数同学不再打打闹闹。"这才恍然大悟。正由于原句的语序安排颠三倒四，造成半句话，不知所云。还是这些字，一旦把它们按正确顺序连接起来，不就是清楚明白的一句话吗？可见，言之有序多么重要。

条理清楚应体现在文章什么地方呢？一般要从两方面去看。从文章表面看，段落划分是条理层次的外在形式，段落划分恰当，正说明条理比较清楚，若从文章线索看，文章顺序，作者思路是条理层次的内在表现，顺序合理、思路正确，也正说明条理是清晰的。条理的外在形式与内在表现是相互联系的，段落划分蕴含着线索，线索则要通过段落去体现。

同学们习作中在条理上出现的毛病也不外乎上面的这两方面。若谈修改，也从这两方面谈起。

1. 段落划分的问题

(1) 一段到底

文章是由段落组成的，为了体现写作思路，区别意思不同，就要靠分段来实现。有些同学不明白这个道理，写文章不知分段，从头到尾就是一大段。这决不是什么形式问题，该分段处未分开，正说明你写作条理不十分清楚。

(2) 分段过碎

有些同学正好相反，一两句话就分一段，文章分段过碎。作文不分段不行，分段过碎也不对，段落过多，也同样看不清写作的条理，与不分段殊途同归。犯这类毛病的同学不了解，一篇文章分几段取决于内容的不同，决非句意不向，不能一句话就分一段。一般情况下，不同时间的事，不同阶段的事，不同地点或不同方面的内容，才能段落分开。

(3) 分段不当

抛开其他问题不谈，仅从全文线索看，叙述顺序混乱。纵观是这样的顺序：两人上路→假期常劳动→到鱼池看鱼→在地里拔草→到鱼池送草→

高兴回家。这里有两处明显毛病。一处是到鱼池看鱼与去鱼池送草本是同一时间的事，文章却分为两截，没有按事情发展前后顺序叙述；二处是暑假经常参加劳动的交代，应按照先概括写后举拔草一事说明的合理思路，但文章把概述部分插在了拔草这件事的中间，显得思路混乱。

2. 局部线索混乱

整体线索混乱是指段间的条理问题，而局部的线索混乱则指段内的条理不清。例如，有位同学观察小白鸽后写了下面一段日记：

今天，老师带来了一只美丽的小白鸽，它浑身羽毛像雪一样白。它肚子上羽毛蓬松柔软，像弹过的棉絮。翅膀和尾巴上长着又长又硬的翎毛，能像折扇一样张开。它背上羽毛厚厚实实、层层叠叠。头上的羽毛又密又短，摸一摸，滑溜溜的。太美了！

日记的作者观察细致入微，描写得具体形象，只是局部线索混乱。在具体分部位描绘小白鸽羽毛时，他是以肚→翅、尾→背→头的顺序写的，忽而写肚毛，忽而又写尾毛；刚刚写完背毛，一下子又跳到头上，似乎没有一个观察和叙述的顺序，给人以杂乱之感。假如按着头→背→肚→翅、尾的顺序写羽毛，岂不清晰明白吗？

鉴于以上毛病的性质及类型，应采取怎样正确的修改对策呢？

条理问题既可能是整体问题，又可能是局部问题；既可能表现为思路问题，也可能表现为段落划分问题。因此，必须有个发现及修改问题的通盘考虑，按合理修改程序进行。通常应这样做：第一步，先对原文做整体思考，想一想全文思路上有无问题，如有，则要重新理清叙述顺序，修改原思路。第二步，再依照修改后的新思路，看一看它与段落划分上有无矛盾之处，由内线查外表，如有，则应重新分段。第三步，由整体深入到局部，理一理每段中的条理有无问题，如有，调整好就是了。以上三步不能颠倒，否则，先看局部后看整体，先形式后线索，本末倒置，会使修改走冤枉路。

有了正确的修改步骤，还应学会具体的修改方法。综合上面所提出的几种条理不清的毛病，可采取以下几种方法：

（1）“排”法

对于整体线索不清的问题，宜用“排法”修改，即对原文的各部分内容重新排队，理出一个恰当的顺序，重新组材，而后按照新排好的先后顺序叙述。请看下面一篇作文：

老师的手

我们的班主任徐老师有一双普通的手，但在我们的眼里，那却是一双神奇的手。这双手给了我们温暖，给了我们知识，也给了我们许多欢乐。

班上有个张桂珍同学，由于下肢瘫痪，走路不便，课间总坐在位子上。每到这时，徐老师就会走过去，用手轻轻抚摸她的头，小声问："累不累？喝不喝水？"有时扶着她上厕所。

徐老师教我们语文，她每天都用那双灵巧的手拿着粉笔，在黑板上认真地、一笔一画地写着，我们不由得在笔记本上模仿起她的字迹来。

一天，上大字课，同学们都跑向大字教室，我看到徐老师微笑着走到张桂珍身边，用手轻轻架起她的胳膊，扶她往外走去，张桂珍紧紧靠在老师那温暖的手臂里，眼睛里闪烁着幸福的光彩。

去年冬天，学校要举行跳绳比赛，徐老师手拿着跑表给我们计时、数数。北风呼呼，老师的手冻红了，可仍不戴手套。有个同学在飞转的大绳前犹豫不决，总不敢起跳。徐老师说："我来"，只见她一只手均匀地摇着绳，另一只手轻轻地在那个同学背上一推。借着老师的劲儿，他冲了上去，跳过去了！比赛中，我们班取得了好成绩。

有时徐老师手拿教鞭，指着黑板上的教学挂图，绘声绘色地讲解课文。讲到高兴时，还做些手势。我们听得入了神，被老师领进了无边的知识海洋，在里面遨游。

我们的老师，用那双神奇的手精心培育着祖国的花朵，雕琢着我们的幼小心灵。

这篇习作以老师的手为主线贯穿全篇，选材角度新颖。剖析一下，全文除去头尾段外，重点写了五部分内容，它们的顺序安排就值得推敲了。(见下面分析表)

主要内容	分　析
①徐老师用手扶下肢瘫痪的张桂珍上厕所。	温暖的手　关心生活
②徐老师用手写下了秀美板书。	智慧的手　启发学习
③徐老师用手架着张桂珍去大字教室。	温暖的手　关心生活
④跳绳比赛中，徐老师用手一推，鼓励学生顺利跳过。	鼓励的手　培养意志
⑤徐老师手执教鞭做手势，领学生走进知识海洋。	智慧的手　启发学习

从表中可见，尽管这五部分内容间属并列关系，但顺序编排不当。为什么同是写徐老师关心下肢瘫痪学生张桂珍的两件事，却要插开叙述？为什么同是写徐老师以智慧之手进行教学，而要分开写呢？另外，全文共记叙了徐老师的手的三个特点，关心生活，启发学习，培养意志。这三方面先后顺序也安排不当，一会儿谈生活，一会儿谈学习，中间又插写了一段意志培养。所以，整体条理不清是本文的主要缺点。修改它就要使用“排”法，将五部分内容再思考，理出正确线索，依线索将材料重新排队，修改方案有两种：

1. 关心生活，温暖之手（原①③）——→启发学习，智慧之手（原②⑤）——→培养意志，鼓励之手（原④）。

2. 培养意志，鼓励之手（原④）——→启发学习，智慧之手（原②⑤）——→关心生活，温暖之手（原①③）。

如此重排，写作线索并列之中显递进，比比原稿，条理不就清楚了吗？

(2)“分”法

分段划分不当也属于条理不清。对此就需运用“分”法，重新划分段落。当然，采用此法须有两个前提：一是确定分段的合理线索，依线索划分才能避免盲目性。二是以确定的分段线索与原稿段落对照，找准何处划分不当。在这样基础上重新分段才行。比如，有一篇考场习作《自己的事情自己做》，写的是考生学着自己洗衣服的经过。开始由于不会洗，用搓板搓半天，袖子上的油泥点怎么也洗不掉，后来怎样呢？他写下了下面两段：

用搓板不行，用手揉可以吗？可揉了半天也不成，这可怎么办呢？叫妈妈帮我洗吧，我刚要张嘴，老师的话在耳边响起："你们已经是六年级的学生了，要学会自己的事情自己做。"我想：这点困难，就打退堂鼓，我不能这样做。

我又想：用什么办法才行呢？忽然眼睛一亮，用刷子在袖子上刷。这个办法真灵，油泥点乖乖地溜走了。过了一会儿，妈妈过来一看，夸奖我自己能洗衣服了。我望着自己洗得很干净的衣服，心里乐开了花。

统观全文，既然是以事情发展为序前后承接，那么段落划分就应显示出事情的不同阶段。仅以最后这两段分析，第一段主要是心理活动描写，由搓板换成手揉不行，小作者想起了老师的教诲，才打消了打退堂鼓的念头。第二段的前半部仍然是紧接上边的心理活动及行动，用刷子刷，终于战胜了油泥点。这两部分内容理应是一个意思，都是想办法把衣服洗干净，不应该中间截为两段。再看第二段的后半部分，是写得到妈妈的夸奖、自己的高兴心情，是事情的结果。这部分内容与前半部分事情的经过，不属于一个阶段，理应分段写，原文却合为一处。该分段处不分，不该分段处又分开了，原文明显划分不当、条理不清。毛病找准了，修改也就容易了。把原第一段与第二段前半部合成一段，剩下部分做结尾段，新的两段分别体现出事情的经过与结果。条理就清晰了。

(3)"调"法

修改段落内思路混乱的问题，就可以用调整段内的叙述顺序解决。用"调"法也应具备确定局部正确线索，找准顺序不当处这两个前提。举一例说明：

刚入学时，老师用手领着我们参观校园。演节目时，老师用手为我们化妆打扮。我们做错事时，老师拿来队章，使我们擦亮眼睛，明辨是非。春游时，老师用手指点着远山近水，教育我们热爱祖国。学写字时，老师把着手一笔一画地教。我们的老师用那双神奇的手精心培育着祖国的花朵。

全段共六句话，按先分述后总结的逻辑关系承接，无可挑剔。但分述部分的五句话的叙述顺序值得研究。我们也试着列列提纲，分析一下便知了。

一句：参观校园	（课外）（刚入学时）
二句：化妆演出	（课外）

三句：纠正错误	（课外）
四句：带领春游	（校外）
五句：教学写字	（课内）（入学后）

这五个分述句从教师教育学生的范围看，不外乎课内、课外、校外三方面。但原稿安排却较混乱。若以先课内再课外后校外为线索，范围逐步扩展，就可以更生动地反映出教师这双神奇之手时时、处处都在培育着祖国的花朵。句序做调整，新叙述顺序应是：原①句——→原⑤句——→原②句——→原③句——→原④句。同样五个小层次，衔接有秩序了，就犹如钢筋混凝土一般，凝结为有机有力的小整体，更突出了小作者的写作意图。

总之，文章的条理不清，实质上是思维上缺乏条理性。因此，修改条理不清的毛病，应努力在思维上理顺条理。

（三）修改详略不恰当

中国有句俗话："量体裁衣"。裁缝要按照人的体型裁剪衣服，才能缝制成合体的衣裳。哪处肥，哪处瘦，哪处长，哪处短要有个恰当的组合。倘若拿来衣料，不剪裁就缝，那是口袋一条。即使有尺寸的不同，但裁得不对，穿在身上，仍是不得体、不美观。做衣服是这样，写文章也是如此。通常我们说的组材，不仅要考虑先写什么，后写什么的结构顺序，还应思考哪处多写，哪处少写的问题。这就是文章详略的安排。假如写作文只确定中心，而没有安排详略，写出的文章就容易犯详略不当的毛病。

在谈怎样修改详略不当的作文前，先要懂得什么是详略不当的文章。不知道正确的样子，修改就失去了标尺。那么，要做到文章详略得当，必须搞清"什么"、"为什么"、"怎么样"三个问题。

一是什么地方要详写，什么地方要略写。确定的标准就是中心思想。不管是详写还是略写的内容，都是与中心思想有关，只是紧密程度不同而已。凡与中心关系密切的内容，就是重点，应详写；而与中心有关但不密切的内容，就是非重点，应略写；至于与中心无关，无用不该写的内容，那是选材范围的事了，不应算做安排详略的问题。

二是为什么文章必须详略得当呢？这是表现中心的需要。详写处最能突出中心，当然要具体详尽地写，略写处也能表现中心，所以也要简要地写，详与略是相比较而言的，详比略才称为详，略比详才看出略，一个突出中心，一个烘托中心，为了同一目标各负其责。文章有详有略，详略得当，才能主次分明，重点明显，中心突出。

以上两个问题是要在修改前就应掌握的。而怎样详写和略写这第三个问题，既是作文时要注意的，也是修改作文中要加以运用的。这个问题将结合下面的修改实例来详述。

同学们的作文，常犯的详略不当的毛病有两种：一种是该详写的略写，另一种是该略写的却详写，我们分别来谈。

1. 该详的不详——需要改略为详。

为了说明问题，请看下面一篇详略不当的文章。

记节日中的一件事

——团圆饭

盼望已久的新年终于来到了。晚上，我和爸爸妈妈来到爷爷家一起吃团圆饭。这可把我乐坏了，也把奶奶给忙坏了。一会儿炒，一会儿煎，一会儿蒸。我盼着赶快开饭，不一会儿，丰盛的饭菜熟了，我把碗筷和椅子摆好，准备就绪。

叔叔、婶婶、姑姑也都来了。爸爸妈妈把奶奶搀到座位上，只缺爷爷一人，由于爷爷的眼睛看不见，常独自吃饭。妈妈启发我，我把爷爷硬是扶到餐桌旁坐下，一家人团圆坐了一圈。

餐桌上摆着各种可口的饭菜。爷爷爱吃鱼，我就给他夹鱼块。爷爷大口吃着，脸上的皱纹都散开了，我见到老人吃得那么香，心里甜滋滋的。

饭后，我们坐在爷爷身旁说说笑笑，爷爷亲昵地抚摸着我的头，对爸爸笑着说："今天是新年，小川又长大了一岁，真懂事了。"我坐在一旁想：这顿团圆饭的确真团圆。

这篇习作，从审题角度衡量，全家聚餐，很有节日的风彩，十分切合"记节日中的一件事"的题意。从立意选材角度衡量，着眼于请盲爷爷入席的情节，透过丰盛的欢筵展现了敬老的深刻主题，也无可挑剔。但通读全文，给人中心不够突出的感觉，原因何在呢？原来是组材上安排详略不当造成的。全文共四段，一段写吃团圆饭前的准备，二段是盲爷爷入席，全家围坐一圈，三段写全家吃团圆饭，四段写饭后的感受。四段虽然都与吃团圆饭有关，但从表现敬老的中心看，份量却不应该一样。二、三段描写全家团圆坐、吃团圆饭最能突出中心，应是重点详写段，一、四段分别是饭前准备、饭后感受，虽能烘托中心，但相比之下应是次要内容，应略写。看来，文章应按两头小中间大安排详略，即详写的二、三段。比如"大人怎样启发我"，"我又怎样扶爷爷到餐桌旁"，"我是怎样给爷爷夹鱼"……均是集中表现敬老的情节，需要详尽地描述。后来，小作者经过老师的启发和认真思索，抓住了修改的主攻方向——将略写的二、三段改为详写，完成了下面的第二稿。

记节日中的一件事

——团圆饭

盼望已久的新年终于来到了。晚上，我和爸爸妈妈来到爷爷家一起吃团圆饭。这可把我乐坏了，也把奶奶给忙坏了，一会儿炒，一会儿煎，一会儿蒸。我盼着赶快开饭。不一会儿，丰盛的饭菜熟了，我把碗筷和椅子摆好，准备就绪。

叔叔、婶婶、姑姑也都来了。爸爸妈妈把奶奶搀到座位上，一家人围坐一起，唯独爷爷不在，原来是爷爷的眼睛看不见东西，常常是独自吃饭。我刚要吃，妈妈对我说："小川，今天是新年吃团圆饭，你去请爷爷和我们一起吃。"我觉得妈妈说得对，便跑到爷爷床前，大声说"爷爷，请您和我们一起吃团圆饭！"爷爷摇摇头："小川，我的眼睛瞎了，还是自己慢慢在这吃吧。"我着急了："没关系，您看不见，有我呢，我给您夹菜。"这时爸爸、妈妈、叔叔、婶婶、姑姑也都走过来劝。我不管三七二十一，硬是把爷爷扶到餐桌旁坐下，一家人团团圆圆坐了一圈。

餐桌上摆着香脆可口的菜，有黄澄澄的摊鸡蛋，有叔叔拿手的凉菜拼盘，姑姑做的炸子鸡。我一眼看见奶奶做的糖醋鱼，这是我最爱吃的。我想：我爱吃鱼，我是爷爷的孙子，爷爷也一定爱吃，平时吃鱼，爸爸妈妈也常亲自把鱼夹到爷爷碗里。我要做个好孙子！于是我给爷爷夹了一块，又怕鱼刺扎着爷爷，就把刺一根根仔细择出来。爷爷拿着雪白的馒头，吃着我夹给他的无刺鱼，大口大口地吃着。我一边吃还不时地问爷爷吃什么菜，就给爷爷夹。爸爸妈妈不住地向我点头微笑，姑姑也一个劲地冲我挑大拇指，就是那一盘盘菜也好像张开了笑脸。爷爷脸上的皱纹都散开了，见到老人吃得那么香，我心里甜滋滋的。

饭后，我们坐在爷爷身旁说说笑笑，爷爷亲昵地抚摸着我的头，对爸爸笑着说："今天是新年，小川又长大了一岁，真懂事了。"我坐在一旁想：这顿团圆饭的确真团圆。

经过这样修改，文章大有起色。在第二段中，对饭前合家围坐一起做了详尽的叙述，尤其是母子、祖孙的对话及动态描写，既有父母教育子女尊老，也有小作者的敬老，更有全家齐扶老，一事牵着几层意思，赋予"团圆饭"以更深刻的含义。第三段中，小作者把为爷爷择刺、夹鱼、夹菜的心理活动及行为进行了扩展，体现了由被动的家长教他敬老变为主动的敬老，思想境界步步升华，中心在这里闪闪发光。这几处略写改为详写，改得好，呈现了"凤头——猪肚——豹尾"的合理结构。

有的同学要说："这只是一篇文章的修改，换另一篇文章又怎么办呢?"非常想知道略写改详写的规律和一般的修改方法。那好，让我们共同将《团圆饭》的原文与改文加以比较，就会发现小作者的几种改详方法值得效仿。

（1）选准略改详的要点

医生看病，总要先诊断病处，才能对症下药。修改详略不当的文章也是一样，首要前提是根据中心确定文章哪些地方需要略写改详写。定准修改点，才会改到点子上。

（2）扩充关键描写

详写，就是对突出中心的关键处进行细致描写。如果是写物，就要对它做多方面的静态、动态描写；如果是写事，就要把事情的详细过程，尤其是关键情节写清楚；假若写人，那就应将人物的言行及心理，甚至外表做具体描绘，要给人以如闻其声、如见其人、身临其境之感。这篇习作是写事的，其中也表现了人物。小作者对一些关键处多问了几个"怎么样"，加以扩展描写。比如第二段中妈妈怎样启发——"我"怎样请爷爷——又怎样把爷爷搀到餐桌旁，均做了具体的回答，事情的过程也具体化了。另外，原文中“我”、“爸爸”、“妈妈”、“爷爷”几个主要人物的表现都是以第三人称转述的，改后的文章却大不一样，妈妈如何启发，“我”请爷爷时的言行，爷爷的谢绝，以及“我”与大人硬扶爷爷入座的情景，逐一直接由本人详细表述。第三段的修改也是如此。这样栩栩如生地展示出全家敬老的和谐实景，有力地表现了中心，详写的要求就达到了。

（3）增添具体内容

有时没做到详写是由于缺少一些必要内容，这就需要修改时增添内容给以充实。像第三段中提到的餐桌上到底有哪些可口饭菜，在一稿上没有写出，二稿上就一一点明了。特别是“我”给爷爷夹鱼是个极其重要的敬老细节，但夹的是什么鱼，读了改后文才知道是“糖醋鱼”，并通过回忆，增加了择刺、夹菜的情节，在中心上敲了一个重音。

（4）展开想象翅膀

详写不仅需要详细地描述当时当地的实际情况，而且需要凭借实景展开合理想象，可以回顾过去，也可以推想未来，还可以由此及彼横向展开，冲破时空界限。像上篇习作的第三段中，特意在“我”见奶奶做的糖醋鱼时，加入了作者的推想，对父母过去敬老行为的回想，触到了“我”心灵深处的闪光点，文章顿时增加了深度。可见想象的恰当运用是详写的一个法宝。

2. 该略的不略——需要改详为略

下面我们再谈另一种毛病——该略的不略的修改。也请同学们看一篇例文。

妈妈教育我后……

老师发语文试卷了，我拿到卷子一看，九十八分，只写了一个别字，将“食指”写成“十指”，差两分就一百分了！我一连看了几遍卷子上的分数，心里有说不出的喜悦。

兴冲冲回到家里，我把卷子在妈妈眼前一扬，得意地说：“妈妈，您看！”妈妈接过卷子看了看说：“好！不错！”我看着妈妈那高兴的神情，更加得意了。看着妈妈仔细端详卷子，心里像吃了蜜一样甜。

可是，一会儿妈妈的脸“晴转多云”了。我有些不明白：“妈妈怎么有点不高兴了？”“你仔细想过错误的原因吗？”妈妈指着卷子上扣分的地方说。我瞥了一眼，满不在乎地说：“我不就是把‘食指’写成‘十指’了吗？”“听你说得多轻松！照你这样写，手术时病人被切掉的就是十个手指啊！”我不由吃了一惊。妈妈接着严肃地说：“粗心要不得，要是大家都像你这样，会给工作带来什么后果呢？”

听了妈妈的话，我再也没有心思去欣赏那卷子上的分数了，不禁陷入了沉思……如果医生真的把病人的十指都切除了，那等于失去了双手。别人如也像我一样粗心，工人造错了零件，就会出废品；火车不按规定时间开车，就有撞车的危险，给国家带来巨大损失，这是多么可怕啊，我越想越觉得粗心大意决不是小事，下定决心改正这个缺点。

从那以后，上课我格外认真。老师教的每一个字的结构、每一笔的写法都记得一清二楚。我还特意做了一个备忘录，将易忘易混的字、词分类记在本上，并经常翻阅、补充。

时间如流水，一年一度的春节又到了，每当这时，老人总爱买些春联、“福”字庆祝一番，奶奶也不例外，三十的清早，就把早已买好的“福”字贴在大门上，我细细地欣赏着，只见这是一张正方形的红纸，四周画满了吉祥物，什么松鹤延年呀，年年有余，龙凤呈祥呀，真是巧夺天工！看着看着，我忽然觉得那正中斗大的“福”字有点不顺眼，定睛一看，怪不得呢，“福”字的“礻”写成“衤”，这个作者可真够粗心的了。

我连忙把这个发现告诉了妈妈，妈妈来到“现场”一看，果然写错了，顿时妈妈脸上露出了惊讶又喜悦的神情，高兴地对我说：“小凯细心了，大有进步！”听了妈妈的赞许，我忍不住笑了起来，笑得那么甜、那么响。

我立刻奔回屋，拿来小刀，郑重地抠掉了“福”字上多的那一点。

老师批阅了这篇习作，写下了这样的批语：“应该肯定的是，切合题意，中心明确，选材典型，内容具体，条理清楚，语句通顺。值得提出的不足就是详略不当，尤其是该略写的没有略写。”为什么呢？老师特地对小作者进行了面批。内容是这样的：从题目“妈妈教育我后”，“后”字就决定了妈妈教育之后的事应是重点详写处，而教育前、教育时的情景应为略写的内容。从本文中心看，要说明“我不能粗心要认真”这样的道理，受妈妈教育后改掉马虎毛病的行为也应该详写，而其他段落内容，虽与中心有关，应该写，但只能交代“我”原先怎么粗心，受教育的原因，充其量也只说明粗心为什么要不得，不能直接表现“我”怎样变得不粗心了，因此这些内容只需略写就行了。而这篇习作怎么写的呢？受教育前发试卷情景，对马虎造成的别字视而不见，妈妈中肯的批评，均写得过于详细了，相对冲淡了重点段，冲淡了中心。受教育后主动发现、改正春节“福”字的典型事件，写得十分具体、精彩，达到了详写的要求。这样看来，修改的重点是前三小段——改详写为略写。

面批后，小作者受到了启发，重新修改，把下面的第二稿再次交给了老师。

妈妈教育我后……

语文试卷发下来了，九十八分，只是把“食指”写成了别字“十指”，差两分就一百分了。我兴冲冲地回到家得意地给妈妈看。开始妈妈挺高兴，过了一会儿她的脸就“晴转多云”了，指着扣分的地方问错误的原因，我满不在乎。妈妈严肃地说：“听你说得多轻松，照你这样写，手术时病人被切掉的就是十个手指啊！粗心要不得，要是大家都像你这样，会给工作带来什么后果呢？”

听了妈妈的话，我再也没有心思去欣赏那卷子上的分数了，不禁陷入沉思……如果医生真的把病人的十指都切除了，那等于失去了双手。别人如也像我一样粗心，工人造错了零件，就会出废品；火车不按规定时间开车，就有撞车的危险，给国家带来巨大损失，这是多么可怕啊，我越想越觉得粗心大意决不是小事，下定决心改正这个缺点。

从那以后，上课我格外认真。老师教的每一个字的结构、每一笔的写法都记得一清二楚。我还特意做了一个备忘录，将易忘易混的字、词分类记在本上，并经常翻阅、补充。

时间如流水，一年一度的春节又到了，每当这时，老人总爱买些春联、“福”字庆祝一番，奶奶也不例外，三十的清早，就把早已买好的“福”字贴在大门上，我仔细地欣赏着，只见这是一张正方形的红纸，四周画满了吉祥物，什么松鹤延年呀，年年有余，龙凤呈祥呀，真是巧夺天工！我看着看着，忽然觉得那正中斗大的“福”有点不顺眼，定睛一看，怪不得呢，“福”的“礻”写成了“衤”这个作者可真够粗心的了。

我连忙把这个发现告诉了妈妈，妈妈来到“现场”一看，果然写错了，顿时妈妈脸上露出了惊讶又喜悦的神情，高兴地对我说：“小凯细心了，大有进步！”听了妈妈的赞许，我忍不住笑了起来，笑得是那么甜、那么响。

我立刻奔回屋，拿来小刀，郑重地抠掉了“福”字上多的那一点。

老师读了第二稿，十分满意。小作者是怎样修改的呢？将两次习作对照，就会发现，原文的前三小段妈妈教育前的情况被浓缩为一小段。其中原前二小段仅用了两句话一带而过，形成文章最略段，而原文第三小段只稍做删节，压缩为较略段，原文后面的几小段小作者未做变动，保留为详写段。这样一改，最略段起了交代作用，较略段发挥了烘托作用，详写段则起了突出中心作用。改后稿不仅有详有略，而且略写中也有不同层次，结构安排恰当，小作者受教育后的长足进步明显地占据了文章的主要地位，“不粗心要认真”的主题更加鲜明、集中了。

以上只说到了小作者改了什么，到底他用了哪些方法改详为略呢？

（1）删

小作者果断地删去了原文中一些不必要的细节描写。比如“我”看试卷后那“说不出的喜悦”，给母亲看时“像吃蜜”一样的心情，以及“瞥了一眼”的神态、疑惑的询问、满不在乎地回答，这些人物细节描写不是略写的需要，完全可以由其他内容包括进去，因而干脆删去。

（2）留

即便是该略写的段落中，也有十分有用的内容，比如习作中妈妈教育“我”的语言，是“我”进步的重要原因，对它们不能略写，应保留。千万不能一看是略写段，就不问青红皂白一律对待，要知道略写段中也有相对详写的内容。

（3）缩

有些必要内容，既要写又不能多写，怎么办呢？小作者就采用了合并压缩的办法解决。例如，他仅用了“我兴冲冲地回到家，得意地给妈妈看”。一句话就概括了原文中“我看到九十八的高分的喜悦”、“兴冲冲地回到家里”以及“把卷子在妈妈眼前一扬”、“得意地说”四个内容，起到了以少含多的作用。

（4）转

什么叫“转”呢？就是对哪些必要内容变换叙述方式以达到改详为略的目的，把人物的语言换作转述。就可以省去不少笔墨。像原文中“妈妈指着卷子上扣分的地方说：‘你仔细想过错误的原因吗？’”以妈妈直述方式用了24个字，小作者改换为第三人称，仅以“指着扣分地方问错误的原因。”12个字就说清楚了，节省了12个字。

归纳起来，改详为略首先要依据中心分清哪些内容该留，哪些内容该舍。然后对留的内容区别对待，凡非常有用的要原封不动保留，用“抄”法；凡有用又不能多写的分别以“缩”、“转”法解决。以上步骤可用下图表示：

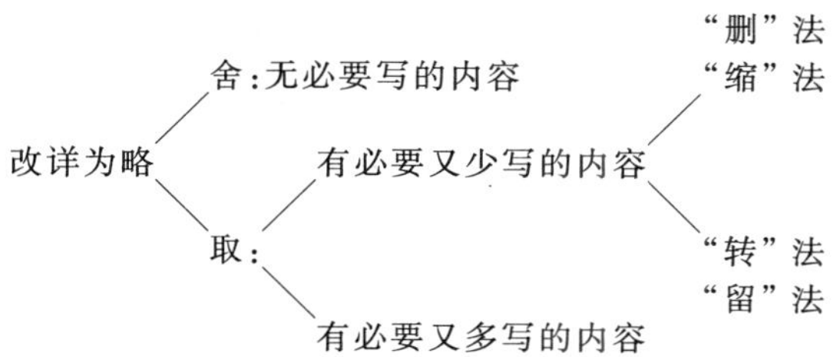

只要认真地、经常地这样做，久而久之，文章中一旦出现了详略不当的问题，不但能及时、准确地改好，而且新的习作中也将会少出或不出这类毛病了。

（四）修改头尾不妥当

常看到某些同学作文时，冥思苦想下不了笔，写开头写了涂，涂了写，总写不好开头，也有的写完了文章的主要部分，草草收尾，随便写上几句就完事。这可叫做“难开头，松收尾”。

苏联大文豪高尔基曾经形象地说过："开头第一句是困难的，好像在音乐里定调一样，往往要费很长的时间才能找到它。"这说明开头之所以难，是因为开头关系到给全文定调，为展开正文开路，自然而顺畅地引出正文。结尾也很重要，它是文章的不可缺少的部分，若没有了它，全文的思路岂不断线，也就不成其为一篇文章了。

俗话说写文章要"凤头"与"豹尾"，则进一步点出了开头结尾的作用及要求。开头、结尾不光是文章的组成部分，而且对表现中心有着不可低估的作用，好的头尾能突出中心，使文章大为增色。美丽的"凤头"，可以使读者饶有兴致地读下去，引人入胜；有力的"豹尾"，可使读者回味无穷，久久不愿放下手中的文章。由此可见，好的头尾起着激发读者阅读兴趣，启发深思的妙效，写好头尾是写作的基本功。

那么，开头和结尾应是什么样的呢？可有交代时间、地点、事件的开头，有揭示中心的开头，有点明题意的开头，也有提出问题的开头等等。常见的结尾有交代事情结果的结尾，首尾照应的结尾，总结全文的结尾，含蓄性的结尾等等。头尾的形式多种多样，没有固定格式，但也有规律可循。一般讲有两条原则，一是要与全文主要内容与中心紧密相关，这是开头结尾的"向心性"。写头尾必须从每篇文章的情况出发，内容决定形式，"凤头"的美，"豹尾"的有力就在于"向心"。二是篇幅要短，语言要精。头尾毕竟不是文章的主要部分，"凤头"、"豹尾"不是"猪肚"，不能喧宾夺主，这是头尾的"精简性"。掌握了这两条原则，就能使我们较好地学会开头结尾，违背了它们，则会出现毛病。这两条原则还为我们修改开头结尾的各种毛病提供了标准。

在习作中开头结尾常犯哪些毛病呢？归纳起来主要有以下三种：

1. 拖泥带水的头尾

有的学生落笔时，总爱兜圈子，不能很快进入正题，下笔千言，离题万里。要结尾了，也总是喜欢拖泥带水，把与本文无关或关系不大的内容都写上，意尽而言不止。如有一篇作文《记一次队日》，一位同学是这样开头、结尾的：

开头：

在小学的六年生活中，哪个学校不搞丰富多彩的活动，哪个中队不搞课外活动。我校、我们中队也搞过许多有趣的活动，你想知道吗？那就听我给你介绍一次野炊活动。

结尾：

野炊活动结束了。在回来的路上，同学们有说有笑，观赏着路边的美景，畅谈着这次野炊活动的收获，畅谈着难忘的小学生活。

既然文章主要写野炊活动，为什么开头不能开门见山，进入正题，写“我们中队搞了一次有趣的野炊活动，我至今记忆犹新”，却偏偏绕弯子从校外说到本校，从其他中队写到本中队呢？结尾也是如此，其实，只需总结野炊活动结束，同学们畅谈收获就行了，何必要写上“畅谈小学生活”，“观赏路边美景”这些与本文无关的内容，真有点画蛇添足。

2. 千篇一律的头尾

某些学生由于不善于写头尾，于是想出了一个省事的办法：无论遇到写什么文章，都以大致相同的头尾去套，形成固定不变的模式。例如，只要是写活动开头总是“晴空万里，阳光灿烂，我们怀着兴奋的心情去×××”。只要写人开头总是“朋友，你听说过××的名字吗？他就是我们班的×××。”只要是写事，结尾总是“这件事结束了，我高高兴兴地回来了。”点题式的开头，扣题式的结尾虽是常用的形式，但有的同学为了不跑题，一律以这样的头尾去套，致使开头、结尾成了应考、得分的模式，失去了它们的本来面目。

3. 追求花样的头尾

还有的学生，他们刻意在开头、结尾下工夫，用意并不错，但是抛开了每篇文章的具体内容，孤立追求头尾的花样翻新。例如有位同学写自己在暑假中遇到的一件事，内容是在火车上，自己没有给老人让座，一个小朋友却主动站起来让位，这使他倍受教育。文章的开头是这样写的：

夜，静悄悄，甜蜜蜜。我躺在床上，心里像平静的湖水投进了一块石子，听着枕边的表有节奏的“嚓嚓”声，此时我好像回到了九天前的火车上。车上我所经历的一件事深深地铭记在心里，叫我惭愧，催我自新。

这一开头描写与文章中心有多大关系呢？实在看不清。多少天以前的事，既然深深铭记，为何今天晚上才回忆起来？这回想与静悄悄的夜、手表声丝毫没有联系，纯粹是为描写而描写，仅仅是追求华美的语言，堆砌华丽的辞藻。这样的标新立异华而不实。其实，用原段的最后一句做开头就够了。

问题找到了，修改的标准也有了，就可以细谈怎样修改了。无论文章的头尾有哪种问题，都需要按以下步骤进行。

（1）思全篇

前面已多次提到头尾是文章不可割裂的一部分，全文制约着部分。因而，修改某部分必先要整体思考全文，想一想你写的原文的文题是什么，主要内容是什么，中心要突出什么。搞清这三个“什么”，就为修改定了方向。比如一篇作文：

我的妈妈

我真幸运，北影导演叔叔在众多的小朋友之中竟选中了我当上了电影小演员。我高兴万分。让我在《乡音》中扮演龙妹。我们《乡音》剧组来到阳山拍片，到了外景地，许多叔叔阿姨围上来。胡导演指着一位身材苗条的阿姨说：“她就是你的妈妈，叫哇！”我望着这位陌生的“妈妈”，憋了半天也叫不出“妈妈”二字，只是胆怯地说了声：“阿姨，您好。”

此后，我和“妈妈”住在一起了。她给我梳小辫，帮我洗衣服，给我补功课，教我朗诵诗……为了演好戏，我便叫她“妈妈”了，但和她总不那么亲切，所以，我的戏总拍不成功，真让人着急。

那一天，天阴沉沉的，还下着雨。排完戏后，得走好远好远的山路，我在“妈妈”的搀扶下走着，一步一滑，累极了，一不小心，我摔了一跤，这时，“妈妈”把我扶起来，亲切地问：“摔疼了吗?”我摇摇头。她不容分说，把我背了起来。我伏在她瘦瘦的肩上，看着她艰难地走着，听着她吁吁气喘的声音，一股暖流涌遍全身。路上，“妈妈”把她的外衣脱下来，给我穿，我怎么也不肯，她生气了：“哪有孩子不听妈妈的话的！”我只好穿上了，路越来越难走，我几次要下来自己走，可“妈妈”偏不让，反而越走越快。我好奇地问：“您这样瘦弱，为什么还能背着我走得这样快?”她说：“因为我是你的妈妈呀，妈妈对自己的孩子总是格外疼爱的。”听到这话，我不做声了，顺从地趴在她肩头，不由得脱口叫了声：“妈妈！”

第二天，戏拍得非常成功，导演说我演得好，别人也夸我会演戏。我说：“是妈妈好，是她把我带入角色的。”

这位陌生的妈妈是谁呀，你们一定会产生疑问。是不是朱琳呀，猜得不对，也许是龚雪吧！猜得也不对！我来告诉你们，她就是张伟欣阿姨。

这篇作文的题是《我的妈妈》，她没有写与之朝夕相处的亲生妈妈，而是电影《乡音》中的张伟欣阿姨，写出了不是妈妈的妈妈，选材新颖，不离文题又不落俗套，文章主要叙述了张伟欣以母亲的行为在“我”和“妈妈”之间架起了一座情感交流的桥梁，使“我”进入了角色，真情地叫出了“妈妈”，表现了这位张阿姨真挚的爱，美好的心灵。理解了原作的原意，才为下一步修改奠定了基础。

（2）找问题

第二步要根据文题，原文的主要内容及中心审阅原文的头尾，从整体角度查局部。想一想原文与文题是否矛盾，与主要内容的联系是否紧密，是否为中心服务，语句是否精要。如有，则进一步思考属于前面提到的那种类型的问题，找准痛处。以上文为例，先看开头，题目是《我的妈妈》，开头却从当选电影演员的高兴心情谈起，又写赴阳山拍外景，才接触到文题，虽然这些与张阿姨的出现有关系，但太绕弯子了，由于主要人物提出太晚，因而开头与主要内容与中心关系不密切，属于拖泥带水的毛病。再瞧结尾，以让读者猜“妈妈”姓名的设问落笔，两猜两否，这才告诉她的姓名叫张伟欣。这段内容对主题作用不大，未能突出这位妈妈的品质，“我”对她的喜爱之情，仅仅点出人名而已。另外，假如读者欣赏过《乡音》，那么龙妹的妈妈是谁扮演的不言自明，何必去猜呢？假如读者没有看过影片《乡音》，这种胡乱猜谜又有什么必要呢？所以，这个结尾似乎有意以自问自答的悬念去追求形式的新鲜，确有故弄玄虚之感，是一种追求花样的结尾。

（3）定头尾

问题找到了，可以有针对性地修改了。通常有两种改法：

①换新头尾

千篇一律，追求花样的头尾，大多是脱离本文的另起炉灶，固小修小补的办法往往行不通，只得用更换新头尾的办法修改，依据标准决定写怎样的新头尾。仍以上面的《我的妈妈》说明。修改后的新结尾应达到指人名、扣文题、点中心，与原文的重点部分浑然一体之目的。朝着“我”与“妈妈”的情感升华去思考。这样，只需一句话做结尾就行了。

我喜欢这个“妈妈”，她就是《乡音》中的电影演员张伟欣阿姨。

你们看，如此简洁的结语，目的不都达到了吗？正是“意则期多，字唯其少”。换新开头的办法一样，这里就不赘述了。

②改原头尾

至于拖泥带水的头尾，主要是表现在与文章主旨关系不大的内容写得太多，所以，只需在原头尾上加工，将无必要语句删掉，增加必要的内容，语句衔接通顺就行了。修改《我的妈妈》这篇作文的开头可用此法。原开头共四句话，前两句与文题和中心离得太远，只须一带而过。后两句与文题与主要内容紧紧相关，可在保留的基础上适当压缩：

我们《乡音》剧组来到阳山拍外景。我扮演龙妹。胡导演指着一位身材苗条的阿姨说：“她就是你的妈妈！叫哇！”我望着这位陌生的“妈妈”，憋了半天也叫不出，只是胆怯说了声：“阿姨，您好。”

这样一改，开头就不再冗长了，而且一落笔就触到文题中的“我的妈妈”是谁，写的不是亲生的母亲，而且不愿叫“妈妈”。这一下子就能抓住读者的心，想看个究竟。

总之，修改不当的头尾，尽量保原意，少改动为好，若实在不合要求，那也没办法，干脆换新头尾罢了。

相信同学们在修改的实践中，会创造出更多更好的修改方法，写出更出色的头尾。

（五）修改衔接不紧密

大家已知道，文章是由各部分组成的有机整体。之所以成为整体，不仅在于文章各部分都环拱着中心，而且也在于各部分之间有紧密联系。这里说的紧密联系，既指结构内部线索的清晰条理，也指各个段落、各个层次、各个意思之间的外部文字的紧密衔接。打个比方，做衣服都要经过

"裁"与"缝"两道工序，按服装式样将整块衣料剪成各个部件，这是"裁"工，把各部分拼接，缝缀起来，这是"缝"工。做文章也要如此，按中心的需要对材料加以取舍、安排，这好比"裁"。将选好的材料以一定思路组合成文，就好比"缝"。假如只会"裁"，不会"缝"，我们见到的衣服就仅仅是一些布块，见到的作文也就是一堆互不相关的素材。这种缝合衔接工夫，在作文中叫做过渡。由此足见，衔接是作文十分重要的基本功。

在学过的课文中。有许多衔接好的例子。比如《从百草园到三味书屋》一文，在记叙"三味书屋"的中间插叙了一个"美女蛇"的故事。怎样由屋转到蛇的描写呢？作者在插叙之前写了这样一句话："长的草里是不去的，因为相传这园里有一个很大的赤练蛇。"自然地引出了美女蛇的故事。

再如课文《伟大的友谊》，文章在介绍恩格斯在生活上给马克思以极大帮助后，重点记叙了两人在共产主义事业上的亲密合作。由于内容不同，需要中间衔接过渡，作者写了一段话：

恩格斯不但在生活上热忱地帮助马克思，更重要的是他们在共产主义的事业上，互相关怀，互相帮助，亲密地合作。

这样，不仅使得课文的递进层次更加清楚，而且不同内容之间连通一气，如同架起了一座通畅的桥梁。

从以上两例可以看出，欲想写出好的文章，绝不是几块文字的简单堆砌。除了顺序要安排好外，还应做细致的文字连接。

从上面两例还可以看出，运用衔接过渡，无论是用词句，还是用段落，都有一个共同的特点——承上启下。文字中要有承上部分，也要有启下部分，才能上下连接，前后贯通。像《百草园到三味书屋》的那个过渡句，上半句"长的草里是不去的"承接了上文"百草园"下半句的"因为相传……赤练蛇"则为下文"美女蛇"的出现作了铺垫。《伟大的友谊》的那段话，前半段是承前，后半段启后。

许多初学作文的同学，常常对过渡文章注意不够，出现衔接不紧的毛病。请看下面一篇题为《园丁》的开头两段：

老师像辛勤的园丁，我们就像百花园中一朵朵鲜艳的花儿，在园丁的关怀下盛开怒放。

张老师是我们的班主任，她对我的关心无微不至。我作业粗心，她教育我加强责任感，我有疑难问题，她总是耐心地启发……

从这两段话看，内容上是有联系的，次序安排也没什么问题，但并不通畅，怎么讲着园丁，忽然又写起张老师呢？给人以从第一段生硬地蹦到第二段的感觉。如果在第一段末尾加上一句话："我们的张老师就是这样一位辛勤的园丁。"两段话的意思衔接就自然了，读起来也贯通了。

修改衔接不当的毛病，首先要学会独立发现此类毛病的技能，而发现毛病的关键是善于选择突破口。突破口一般出现在需要过渡的地方，也就是易出现问题的地方。有以下几种情况：①文章在时间上发生变化处。②文章在地点或空间位置发生转移处。③文章由一方面内容、一层意思转到另一方面内容、另一层意思时。④在文章的叙述方法有所改变处，如总述与分述的互转，概述与具体描写的互转，事实与联想、想象的转换，插叙、倒叙、顺序间的转接处等。上面所举的《园丁》一文，就属于概括叙述转到具体事例叙述时出现的衔接脱节。

毛病会找了，接着就可以进行修改了。"对症下药"是中国的一句俗语 针对不同性质的问题，确定修改对策，才会事半功倍。通常有下面两种方法：

1. 修改"无过渡"的问题时，用"粘连法"

这种毛病是在文章需要衔接的地方缺少过渡，犹如衣服单片没有缝合。衣服缝合需要媒介物，那就是丝线，文章衔接的媒介物就是文字过渡。既然文章无过渡，就应加上过渡的文字。我们给这种方法起个形象的名称叫"粘连法"，一般多用过渡词、过渡句、过渡段粘连，分述如下：

(1) 用"过渡词"粘连

请看下面一篇短文的片断

保险丝

……

我看了看保险丝，它像一段普通的铝丝，然而，它的作用可不小啊！以前我只知道电灯能给人带来光明，却不知它后面还有一段保险丝在默默地工作着，在灯泡即将发生危险时，它就奋不顾身地牺牲自己。

①想到保险丝的高贵品质，那些平时普普通通，在危险时刻不惜牺牲自己生命的老山英雄。他们默默地保卫着我们伟大的祖国，保卫着我们和平幸福的生活。为了祖国的安全，他们毫不犹豫地献出了年轻的生命。

②我喜欢保险丝，我更喜欢老山英雄，我要做祖国卫士。

短文中标号①的前半句连接上文，概述了小作者想到保险丝的品格，而后半句说的是不怕牺牲的老山英雄。保险丝与老山英雄虽然在精神品格上有联系，但这里的文字跳跃性大，使得前后半句联系不紧，这是缺少必要过渡造成的。由于这属于分句间的衔接失当，修改时只需加上过渡词语粘连就行了，假如用句、段去过渡，等于杀鸡用牛刀，浪费了文字。可以在两个半句间加上一个词语，“不禁使我想起”：

想起保险丝的高贵品质，不禁使我想起那些平时普普通通，在危险时刻不惜牺牲自己生命的老山英雄。

填上过渡词语，明显地看出了句间的内在联系，是由保险丝品格的现实联想起南疆将士。

再看标号②，是原短文的结尾句，三个分句表达了三个不同意思，因为分句间无过渡，读起来断断续续，意思不连贯，修改它也可在第二、第三分句中加上适当的过渡词语，改后的句子就成为这样：

我喜欢保险丝，我更喜欢像保险丝那样的老山英雄，我要做这样的祖国卫士。

第二分句中增添了词语，“像保险丝那样的”，就与一分句内容联系更紧密；三分句中有了“这样的”三个字，意思不就是二分句写的那样吗？三个字的增加，也使二、三分句紧紧握起手来。从物到老山英雄再到自己的誓言，层层递进，改后句子浑然一体。

（2）用“过渡句”粘连

还是先看一篇短文片断。

一条珍贵的线毯

我家的大衣柜里，珍藏着一条线毯，那是教师节那天，县里奖给妈妈的。那金黄色的线毯上，朵朵洁白的荷花盛开着。“教学能手”四个金色大字显得格外引人注目，这美丽的荷花多像妈妈浇灌的花朵呀！他们亲切地偎依在妈妈身旁，向妈妈祝贺，向妈妈致敬。那最小的一朵，不就是我吗？

记得刚入学，学拼音，那字母多呆板，多单调！谁知到了妈妈嘴里，竟变成了动听的儿歌，美丽的图画。我沉浸在诗情画意之中，不知不觉学会了它。上了二年级，……

文章一小段集中叙述那条送给妈妈的珍贵线毯。第二小段主要写在妈妈的培育下自己茁壮成长的事实，一小段是展示现在，二小段是回忆过去。这两小段间内容不同，是必须做文字衔接的地方，由于没有过渡的句子，不仅造成转变突然，读者还不禁要问：妈妈虽是老师，但是不是教“我”，交代不清。像这样小段间缺少过渡的毛病，以加过渡句的办法较为适宜。可以在第一小段的末尾添上：

“是的，我是妈妈的女儿，也是妈妈的学生。”

“是的”乃承上词，等于强调了上文“不就是我吗？”反问的意思，“我是……也是……”是启下句，点明了“妈妈与我”的双重身份，为回忆妈妈教“我”的下文做了铺垫。这样上挂下联，真正起到了过渡的桥梁作用。

（3）用“过渡段”粘连

有这样一篇自我介绍的小文章：

我叫路路

我的小名叫路路，是独生女，爸爸妈妈的心肝宝贝。下面向你们做个自我介绍。

老虎爱吃肉，我是属虎的，特别爱吃肉。由于爸爸的过分疼爱，我养成了挑食的坏毛病。有一天，我看到饭桌上全是素菜，就哭丧着脸说：“妈妈，没有肉，我一口饭也咽不下。”

我的生活一点没条理，东西到处乱放，整天不是丢这就是少那。为这，李老师没少操心，经常嘱咐我，开导我，有时还帮我整理课桌抽屉。

我刚上一年级就酷爱读书，写完作业就拿起书来读，在书的海洋里遨游，真是太有趣了！有时都到了入迷发呆的程度。书给了我知识，给了我力量。

我在课余时间，还喜欢集邮，一有空就摆弄起来。爸爸妈妈都很支持我，碰到邮局卖好邮票，总是给我买回来。有人寄来信，每逢有好邮票，我都精心地揭下来，放入那本精美的集邮册里。如今，我已收集了几百张纪念邮票了。

我就是这样一个整天丢三落四，而又酷爱看书，喜欢集邮，学习成绩还挺不错的馋嘴小姑娘。亲爱的同学，你们愿意和我交个朋友吗？

这篇小文，写得真事真情，很不错，但美中不足的是有一处衔接不当。纵观全文的思路，第一小段是总起，第2、3小段具体指出了自己的两个缺点，第4、5小段再介绍两个优点，最后小段是总结。从说缺点到说优点思路上有转折，由于文章没有过渡，当阅读第2、3小段后，还以为继续说缺点呢，谁知，却开始表扬自己了。像这样涉及全篇思路的衔接问题，修改时常用过渡段缝接。这篇文章只需在3、4小段间加上下面的过渡段就圆满了。

“别看我这个‘小馋猫’有这么多令人讨厌的缺点，可我还有不少优点呢！”

前半段承上，后半段启下，顺利地进行思路转折。如同在需要拐弯处，路边立起了一块指示牌，使司机有了转向的思想准备，安全地通过。

（2）修改“硬过渡”的问题，用“缝补法”

有时，同学们也注意了过渡，只是由于文中有欠缺，造成“硬过渡”。这样的毛病，不是有没有的问题，而是好不好的问题，解决它，不必另起炉灶，只需在原过渡句中加以“缝补”，就可以解决问题，正像衣服破了，用一块布打个补丁，照旧穿在身上一样。下面举一例说明：

《乘船》片断

我从家里出来，向河边走去。到了河边，我蹑手蹑脚地登上小船，坐在船头上。这船很小，只有一个很细的竹竿儿。

撑船的名叫小华，十三岁。他头戴一顶崭新的草帽子，黑黑的脸蛋，一双水灵灵的大眼睛。他走到船尾，双手拿起竹竿儿，往水里一插，使劲一撑，小船轻悠悠地向前驶去。

请同学们注意画曲线的句子，这是一个过渡句。这句的上文写的是船，而下文却是介绍小船夫了，中间过渡句的媒介词是船上的“竹竿儿”，因为竹竿儿既是船上之物，又是船夫撑船之物。但是竹竿儿是否做撑船用，句中没有明确交代，需要读者去猜谜。虽有过度的味儿，鉴于句中启下词语不明显，致使过渡生硬。用“缝补法”，应集中力量在启下词语“竹竿儿”上下工夫修补。改后的过渡可以变为：“这船很小，只用一个很细的竹竿儿撑船。”补上“撑船”一词后，句子就通畅多了。

（六）怎样修改错别字

先讲一个古代的小故事吧！据说从前有一个知县，写字非常潦草。一天他要请客，便写了一张字条叫差役去买猪舌。古时的字条都竖着写，县官把上下结构的“舌”字拉长了，成了两个字“千口”。这下子可忙坏了差役，急忙走街串户，去买千口猪，好容易才买到五百口猪，便向县官求情，恳求就买五百口算了。县官大发雷霆：“我叫你买猪舌，怎么给我买回五百口猪呢？”差役急忙把字条交给县官，县官一看瞠目结舌，只得再让差役退掉猪。你们看，一个完整的“舌”字，由于县官书写马虎，结构松散成了另外的字，不仅原意大变，差役跑了多少冤枉路不算，事情也未办成，错别字危害多大呀！

其实，这样的笑话在同学们的作文中也时有发生。曾有一个小学中年级学生写了一段助人为乐的事，短文是这样写的：

有一次，我回家的路上，正好于（遇）上大雨。我把命（伞）打开，看见前面一位阿姨抱着一个娃娃，全身都温（湿）透了。我敢（赶）快跑过去，把命（伞）给了阿姨。阿姨夸我是个好孙（孩）子。

在这段文字中，由于错别字多，作者的思想感情表达受到了直接影响，尤其是把“伞”写成了“命”，将“命”给了阿姨，使人大吃一惊，怎么助人还要献出生命？把“孩”写成了“孙”，更使人莫名其妙，作者与阿姨到底是什么关系？诸如此类的问题不胜枚举，什么将“调查”写成“吊查”；“老师”写成“老帅”；“句子”写成“包子”，真叫人啼笑皆非。

笑声之余认真思考，错别字的危害是明显的。一篇作文，错别字连篇，是不能正确表达情意的。同时，写文章是叫人看的，错别字多，读者怎能看懂呢？说严重点，写错别字不是存心不让读者看吗？在这里，写字也有一个作者关心读者的问题。革命前辈谢觉哉同志说得好："字，写得清楚，人家容易看，写得美，人家喜欢看。常常有些来信或文稿，不只潦草，而且奇形怪状，看起来是灾难，是我已老得成了'文盲'，还是他们写的是'天书'？我们是人，绝不能写'天书'"。

既然写字这么重要，错别字有这么大害处，为了便于少年朋友们消灭作文中的错别字，现将常见的错别字类型归纳如下：

1. 错字

写出的字在汉字中根本没有这个字，称为"错字"。

（1）笔画增减的错字。例如把"步"写成"步"，多了一点，"或"写成"武"，减了一撇。

（2）笔画变形的错字。例如"凤"字的第二笔应用"⺄"的斜钩，可有的同学却写成"风"的竖弯钩，笔画变了，"创"字第四笔应是竖弯钩，有同学写成"创"，成了竖提；再如"言"字这样一个简单字，三个横应是一横长，二、三横稍短，常见同学写成"言"，第三横竟比第一横还长；还有的同学写字，点不像点，撇不像撇，写成"火柴棍"堆成的字，都是属于这种类型的错字。

（3）结构变型的错字。汉字是由不同结构组成的，若变更结构就会出现错字，如"落"字写成"洛"。笔画虽然没变，但上下结构的字却成了左右结构的错字了。

（4）混用偏旁的错字。偏旁是组成汉字的常用固定部件。有些同学对形近的偏旁混淆，致使写错字。如把"衬衣"写成"衬衣"，"衤"部混同"礻"部；"立即"写成"立郎"，"卩"混同"阝"了。

（5）字体变样的错字。汉字是方块字型，这也是书写正确的一项标准。某些同学仅仅重视笔画。偏旁、结构，往往忽视字体的正确性。有的写成圆形字，有的写成平行四边形，甚至写成歪七扭八的奇形怪状（当然，写美术字不应算在此列）

（6）生造简化的错字。汉字是几千年来约定俗成的书面表达符号，大家必须共同遵守，才能起到交际的功能。简化字也是如此。有些同学却不是这样，只图个人方便，生造些别人不认识的字或任意简化，犯了汉字书写上的自由主义。比如将“菜”字简化为“芀”字，“围”字生造成“囲”。

2. 别字

写别字是指把甲字（也是汉字）当成乙字写，张冠李戴。同学们容易写下面几种别字：

(1) 形近的同音字混用。如“锻炼”写成“锻练”；“珊瑚”写成“珊蝴”。这类是最常见的别字。

(2) 形异的同音字混用。如“带头”写成“代头”；“刻苦”写成“克苦”；“已经”写成“以经”；“好像”写成“好向”等。

(3) 字义不懂而混用。如把“肆无忌惮”写成“肆无忌弹”，就是由于不懂“惮”是“怕”的意思而误写。再如把“亡羊补牢”写成“王羊补牢”也是因为不明白“亡”是逃跑的意思，误用“王”字。

以上的种种问题表现在字的书写错误，原因应从写字者本身去寻找。归纳起来有三点：一是对汉字的构字特点掌握不牢。二是在学习汉字时，习惯于笼统观察，对笔画的细微处观察不准，对易混字缺乏分辨，造成错别字。三是书写态度不好，马马虎虎，缺少一丝不苟的精神，即使会写的字也写不对。

明白了出现错别字的原因，纠正起来才会有的放矢，改起来才会又好又快。下面向同学们分别介绍纠正错别字的方法及步骤。

3. 纠正错别字的方法

纠正的关键是牢记正确字形，才能及时发现作文中的错别字，并改正过来。

(1) 抓住汉字特点记字形

①抓住字音记字形。运用形声字的声旁表音的规律就可区别字形。比如“舀”和“臽”是形相近而音不同的两个声旁，仔细分辨它们的拼音就会发现，凡韵母是“ao”的字是“舀”的表音字，都用“舀”，像“滔”、“蹈”、“稻”等，凡韵母是“an”的是“臽”的表音字，均用“臽”，像“陷”、“焰”、“馅”都是如此。只要借声旁字音记字形，就能举一反三，

记住一批字，事半功倍。

②抓住字义记字形。大批形声字形旁表义特点又为我们提供了记字的好办法。比如“蜻”、“请”、“清”、“情”几字的“虫”、“讠”、“氵”、“忄”等偏旁分别表明字义与昆虫、语言、水、心理有关，记住形旁所表示的意思，写字时思索一下字义与何物有联系，形旁就不会错了。另外，某些汉字还有会意特点，比如“忐忑”一词是心神不定的意思，两字是由“上”“心”、“下”“心”组成，这个组合与意思极为相近，不正表明心情七上八下吗？

（2）通过比较记字形

汉字字形复杂，字形相似的很多，差别细微，稍一疏忽，就可能把字写错。俗话说，不怕不识货，就怕货比货。越是易混的字，就越要把它们放在一起比较，找到相同点和不同点，这是避免和纠正错别字的好方法。例如“己”、“已”、“巳”，三个字极其相似，仅仅是第三笔出头程度不同而已，只要记住“己”不封口，“已”半封口，“巳”全封口，就能准确地记牢，甚至永世不忘。再如“戍”、“戊”、“戌”，区别在中间一点、中间空心、中间一横上。这样，一比一记就是一组字，效率较高。

（3）抓少推多记字形

对某些易混汉字，可以记少数字推出多数字的“排除法”消灭错别字。例如“辶”与“廴”偏旁常混。其实，除了“延”、“建”等少数字外，其余的均用“辶”部。“忄”、“忄”的偏旁也是如此，牢记“协”、“博”二字是用“忄”旁，剩下字是用“忄”旁。

（4）组词语解字义记字形

由于字义不懂造成写错别字的问题，就要在理解字义上努力，然而，孤立地理解字义，往往记不牢。我们知道，字是离不开词的，如果把容易写错的字组成常用词语，将字义与词义结合起来理解，不仅易懂，而且易记，运用起来也很方便。例如“常”与“长”两字同学们常常混淆。若通过组词，“经常”和“长期”，则会确切地理解“常”表示不变，“长”却表示时间长久。这样，就不会把“经常”写成“经长”，“长久”写作“常久”了。

（5）设立改错本记字形

某些同学也注意随时纠正作文中的错别字，在原文上涂掉错别字，改上正确字，或者重抄全文，字也随之写正确，这些方法都不错。这里再介绍一种更好的办法——设立改错本。就是将每次作文中出现的错别字逐一地写在另外一个本上，改错本设三栏：原错别字，写出正确字、简析原因，填写的过程就是一种登记、纠正、分析的过程。它的用途有两种：一是平时发现错别字，立即按栏登记，及时纠正错误，强化记忆，探寻原因。二是定期翻阅，本上积累着你数次的错别字状况，等于是一个备忘录，也记载着你的纠正历史，俗话说："千金难买回头看"，回首看一看，既可以找到自己常错的字，从而引起注意，对症下药，又可以看到自己的进步或退步，以利于调整提高。这种写在"改错本"上的错别字，由于保留了错别字的原样，并累积排队，这就为自己思考提供了方便，它有别的方法所不能代替的优点。

4. 纠正错别字的步骤

掌握了上面的种种方法，就有了记准汉字字形的基本知识，也就有可能谈到独立纠正错别字的步骤。

当你打完一篇作文的初稿，就应开始修改工作，按以下五步进行：

(1) 阅读。定要逐字逐句地阅读自己的习作。凡是有明显的错别字，即便是拿不准的字，也要用符号标出，以备思考，要具有决不放过一个"敌人"的精神。

(2) 思考。思考标出的每个字，是否是错别字，正确的写法是什么。如果是错别字，错误的原因又是什么。

(3) 查问。对于拿不准的字，决不让它溜掉，也不要随意乱改，要查查字典，或问问别人，定要弄个水落石出。

(4) 改正。

(5) 抄写。将错别字在改错本上登记、抄写，巩固改正效果。

(七) 怎样修改标点毛病

有些少年朋友认为，作文写得棒棒的，字写得好好的，标点符号算什么？可有可无，可对可错，所以标点经常出错。标点符号果真无关大局吗？明白了标点的作用，也就回答了这个问题。

标点的作用之一是停顿。我们知道，人们说话是不会一口气不间断地说下去的，需要喘气，要一句句地说，中间应该停顿，而且停顿时间又不一样。一句话的意思讲完了，停顿时间长一些，一个意思没完，停顿短一点，如果写几个并列的事物，停顿的时间更短些。说话可以用时间长短区别停顿，写出的文章又如何表示这些不同的停顿呢？那就要靠标点符号了。意思写完了用句号，意思没讲完用逗号，并列事物之间用顿号，这样自然停顿处就分清了，意思也就明了。文章有了标点的帮助，读起来也好懂。

标点的作用之二是定义。例如，一场精彩的足球赛的战报写到："一场激烈的足球赛的结果山东队战败了北京队夺得了冠军。"这一长句，因为中间没有标点，到底球赛谁赢了，读者看后有不同的看法。一种认为："这一场激烈的足球赛的结果，山东队战败了北京队，获得了冠军。"山东队胜利了。另一种认为应是："这一场激烈的足球赛结果，山东队战败了，北京队获得了冠军。"你们看，同样几个标点，仅仅是一个逗号的位置不同，意思截然相反。可见，标点的作用多么重要。

标点的作用之三是表示思想感情。美国有个著名心理学家叫巴尔肯，他曾读过一个青年写的《自传》，只有三个标点符号，"——""！""。"他便问其含义。青年笑道："我的历史是一阵横冲直撞，落了个伤心自叹，到头来只好完蛋。"三个标点充满了懊丧之情，自卑之感。巴尔肯听后，建议改为"、""……""？"三个标点，并对青年说："青年时期是人生一小站，道路漫长，希望无边，难道浪子回头不行吗？"改后的标点中饱含对青年关怀的激情，对人生历程的无比自信。你们看，标点在这里多么有用，胜过文字的表达，充满着感情。

无需再多说了，标点符号并非可有可无，可对可错，它是文章中必不可少的组成部分。

学生在作文中常犯哪些标点的毛病？又怎样修改呢？

1. 漏用标点——要补上

初学作文的同学常犯这个毛病，习作时只有文字，没有标点，或者在必要的地方漏点，以致影响表情达意。修改这种毛病需要找到漏点的停顿处，补上恰当的标点。比如有这样一句话："张妈妈曾经讲给我一个故事听从前有一个读书人……"由"从前"往后的内容是故事的内容，应与前面张妈妈讲故事断开，原句漏掉了一个标点，填上一个"："或"。"，意思就清楚了。

2. 错用标点——改正确

所谓“错用”有两种情况，一种是标点的位置点错，造成语意不准。有一个同学在《运动会》的作文中写了这样一句话：“一千米赛跑到了最后冲刺阶段。突然跑在最前面的王非，用力过猛，摔倒在跑道上。”从这句话的上下文看，句中的“突然”似乎是表明王非在跑步行列中位置有变化，一下子从后面跑到了最前面。然而联系上下句思考则会发现，事实却是王非起跑后始终都跑在最前面，“突然”是表示他摔倒出乎意料。看来原句没有表达清，原因不是别的，正是标点点错了位置。只要在“突然”后面加逗号，“王非”后面的逗号去掉，改为“突然，跑在最前面的王非用力过猛，摔倒在跑道上。”意思就表达清楚了。

另一种情况是标点混淆而错用。该用句号用逗号，甚至一逗到底；该用叹号却用问号等等。例如有这样一句话：“他了解，我不了解。”这是个陈述句，肯定了他了解某件事，否定了我了解这件事。可是如果想表达的意思是想要说否定对方肯定自己，与原句意思正好相反。那么标点就混用错了。应将原句的两个标点都换成问号，“他了解？我不了解？”

3. 错写标点——写规范

这是标点符号的书写问题，也存在两种情况：一种是写的形状不规范。如逗号写成“·”，既不像顿号，又不像句号；写引号就随便点上四点。另一种是写的位置不规范。如标点不占格，行冒点标点或格中的标点写的位置不对等等。修改这类毛病就要着力在书写规范上下工夫。将标点形状错的写对，格式不对的改规范。

改正以上的多种毛病似乎并不难，一动笔就解决了。其实要做到手到病除，并非易如反掌，需要掌握必要的语法及标点知识，具备扎实、熟练的运用标点的基本功。下面的几点应是修改标点问题的知识能力基础。

（1）掌握标点符号的基础知识。要牢固记住常用标点符号的名称、书写格式以及一般用法，请看表4－7。

表 4－7　常用标点符号表

种类	名称	符号	书写格式	用　　法
点号	句号	。		表示一句话完了以后的停顿
	逗号	，		表示一句话中间的停顿
	顿号	、		表示并列词语中间或序次语之后的停顿
	分号	；		表示一句话中间并列之间的停顿
	冒号	：		表示提示语之后的停顿
	问号	？		表示一句问话后的停顿
	感叹号	！		表示一句感叹话完了后的停顿
标号	引号	“ ” ‘ ’	“引”文	表示文中引用的部分
	括号	（ ） 〔 〕	（注释）	表示文中注释的部分
	破折号	——		表示下面有注释性部分，或表示意思的跃进、转折
	省略号	……		表示文中省略部分，或声音的断断续续
	着重号	·	开头	表示文中特别重要的语句
	书名号	《 》 〈 〉	《书名》	表示文中书名篇名

（2）掌握必要的语法知识

比如，掌握了关于句子结构的知识，可以从分析句子成分入手，看一看句子是否具备主谓部分，判断一句话的意思是否讲完，才能正确分辨逗号、句号。再如，掌握了复句中关于并列复句的知识，就可以正确运用分号，不至于把明显使用分号的地方写成句号。总之，语法知识对于正确使用及修改标点都有好处。

(3) 平时养成自觉运用标点符号的习惯

有了知识，还要会使用；会使用还不行，必须常用、爱用，养成习惯，一旦形成了良好习惯，这项技能才能真正学到手。因此，同学们写作时不仅要注意使用标点，就是平时生活中写信、写假条以及完成各科作业也不要忘记。这样做了，同学们一定能熟练掌握标点符号。

最后，将我国文学家郭沫若的一句话赠给大家："标点好像一个人的五官，不能因为它不是字就看得无足轻重。"努力锤炼修改基本功吧！

六、小学生作文毕业复习指要

小学即将毕业了，作文毕业复习从何入手呢？作文能力涉及面广、内容多，应掌握哪些知识和技能呢？应首先进行归纳整理。下面简要归纳如下。

明确——作文目标

小学生作文要达到什么标准呢？小语大纲指出：作文要"做到有中心，有条理，内容具体，语句通顺，感情真实，思想健康。书写工整，注意不写错别字。"同学们只有明确并牢记这些标准，才有可能达标。

掌握——作文写路

要独立写好一篇作文，应遵循怎样的合理步骤呢？如果是命题作文，正确的路子应是：审题——立意、选材——列提纲——起草——修改。若是自由作文，那么第一步审题可以省去。至于文章的题目可以先拟，也可以后拟。无论怎样，这样的写路体现着：先想后写，先材料后表达，先整体后部分，先起草后修改的合理程序。在复习中有意识地将它变成自己的作文习惯。应该看到，掌握写路比写好某一篇文章意义更深远，将终生受益。

积累——作文材料

"巧妇难为无米炊"。积累丰厚的作文素材是作文毕业复习的重要内容。一般从两方面准备：1. 从观察中获取新素材。繁忙的期末也不要将自己封闭在屋里写，要走向生活，那是作文素材取之不尽的源泉。可以自己亲身做一些有益的事，创造生活中也就有了新材料。也可以观察社会现象，吸取新鲜素材。2. 整理自己作文的旧材料。翻一翻写过的日记或作文，加以精选，作为保留素材。胸有成竹，毕业或升学作文就不愁没的写了。

摸准——作文文体

小语大纲明确规定：能写简单的记叙文，能写常用的应用文。同学们在小学阶段也多次练习不同文体的作文。

记叙文：叙事文、记人文、写景文、状物文、写活动文……

应用文：留言条、通知、日记、书信、表扬信、读书笔记、会议记录……

每个文体的作文都有其自身的写作规律。比如叙事文要交代清六要素，注意叙事顺序，重点写事情经过。写人文要写熟悉的人，抓住特点写，通过人物外貌、语言、动作、心理、细节描写……像各类应用文，练习时要注意内容真实准确、格式正确、语言简明。同学们不妨在复习时列个各类文体文写作规律一览表，做些整理系统工作，会对写好作文有裨益。

学会——作文形式

除了掌握记叙文、应用文各种文体外，小学阶段同学们还接触了多种形式的作文。常见的有命题作文、看图作文、仿写、扩写、缩写、续写、改写。大家要掌握每种文式的特点，并学会运用。（见表4－8）

运用——作文方法

复习以上几方面还不够，还需要掌握具体布局谋篇、遣词用语的方法。特别要摸清自己作文的薄弱环节，有针对性地找到突破难点的方法，收到事半功倍的效果。比如有些同学不会选材，限于一般化，原因是想到什么就写什么，应采取“一摆二选”的方法。再如怎样克服写流水账，就要学会重点部分写具体的方法，多问几个“什么”、“怎样”的问题，详细写。另外句子不通畅是常见病，医治此顽症方法很多，诸如多写短句，注意衔接，写后朗读修改均简单易行。另外，多欣赏佳作，借鉴别人，读写结合，也是提高表达能力的好途径。

严格——作文文面

作文最后要落到文字上、落到纸面上，这也是作文基本功。值得注意的有：

①格式正确。文题写在何处，姓名写在哪儿，分段空格都有规定，不能随意。②用笔符合要求。到了六年级，写作文要用钢笔或圆珠笔。③写字要做到“两正”（正确、端正）、“两整”（整洁、整齐）。④标点正确，不能漏点、错点，占格正确不能马虎。看来，以上这些都是小事，其实不然，作文是写给人看的，字迹不清、格式不对，说严重点，不是有意不让别人看吗？要知道，文面可透见人面。

注意——作文文风

现在有一种现象，临到毕业了，为了应付考试，于是准备好写人、事、写活动几篇文，涉及家庭、学校、三方面，将成文背熟，临场套文应变，穿靴戴帽。这样做不仅不能提高作文能力，反而养成投机取巧的不良文风。要写真实文，写诚实文，既学作文，也要学做人，应老老实实练就作文基本功，让大家齐心合力扭转“抄背套”文风。

表 4－8

<table>
<tr><th colspan="2">作文形式</th><th>需要注意问题</th></tr>
<tr><td rowspan="3">命题作文</td><td>全命题作文</td><td>认真审题是前提（审字眼、审文体、审范围、审题眼）</td></tr>
<tr><td>半命题作文</td><td>在审题基础上，结合自己实际恰当补全题目</td></tr>
<tr><td>选命题作文</td><td>在审题基础上，结合自己实际选好自己要写题目</td></tr>
<tr><td colspan="2">看图作文</td><td>1. 仔细观察图意　2. 展开合理想象　3. 准确生动表达</td></tr>
<tr><td colspan="2">仿　写</td><td>1. 明确仿什么　2. 选好仿写内容。</td></tr>
<tr><td colspan="2">扩　写</td><td>1. 理解提供材料　2. 找准扩写处　3. 展开想象扩写</td></tr>
<tr><td colspan="2">缩　写</td><td>1. 理解提供材料要点　2. 运用留、删、并、转方法缩写</td></tr>
<tr><td colspan="2">续　写</td><td>1. 理解提供材料　2. 明确续写思路　3. 展开想象，注意衔接，文体一致</td></tr>
<tr><td colspan="2">改　写</td><td>1. 理解提供的材料　2. 明确改写要求　3. 找准改写点</td></tr>
</table>

七、创新的几种技法

（一）加一加

我们的祖先是怎样造字的呢？当用“一”代表1个后，如何表示2？于是就在“一”的上面加上一横，变成“二”，一个新字创造出来了。“木”字表示单棵树木，在旁边加个“木”成“林”，再加个“木”就成了“森”。“青”字表音念“qing”，加个表示心情的“忄”就是“情”；加上“言”是“请”；加个“虫”旁成了“蜻”；上面加个“气”变成“氰”。

看，加一加的方法多奇妙！祖国的汉字就是这样在祖先的创造下发展起来，成为世界上最具魅力的文字。当然，加一加仅仅是造字的一种方法，而且，不能任意加笔造字，需要大家认同，约定俗成。但是，我们可从中学到创造的一招——在已知的事物上，有意加一加其他的事物，崭新的事物就呈现在你的面前。

让我们做一个给“日”字加一笔变个新字的练习：

· “日”下面加一笔，新字是（旦）

· “日”上面加一笔，新字是（白）。

· “日”中间加一笔，不出头，新字是（田）。

· “日”中间加一笔，不出头，另一个新字是（目）。

· “日”中间加一笔，上出头，新字是（由）。

· “日”中间加一笔，下出头，新字是（甲）。

· “日”中间加一笔，上下都出头，新字是（申）。

· “日”中间加一笔，上下都出头，另一个新字是（电）。

· “日”左边加一笔，新字是（旧）。

（二）扩一扩

在学习生字时，经常用组词的办法理解字意。比如学“月”字，组成“月牙”“月亮”“月球”“正月”……也就是将生字扩展为词语，这样，不仅“月”的字意在语境中明白了，而且还积累了许多词语，为今后灵活地运用语言奠定了基础。由字扩一扩，就变成了词语。所以，扩一扩，这里就是创新的另一招。

给字组词语扩一扩还有许多形式。还拿“月”字来说，就可以这样组。

［接龙组词语］头尾相接月：月亮——亮光——光明

［联想组词语］相临联想月：月亮——夜晚——开灯

［变位组词语］月在前月：月亮——月份——月饼

月在后月；正月——弯月——明月

月在中月；看月食—买月票—登月球

［多意组词语］按不同字意“月”字组词：

月牙——月亮——月球

十月——闰月——月初

月报——月票——月刊

月琴——月季——月台

下面出一道题练组词语，扩一扩，想一想。请你将“包”字按要求组词语。

1. 你都见过什么样的“包”？（　）（　）（　）

2. 你都吃过什么样的“包”？（　）（　）（　）

3. 你都“包”过什么东西？（　）（　）（　）

4. “包”字当数量用。（　）（　）（　）

当你组了许多词语后，一定会感到扩一扩这一招真灵！会尝到创新的快乐！

（三）反一反

什么叫“反一反”呢？先举个例子。大家都见过常用的缝衣针吧，针头有尖，针尾有孔，穿线使用。发明家却要反过来思考：能否不在针尾钻孔，在针头打孔呢？经过一番实验，新型针头诞生了，针头上有孔，针头上穿线，用在缝纫机上，快速灵活。正是“反一反”，使服装业的机械化终于成了现实。

再讲个故事。相传古代有位将军总打败仗。他不得不把真情报告皇帝，于是写出了“屡战屡败”的奏折。他手下一个谋士看到了，怕主将受严惩，偷偷做了修改。只把句中“败”与“战”的顺序颠倒一下，反过来，变成"屡败屡战"。这样一改，意思大变，口气也不同了。"屡战屡败"'证明这个人打仗无能，一败涂地，一贬到底；而"屡败屡战"却说明他常败而不服输，还要东山再起。皇上看了改后的奏折，非但没有动气，反而对他的忠心感到欣慰。仅仅两字顺序反过来，句意、句情截然不同，竟然救了将军一命，足见"反一反"思考的奇效。

从以上两例可知道，"反一反"就是把一件东西、一个事物的正反、上下、左右、前后、横竖、头尾、里外……颠倒一下，想想有什么结果。很可能就创造出新办法、新产品。

在语文学习上，用上"反一反，想一想"一招，你会变得更聪明。

下面有几个词语，将每个词语中的字颠倒，反过来，意思不一样。

鸡肉　　上岛　　操练　　床下　　称号　　喘气　　车次

肉鸡　　岛上　　练操　　下床　　号称　　气喘　　次车

（四）联一联

鲁班受到带齿小草划破手指的启发，发明了锯；矛和盾的联结就成了现代的坦克；人与猴的想象结合就出现了西游记中的孙悟空。足见，善于把表面上无联系的事物，通过思考、联想，将它们恰当联系起来，新意就会出现，就会有更大的收获。

教学中经常练习用一个词造句吗？现在我们用联一联、想一想的方法，将"大树"和"书"两个词联起来造句。"大树"和"书"似乎没有必然联系，只有通过联想，才能把它们联结成下面的几个句子。

·我在大树下津津有味地看着一本书。

·我在大树下拾到了一本课外书，去找失主。

·这本书中写了一棵世界上最大的榕树。

·将来的教科书可以不用伐大树、造纸浆得来。

多么有意思的造句呀！多么有意思的联结呀！

（五）出奇制胜

电影《南征北战》讲述了敌军固守大沙河，欲与我军决战。我人民解放军避其锋芒，悄悄出奇兵，拿下将军庙，断敌后路，使敌人成瓮中之鳖，出奇制胜，为全歼敌军立下汗马功劳。奇在知己知彼，奇在出其不意。

这个道理对作文也很适用。作文本来就是创造性劳动。若能出乎意料，别出心裁，有独到之处。也就是说，要想到别人会写什么，要有竞争的观念，写出与众不同。如同战场上的奇兵，定会写出漂亮文。作文出奇的范围很广，选材、立意、结构、文体、表达……都可以出奇制胜。

举个例子，要写《下雪了》，描写茫茫白雪、洁白无瑕，展现雪景之美的作文屡见不鲜。有位学生却抛开地上雪景不写，别开生面翻开白雪，写一写雪底下的世界：青青的麦苗、温暖的土壤，一幅天然温室的景象。选材的出奇令人耳目一新。

某年高考的作文也会给我们以启发。在“认知与情感”的命题范围内，有的考生打破常规，以诗的文体，有的以文言文与现代文结合表达的方式，取得高分，出奇制胜。

常见的出奇制胜的思路可以概括为：“人无我有，人有我好，人好我变”。

当然，出奇制胜并非投机取巧，须有创新的意识、广博的知识、敏锐的思考、扎实的功底，否则，奇兵不会从天降。

第五章　课堂教学的优化与创新

一、提高课堂教学的“八效”

提高语文课堂教学的效率一直是广大教师关注的焦点，也是长期以来解决低效的难点，更是教师追求的境界。什么是效率？单位时间完成的工作量，对于课堂教学（特指小课堂）来说，就是在40分钟课堂内真正完成确定的教学任务。课堂教学是什么？认识如何，对提高语文课堂教学的效率影响极大。所以，首先要弄清“课堂”实质是什么，有这样几句话加以归纳：

课堂，是落实素质教育精心育人的主渠。

课堂，是学时最多全体学生直接受益的园地。

课堂，是充满生机、滋润人生的家园。

课堂，是有限时间中蕴涵无限能量的弹簧。

课堂，是融昨天、今天、明天的时间隧道。

课堂，是教师练就基本功，展才华的学堂。

课堂，是研究探索、欣赏教艺的舞台。

课堂，是神秘莫测、滴水穿石的常青树。

课堂，是家长与社会关注的热点、焦点。

强效

何为强效呢？这要以学生对学习有兴趣，取得强效果来衡量。

（一）激发学生对语文学科的情趣

教师怎样的教学才能达到学有兴趣？是不是教师加强重复刺激就如愿呢？是不是教师课堂上多放图片、录像就如愿呢？是不是教师多鼓励、奖励学生就如愿呢？是不是课上多搞些学生喜爱的游戏就如愿呢？应该说，可以，但这情趣只是短暂的，有的甚至稍纵即逝。因为我们说的是学语文的强效，这些做法都是学好语文的外围手段而已，未抓住爱学语文的实质。兴趣有三个层次，有短时的有趣，有长时的乐趣，更有一生的志趣。我们需要的是学生爱学语文的志趣，这才是强效达到的境界。

有这样一个精彩的例子。一位小学中年级的语文老师教过一个曾经不喜欢语文的孩子，经老师仅仅 10 分钟的教学，竟然从此爱上了文学，大学中文系毕业后，当上了一名作家，写了一本书，获了大奖。这 10 分钟的教学是怎样激发孩子兴趣的呢？原来是这样的：

师：（在黑板上书写了一个大大的熟字“射”）。同学们，这个字读什么？

生：（齐答）射（shè）。

师：（摇头）这字不念（shè）。

生：（惊异，还能读别的音吗？）

师：（在“射”的两部分中间划了条虚线），你们看，一寸的身子，这个人怎么样？

生：矮（ǎi）

师：对！这个字念（ǎi）。

生：（惊异，情趣倍增）

师：（又在“矮”字的两部分中间划了条虚线）。“矢”是箭，“委”是派出的意思，把箭派出去，是什么？

生：射（shè）。（兴奋极了，感到汉字真有意思。）

射　　矮

师：你们看，该念射（shè）竟可以念矮（ǎi）；该念矮（ǎi）竟可以念射（shè）。汉字各部分能会意，多么有意思呀！

就是这样的短暂教学，使这个孩子对语文产生了浓厚的兴趣，进而变成了终身的志趣。关键是教师抓住了汉字自身的魅力，从钻语文中激发学生爱语文，多么的强效！

（二）激励学生学习的主动需要

学习是怎么一回事呢？传统的认识似乎把学生当成一个容器，一张白纸，不看作人。教师一灌输，学生就得到；教师一传授，学生就获取。实际上，学生并非白纸一张，是生命。他们已有自己的知识、经验、情感储备。学生的学习也并非简单的传授，而是已有经验系统建构的过程，这就是主体的“内化”。用个通俗的比喻，学习如同吃东西，吃的是粮食，经内部器官的消化，变成的却是血液、肌肉、精神。可见，仅靠外部灌输是行不通的，必须促进学生的“内化”。

人饿了，有了需要，就会主动找食物，吃起来很香，易消化；若不饿，吃什么也不香，这是人之常理。学习也是如此，不主动参与，不愿“内化”，就学不好。在教学中，不仅要学生参与，而且要主动参与，创设学生需要的情境，才为“内化”提供强大动力，才有强效果。

先看我上作文指导课的例子，目的是让学生认识到语言表达的交际性，心中有读者，要看交际对象确定表达。激励学生学习的主动需要的操作方法有：

（1）真实产生需要。真实学生才会入境，有需要感，虚假只能腻烦。

（2）挑战产生需要。学习是前知的重组，教学信息的刺激必须勾起前知启动，自我建构，即新知改变了前知系统，形成认知冲突，形成新的认知结构。这时，学生需要感最亢奋。教师的责任就是要引发学生的认知冲突，挑战思维，展现学生由错知到准知，由少知到多知，由浅知到深知，由偏知到全知，由孤知到发散，由求同到求异……

（3）体验产生需要。学生是主人，只有学生参与体验，才有深切感受，一旦产生思维的碰撞，就会迸发需要的火花。

准效

准确是教学起码的要求，否则，就会误人子弟。有些老师会说：教的不正确，还配当老师吗？但是，要真正做到准确，并不是一件容易的事。一般教师较注意微观的准确，往往忽视语文教学宏观的准确，下面的几点就值得注意：

1. 准确地控制语文本性的方向

“语文”姓“语”，这是特性、本性。语文课不能改姓，也不能杂姓。贯彻新课标的许多理念，如学科之间的融合，课内外之间的结合，工具性与人文性的统一等，一定要把握正确的语文方向，不可偏离。其他学科定要为学语文服务，他山之石，要攻语文的玉；课外资料的引入定要为解决语文问题服务；渗透人文性定要从品味语言文字入手。

2. 准确地揭示语文学科的规律

语文学科有它的特有规律，教师必须掌握。如：在语境中学语言；工具与人文不可分；读写要结合；文章内容与形式的统一；朗读中理解与声音的辩证关系；识字中音、形、义、用的结合；生活与作文的源流关系；做人与作文的密切关系……假如这些没有弄清，教学就会体现得不准确。

下面一个例子很能说明问题。在句式训练中常常有将“陈述句”与“把字句”、“被字句”互换的练习，考试也经常有这样的考题。如：

请将下面句子改写为“把字句”和“被字句”。

原句：她不停地往里移伞。（陈述句）

她不停地把伞往里移。（主动句）

伞被她不停地往里移。（被动句）

这样改，毫无疑问是正确的。使学生认识到，一句话可以有不同的说法，表达的求异。但是，既然不同的句式，表达的意思必然就有区别，在特定的语言环境中，必有一个最恰当。所以，上面的认识就会出现问题。就以上面的句子来说，课文的语境是：“她挤在别人伞下，为了不让同学淋湿……”究竟这句后面是哪句（陈述句、主动句、被动句）最合适呢？是不是都行呢？当然不行。根据语境，为了表现她自己宁可淋湿也要助人移伞行为，应突出“她”和“伞”，运用主动句“她不停地把伞往里移。”最合适，而其他两种表达就不太准确了。要知道，求异必须求佳，离开语境单纯改句，明显就出现了问题，不符合语文学科的规律，会误导学生表达的准确性。

3. 准确地把握教材的主旨

新课标明确指出：“在教学中尤其要重视培养语感和整体把握的能力。”在阅读教学中，每篇课文都像环拱于中心的圆球，阅读时必须整体把握文章的主旨，任何局部都是整体的一部分，为整体服务的。教师应指导学生从整体中看局部，从局部中悟整体。不能只见树木不见森林。否则就会迷失读文的方向，不能准确把握。巴金的文章《鸟的天堂》有个重点段，是作者第二天清晨来到鸟的天堂，看到了下面的热闹景象：

很快地这个树林就变得很热闹了。到处都是鸟声，到处都是鸟影。大的、小的、花的、黑的，有的在枝上叫，有的飞起来，有的在扑翅膀……一只画眉飞起来……又飞进了叶丛，站在一根小枝上兴奋地唱着……

我听过许多教师是这样引导学生解读这段话的：

· 自读，谈谈自己的感受。

· 这段话是围绕哪句写的？围绕哪个词写的？（热闹）

· 从哪看出鸟这么热闹？划出有关词句，说说你的体会。

（从形声、种类、动态、情感说明热闹）

· 有感情朗读。

课文整体是讲“鸟的天堂”，指的是一棵大榕树，主要不是写鸟，是大榕树为鸟提供了栖息的摇篮，活动的乐园。纵观教学，实际上，学生仅仅明白的是鸟特别热闹，这就偏离了文章的主旨。抓段落忘全篇，抓局部忘整体。因此这段教学忘掉了重要一笔：大家想想，鸟是在哪儿热闹？鸟为什么能这样热闹？划出有关词语（树林、枝上、叶丛、小枝），回到榕树的主旨，才理解准确。

深效

朱熹对读书曾精辟地谈到：去尽皮，方见肉；去尽肉，方见骨；去尽骨，方见髓。解读文章如同剥笋，要层层剥皮，才能吃到鲜嫩的竹笋。教师只有对文本资源做适当深度开发，对文章来讲，才算真正读懂，对学生来讲，才好层层探究。浅尝辄止，学生一看就明白，不必探究，也无趣探究，阅读能力怎能提高？打铁必须本身硬，这就要求教师备课深钻教材，课堂上引导学生层层探究。

如《一夜的工作》，歌颂了周总理生活俭朴、工作劳苦。描写总理办公室的陈设有这样几句：“这是高大的宫殿式的房子，室内陈设极其简单，一个不大的写字台，两把小转椅，一盏台灯，如此而已。”怎样深解“高大的宫殿式的房子”呢？表面理解是尽管外看高大、宫殿式，而室内简单陈设，对比中反衬总理工作条件俭朴。如果深钻教材，想一想：这高大的宫殿式的房子是特意为总理建的吗？不是的，是为了省钱借用的。这又说明了什么？更表现了总理不仅外面建筑想到节约，而且内部陈设非常简单，句子“高大的宫殿式的房子”，不仅仅是反衬，更是正拖。足见。深钻教学极其重要。

全效

素质教育要求均衡教育，课堂上的全效就是要面向全体学生，让每个孩子都参与受益，一个也不能少。这句话说起来容易，真正做到却不易。

我们知道，课堂教学是一个老师面对数十个孩子，孩子又各有差异，当教师课上提出一个问题时，回答的仅是几个学生，一旦答对，其他学生是否真会，教师就不管了，马上进入下一个环节。即便是自学、齐读，学生的差异也都掩盖在朗朗的读书声中。那种优秀学生当主角、中等学生当配角、学困生当道具的现象，更是屡见不鲜。面向全体就是一句空话。应该说，课堂容易照顾大面积、大多数，不容易面向每个个体，让每个学生都受同样的益，但可以让每个孩子受益。这是课堂的特点，对此应有清醒的认识。

那么，怎样让每个孩子都参与受益呢？难道就无计可施吗？否。只要教师有面向全体的意识，加上以下几点操作要领，是完全可以做到的。

（1）全体练，要独立。

（2）个别练，顾全体。

（3）中间练，带两头。

（4）差异练，都提高。

向大家介绍一种课堂上真正面向每个个体的现代技术。国家“十一五”科研课题“互动反馈技术在教学中的运用”，简称“按按按”，即每个学生都有一个反馈器，根据教学环节，用反馈器回答，通过系统提供的多媒体教学和信息反馈功能，把学习结果返回教师和学生中，从而调整教与学，重新组织学习，查漏补缺，强化正确，纠正错误，找出差距，改进学习等；对教师来说，可以及时掌握教学效果，利于及时调控、改进教学，取得最佳效果，达到提高课堂教学质量目的。由于这个系统硬件有其特点：①每个学生都自己掌握一个操作器。②在屏幕上能及时显示自己和别人的答案。③能储存下来。④教师手里有个教学调控器。⑤另有后端综合平台的支持。这些与其他现代媒体的特殊性，决定了在教学中的特殊意义：人手一机，全体参与，真正做到一个不漏。同时每人既是自主操作，又是必须操作，不受干扰，避免从众心理。体现面向全体，尊重个体。人手一机，有学号，有显示，快速、真实反映每个及全体学生每个题的答案、数据，教师、学生一目了然，便于学生自我反思，便于教师课堂及时调控，启发指导，取得实效，针对性极强。

广效

新课标指出："语文课程……应拓宽语文学习和运用的领域，注重跨学科的学习和现代科技手段，使学生在不同内容和方法的相互交叉、渗透和整合中开阔视野，提高学习效率。"这就要求我们把文本当成能扩展、延伸的开发资源。

（1）恰当、适时地引进课外资料

课内外的结合是当前很时髦的原则，但是，由于某些教学对此认识不清、操作不当，致使流于形式。常常是教师课前布置学生查阅哪些有关资料，到课上以检查作业的方式，汇报查阅的资料，学生拿来一大堆资料，逐一宣读。这样做，学生不知为什么要查阅这些资料，对课文理解有什么用，教师让查什么，回家就查什么，完全是被动的，搜集信息的素养不到位。

①引进课外资料要成为学习课文的需要

要知道，引进课外资料不是可有可无的，而是学习课文的需要。作者根据表达意图，每篇课文都要有取有舍，有详有略，不可能将有关资料都写进文章里，那样也就不成其文章了。课内外的结合应找到结合点，也就是当课文解读出现疑难，而课文内容又解决不了，阅读者解读时可以有自己的需要、疑问、延伸，这才是学习课文与课外资料的"引进点、结合点"，课外资料成为了学习课文的需要。必须靠课外资料帮忙，产生需要时，而引进的课外资料又能很好解决课文疑难，这样的结合才算恰当。

那种为了赶时髦，为引进课外资料而引进的做法，那种不是学生学习课文的需要，教师硬性规定学生查阅课外资料的做法，均不利于培养学生查阅课外信息的素养。

②要在解读课文的关键时运用课外资料

有句古诗名句：山重水复疑无路，柳暗花明又一村。运用课外资料要有诗句的意境。这就要选择好运用时机。应在课文理解出现山重水复疑无路时，恰到好处地运用课外资料，收到柳暗花明又一村的效果。那种不为解读课文的需要，不在解读课文的关键处，简单地让学生汇报交流查阅的课外资料的做法，失去了运用课外资料的作用，是不可取的。总之，只有课内需要课外，课外解决课内，才是和谐之路。

举一个精彩的教例。《第一场雪》表面上看是篇写景的文章，其实却是篇带有政治色彩的文章。当教师在结课时回到课题，问道："课题为什么这场雪叫第一场雪？"学生回答："因为雪是入冬以来胶东半岛下的头场雪。"教师引申到："第一场雪的'第一，还有另外的意思吗？"学生疑惑不知，教师适时引进时代背景：此文发表在1963年。1963年是祖国困难时期的末尾，发表在大报头版头条上。"瑞雪兆丰年"，预示着困难即将结束，国家、人民有了希望。学生恍然大悟，明白了这篇文章不只是写景的文章，《第一场雪》中的"第一"表明祖国定能走出困难低谷的第一信号。这样引进课外资料恰到好处。

（2）学科之间要有机融合

他山之石，可以攻玉。融其他学科的他山之石，融入课外有关信息，一定要攻语文之玉，进行综合学习，不仅必要，而且可能。但必须弄清谁为谁，是其他学科为语文服务，应是融合，不是混合的大杂烩。如《詹天佑》一文，发动学生画"中部凿井法"示意图，理解课文，感受詹天佑的高超技术，是美术与语文的融合。再如：为古诗《题西林壁》配乐朗读，某教师打破了事先配好音乐的做法，而是在课堂上启发学生："下面哪段音乐适合这首古诗的朗读？请同学们帮我选择。并说说理由。"接着播放了"月光曲"（外国钢琴曲）"步步高"（快速民乐）"二泉映月"（低沉悲伤二胡曲）"平湖秋月"（优美抒情民乐），学生从古诗意境与音乐的旋律一致的角度，选定了"平湖秋月"最合适，融合巧妙，然后配乐朗读收到很好效果。

远效

课堂是融昨天、今天，明天的时间隧道。意思是：作为教师，面对今天的学生，教的虽然是昨天的知识，要为了学生明天的持续发展，着眼未来。哪些是学生需要的明天素质？以下两点极为重要。

（1）引导学生探究、掌握学习过程与方法。

①学习过程与学习结果并重。作为三维目标之一就是过程与方法，将其单列，重在重视过程与方法。因为过程方法是结果替代不了的重要素质，是形成能力、习惯的重要内容，是学生可持续发展的重要条件。同时也应

看到，过程与结果是一个问题的两个方面，过程是为了获得结果，结果的获得须经一定的过程，不可分割。正如过河的桥是为了到达彼岸，要想到达彼岸必须过桥一样。既不要只重学习结果，忽视学习过程；又不要只重学习过程，不管学习结果，不可偏废。

②学生要参与学习过程，自主获得学习结果。学生是学习的主人，只有学生参与学习过程，才能积极、主动、牢固、灵活地获取结果，同时，过程中的素质才得以培养，这是个双刃剑。教师越俎代庖是不行的。

③学生不仅要参与学习过程，更要探究学习过程。随着课改的深入，对于语文学习过程、方法越来越引起同行的重视，那种教师包办学生学习过程的现象已不多见，诸如让学生自学质疑解疑，合作探究问题，文本对话表演，综合实践活动，自由查找资料……均是这种转变的操作显现。

但冷静观察分析某些教学现象，不难发现，虽是全体学生、全程参与了学习过程，可师生关注的仍然是最后的结果，只是走了过程，只是感受过程而已，并不自觉，并非掌握。所以，仅仅发动学生参与学习过程是远远不够的，要引导他们研究探索，掌握过程中蕴涵的方法。不仅让学生参与学习过程，更引导学生探索学习方法。正是感觉了的东西，不一定理解它，只有理解了的东西，才会更深刻地感觉它。

新课标制定了培养学生的三维目标：知识与能力，过程与方法，情感态度与价值观。虽然三维目标的角度不同，却不能分家，是个整体。怎样理解这个整体呢？以学为目标的整体。学什么——知识与能力；怎么学——过程与方法；谁在学——情感态度与价值观。看下面“人”字图示：

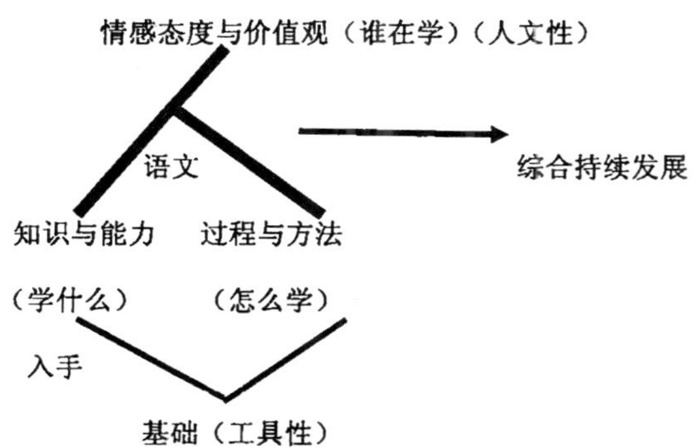

不自觉地操作方法，对过程方法只是感受而已，并非掌握。举下面两

个教学片段做个比较：

《中彩那天》

片断 1

师：同学们，自学课文，提出不懂的问题。

生：老师，我不明白“拮据”是什么意思？

师：这个词是生词。这个问题问得好。大家都想想，联系课文能解决吗？

生：“拮据”就是家穷，他们家六口人全靠父亲一人养活。

生：“拮据”是生活困难，他家只有父亲一人挣钱。

生：“拮据”生活紧梆，勉强度日。

师：说得对！“拮据”就是生活困窘。

片断 2

师：大家自学课文，提出不懂的问题。

生：我不懂什么是“拮据”？

师：这个问题怎么解决。大家有什么好方法？

生：老师，找出有“拮据”的那句话就明白了。

师：这是个办法，大家都找找读读。

生：（读句）第二次世界大战前，我们家六口人全靠父亲一个人维持生计，生活很拮据。

师：同学们说说，明白“拮据”的意思了吗？

生：“拮据”就是家穷。

生：父亲一人养活六口人，生活困难。

师：对了，你们想想，这是用了什么方法弄懂的？

生：联系上下文的方法。

师：是呀，联系上下文是个好方法。

（2）培养学生的创新精神

为什么要培养学生创新精神，这是因为它是世界发展的趋势，是中国教育现状的深思，是国家、个人未来竞争的需要，有其必要性。创新精神是智慧与心理整合，才能与人格整合，有其深远的意义。

创新还有其可能性。教学是个共创的过程。作品变为教材，性质发生了变化，作者、编者与学者、教者见面了，交流了，理解、表达是作者、编者与教者、学者共创的过程。俗话说：一千个读者，就有一千个哈姆雷特。这种个性化的理解，独特的感受，是主动学习的表现，是正常的教学现象。应鼓励学生共创，看清了这一点，对发挥学生的创造潜能大有裨益。

语文学科培养创新精神有其特殊性。体现在：a. 学科性。寓创新精神于语文教学特性之中。b. 基础性。创新精神建立在夯实基础上。c. 系统性。培养创新精神是个系统工程。

在教学中培养学生创新精神，需处理好求同与求异的辩证关系，遵循以下原则：

①同标下求异。任何创新都是为了达到目标的，离开教学目的的求异毫无意义。如：有篇课文《找骆驼》，写的是一位老人从商人走失骆驼地上遗撒的米和蜜、脚印、咬过的树叶，判断出骆驼驮的货物、左脚有点跛、缺颗牙。说明老人观察细致、思维敏锐，判断准确。为了达到学生理解老人逆向创新思维敏锐，教师出示下面两幅咬过的树叶，让学生学习老人迅速判断，哪个是缺颗牙的骆驼咬过的树叶。结果多数孩子都说是图 2，乃是满嘴只有一颗牙，出现错误判断。体验、讨论，学生才明白图 1 正确，树叶多一块的正是缺颗牙，深切体会到老人的逆向思维判断的高超，出色地完成了教学目的。

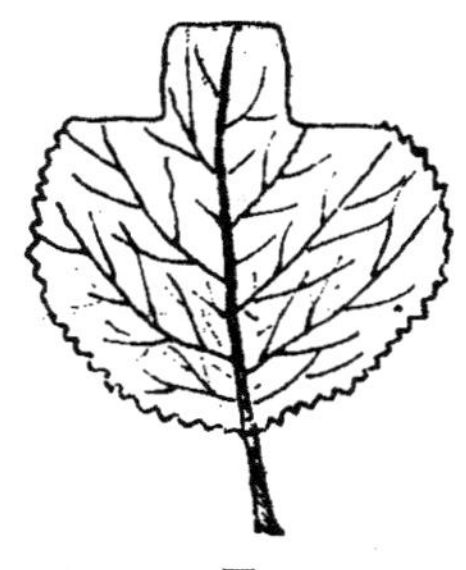
图 1

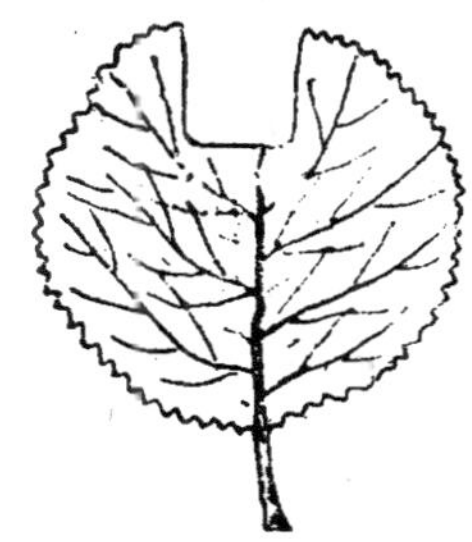
图 2

②共识下求异。作者写出一篇文章，定有它的意图，有其规定的意思，编者将其编入教材，也是为了让学生读懂作者本意，从中受到熏陶教育，渗透正确的价值观。学生读了要领会规定的意思，就是阅读的共识点。引导学生达到共识也是阅读教学的不可或缺的任务。求异不是离开共识的任

意发散，要在共识的基础上共创。

共识与共创都是需要的，两者不是对立的，是相融的。一千个读者，可有一千个哈姆雷特，另一方面，一个作者，就一个哈姆雷特。教学中如何处理共识与共创的关系呢？可有两种做法：一是引导学生阅读领会文章规定的意思，在达到共识的基础上，鼓励学生求异共创；二是在鼓励学生充分发表自己的看法后，引导学生领会文章规定的意思，达到共识。将共识与共创结合起来，将“再现式”教学与“表现式”教学有机结合起来。实现和谐。

③求异后求佳。学生求异发散的各种表达，水平不一，都应该鼓励，但不同中必有最佳方案，应引导加以比较，选择更好的方案，求异后求佳。

课堂上常有这种情况，教师布置了某个求异问题，学生你说一个，我说一个，全班才凑成多种意见，但对每个学生来说，只想出了一个意见，更谈不上求佳，求异、求佳训练并未落实到每个学生。所以，教师要着力培养每个学生，要解决某个问题，应先求异，多想几个意见，再从中求佳的创新路径。

速效

课堂时间是个定数，如何在规定的时间内又好、又快地完成教学任务，是个提高效率的重要课题。

（1）选择直奔目的的有效设计

从整节课的设计，直至每个环节的设计，都要首先确定清晰的教学目的，然后再根据目的选择恰当的手段，先想为什么，再想怎么样，这个设计的顺序不能颠倒，否则，教学很盲目，速效就是一句空话。

举一例说明：低年级课文《小小的船》有句“小小的船两头尖”，教学目的是体会叠词“小小的”的含义与情感。为了达到同样的目的，下面两个不同的设计，会有不同的效果，让我们作个比较：

第一种设计	第二种设计
比较下面的词语，有什么不同。	逐步扩词，体会有什么不同。
小的船	船（事物）
很小的船	（小的）船（意思小）
小小的船	（小小的）船（情感可爱）

相比之下，第一种设计，三个句子学生都得比，没有紧紧围绕“小小的船”展开，又乱又费时，第二种设计，紧紧抓住“小小的船”的语素，直奔目的，逐一解决，步步为营，又集中又快适。

（2）选择最简单的有效设计

教学手段在有效的前提下，有复杂、简单之分，达到同样的效果，应选择最简单的手段，这个道理似乎大家都明白。但实际上往往做不到。当要做公开课、观摩课、竞赛课、评优课时，为了追求时髦，有意包装，选择复杂的手段，结果事与愿违，效低而费时。如：某教师要做《画风》的竞赛课，为了产生开场的精彩，特意做了一个动态的课件，画面是一扇窗户上花窗帘在抖动，意在通过抖动的窗帘，学生说出“风”。课件演示后，教师问：“课件上是什么?”

学生答：“窗户。”教师问：“窗户上有什么?”学生答：“窗帘。”教师问：“窗帘怎么了?”学生答：“在动。”教师问：“什么使窗帘动呢?”学生答：“可能是吹的。”教师急了：“到底是什么吹的?”学生学生终于答出老师要的答案：“风。”连续追问了五个问题，用了5分钟才解决。其实，学生对“风”很熟悉，何必绕弯，教师直接板书“风”，问问学生都见过什么风，用极简单的手段就可以了。

奇效

（1）意外资源的善于应变

课前的“预设”到了课堂，教师要关注学生的表现，师生、生生交往，教学过程定有变化，课堂出现的意料之外，正是教师的关注点、着眼点。对于这意料之外，应看成是可贵的资源，不可多得的教学资源，盼望出现的生成资源。既不要害怕避开，也不要草草了事，而要正视它、重视它、研究它、解决它。往往会收到意想不到的奇效。

有这样一个例子。一次某教师做公开课，目的是教学生学会修改作文中错别字。为了作好预备，前一天，他让班长帮个忙，将老师事先设计的一篇有错别字的作文，复印40份，第二天上课前，分发扣放在每个同学的课桌上，准备课上用。公开课开始了，一切顺利，师生共同探索出修改错别字的方法，要运用方法练习修改复印好的文章时，意外的情况发生了：

师：同学们，请翻开桌子上的练习，按照修改错别字的方法，独立消灭文中的错别字。

生：（刚刚过了一分钟，学生纷纷举手）

师：什么事？

生：文中的错别字已经改了。

师：你们都看看，是不是改了。

生：都改过了。（听课老师一片笑声）

师：（先是惊异，后是思索，学生没的练了，下面怎么办？再是明白了，肯定是班长改的，帮了倒忙）

生（班长）：知道自己做错了，多此一举。（脸立刻红了，低下头）

师：（没有生气，反而微笑应变）我知道是谁改的。现在我请她介绍介绍经验。请班长站起来，大家给她鼓掌。（掌声起）

生（班长）：（转为轻松）

师：我昨天交代你时，有没有让你改文中的错别字。

生（班长）：没有，只是让我复印、分发。

师：既然这样，你为什么要改呢？说说你是怎么想的，怎么做的？

生（班长）：昨天晚上，我打开印好的作文看看，结果发现里面有错别字，我想，首都街头的错别字，我们都上街去消灭，课堂上的更应该改正，于是，我用了两个小时，把每篇中的错别字都改了。因为不知道今天老师要在课上练，我好心却做了错事。

师：不，你做了一件好事，要表扬你。同学们，从班长刚才的介绍中，你们发现修改错别字的新经验吗？

生：老师没让改错别字，班长却主动改了，多自觉呀！

生：要养成修改错别字的能力。

生：她有修改错别字不过夜的习惯。

师：对呀！只要发现了错别字，就修改，净化文字，自觉养成修改错别字的好习惯，才学到家。我们把掌声送给班长。（掌声又起）

这个教学片断，教师面对意外情况，不慌不乱，冷静处理，将偶然事件转变为必然规律，把班长的帮倒忙转变成好事，把准备挨批评的班长转变为表扬，巧妙之极。

（2）现场资源的善于利用

相声有个“现挂”的艺术，就是利用现场的观众或者道具，制造笑料包袱，收到奇效。这对语文教学也可借鉴，课堂环境中的任何东西都应当作教学资源运用，当学生学习遇到困难时，教师要善于抓住现场真实资源，巧妙运用，解决疑难，收奇效。

一次，我上作文观摩课，台下是刚刚认识的几十名小学生。孩子望着身材高大又生疏的老师，略带惊异，紧张。

师：（微笑）你们面前的老师姓赵，大家说说赵老师的身材给你们什么印象。

生：（异口同声）高！

师：谁能形容赵老师怎么高哇？

生：赵老师高极了！

生：赵老师一定有一米八以上！

师：（打趣）篮球运动员姚明身高2米26，我还是个矮子呢。

（台下一片笑声）

师：看来，这么形容身材高，不太好，怎么办？其实我说姚明就是个好方法。

（台下静了下来，没有举手的）

师：（不慌不忙地请全班最高的和最矮的学生上台，站在老师左右。这样现场情况直观，学生心领神会，纷纷举手表达。）

生：班上最高的同学才到老师的肩膀，至于最矮的嘛，刚到老师的腰，赵老师真高呀！

师：（顺势点拨）你们看，不比不知道，一比吓一跳！大家还能找到其他比较物吗？

生：您手触灯管。

生：您进门试试。

生：您摸摸黑板上边沿……

师：（学生指挥老师的活动场面出来了）写写我怎么高吧！

生：（习作后表达）赵老师不用踮起脚，手就能摸到灯管，我蹦起来也够不着。您太高了！

生：教室门已经很高了，可您进门却要低头弯腰呀！

生：您摸摸黑板上边沿，毫不费力，我们却要站在椅子上，才能摸到。

……

师：一比较观察，我的特点就显出来了。

这个片段我三次运用现场资源，先以描写我身“高”现场资源为题，一下子就激发了学生的表达欲望。以打趣方式说到：“篮球运动员姚明身高2米26，我还是个矮子呢”，引出悬念，运用手到擒来的活生生资源，全班最高的和最矮的学生上台，运用现场资源，站在老师左右的表演，揭示了比较中表达，收到意想不到的效果。接着，放手让学生找现场比较物，扩展训练，学生不知不觉地学会了比较表达的技巧。

二、上好“责任课”

“责任课”是落实语文教学岗位责任制的重要组成部分，是提高课堂教学效率的重要措施，也可以说是朝着“教学过程最优化”的目标迈进的有益尝试。

（一）“责任课”的特点

这里的“责任”是指一节课或一课书的教学目的。所谓“责任课”，即教师对每节或每课的教学任务负责到底。也就是说教师依据课标、教材的要求，做到每节课目的明、落实牢、效果显，化为学生的智能。“责任课”主要体现在课上，但又是包括课前课后的一个教学过程。“责任课”应具备以下几个特点：

（1）目的明确。这节课到底要教会学生什么，教师必须清楚，也要使学生明了。

（2）落实有力。教与学要瞄准本节责任去落实，做到处处有的放矢，环环扣准责任，步步扎扎实实，使学生真正达到弄懂、学会。

（3）效果显著。效果主要从学生的知、能、智几方面考查。当堂看效果，当堂显效果。

（4）遵循规律。“责任课”的各个环节都要依据教育学、心理学的基本原则，渗透着注意、兴趣、感知、理解、思维、迁移、反馈等观点，并在“责任课”中正确处理目的与手段、讲与练、文与道、扶与放、知与能、教与学等各种关系。

（5）依靠师责。“责任心”是“责任课”的精神支柱。“责任课”与“责任心”互相促进，相得益彰。

（二）“责任课”的教学程序

1. 确定责任——促教学任务的最优化

（1）确定“责任”的原则。①“准”。一是依据教材确定。“责任”要遵循大纲的规定，符合教材的要求，适合课文的特点。课后作业要求做什么，责任就应完成什么；课文适合做怎样的训练，责任就要确定这方面的训练。二是根据本班学生确定。既要看学生的已有基础（现在发展区），又要着眼能够达到的目标（最近发展区），使确定的“责任”符合这一课，又适合于这一班。总之，要找“准”教材的要求点、重点、特点，摸“准”学生的基点、难点、需要点。如《再见了，亲人!》课后设计了理解词语与感情朗读两项作业，本课特点也正是用词精妙，情感饱满，而某班学生难点也在于理解词语。于是教师最后将本节责任定为：“深刻理解重点词语，达到感情朗读课文。”②“少”。每节责任要“少”，要集中，要有主攻方向。一节责任课就订一项任务，至多两项。③“精”。“精”就是“精华”“精髓”之意。确定的责任“点”必须抓住与全面发展的内在联系，选择能牵一发动全身的“点”为责任，从“点”中去完成“面”上任务。例如，某教师经过深入钻研教材、了解学生，将《送西瓜》一课责任定为“学习课文重点部分怎样围绕中心写具体。”④“明”。责任的表述要明白、清楚、具体化。学生一听，就知道这节课要干什么，一下子就抓住要领。既明确课文应懂什么，又明确要训练学生什么，不能含糊不清，过于笼统。像《再见了，亲人!》，将责任定为“读懂为什么志愿军与朝鲜人民互称‘亲人’”一目了然。

（2）确定责任的步骤。①先课文后作业，定训练项目。首先反复深入地阅读课文，理解透彻。接着认真领会课后作业的要求，题文结合选准训练项目。以《黄河象》为例，理解课文后，再看课后作业，第一题带有统领全篇的作用，就紧扣这题定责任。课文的科学性很强，这题正要引导学生挖掘出它的科学性，于是就可以确定本课的训练项目为读课文、训练学生看联想、找根据。②先本课后全册，定训练目的。必须统观全册要求，居高临下，从上面确定的项目着手，看整学期在这方面应达到的要求，从而制订训练目的。仍以《黄河象》为例，联系全册教学要求，这个项目乃是“看到、听到的和联想到的”重点项目的体现，从而明确责任目的：“看联想，找根据，体会联想的事实基础，培养学生科学推理的能力。”③先教材后学生，定训练程度。要摸清学生在此训练项目上的基础如何，找准起点、难点，从而确定责任的恰当训练程度。还以《黄河象》为例，某教学班老师结合本班情况定出“以联想词语找根据词语”，从实际出发，又不降低要求，统筹兼顾。

2. 明确责任——促教学动机的最优化

（1）亮责任。要把本节责任明明白白地告诉学生，使学生由无意注意转向有意注意，去注意教师要求学的知识，主动地寻求，形成优势兴奋中心，自觉地完成学习任务。亮责任时要注意：①叙述角度的改变。亮责任是向学生亮，就应将教师的责任转换为学生的学习任务。②责任中不要把现成答案暗示学生。亮责任一般有三种形式：教师直接写到黑板上；教师只做口头表达；教师引导学生说出。

（2）导责任。不仅要让学生知道责任，更重要的是要愿意完成责任。这就必须注意如何导出责任，引导学生产生需求。通常有以下几种导入方式：①从情境导入。创设一种情境，让学生发现自己的问题，从而产生求知欲望，这时才亮责任。如一节识字课，教师不忙于亮出本节责任“掌握汉字的变形规律，不写错字”，而是先听写几个汉字——“每”“海”“敏”“繁”。四个字中“母”字位置有上有下，有左有右，结果全班学生“繁”都写错了，“母”字第二笔出头加钩了，这正是学生不知“母”字变形规律所致。为什么同样是“母”字，位置不同字形有变呢？需要发现的情境出现了，教师才顺势导出责任。②从直观导入。用形象化的教具或实物，可产生学习的动机。如某教师教《小虫和大船》，先展示一块有虫蛀的木板，接着问：“这块木板上有个什么？”“这小孔是怎样形成的？”“如果将这块有小孔的木板钉到一艘大船上会发生什么变化呢？”悬念出现，学生对本课也有了兴趣，教师才亮出责任：“了解小虫怎样毁了大船，告诉我们什么道理？”③从解题导入，从审题入手导责任。如某教师教《再见了，亲人！》时先板书课题，有意将题中的两个标点（，！）不写，而后启发学生：

“课题缺什么？并补上。”教师接着点拨：“一般课文课题没有标点，为什么这课却有标点呢？”学生回答：“课题是引用志愿军叔叔的话，含有丰富的感情。”教师肯定：“对！本课是抒情散文，感情饱满，因此读课文要很有感情才行，感情朗读就是这节课的任务。”④从生活导入。从已知到未知，从学生身边熟悉的生活导入离学生较远的事物，过渡自然，顺理成章。如某教师教《再见了，亲人!》一节，先启发学生回忆自己的生活实际：“你们认为亲人都是指谁？”进而追问：“那么这课中的‘亲人’是谁称呼谁为亲人？”“志愿军与朝鲜人民既不是一国人，又不是一家子，那为什么要称‘亲人’呢？这就是本节要解决的问题。”

3. 落实责任——促教学手段的最优化

（1）重点要落实——促教学内容的最优化。一篇课文每一处都有值得挖掘的地方，但必须加以选择，有取有舍、有详有略地使用教材。选材的标准就是“责任”。以《送西瓜》为例，如果责任定为“学习例文重点段怎样围绕中心写具体”，那么就必须做一番选择，紧紧抓住最能体现责任的内容作为重点而详教，其他内容应为非重点略教。对这篇课文依据责任可以层层选材。（如下图）

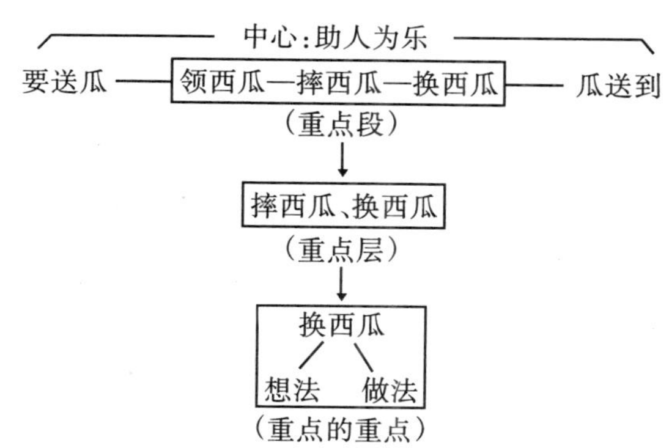

《送西瓜》选材示意图

经几次筛选，换西瓜部分既是最突出中心之处，也是学习本节责任“围绕中心写具体”的关键处。

（2）训练要落实——促教法的最优化。教中有练，练中有教，事半才会功倍。如《小虫和大船》结尾句“小小的蛀虫竟毁了一艘大船”是全文的重点，在交代事情结果之中蕴含着因小失大的哲理。为了落实“明白防微杜渐的道理”的责任，某教师采取了“分步扩句法”加以突破，将原句压缩，然后逐渐增加辅助成分扩充句子，最后恢复到课文原句，每扩一类体会一次。①缩：蛀虫毁了一艘船。（交代事情结果）②扩：小蛀虫毁了一艘大船。（强调因小失大）③扩：小小蛀虫毁了一艘大船。（突出小小的危害）④扩：小小蛀虫竟毁了一艘大船。（这危害既在意料之外又在情理之中）抓住语言因素训练，深入领会了反义词、叠词、副词的精妙作用，道理明在其中，责任落到实处。再如《黄河象》一课，如责任定为“培养学生科学的推想力”，那么最优的教法应是“跳跃阅读法”，暂时撇开头尾，直奔中间假想段，搞清老公象是怎样一步步陷淤泥而死的。然后再看两头，给假想找根据，从中明白了并非胡思乱想，而是依据化石发掘时实地姿势推断而出，是有根据的科学假想。这不仅渗透了唯物主义观点，而且训练了逻辑思维。

（3）学法要落实——促学习的最优化。责任的落实不只要落到“教”上，更须落到“学”上。这个“学”不只要学会，更重要的是会学，也就是说只有教给了学生点金之术，捕鱼之网，学生才掌握了举一反三的本领，为形成能力创造条件。因此，“责任”的落实必须体现“学法”的落实。择几例如表 5-1。

表 5-1

课　　题	责　　任	学　　　　法
在炮兵阵地上	有感情朗读	①懂事情　②悟感情　③练声音
惊弓之鸟	复　述	①先想围绕什么意思复述 ②再想按什么顺序复述 ③后组织语言用自己的话复述
劳动的开端	把句子写具体	①懂句意　②看句子强调什么 ③找句子缺少什么 ④把缺少部分补具体
开国大典	理解句子含义	①读句子明句意 ②找准关键词 ③抓住关键词想问题，挖含义 ④把含义带入原句，将语言连通顺

落实学法应通过教师引导，让学生自悟学法，自己总结规律，多用发现法。

（4）时间要落实——促教学时机的最优化。儿童有意注意的持续时间：7～10岁儿童平均为20分钟，10～12岁儿童平均为25分钟。这20～25分钟就是学习效率最高的时间，责任落实环节应紧紧抓住这个最佳时间。

4. 验收责任——促教学效果的最优化

责任是否完成必须有检验才行。要当堂检查，当堂验收。谁来验收？教师根据责任自我验收，也是学生的自我检验。通常以独立练习的形式出现。安排验收环节要注意：

（1）验收要奔向智能。责任课中的责任既包含着获知的任务，也孕育着智能的训练。应从运用知识、着眼智能的高度验收，也就是说以自学能力的程度做验收的尺度。①教一句，验收另一句。如悟《开国大典》一句含义，教师拿两句教方法，留出另两句作为验收，看学生能否独立用方法。②教一段，验收另一段。如教给学生读懂《再见了，亲人！》中大娘一段，以同样的阅读方法用小金花及大嫂另两段验收。③教一课，验收另一课。当学生学习了《少年闰土》掌握了抓人物特点的阅读方法后，就以另一课《大仓老师》让学生独立抓特点。④教课文，用课外读物验收。像通过《小松树》的学习，摸到了按时间先后顺序分段的门径，接着印发课外读物《种蓖麻》检查独立分段。诸如上面的验收形式，有扶有放、扶放结合，注意课文间结合，课内外阅读的结合，生动活泼，当堂就能看到学生智能的长进。

（2）验收要力求扎实。验收时一定要让学生看到自己的成果，并给予自我调节再提高的机会，可收高效。某教师在以《麻雀》第一段验收编写段意的简练性时，采取了“三写两改”的办法，运用了两次“反馈”。

一写：①我打猎回来，猎狗跑在前，闻到了野物，原来是刚从巢里摔下来的小麻雀。

↓

反馈：（让学生删去段意中的次要部分，修改段意）

↓

二写：②猎狗闻到了野物，原来是一只小麻雀。

↓

反馈：(让学生删去段意中啰嗦重复处，再改段意。)

↓

三写：③猎狗发现了小麻雀。

经此反复锤炼，段意越来越精炼，学生也从中悟出编写段意的方法。

(3) 验收要面向全体。教师在统一要求的基础上，因材施教区别对待，使不同程度的学生都有收益。某教师上作文指导课，作文题目是《记电影中的一个人物》，责任要求是“学习写人文章的选材”。教的学法是三步选材法：一选好影片；二选准人物；三选典型情节。指导时以《冰山上的来客》中的一班长为例，验收时别开生面地采用了“分组习作”的办法，将学生按好、中、差三个组分别练习。

优等组：按三步选材习作。不能再写《冰》片，要独立另选影片。

中等组：按三步选材习作。可以写《冰》片，但不能再选一班长，要独立另选人物。

差等组：按三步选材习作。可以写《冰》片，也可以写一班长，不过一部分典型情节要自己选择。

这样验收，真正做到了优等生“吃得好”，中等生“吃得饱”，差等生“吃得了”，各自从他们的起点向前迈进，量力而行，各得其所。

5. 弥补责任——促教学管理的最优化

(1) 记教学档案。“责任课”后教师应记“教学档案”，运用教育统计学的方法，将全班学生学习情况如实地记录下来，促进教学管理上的最优化、科学化。记“教学档案”的原则有两条：①简明性。格式要简单，记录不费时，文字、数字、符号要简洁。②实用性。要为用服务，为教师自己查阅提供方便。记“教学档案”的形式多种多样，通常都以记问题为主，便于弥补。①从记的内容看：有一课一记，一单元一记，一阶段一记，一学期一记等。②从记的对象看：有每个学生都记，有只记优等生、后进生两头，有只记后进生等。③从记的形式看：有按项目记人名和按项目记问题两种，通常采取列表式。④从记的符号看：有的以“✓”或“×”表示，有的以分数表示，有的以等级表示，有的以简语表示。

(2) 补教学漏洞。何时弥补，用何方式弥补？①平时。通常有以下方式：(a) 修改式。发现了学生问题，一方面记在档案上，另一方面要求学生及时改正过来，教师再做检查，改对了，教师马上“消账”。（b）衔接式。本节责任课上发现的问题，除了记录之外，根据问题的性质，放到以后适合纠正不足的另外课文教学时给予补漏。（c）个别式。某些带有个别性质的问题，可发挥教师面批的作用，或开小型座谈会，或个别辅导，使之彻底解决。（d）学帮式。弥补的工作也可以发动学生之间的互相帮助。像成立互帮小组，设立“小医院”，命名“小老师”等生动活泼的制度，形成班级中团结互助、共同前进的好风尚。②复习。一个阶段后，有针对性地复习，突破学生的难点，圆满地完成责任。“弥补”应以课堂弥补为主，不能采取留大量作业的做法。在弥补工作中也要充分调动学生的积极性、主动性。

综上，“责任课”的五个环节，尤其是课上的三个环节，只是原则而已，不能当做“模式”硬套。

三、课堂教学中的“教师机智”

我们知道，备好课是为了上好课。但是，课前备课的教案到了课堂上，由预设到生成，有了教学对象学生的参与，必定有变化。这变化有两种情况：一是教师要“应对”。到了课堂，即便按照教案的思路施教，教师也要关注学生的表现，师生、生生交往，教学过程也定有变化，教师必须应对。二是教师要“应变”。课上，往往会发现教案中不对、不足、不好的现象，会出现意料不到的情况，教师需要应变。变是必然的，局部改变的情况很正常。这就是课堂上“教师机智”，是教师非常重要的基本功。

我们还应知道，教师教学的应对的对策，应变的变化向何处去，这机智全是为了促进学生的生成发展。学生需要向何处发展，正是“教师机智”的走向，我们需要深入研究“根据课堂学生的随机表现——发挥教师机智的不同功能——促进学生多向生成”三者的关系，提高教学效率。回顾我数年的教学、教研实践，列举几个教学片断，谈谈我的管见。

正误的教师机智——促学生准确获知

课堂是允许学生犯错的地方，这就是学生“无错”原则，但是无错并不等于不纠错，教师机智的责任就在于引导学生从错误转化为正确，获得准确的知识。

教学片断1：一段有几句话

师：同学们，读读《葡萄沟》第1自然段，看看有几句话。

生1：(默读后) 这段有三句话。

师：同意有三句的，请举手。

生：(几乎全班学生都举手)

师：有不同意见吗?

生2：我觉得是四句话。(这是错的)

师：你敢于发表不同意见，很好！这样吧，你推荐3行同学朗读这段，每行读一句，你就读第4句。好吗?

生2：(三行学生每行读了一句后)，老师，他们都读完了，我没有读的了。

师：你很认真听他们读，知道为什么你没有读的第4句吗?

生2：我把“五月有杏儿，七、八月有香梨、蜜桃、沙果，到了九、十月份，人们最喜爱的葡萄成熟了。”这句看成两句了。

师：你发现得很准，为什么看成两句呢?

生：我把逗号看成句号了。这段有3句。

师：对了！不管是哪月，都是说水果丰收了，所以用逗号。

点评：这个片断虽说只是简单解决个体的问题，但教学机智表现在，遇到个别似乎不会出现的不同意见，冷静巧妙处理。在绝大多数学生都对的情况下，教师并不放过个别不同，而是鼓励不同。出现歧异后，采用以其人之道还治其人之身的办法，尊重不同，表扬不同，并给予推荐权，舒缓了学生的自卑心态，抓住这个学生要等待自己读的第4句，就要认真听前3句的起止的心理，实际上是启发孩子自悟自明，在体验中发现错误之处，准确获知，恰到好处。这比采取让学生坐下再想想、别人批评帮助、举手表决、教师告诉的简单处理，在尊重主体、认知心理、体验自悟诸方面都优化。

破难的教师机智——开启学生思维

教师备课定要备难点，课堂要突破难点，破难是显示教师机智的功夫处。在学生难点出现时如何应对，既突破难点，又能开拓学生思维，我曾做过这样的尝试。

教学片断2：板书技巧，引导发现一段话的观察顺序

师：同学们，读读下面一段话中有几句话，每句写的是什么，用段中的一个字概括每句话的意思。

出示原文：有个很大的葡萄园。园里有茂密的葡萄架。架上挂着亮晶晶的葡萄串。串串都结着又大又圆的葡萄粒。

生：第1句意思是写“园”，第2句意思是写“架”，第3句意思是写“串”，第4句意思是写“粒”。

师：（学生一边说，教师一边板书）对。你们看看板书，发现了什么？

板书：

园　架　串　粒

生：字越来越小。

师：我为什么写得越来越小？

生：因为几句话写的葡萄的范围越来越小。

生：园比架大，架比串大，串比粒大。

师：（再画板书）再看看板书，发现作者是怎样的观察、叙述的顺序。

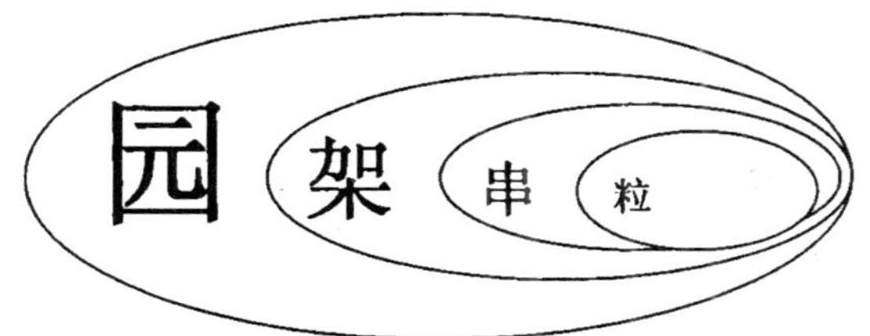

生：由大到小

生：逐步缩小观察范围。

师：是这样，从整体到部分，逐步缩小，最后到葡萄粒。

点评：这段话的观察顺序是个难点，学生不易从字面上发现。如何开启学生的思维，引导发现，是教师的机智。如果直接问，学生可能说不出，如果教师直接讲，灌输不可取。于是我采取了两次板书启发，一次是将字越写越小的直观手段，一次用圆圈勾画范围顺序，学生一下子就发现了从整体到部分的顺序，突破了难点。

亲和的教师机智——开讲拉进师生距离

每当开始上课，特别是我经常应邀借班上课，而且台下有许多听课老师，我与学生初次见面，素不相识，生疏的面孔往往会造成学生紧张、好奇、拘束，情感距离疏远，不利于教与学。此时，如何尽快消除学生的心理障碍，开讲如何拉进师生距离，学生如何很快进入学习状态，就需要教师的亲和机智。

教学片断 3：[我在沈阳珠江五小四（一）班上的作文课]

师：（我与这班学生素不相识，刚刚见面）同学们，你们知道我们这节课要学什么吗？

生：学作文。

师：你们知道老师姓什么吗？

生：不知道。

师：这是实话。我是第一次给你们上课嘛！

我说三个字谜，猜一猜我的姓名。我的姓是“我走在岔路口”。

生：是“赵”。

师：我的名字是“北京的上空有日头”“王山而凑一凑”。

生：（学生纷纷在桌子上猜写）您的名字叫“景瑞”。

师：猜对了，你们真聪明！怎么称呼我？

生：赵老师。

师：还有别的称呼吗？

生：我非常惊讶，给我们讲课的居然是个“爷爷”。

师：真亲密！你为什么把我称作爷爷呢？

生：因为我看您已经有白头发了，看起来很老了。

生：我听过一句话：真人不露相，我猜您的头发可能染白的。

师：噢，你有判断！不过，我可没染头发。就是染也应染黑，哪有染白的？（众笑）怎么形容我有白发呢？

生：白发苍苍。

师：我还有黑头发呀！将来就是“白发苍苍”，这是努力方向。

生：（笑）

生：是“黑白相间”。

生：是“黑里透白”。

师：我头上的黑发白发并不分明，用哪两个字表示更准确。

生：雪白。

师：没那么严重。

生：（笑）斑白。

师：头发有病啦！

生：（笑）花白。

师：很准确。还有什么称呼？

生：赵先生。

师：对！我比你先生出来的。（大笑）

生：赵教授。

师：你看我瘦吗？（笑）我开了个同音字的玩笑。你们再猜猜，我最喜欢你们叫我什么？

生：朋友。

师：对极了！我们就是朋友嘛，加上我的姓，一起称呼我。

生：（齐）赵朋友。

师：小朋友们好！开始上课。

点评：万事开头难，开讲拉进师生情感距离，是顺利完成教学任务的前提，从上面的教学片断，我体会到：课堂教学的师生关系非常重要，它看不见，摸不着，时时刻刻离不了。亲其师，信其道符合小学生的学习心理。课前的教师亲和机智绝非无关紧要。多年的实践，我悟到几点规律：①从教师自身选取有趣话题与学生交流（教师姓名，称呼），使学生喜欢，消除心理障碍。②教师要关注学生的表达，以亲和、幽默的态度与其对话，拉近情感距离，放松心态。③在交流的过程中，不丢语文学科的特点，随机训练语言（猜字谜，准确用词）。

“现挂”的教师机智——借机渗透学习方法

课堂上，经常会出现意想不到的情况，预设教案中也没有，教具、课件都没有准备，时间也不允许你长时间考虑，如何处理？让它溜过去，这往往会失去难得的教学资源，这时如果教师注意运用“现挂”，“现挂”是相声界顺手拈来现场事物的巧妙包袱，即随手拈来的现场教学资源，借机渗透学法，即会化难为易，柳暗花明。我就曾经遇到过这样的情况。

教学片断 4：

一次，我在上作文观摩课，台下是刚刚认识的几十名小学生。孩子望着我这个身材高大又生疏的老师，略带惊异，紧张。

师：（微笑）你们面前的老师姓赵，大家说说赵老师的身材给你们什么印象。

生：（异口同声）高！

师：谁能具体地形容赵老师怎么高哇？

生：赵老师高极了！

生：赵老师特别高！

生：赵老师非常高！

（学生看来不太会具体表达，出乎我的预料，我认为这是渗透说具体学习方法的好机会，于是……）

师：（打趣）篮球运动员姚明身高 2 米 26，我还是个矮子呢。

（一片笑声）

师：看来，这么形容身材高，不太好，不具体，怎么办？其实，我说姚明就是个什么好方法？

（静了下来，仍没有举手的，也出乎意料）

师：（我迅速观察了现场全班学生的身高，请全班最高的和最矮的两个学生上台，站在老师左右。这样现场情况直观，学生心领神会，纷纷举手表达。）观察后，谁能再具体说说赵老师的高。

生：班上最高的同学才到老师的肩膀，至于最矮的嘛，刚到老师的腰，赵老师真高呀！

师：（顺势点拨）你们看，不比不知道，一比吓一跳，一比就知道！这是怎样的方法呢？

生：比较的方法。

师：对极了！大家还能找到其他比较物吗？再说说。（学生指挥老师的活动场面出来了）

生：您手触灯管边……

生：您进门试试……

生：您摸摸黑板上边沿……

师：写写我怎么高吧！

生：（习作后表达）赵老师不用踮起脚，手就能摸到灯管，我蹦起来也够不着。您太高了！

生：教室门已经很高了，可您进门却要低头弯腰呀！

生：您摸摸黑板上边沿，毫不费力，我们却要站在椅子上，才能摸到。

……

师：一比较观察，我的特点就显出来了，也就写具体了。

点评：此片断以现场观察自己，描写身“高”为题，指导写具体。当学生看来不太会具体表达，出乎我的预料，我认为这是渗透说具体学习方法的好机会，于是运用了手到擒来的活生生现场资源，以打趣方式说到：“篮球运动员姚明身高2米26，我还是个矮子呢”，引出悬念，巧妙地为比较埋下伏笔。又让全班最高的和最矮的学生上台，站在老师左右表演，不留痕迹地揭示了比较中的表达方法，现挂一下子就激发了学生的表达欲望。接着，放手让学生找比较物，扩展训练，又一次运用现场资源，而且是学生在运用，收到意想不到的效果。学生不知不觉地学会了比较表达的技巧。现场事物到处有，恰当使用就能变成鲜活的教学资源，关键在于教师遇到问题，不慌，冷静下来，善于发现身边有用的事物当资源，迅速作出判断，恰当运用，引导学生掌握学习方法。当然，要做到现挂游刃有余，需要多年的刻苦实践，做有心人，才能水到渠成。

评价的教师机智——发现、激励学生的闪光点

教师在课堂中对学生的评价是机智的重要方面，因为每次评价都要针对学生当时的表现而作出，而且要迅速、恰当地作出，学生不同，教学内容、环节不同，事先是不可能预测评价的，所以，这种应变能力往往成为衡量是否是优秀教师的重要标准。如何优化教师评价，先来看看下面的教学片断。

教学片断5：

当学生阅读中国传统故事《狼来了》之后，教师要学生说说读了这个故事的感受、感想、启发，出现了下面的课堂情境：

师：同学们，读了《狼来了》这个故事，你们有哪些感受呀？

生：骗人是不对的。

生：骗人没有好下场，结果狼真的来了，把羊吃了。

生：搬起石头砸了自己的脚。

生：骗人就是骗自己。

生：什么事情都要实事求是。

（下面这个学生的发言很独特，出乎老师的意料。）

生：我觉得，骗人不能骗三次。（大家都感到突然。）

师：（略加思索，冷静）按你说的，假如我来骗骗你，每次只骗两回，让你受害，你对我怎样看？

生：不好。

师：怎么不好？

生：太坏了。

师：是呀！学骗人行吗？

生：不行。

师：对！同学们，读文章，就要明主旨，学做人。

师：（话题一转）这个同学虽然读文章没有抓住主旨，他的感受是"骗人不能骗三次"，还有个优点呢？你们发现了吗？

生：（惊讶，没有人举手）

师：他虽然没有注意文章的思想内容，但他从哪个角度看问题的？

生：注意孩子骗人一次、二次、三次。

师：你真了不起！会发现闪光点。他注意了事情发展的次数，与你们思考的角度不同，很独特。值得同学们学习。看问题就要从不同角度思考。只是需要用在正确的方向。

点评：这个片断中，当某个学生说出"我觉得，骗人不能骗三次"的意想不到的独特感受时，很明显，他的观点是错误的，价值取向是不对的。对这突如其来的发言，教师如何评价？

如果教师采取避开当场评价，让这个学生坐下，显然不好，不光这个孩子茫然，其他学生也失去一次受教育的机会。应该说，这样做，教师无教学机智。

如果教师直接批评孩子"你怎么能学骗人！"，一棒子打入冷宫，可能就此扼杀这个学生今后学习的积极性，也可能遭到同学的冷遇，其实，这个学生并非要学骗人，只是一种认识而已，教师这样评价就未免有些武断。

如果教师采取发动学生评议："同学们，你们对这个同学的发言有什么看法?"很可能出现群起而攻之的情况，这样，不仅会使这个学生从此抬不起头，而且，其他学生也未能从中学到独特的思维角度。

对于学生说出"骗人不能骗三次"的价值取向明显偏离，而上面的教学片断，教师的评价与众不同，十分巧妙，有以下几点评价机智值得欣赏：①遇事教师十分沉着冷静，不急躁，认真倾听学生的发言，尊重学生，这是教师评价机智的情感前提。②要善于发现学生的闪光点，要知道，事情都是可以一分为二的，学生的表现常常是优缺并存，教师既善于在学生优异发言中指出还须朝哪个方向努力，又善于在学生错误发言中发现优点，正如片断中教师针对"骗人不能骗三次"的错误取向，一分为二，以"其人之道还治其人之身"换位办法使学生自悟观点不对，特别称道的是从中洞察发现"事情发展的次数"独特的思维角度，给予肯定与表扬。这是教师评价机智具有的辨证思考。③教师评价要具体化。常见有些老师课堂上用"答得对""你真好""你有进步""大家给他鼓掌"等空洞评价，表面上似乎在鼓励学生，实际上这是"漂亮的大话、美丽的套话、亮丽的空话"，教师说这些话不用思考，学生听后仍不知何处好，如何学习呢？而上面的教学片断，评价却与众不同，好在哪，错在哪，一目了然，学生真能从中受到启发与教育。④教师在针对个别学生评价的同时，始终不忘以点带面，发动学生寻找闪光点，并引申到阅读要首先抓住文章的主旨，还要多角度思考，提高全体学生的创造性阅读能力。

升华的教师机智——拨亮学生的认知盲点

学生在学习的过程中常出现认知的盲点，或是不知，或是偏知，或是窄知，这就是盲点。课堂上当学生出现盲点时，教师如何应对，拨亮学生的认知盲点，升华认知，让光明照亮前程，正是教师的责任。举一个我的教学实例。

教学片断 6

一次，我上作文课，目的是指导学生写具体。采取现场观察一张纸，写这张纸的训练。我发给每个孩子一张白纸（是张 B5 纸被裁成 4 份的无字纸）。

师：同学们，观察每人手里的这张纸，说说你们观察的结果。

生：（观察后）这是一张纸。

生：这是一张什么也没有的纸。

生：这是一张上面没写字的纸。

（学生的发言出乎预料，使我感到他们说的很不具体，看来，学生不会观察，可能对什么是观察都不清楚。于是……）

师：我问问，你们认为什么叫观察？用一句话说说。

生：观察就是看东西。

生：观察是仔细地看事物。

生：观察是认真、细致地看。

师：（经过应对初步调查，果然发现学生对观察是盲点，于是，继续深入调查）。这几个同学都说了，他们三个中有哪一个字是相同的？

生：是“看”。

师：对，再问问你们，什么叫“看”。

生：看就是“瞧”。

师：（追问）那是用什么“瞧”？

生：用眼睛瞧。

师：我明白了，你们认为观察就是用眼睛仔细地瞧事物。大家同意吗？

生：（齐答）同意！

师：（开始升华）好，就用你们的观点，我们一起继续用眼睛观察手上的这张纸。这张纸是什么颜色的？是什么形状的？

生：是一张白色的长方形的纸。

师：刚才几个同学说到这些了吗？

生：没有。

师：接着用眼睛仔细瞧，纸的四边一样吗？

生：不一样。有两个边是齐的，另两个边是毛边。

师：对，这些刚才几个同学又说到了吗？

生：也没有。

师：是呀，你们把纸放在眼睛前平视，又看到了什么？

生：这张纸成一条线。

师：这说明了什么？

生：说明这张纸是薄纸。

师：虽然你们刚才也用眼睛看了，为什么看不到这些？

生：因为看得不仔细。

生：因为没有平着看。

师：就是呀！用眼睛也要变角度看，才能有新发现。

师：（继续升华）请同学们拿起这张纸，用手摸一摸，发现了什么？用一个词表示。

生：平整。

生：平滑。

生：柔滑。

师：这些感觉是眼睛看到的吗？

生：是手摸出来的。

师：你们再用手抖一抖这纸，出现什么了？

生：听到“哗啦哗啦”的纸声。

师：这纸声是眼睛看到的吗？

生：是耳朵听到的。

师：你们闻一闻纸（我事先在纸上喷了点香水）。

生：（众情不自禁地自言自语）啊！真香！

师：怎么香？用词句形容形容。

生：纸上有股清香。

生：一股茉莉花香扑鼻而来。

师：这香气是用眼睛看出来的吗？

生：是鼻子闻出来的。

师：（再升华）如此看来，观察只靠眼睛吗？什么是观察，你们有什么新看法？

生：观察是用眼看，用手摸，用耳听，用鼻闻事物。

师：（升华）有进步，还须用脑想，有时还得用嘴尝，用脚踢呢！这眼、耳、鼻、嘴、手……都是什么？谁能一个词概括。

生：器官。

师：对的，那什么是观察？

生：观察是用多器官了解事物。

师：（升华）人的器官不仅是生活的需要，也是观察认识事物的有力武器。加上前面说的，多角度、多器官协同了解事物才是观察。

……

点评：这个教学片断是针对学生的认知盲点——观察，逐步引导升华。当我发现学生普遍认为观察就是用眼睛看时，当时很高兴，因为问题暴露了，比问题潜在容易处理，这是好事，学生犯错是正常的，从某种意义上说，学生学习就是不断犯错、改错的过程，教师的一个责任就是让错误暴露，帮助纠错，要正视它、重视它、研究它、解决它。我在发现学生盲点后。对于这意料之外的可贵资源，去拨亮学生的认知盲点，引导不断升华。由用眼睛粗看升华——用眼睛多角度细看——用其他器官了解——用多器官协同了解——多角度、多器官了解，四次升华，学生不断顿悟，透彻理解了观察的概念。这里，有以下几个环节：

（1）乐于发现盲点。到了课堂上，教师胸中有教案，目中有学生，应乐于全神贯注地观察、乐于倾听学生的表现，出现意料之外的情况，及时发现，如获至宝。

（2）精于思考盲点。针对发现的情况，迅速、准确究其原因，是教案不足的原因，是学生理解的偏差，思考解决办法。

（3）善于解盲升华。思考后，应立即做出反映，调节教学，做出应变，速于评价。顺学而导，在师生互动中，循循善诱地课堂升华，促进学生发展。

四、教学中的“分组练”

“分组练”是提高教学效率、增加教学容量、增强效果广度的必要辅助手段，是充分发挥个性特点、达到真正面向全体的有效手段。正如苏联教育家巴班斯基所说的那样，“必须把全班的小组的和个别的教学形式最优地结合起来”。“分组练”主要有以下几种。

（一）从练习内容上分组——同步组

1. 同步同题组

为达到某一训练要求，选择同一训练内容（同题），把全班学生分为若干小组同步进行。最常见的是口头的分组讨论。如学习《赶集》第一段时，某教师出示思考题："这段是围绕哪几句话写的？根据是什么？"由于采取分组讨论、代表发言的方式，学生十分活跃，争论激烈。争议的焦点是"这段是围绕第一句赶集人多，还是围绕第六句赶集人们心情喜悦"，几乎每个学生都在小组或全班发表了见解，最后统一于全段围绕首尾句的正确认识，读懂了这一段。从此例句可以看出分组讨论有以下特点：①气氛轻松。学生表达胆量明显增强，尤其是差生更是如此。②发动面大。一班变成若干组同时练，使在同一时间学生表达数量大增，学习反馈广度大。③多道信息传递。分组练使学生间的信息交流更直接、频繁、主动，形成师与生、生与生的多渠道传递，教学充满活力。

2. 同步异题组

有时同一训练要求，可以拟出同一篇课文中几个既类似又不同的题目，让学生分组练习。如某教师结合《老牛》一课结尾"而今我每次回家乡去，总不忘看看老牛的坟"设计创造性续想练习，提供不同的想象角度，将学生按座位行别分为三组，同时分练。（表 5 - 2）

这样的同步同课异题，不仅训练了不同角度的求异想象，而且展现了同一角度的求异想象，使老牛的形象更加立体化了。

表 5 - 2 《老牛》同步异题分练表

共同续想要求	分组要求		学生续想举例
续想"我"再次回家乡时，怎样看望老牛的坟	甲	"我"在坟前放何物	花圈、麦穗、草料、泥土、一碗河水……
	乙	"我"在坟前动作	鞠躬、脱帽、肃立、默哀、吹笛……
	丙	"我"在坟前语言	怀念老牛的形象，祝福老牛静静安息，自责让老牛生前太累了，赞扬老牛的"孺子牛"精神

也可以选择不同课文拟同步异题。通过学习《少年闰土》，学生掌握了从人物语言抓特点的方法后，紧接着设计一组以其他课文为内容的迁移验收

题,训练他们举一反三。

结合课文,从下面语言入手抓人物特点。

甲组:他说:“既然是试验,就得讲个科学,一分地容易计算产量。”表现了彭总______。

(《一分试验田》)

乙组:总理……笑着对他说:“你也姓周吧,那我是到了家里了!”突出了周总理______。

(《一张珍贵的照片》)

丙组:他向司机喊道:“掉头,回去!”揭示了铁人______。

(《忆铁人》)

这样的并进式分组练,从整体看,内容广泛又目标集中,时少而容量大,课堂信息量增加,是反映时代特点的有效措施。从局部看,每个学生只参加一组,有充裕时间思考完成,同时又学习了其他组的成果,扩大了视野,从不同语言环境中巩固了知识,培养了能力,单位时间的效率较高。

(二)从练习形式上分组——循环组

这种分组与上面形式正好相反,训练内容相同,形式不同。循环组有三个特点:①异形式围绕一个目的同一内容,殊途同归。②异形式间体现着由浅入深,从扶到放的过程。③形式有几种,学生就分几组,同时进行,而后循环交换,使每个学生都能接触到几种练习形式。每次虽不同步,但循环后仍达同步。如,某教师为了指导学生背诵《桂林山水》二、三段,在理解课文基础上采用了循环分组练:

△带背组,轻声读课文,心里熟记,带另外两组试背。
△试背A组,听带背组课文,看板书提示,试背课文。
△试背B组,听带背组读文,看课本彩图,试背课文。

三个组别,揭示出“熟读为前提,形象为基础,词语做依托”的背诵规律,体现着由扶到放的学习,学生从中会悟出记忆方法。三组的轮换,不仅每个学生多次练,而且形成学生间互带互帮的情势。

(三)从学习程度上分组——等次组

从练习对象的水平分组。几十名学生组成一个教学班,虽同属一个年级,但他们的生活经验、智能水平、思维方式、学习成绩不可能划一,这就要求教师在统一要求下因材施教。如果按学生不同程度设计分组练习，区别对待，则会适合不同学生的口味。这种分组称为“等次组”。如看图作文《替军属张大爷扫雪》（四省市六年制语文第七册《基训7》），图中张大爷推开屋门后怎样，大有想象余地。某教师为了训练想象力，将学生分为A、B、C三组，分别布置片断想象等次组题。

△C组：想象填写（按括号内提示的内容想象）

屋门开了，张大爷身披大衣，手拿一把短把小铲，（想象动作）。当他看见院内的积雪早已被人扫净，顿时（想象神情）心想：（想象心理活动），脸上（想象张大爷神态），自言自语道：（想象张大爷语言）。

△B组：想象扩写（带点的词语是扩写点）

屋门开了，张大爷身披大衣，手拿一把短把小铲，走出来。当他看到院内的积雪早已被人扫净时，十分感动，不由地赞叹着。

△A组：想象（看图想象，独立写片断）

如此填写——扩写——独写的梯次，真正做到优等生“吃得好”，中等生“吃得饱”，差等生“吃得了”，各自从他们的起点向着统一目标迈进，各得其所，量力性原则得以生动体现，避免了吃“大锅饭”“一刀切”，两极分化。

（四）从教学目的上分组——对比组

教学实验中常以对比组试验。即对条件相同的组别施加不同的试验因子，观测结果。对比组一般是同时不同步，效果差异越大，试验越成功。我们在北京市崇文区法华寺小学三年级某班进行了“听说促写”的对比试验。内容是全班集体观察“纸上放杯”的科学小实验，然后将全班按程度均等分为三组，实验因子各异。（表5－3）

表5－3　“听说促写”对比组实验表

组别	实验因子				实验结果	
	观察实验	听别人表达试验	自说实验经过	写实验经过	组平均分	组标准差
甲	✓	✓	✓	✓	92.66	5.81
乙	✓	✓	×	✓	88.73	6.03
丙	✓	×	×	✓	83.6	6.56

实验结果显示：甲组>乙组>丙组，证明听说能力对写作能力的促进作用。这不仅坚定了我们改变“重读写轻听说”倾向，实践“抓听说、促读写、带课外”整体改革的决心。就是学生见此明显差异的结果，也激发了他们自觉练听说的积极性。

对比组运用后，对弱效组应及时补课，迅速消除不平衡形态。

五、语文课堂练习的优化

课堂练习是教师设计的以学生为训练主体的课堂作业。它不同于课后作业、家庭作业，具有激情、启迪、发现、尝试、巩固、熟练等多项功能，是课堂教学的有机组成部分。

语文学科具有很强的实践性，课堂练习是语文教学中重要的实践环节。俗话说：光教不练是假把式；光练不教是傻把式；边教边练，是真把式。可是，即便是真练，也有练习优劣之分。因此，怎样做到练习的好把式，强化、优化课堂练习，应是提高教学实效的重要环节，是教学改革的重要突破口。

（一）练习定性的优化——扣准语文

语文学科姓“语”，这是练习立足的“本”，练习着力的“根”。三维目标的落实都要通过语文素养落脚，都要通过字词句段篇，听说读写书中实现。正像放风筝那样，任凭风筝尽情遨游，但风筝线始终要控制在放风筝人的手里，这风筝线就是扣准语文，不能成了断了线的风筝。

有这样一个例子：《田忌赛马》一课开头有这样一句话：“他们把各自的马分成上中下三等。”如何不是简单地读读句子说说句意，而是在读懂句子中扣准训练语言，有如下的练习设计：

（1）读句子，要求用两句话说出句意。

（学生说出“田忌把自己的赛马分成上中下三等。”和“齐威王也把自己的赛马分成上中下三等。”）

（2）启发学生思考：原句中哪些词能使说的两个句子缩为一个句子。（“他们”“各自”将两句就缩为了一句）

（3）用“各自”造句。

这个练习不是简单地读懂句子，而是在练表达中读懂句意，在缩句中品味词语的概括功能，在造句中扩展运用。练习的出发点、过程、归宿始终抓住词句不放。扣准语文训练。这个练习告诉我们，不能简单地为读懂而练，而要在练语中读懂。

（二）练习定向的优化——目标明确

从宏观上看，“练”要着眼于培养未来需要的人才，必须立足自能，才能练出适应新时代需要的人才。从微观上看，每次课堂练习都应有个明确的目的。系统论的一个重要原则，即一个系统只能有一个目的。如果有多个目的，就必然造成各方面的相互干扰，达不到优化。每次练习就是一个小系统，目标越集中越好。一位教师为了让学生体会《金色的鱼钩》中人物语言提示语对人物品质的作用，设计了下面的练习：

这个练习要求填课文中人物提示语，将提示语分解为两次按课文原文填空。第一次先填（）内的“在什么情况下说的”；第二次再填上“怎样说”。

（1）老班长（猛抬起头，看见我目不转睛地看着他手里的搪瓷碗），就支吾着说：“我，我早吃过了，看到碗里还没吃干净，扔了怪可惜的……”

（2）他（抬起头，望着夜色弥漫的草地，好久），才用低沉的声音说：“指导员把他们三个人交给我……我怎么向党报告呢？”

（3）老班长（转身朝两个小同志睡觉的地方看了一眼，一把把我搂在身边），轻声说：“小声点，小梁！咱们俩是党员，你既然知道了，不要再告诉别人。”

这样，信息流集中到每次填写该体会的内容上，排除了一切不必要的信息干扰，定向优化了。

第一次先填（）老班长“在什么情况下说的”，集中感悟老班长注意说时的环境，关心战士的细致入微，对党的忠诚。第二次再填上老班长“怎样说”，集中感悟他说话的不同语气。同时，这样分填，使学生清晰地认识到：人物语言的提示语对人物品质的重要作用，在表达上包括“在什么情况下说的”和“怎样说”两部分。假如练习采取一次填，定向不够集中，就没有这样的效果了。

（三）练习定量的优化——分量适宜

任何练习都会表现为一定的信息量。课堂的时间有限，量多了学生“吃不了”，量少了学生“吃不饱”，因此要权衡练量与任务、时间的关系，做到分量适宜，让学生能在有限时间内顺利完成。有两位教师同上看图作文《心意》的指导课，但练习量大小不一样。一位教师要求每人展开不同的想象，一节课写出两篇短文；另一位教师则让学生展开两种不同想象，只写两个片断，只写图上少先队员来到学校办公室门前给老师送伞的情景。结果，前者学生连一篇也没有写完，发散想象岂不夭折？后者绝大部分学生写出了两个片断，每人想象的火花迸发异彩。可见，练量的不当，势必造成任务的落空。

（四）练习定度的优化——难度适当

练习作为信息输出与学生的信息接收之间只有存在信息差，才能有效。差势过大，学生不会；差势过小，学生无趣，练习无用。对学生现有的认知水平既不能超越，又不能一味迁就。学生练习要像摘桃一样，达到不跳摘不到，跳一跳就能摘到，朝着“最近发展区”迈进，练习的难度应实现如此境界。

如课文《伟大的友谊》中恩格斯在生活上竭尽全力帮助马克思，怎样能说明友谊很伟大呢？是学生理解的难点。有的教师布置练习：“默读课文第二、三小段，找出表现两人友谊的重点词语，想想为什么说友谊是伟大的。”此练习的效果很可能是词语找不准，理解牵强，难点未突破。说明难度太大，学生力不从心。

因此，练习须降低难度，加入扶的成分，不妨把重点词语给学生（钱、宁愿……厌恶、迫害、奠基人），围绕一个“钱”字，做“带着问题理解词语”的练习：

边读边想：

钱、宁愿……厌恶：

恩格斯的钱是怎样来的？他忍受着什么痛苦？

（恩格斯宁愿……厌恶，忍受着精辑上的苦役，说明友谊的舍己为人的精神伟大）

迫害：马克思很穷，恩格斯寄钱也会给他自己带来什么后果？

（恩格斯急人之困，恩格斯也面临受迫害的危险，说明友谊的献身的精神伟大）

奠基人：马克思为什么受迫害？恩格斯寄钱最终为了什么？

（是事业把两人连在一起，说明友谊的目标伟大）

这样，难度降低了，学生理解了，难点突破了。

（五）练习定式的优化——形式有力

定式即练习的形式，优化的关键是处理好目的与形式的辩证关系。目的决定了形式，形式要紧紧为目的服务，出色体现目的的形式会变成完成任务的催化剂。如《詹天佑》一课，詹天佑在八达岭隧道创造性地采用了“中部凿井法”，使工期缩短一半。这些工程术语很费解。对此，某教师并未采取讲解、解词、提问的方式，而是另辟蹊径，发动学生画“两头凿洞”与“中部凿井”对比示意图：

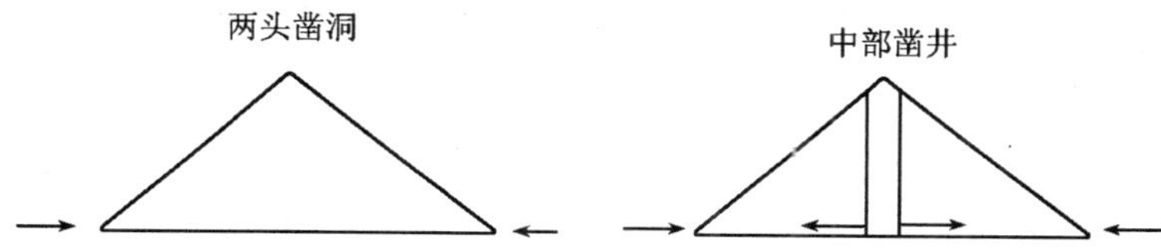

学生通过边读边画边比的练习，将语文学科与美术结合起来，运用学科间的融合，将抽象的术语形象化，“中部凿井法”，使工期缩短了一半，轻松地突破了文字的障碍，而且深切感到詹天佑技艺精湛，创新杰出，学生自豪之情油然而生。定式的目标有力，形式恰到好处，才有妙手回春，事半功倍之效。

（六）练习定势的优化——激发情趣

人饿了，就会主动找食物，吃起来很香，易消化；若不饿，吃什么也不香，这是人之常理。练习也是如此，主体不参与，无法练；不主动参与，无趣接收，不愿练，那再好的练习对学生也只能是个弱信号。非智力因素在练习中具有能动作用。设计练习，不仅要学生参与，而且要主动参与，必须重视激发情趣，情势的优化。新鲜活泼、带有趣味性的练习，会促使学生保持最佳精神状态，才有好效果。

例如，一年级学《蔬菜》，知识点是弄清什么是蔬菜，分清每种蔬菜吃的是哪个部位。为了巩固，教师并未采取老师举例，学生说部位的被动教法，而是从学生的意愿、情感出发，每个学生说出自己最爱吃的一种蔬菜，并说出吃哪个部位。课上十分活跃，有的说“藕”，说吃的是茎，不是根；有的说：“我最爱吃香菜，吃叶子，也吃茎，根洗净腌了也能吃，一点也不浪费”；还有的质疑：“我最爱吃蒜苗，不知道吃它的什么部位，谁能帮助我?”……看，主动参与促内化，创新精神迸火花。

一位教师教一年级的说话课——“说秋天”。课前留了一个观察作业，每人到大自然中寻找一样表示秋天的事物，再把它绘出剪下。课上，一个别开生面的《贴画》练习开始了：黑板上出现了一张大白纸，每个学生将自己剪下的画贴在白纸适当位置上，还要同时说一句赞美秋天的话。有的贴出一行大雁，说出：“秋天到，大雁排成一字，飞向温暖的南方。”有的在中间贴上一棵大柿树，说：“秋天到了，柿子熟了，黄澄澄的柿子把树枝压弯了腰。”有的在下方摆了一盆盆菊花，说：“秋天到了，五颜六色的菊花开了，多美呀!”还有的在菊花旁贴出了两个身着秋装的孩子，说：“秋天到了，天气凉了，幼儿园的小朋友穿上了温暖的毛衣，正在观赏菊展。”……不一会儿，集体完成了一幅色彩斑斓的秋天美景图，练说话的真实目的在活泼的形式中轻松地达到了。

（七）练习定序的优化——循序渐进

每节课的练习往往是多次的，多次练习应贯穿于教学的始终。这些练习既不要原地踏步，机械重复，又不能忽高忽低，相互脱节，就必须有一个优化序。要探索这个“序”，首先要研究课堂练习的“类”。一般课堂练习有“铺垫式”“教练式”“独练式”“延伸式”几大“母类”，每类又可派生出繁多的“子类”。依据教学目的、程序进行练习排队，优化排列应是“小台阶，步步高”的渐进序。之所以渐进称为优化，是因为其中有几条内线穿珠：①“定向线”。每次练习都要达到教学目标，方向始终不偏。②“学法线”。练习之间体现着由教达到不需要教，渐进之中学法逐步到位，练法逐步放手，任务逐步实现，主体与主导和谐统一。③“调控线”。练习之间既是教师在学生的信息反馈中不断调控的过程，又是学生从学习结果中自控的过程。这种师控与生控的结合，频繁的调节使每次练习都有相应的地位，发挥其独特作用，使课堂充满着活力。如一节说话课，共有五次课堂练习，练间有衔接、有区别、有提高（表5-4）：

表 5－4

项目＼目标	学“肯定否定”句式，练说话				
练习类别	铺垫练	教扶练	独立练		
			迁移练	创新练	综合练
练习内容要求	出示句子，发现句式：不是…是 是…不是 归纳“肯定否定”句式	提供语境句子，选择不是…是 是…不是 填空	用 不是…是 是…不是 句式造句	扩展“肯定否定”同类句式。并举例	用本节所有“肯定否定”句式，练造句
			学用句式说话	创造句式说话	综合句式说话

综观几次练习，由铺到扶，由扶到放，由放到创，由创到综合，环环相扣，步步登高，学生始终保持着旺盛的学习热情，优序取得了硕果。就拿句式来说，不仅有老师教的“否定肯定”句式，还有学生创造出的“不应该……不应该”“不可能……只能”“不会……只会”“不一定……一定”……再从独立造句看，有的说：“体育课上，我们不应该穿皮鞋，应该穿球鞋，因为穿皮鞋易伤脚。”有的说：“春天并不是百花都盛开，是有的花开，因为百花是按季节开放的。”还有的说：“月亮不是真的有玉盘那么大，而是很大的，因为月亮离我们远，才显得很小。”还有什么“哈雷彗星我们 76 年能见一次，不可能年年看见，因为它要绕太阳转一周。”

（八）练习定效的优化——力求多效

1. 多道刺激——求强效

练习如何作为强信息传递给学生，不只需要一定的量做保证，还有赖于传递信息的多渠道。若单道传递，只会在学生头脑中形成局部兴奋区；若多道传递，促使学生多种接收器官活跃起来，则会激发多处兴奋区，取得强效。因此，应选择能刺激他们多种感官的练习，使学生既动口动耳，又动手动眼，还开动脑筋，多器官地协同活动。为什么一问一答串到底，形成学生昏昏欲睡的催眠曲？其中原因就在于此。

2. 及时反馈——求速效

课堂练习趁热打铁，本身就存在着反馈及时的优点。不止如此，一节课中的多次练习不仅能将知识转化为技能，由生疏变为熟练，形成越练越好的正反馈，还能将学生练中出现的错误问题及时纠正，形成越练越好的正反馈，而且还能将学生练中出现的错误及时纠正，形成由错变对的多次负反馈。速效应是明显的，尤其是有针对性的练习，把学习的不足消灭在萌芽之中，更有速效之优。

例如，有位老师在训练给《少年闰土》第一段列小标题时，设计了"修改练习"。教师先在板书上出示一个学生预习中试拟的有错的小标题："闰土看瓜"；而后小组集中讨论：第一段主要写闰土"刺猹"还是"看瓜"？有的认为，闰土刺猹的目的是看瓜，所以看瓜是主要的；有的认为，从这段文字看，写刺猹的内容多，从作者佩服的角度看，主要都应是刺猹。结果统一于"看瓜"与"刺猹"密不可分，都应写上。最后要求大家仍用四个字加以修改。可以把原标题中"闰土"删去（这是各段共性，可删），加上两字成为"看瓜刺猹"的新小标题。学生从中领悟到拟标题要细读书、准确简洁的道理。这种反馈调节式的短兵相接，可谓速决战。

3. 因材施练——求全效

一个教学班几十人，要求统一却又程度不齐；若以大多数中等生为准设计练习，置优差两头而不顾，造成学困生完不成，优等生受束缚。这是因为同一练习不大可能适应每个学生的接受程度。这样，就不能获得大面积丰收。所以，练习须精心考虑因材施练，使学困生"吃得了"，中等生"吃得饱"，优等生"吃得好"，实现真正的全效。

某教师曾运用了"梯次练习"的练习方式，上了一节作文指导课。文题《我喜欢的电视剧中的一个人物》，指导重点是选材。在师生共同总结出三选的步骤基础上（①先选电视剧；②再选剧中人；③后选人中典型事），以某一电视剧为例引路，然后按学生不同水平分为低中高三组，同时分别拟自己的三选提纲。

·甲组（优）：按三选列提纲。不得再选（X）剧，要独立另选电视剧。

·乙组（中）：按三选列提纲。可以选此剧，但要独立另选人物。

·丙组（差）：按三选列提纲。可以选此剧，也可以选 X 人物，但要另选典型事。

这样，优等生创作，中等生独作，学困生仿作，各自从自己的起点向着同一目标迈进。这样既发挥了教学班大面积的教学优势，又避免了它不易照顾每个学生的弱点，可称“同一年级的复式练习”，促进了每个学生的发展。

4. 引导探究——求深效

练习要启迪学生探究，不满足于学会，不断地引向深入。比如，识字写字教学，有这样一个练习，意图是教学生认识并写好“米”字旁。教师在黑板上展示了：

米 ⟶ 粗 ⟵ 且

（1）发动学生观察发现：由“米”写入“粗”变成“米字旁”字形上发生了哪些变化？

（米字变窄；一捺变一点；一横向上斜；一横右长左短）

（2）引深思考：为什么由“米”变成“米字旁”要有这些变化？

（体会到汉字的整体性，有互让的规律，为了避让“且”，“米”字做了谦让，因此变窄、变点、变短，汉字中也有助人）

（3）再深入观察发现：“且”写入“粗”字中，有没有让？

（“且”也让了，变窄点，横变短点，只是变化不如“米”字变化大）

（4）再引深思考：为什么“粗”字中，“米”让得多，而“且”字让得少？

（进一步认识到“粗”字的两部分，有主次之分，“米”是偏旁，是次，“且”是正，是主，所以，“米”要多让，让右为主。足见，汉字中各部分不仅能互相谦让，而且明白各自的作用与地位）

（5）学生按照汉字的让右为主写“粗”。

这个练习的两次发现，两次思考，递进探索，从字形的变化深化到汉字的谦让，从汉字的谦让到汉字的互让，从识字理解到写好字，展现了汉字的整体美，寓人文性于工具训练之中，真是步步为营，步步登高，取得深效。

5. 延伸扩展——求广效

练习不仅要精于纵向深入，还要善于横向扩展。打开思路，扩大视野。例如：给字组词语是教学中常见的练习形式。以用“月”字组词来说，通常是发动学生自由组词，虽说是放开组词，但均是较盲目地扩展，组到哪算到哪，这样表面上似乎有广效，其实往往思路很窄。关键是教师钻研教材不够，设计组词练习无计划。我曾经设计这样的用“月”组词语的几步练习：

(1) 用“月”接龙组词语（头尾相接）

如：(月) 月亮——亮光——光明

(2) 用“月”联想组词语（相临联想）

如：(月)：月亮——夜晚——开灯

(3) 用“月”变位组词语

“月”在前：月亮——月份——月饼

“月”在后；正月——弯月——明月

“月”在中；看月食—买月票—登月球

(4) 用“月”多意组词语（按不同字意组）

月：月牙——月亮——月球

十月——闰月——月初

月报——月票——月刊

月琴——月季——月台

这四步有计划的练习，学生从中训练了扩大词语积累，丰富的联想，变字序组词，多意字组词，增长了知识，取得了真正的广效。

6. 鼓励创造——求远效

设计练习也要有远见。这个远见就是要着眼于学生的可持续发展，培养学生的创新精神。练习在依据教材传知识、育能力的同时，还需激创造，善于抓住教材的创造因素，训练学生创造性的品质，把新的“人才观”融于课堂练习中。

如课文《我和狮子》，学生课文读懂了，中心也理解了，应该说可以结束了，但有位教师却站得更高，抓住结尾段“就这样，我把爱尔莎交回了大自然”大做文章，发动学生做一次“创造性的续想”练习，要求续想一件爱尔莎离开“我”后的具体情节，突出“我”与“爱尔莎”的深厚感情。创练点燃了学生们的创造火花。他们大胆想象出“爱尔莎多次来到‘我’的住所，深情地望着，久久不愿离去”“爱尔莎把捕到的鹿肉送到

‘我’的面前做礼物”“爱尔莎把自己生下的三头小狮子也交给‘我’抚养”“爱尔莎打抱不平，当小动物感谢时，爱尔莎总是说：‘这是我主人教我的。’”……学生完全入境动情了，不仅课文理解深入了，创造的品格也得到了充分的展现，效果深远。

六、教学中“错误”的妙用

“学生在学习中出现错误是坏事”，似乎是人之常理，如拿“错误”与“正确”相比，这个判断是正确的。但是，只看到“错误”与“正确”间的区别是不够的，还应看到两者间的联系。若从这个角度看，“错误”并非就是坏事。那么“错误”会对“正确”发挥怎样的作用？①转向作用。从控制论的原理看，“错误”是一种负反馈。犯错误后等于告诉你此路不通，须另找他途，冲击你迅速转向，奔向正确。②阶梯作用。古今中外许多科学发明都是在无数次失败后才享受到成功的快乐。可以说，每一次出错，都会引导着找到新的突破口，都离正确接近一步。试验乃走向成功的阶梯，失败中孕育着创造之子。③对比作用。有比较才能鉴别，错误能反衬正确，显现正确的关键处。鉴于以上作用，因而应转变对“学生犯错误”的认识。犯错误不可免，小学生更是如此，不能怕出错；教学中要正视错误，正确认识错误，敢于、善于使用“错误”，催化其向正确转化。在小学语文教学中，“错误”有以下几种妙用。

（一）教师出示错误，针对性反馈

教师在教学中，为了达到对正确的深刻认识，可不直接亮出正确答案，而有意出示学生易犯的错误，欲直先曲。有位老师在指导学生扩写《买椟还珠》作文练习时，先展示一个扩写后短文。其中对原文“……又想方设法把盒子装饰得十分美观……”这节是这样扩写的：

“这个楚国珠宝商，在散发香味的雕木盒盖和四周分别用无数稀有珍珠嵌成飞龙，龙眼则镶上天蓝色的大宝石，又在盒沿用金线编织了一圈色彩艳丽的花边，在阳光照射下闪闪发光。盒子被他装饰得十分美观。”

而后，发动学生给这个片断找毛病。经大家讨论，最后统一到一点，片断中把盒装扮得比盒里的宝珠还要贵重，弄巧成拙了。同原意“不晓得宝珠比盒子贵许多倍”背道而驰。错误找准了，学生也恍然大悟，认识到扩写的基础是读懂原文，扩写的目的是突出寓意。由于“错误”来自学生，加强了反馈的针对性，同时毛病又是学生找，结论学生悟，大脑充分运转，真知的获取自然要比直截了当传授印象深。

（二）比较正误，反衬性反馈

教学中可以特意将课文某处改为“错误”，做正误对比，能显现原文的精妙；也可以在训练学生某种能力时，采用正误混杂，提供选择，沟通错误与正确间的联系，促进转化，发挥“错误”的反衬性。如《古诗四首》“题西林壁”：“不识庐山真面目，只缘身在此山中”一句，其中“不识”一词是理解难点。某教师未直接提问解词，却摆出了“不知道”“不认识”“不清楚”“看不清”四种解释，让学生选择并说明理由。他们结合原诗比较，逐一否定了错解，肯定了“看不清”的正解。比中既突出了正确的关键，又揭示了错误的要害。这种教法摆脱了死记硬背，着眼点放在真懂上，并掌握了解词的原文“代入法”。

（三）学生尝试错误，引发性反馈

“避免出错”似乎是教学常规，其实也不尽然，选择恰当的时机让学生“尝试错误”是有益的。它往往具有探索性，锻炼可贵的创造品格，激发兴趣；它具有情境性，尝试出的错误就为发现正确提供情境，选准突破口。比如，我曾上了一节识字课。上课伊始，全班学生听写四个字：“每”“海”“敏”“繁”。这四个字都带“母”，而且位置在字的上下左右，既全面又为下面发现规律埋下伏笔。听写结果，“繁”中“母”字第二笔错写过头加钩，全班无一例外。错误尝试出来了，学生通过查字典，知道了只有“繁”字的“母”不能出头加钩。错误纠正了，但学生并不满足，他们提出：“为什么同是‘母’，有的字就应出头加多钩，有的却不行呢？到底在什么情况下不能出头加多钩？”疑问的出现正是意料之中的发现情境。我顺势引发学生发现了“母”字汉字变形原则——让下。再次用“让下”规律听写另外带“母”的汉字（毒、贯、惯、拇），迁移全部正确，负反馈的速效当堂就显示出来了。这种尝试错误，不只引发了“繁”字由错到对的负反馈，而且促进了带“母”字一类字书写正确的正反馈。

（四）学生自改错误，主动性反馈

对于学生学习中已出现的错误，应该让他们修改正确，不能以错就错。作文中的不管好坏一次完成的现象就是一例，文中的毛病，教师批阅扣分、评语并没有变成学生改文的实践。诸如“一题两作”“师批生改”的作法均是对此进行的有效改革。但就其教学现状看，普遍的问题是学生修改错误的被动。有的“罚改”，弄得灰溜溜；有的“令改”，好像是在给老师改错；有的“盲改”，头痛治头，脚痛医脚，缺乏梳理找症结。凡此种种，学生改错欠主动，精神状态欠佳，没有自我修改的主观要求。要知道，反馈的形成不仅需要改错的实践，还应有其他因素的参与。没有兴趣与动机，充其量只是弱反馈，要想变成强反馈，必须变“要我改”为“我要改”。最近我在学校中发现了一种激发改错的好方式：学生每人设立“改错本”，美名曰：“步步高”，本中设三栏：①原错误（再现原错误）；②改错（将其错误改正确）；③挖原因（简要分析错误出现的原因）。平时及时横向填写，定期翻阅纵向思考，抓自己的主要问题，看进退步的趋势。一个阶段后召开“交流会”“展览会”，交流改错成果与经验。此方式学生兴致高，消除了厌烦、不光彩的顾虑，十分主动。它便于抓住每人的主要矛盾，对症下药，养成重视错误、分析错误、改正错误的良好习惯。

（五）学生自找错误，创见性反馈

对自己的错误要力求找到，对别人的错误也不能漠然置之。要知道，“列举缺点”乃创造素质之一。善于发现不足常是创见的前导，因此应把培养学生善找错误看成是积极的探索，而不是消极的补漏。要扩大找错误改错的范围。对学生来讲，常有四个方面：①本人出现的毛病；②同学中出现的错误；③教师教学的失误；④教材偶发的不足。课堂上的讨论、争论、评议和质疑等活动都是主动寻错的好办法，不能错过让学生发表见解的机会。比如某教师教《我的战友邱少云》时，让学生质疑，有学生提出：“邱少云牺牲在十月间，那时的茅草不会枯黄，课文写的不对。”当然，这个否定不对，但老师没有立即下断言，在表扬这个学生大胆发言的同时，发动全班讨论：“是课文错呢？还是疑问错呢？”有的说：“邱少云牺牲的地点是朝鲜，那里的十月茅草就枯黄了。”有的说：“不能拿北京的十月看朝鲜的十月。”还有的说：“要是在海南岛，一年四季也是绿油油的。”学生的见解蕴含着事物存在于一定时间、空间内的哲理。

当然，综上所述的“错误”的教学使用要适时、适量，既不可不用，也不应滥用。

七、正确认识“无错”，显现学习的“潜错”

现代教学论有个学生“无错”的原则，意思是说，学生出现学习的错误是正常现象，学习就是由不会到会，由浅知到深知，由偏知到全知，由孤知到广知，由错知到正确，这些从某种意义上，学习就是不断纠正错误的过程。作为教师对学生的学习错误，不是坏事，不要大惊小怪，更不要害怕出现，而避开、掩盖，而要以积极的态度欢迎“错误”的到来，这是对“无错”原则的诠释。

另外，还要看到“无错”原则中的“错误”的积极意义。一是转向作用。“错误”与“正确”间两者间有着必然联系。从控制论的原则看，“错误”是一种负反馈。犯错误后等于告诉你此路不通，须另找他途，出现拐点，冲击你迅速转向，奔向正确。二是登梯作用。古今中外许多科学发明都是在无数次失败后才享受到成功的快乐。可以说，每一次出错，都会引导着找到新的突破口，都离正确接近一步。乃是走向成功的阶梯，失败是成功之母，失败中孕育着创造之子。三是对比作用。比较才能鉴别，错误能反衬正确，显现正确的关键处，引起头脑风暴。看来，课堂出现“错误”要比课堂所谓一帆风顺、对答如流效果好。这是对“无错”原则的又一诠释。

当然，“无错”不等于无视错误，不管错误，教师要正视错误，教学中努力去纠正这些学习错误，朝着正确方向迈进。这是对“无错”原则的另一诠释。

以上我们只是解决了，学生学习出现错误对不对的问题，那么，既然出现学习错误是个好现象，如何让学习的错误出现呢？是被动地自然出现，还是主动地让“错误”暴露，只有错误显露，才能有效解决，藏而不露，乃定时炸弹，不能预测何时爆炸，更加危险。这是教学策略中一个引起我们深思的问题。

这让我联想起人的“亚健康”问题，表面看，人并没有患病的症状，但身体的内部早已有了病的定时炸弹，蓄势待发，若不提前发现、治疗，一旦得病，就晚了。学生学习也有这种情况，许多的“错误”处于潜藏状态，并未露头，称之为“潜错”，一旦遇到合适的学习情境，就会暴露无遗，形成“明错”，造成不可弥补的损失。亡羊补牢，虽为时未晚，但仍不如亡羊前加牢。为什么不防患于未然呢？为什么不把“错误”消灭在潜藏状态呢？这就要求教师善将学习的错误从潜藏状态引发出来，变成显露状态，以便对症下药。所以，教师有意设置学习“陷阱”，主动暴露学生的“错误”，应是教学设计的高效之举。如何显现学习“潜错”呢？先举一个我教学的例子。

一次，我上作文指导课，文题是《我快乐》，目的是打开思路，广泛选材。当引导学生审题目“我”时，有意设置引发暴露“潜错”的“陷阱”：

师：同学们，当看到文题《我快乐》中的“我”时，你认为应该写谁，请用手指一指。

生：全部指向自己。（“潜错”已开始显露）

师：你们看老师，当我看到文题《我快乐》中的“我”时，我可以写（也用动作指）：自己、学生、桌子、文具、黑板、电灯……

生：（笑疑，“潜错”继续显露）

师：你们笑什么？

生：您跑题了，“我”当然要写自己，怎么能写别人、别的事物呢？

师：同意这个观点的，请举手。

生：全部高高举起。（“潜错”更加显露明显）

师：不同意这个观点的，请举手。

生：无一人举手。（“潜错”显露强化）

师：既然这样，有下面五个学生的选材，读读，看看，他们的“我”字跑题了吗？（出示五篇短文）①我是自动铅笔，长得可漂亮了！身材又高又瘦，一件黑色礼服，头戴一顶银白色的礼帽，在阳光下闪闪发光，笔芯从笔头上露出来，不用削铅笔，小主人可喜欢我了。如果写错了，摘下礼帽，一块绿色的圆橡皮会主动出来帮忙，我能为小主人做贡献，很快乐。

②我忽然觉得自己就是一朵荷花，穿着雪白的衣裳，站在阳光里，一阵微风吹来，我就翩翩起舞，雪白的衣裳随风飘动。风过了，我停止舞蹈，高兴地站在那儿。蜻蜓飞过来，告诉我清早飞行的快乐，鱼在脚下游，告诉我昨夜做的好梦。

③我叫人行横道，是保护行人过马路的卫士。因为车辆到我跟前都减速慢行。如果是红灯，车辆都自觉停下，让行人通过。行人只要从我身上走过，就非常安全。我能为交通安全做点事，是多么快乐！

④我是刘翔，在2008年北京奥运会110米跨栏决赛中，我面对短跑高手，信心十足，以优异的成绩，再次打破世界纪录，获得金牌，我身披五星红旗，绕场一周，向观众致意。能为祖国赢得荣誉，我快乐极了。

⑤我是在班上写字不好的王芳，但不灰心，每天坚持自己认真练字一小时，经过一段努力，字越写越漂亮，功到自然成，看着自己写大有进步的字，我高兴极了。

师：这几篇短文中的“我”分别是谁？

生：“我”是自动铅笔，荷花、人行横道、刘翔、王芳。（头脑挑战）

师：跑题了吗？

生：（纷纷摇头）没有。（思索解惑）

师：又写植物、又写器物，还有写别人，不是写自己，那是为什么？

生：可以把任何人或物当成“我”，就不跑题了。（恍然大悟）

师：对呀！你们猜一猜，这些小作者是怎么想出来的？

生：看到题目“我”，肯定可以写自己，从反面想想，可不可以不写自己，写别的，这样就行了。

师：对了！这样想叫什么？叫“逆向”；这样审题又叫什么？叫“开题”。这样逆向开题，有什么好处？（学到方法）

生：写的东西多了，选材广泛了。

从上面的课例，我们可以悟出引发学习“潜错”的规律：

1. 要有主动引发学习“潜错”的意识。这是前提。要认识到“潜错”是祸，“明错”是福，“引错”是责。

2. 要善于预测学生“潜错”。这是基础。教学设计是，根据教学目的，思考学生难点，预测学生“潜错”是什么。

3. 要精心设计引发学生“潜错”的策略。这是关键。可以设置引错情境，形成头脑风暴：可以教师示范错误，学生评议：可以出示对比，引起争论：可以学生尝试出错，启发反思……

4. 要着力解决“纠错”。这是目的。引发学生“潜错”只是手段，最终要由错误向正确转化。

八、听课与评课的技术和艺术（纲要）

（一）聚焦课堂

课堂是什么?

课堂，是落实素质教育精心育人的主渠。

课堂，是学时最多，全体学生直接受益的园地。

课堂，是教师练就基本功，展才华的学堂

课堂，是研究探索、欣赏教艺的舞台。

课堂，是神秘莫测、滴水穿石的常青树。

课堂，是充满生机、滋润人生的家园。

课堂，是有限时间中蕴涵无限能量的弹簧。

课堂，是融昨天、今天，明天的时间隧道。

课堂，是家长与社会关注的热点、焦点。

责在课堂，育在课堂，研系课堂，情融课堂，艺现课堂。

（二）听课评课的功能

有教学管理功能，把握教学常规的指挥权。

有教研科研功能，引导教学改革的主动权。

有学习提高功能，开展教学研究的发言权。

有激励发展功能，培养发展教师的服务权。

有教学诊断功能，掌握教学质量的底数权。

有沟通协调功能，创设深层和谐的人和权。

有评估考核功能，健全科学竞争的规范权。

（三）听课的技术与艺术

1. 听课要有目的——根据听课的不同类型确定重点

· 观摩型听课（学习、欣赏）

· 研究型听课（专题、深入）

· 检查型听课（真实、质量）

· 培养型听课（特色、提高）

· 选拔型听课（比较、评优）

· 推广型听课（引导、扩面）

· 考核型听课（全面、公平）

2. 要根据不同对象确定听课重点

· 上岗教师——听教学常规

· 一般教师——听教学方法

· 骨干教师——听专题研究

· 优秀教师——听教学特色

· 专家教师——听教学思想

3. 听课要注意方向性

· 按课堂评价标准的导向性听课（三维目标、教材使用、主体参与、学习方式、教师素质、学习效果……）

· 针对当前教学教改的倾向性听课

4. 听课要进入四种角色

· 进入学生角色

· 进入教师角色

· 进入指导者角色

· 进入管理者角色

5. 听课要“四边”

边听、边看、边记、边想

6. 听课要注意被听课人的心理

（四）评课的技术与艺术

1. 评课的功能

对做课人是反馈、改进

对听课人是学习、启发

对评课人是责任、提高

2 评课的目的

（1）指导面。

（2）培养人。

（3）提升己。

3. 评课的不同类型

· 观摩型的评课（学、赏）

· 研究型的评课（专、深）

· 检查型的评课（真、量）

· 培养型的评课（特、高）

· 选拔型的评课（比、优）

· 推广型的评课（导、面）

· 考核型的评课（全、公）

4. 评课的方式

· 个别交谈式——深入畅谈

· 集中讨论式——大家受益

· 质讯答辩式——提高理念

· 师生互动式——了解学情

· 书面评议式——给予结论

· 自评反思式——自身提高

5. 评课的技术与艺术

（1）评全面中有重点

（2）评方向中抓倾向

（3）评关键细节看整体

（4）评操作中升理念

（5）评课中融人文

· 评者不在上，不在外，要在里

· 优点评够，不足评透，帮助出课

· 在有意处评，在得意处评，在需要处评

· 在互动中评，在询问中评，在研讨中评

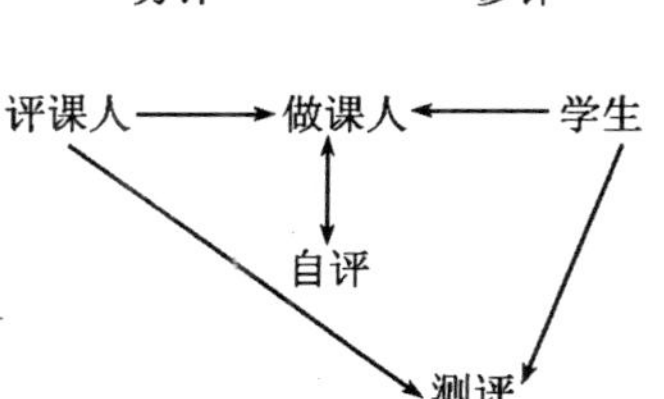

（6）主评课配多元评

九、浅谈“说课”

素质教育是面向未来的事业。课堂是实施素质教育的主渠道。如何在语文教学中提高教学质量，培养学生创新精神与实践能力，提高教师的教学水平，“说课”是一条行之有效的途径。

要给“说课”下个定义比较难，但可从几个角度界定。①说课不等于上课。上课是直接教学生，而说课一般说来，对象是面对教师，在上课之前，但又与上课紧密相关，是没有学生的说教学。②说课不等于备课。虽然备课是说课的基础，但说课不是教案的搬家，而是转化为模拟教学的形式，是再创造。③说课不等于评课。虽说在说课的过程中应该说说自己的观念、观点、思路，带有自评的味道，但主要应是以执教者身份说教学过程，不是以评价者身份进行评议。④说课不等于写课。说课是课堂教学的模拟现实，写课则是证明后的纪实或总结，两者截然不同。

如此看来，“说课”确实是一种新形式。它的意义是多方面的。首先，它实现了“备课”的外显化，让别人也听听你是如何钻研教材、设计教学的，对人有交流意义，对己使之条理化，有双赢功能。其次，说课往往放在上课之前，这样，先说后做，教课教师提高了教学的目的性、意向性、主动性；对于听课者、评课者，带着说课印象去听去评，更具针对性、启发性、实效性。再次，从教学管理者角度分析，它也是培养教师、专题研究、教学检查的一种手段。还有一点，由于说课常常仅用 10～15 分钟，又不必有学生参加，省时又省去试讲，事半功倍。鉴于以上好处，“说课”越来越受到教学管理者、研究者、教师的欢迎，有着旺盛的生命力，

“说课”要“说”什么呢？总结老师的实践经验可有以下几方面的内容。(表 5-5)

表 5-5　说课内容一览表

说课项目	具体内容	注意问题
说教材	1. 介绍要说教材的版本、年级、课题 2. 介绍教材的思想内容、结构、重点、难点、特点 3. 谈谈对教材的独特见解	1. 说教材不是重点，要简略 2. 说教材不必重复教参，要讲自己的独见、创见
析学生	1. 说说本班学生的知识、能力、心理基础 2. 分析学生可能出现的疑难问题	学生是主体，说课必须了解学生基础及心理特点
说目标	1. 说教学目标的内容 2. 说教学目标确定的根据	1. 教学目标要体现全面发展，体现创新精神、实践能力的培养 2. 教学目标要有可操作性
说思路	说教学结构及实施策略	整体把握教学，要有新意，具有时代性、实效性
说教学	1. 展开具体的教学过程、阶段 2. 说出精彩的教学环节设计	1. 这是说课重点，要详说 2. 不必面面俱到说全程，应抓住某方面，展现有特色的设计 3. 不仅要说教的活动，更要说设计的学的活动
说效果	预测学生的学习效果及弥补措施	预测“学”虽不是重点，但体现教学为了学
辅助手段	1. 为了提高说课效果，除主要途径是教师“说”之外，还应充分运用板书、教具、学具、电化媒体，边说边板书，边说边演示 2. 教师的说态与听者交流也应注意	

说课的艺术，不仅说课内容有深度、有特色、有创新，也在于说课者本身的素质。主要注意以下几点：

仪表大方。这是教师的外在形象。站在台前说课，服饰仪表是给听者的第一印象。仪表整洁，服饰既不粗俗，也不必华丽，如果能与说课内容的情境一致就更好了。

说态自然。所谓自然，即不必紧张拘谨，放松才能自然；也不必装腔作势，常态才会自然。

不读不背。说课是在说话，不能照本宣科，将“说课”当成“读”课，要脱稿说。即便是脱稿，也不能成为背诵，把“说”课变成“背”课，将说课稿化作自己的话自如地表达出来。

情感交融。在传递信息中说课也在传递说课者的情感。一是说课者的情感要与说课内容情脉相融。二是说课者的情感融在爱生的情感之中。三是说课者要时时与听课者情感交流，让听者明白，与你共鸣，才能收到事半功倍的效率。

恰当运用辅说手段。说课当然要以说为主，但“说”并非唯一手段。说课者应辅以必要手势，必要板书，必要媒体演示，使之更形象，更多彩，更有效。

“说课”的类型是多种多样的。①做课前的自说。②做课后的自说。③大家同说。同说一课书，便于取长补短，互相交流，互相切磋。④比赛说课。⑤接力自说课。几个人排序，第一个人说后，大家评，第二个改后再说，以此类推，精雕细刻，犹如接力跑一样。⑥自改说课。一个人反复修改说课教案，精益求精。⑦说别人课。听了别人课，感到有启发，将此课变成说课讲给大家听，利己利人。这是先听后说的形式。

至于说课的评价问题，全国反馈教学法研究会设计了一份评价标准（表5-6），也提供给大家。

表5-6　说课评价表

说课教师：　　　　　　课题：　　　　　　年级：

项　目	要　　求	权重	得分
教材分析和学生情况分析	本课题在知识体系中的地位、作用及知识点、能力点、德育点；学生认知、能力、思维品质等方面的分析	15分	
教学目的	教学目标的确立及依据；实现教学目标的基本思路	15分	
教学内容	教学重点、难点的确认及突出重点、突破难点的策略	15分	

（续表）

项　目	要　　　　　　　　求	权重	得分
教学结构	处理好教学三要素（或四要素）等的设想；优化“主导”与“主体”关系的设想	15 分	
教学过程	教学过程的方案；教学环节转换的技巧性设计；情感调控	10 分	
教学方法和手段	教学方法的择优、类型、根据及使用价值；教学媒体使用的时机、适度；教法学法同步及其优化的初步设想	20 分	
教学效果预　测	学生认知、智力开发、能力培养、思想品德教育、身心发展的预测	10 分	
合　计			

十、教师的“教学反思”（纲要）

（一）什么叫“教学反思”

教师对已有教学行为、过程进行批判性思考，指导再实践。

（二）“教学反思”的意义

1. 促进教师专业化发展的途径之一。

促进教师教育观念的改变。

激发教师的自身创造力。

提高教师自身的师德修养。

优化教师的教学行为。

2. 促进教学质量提高的途径之一。

3. 促进学生的全面发展。

（三）“教学反思”的特点

1. 主动性：有意识地自觉地进行“教学反思”。

2. 批判性：要善于发现教学行为中的问题，进行批判性思考。

3. 实践性："教学反思"要从实践中来，又到实践中去。

4. 联己性：要善于联系自身的教学进行"教学反思"。

（四）"教学反思"的类型

1. 按实践人的不同分类

（1）自我实践的"教学反思"。

（2）别人实践的"教学反思"。

2. 按实践水平的不同分类

（1）成功实践的"教学反思"。

（2）失败实践的"教学反思"。

（五）"教学反思"的方法

1. 全神贯注地关注教学实践——"教学反思"的基础

精心实践，专心倾听，用心记录，写好批注。

2. 虚心好学地聆听旁人评议——"教学反思"的催化

3. 着眼未来地反思教学实践——"教学反思"的关键

要具体：从教材钻研、选择、使用入手思考，从教学整体思路入手思考，从具体教学环节入手思考。

善归因：什么地方好？为什么好？

什么地方不足？为什么不足？

会提升：从课标、理念上思考。

想操作：怎样做才对？怎样做才更好？

4. 持之以恒地撰写反思笔记——"教学反思"的升华

写《教学反思随笔》

写《教学反思案例》

写《教学反思论文》

5. 与时俱进地改进教学实践——"教学反思"的目的

附录 1

专家评说

一、事业·科学·艺术

汪金城

赵景瑞老师在基层小学一干就是 15 年，于 1976 年调入北京市崇文区教育研究中心做教育研究工作又 24 载春秋。回顾经历，在职业、事业、科学、艺术几者的关系上，赵老师用亲身实践履行了他自己的座右铭：“把职业当成事业去完成，将事业作为科学去探索，沿科学朝着艺术去追求。”

把职业当成事业去完成

赵景瑞老师几十年来从未放松教学研究和培养青年教师，承担或参与全国性课题 5 个，市级课题 3 个，区级课题 8 个，个人探索专题数十个。功夫不负有心人，其多项研究成果获全国、市、区奖励，在全国报刊公开发表论文 300 余篇，数名他带培的徒弟及指导的青年教师在全国、市、区显露头角，荣获大奖，成为市、区骨干教师。

赵老师曾深有体会地说：“搞研究需要有三劲。没有钻劲，就深不了；没有拼劲，就干不了；没有韧劲，就干不好。”这三劲的动力源于他对教育事业的热爱，对语文教学的喜爱，对教学研究的挚爱！这里只举他写《北京教育丛书》第一个百本之一的体会。要将多年来研究的成果系统整理，不仅要做大量的前期准备，而且要写出细目样章接受质疑，后期还要撰写、修改、校对，应该说是苦差事，尽管有可以脱产一段写作的“尚方宝剑”，可由于教研工作繁忙，不可能脱开，最后几乎全靠业余时间完成。家有瘫在床上的老母、老父，下有未成年的子女，上班时间干事务，忙得团团转，没工夫静心思考，只好把每天晚上及休息日全搭上。赵老师有句常挂嘴边的话：“我是上班时间抓事务，下班时间搞业务。”最后，终于完成了 11 万 8 千字的专著《小学语文阅读教学》，品尝到了“梅花香自苦寒来”的愉悦，锤炼了钻劲、拼劲、韧劲。

赵景瑞老师深知小语教学不能仅靠单兵作战，需要培养青年教师，培养梯队，长江后浪推前浪，喜看后浪超前浪。他甘做人梯，为青年教师成长愿做唱戏的舞台，攀登的肩膀，幕后的服务。1997 年，赵老师为了指导一位青年教师代表北京市参加全国第二届青年教师阅读教学大赛，竟几个月指导备课 21 次，某一天竟奋战到凌晨一点。当这位青年教师的爱人深夜接她时，开玩笑说："就 40 分钟的课，哪有这么备的呀！"这节课最终荣获全国一等奖。更重要的是这位青年教师的教学水平有了长足的进步。1998 年 6 月 6 日晨赵老师年迈的父亲去世，可就在这天上午要召开全区的师徒表彰会。怎么办？赵老师强忍悲痛赶赴会场，总结发言后，再尽孝心。在场的老师深受感动。

将事业作为科学去探索

教育是事业，更是科学。赵景瑞老师植根于教学，服务于教师，潜心于研究，探寻、挖掘着小学语文教学的规律，精心进行多项教学改革及专题研究。

赵老师依据语文学科思想性、人文性、必要性、分散性、渗透性、感染性的特征，提出了阅读教学中育人的六条途径，即挖掘教材——育人的凭借点；摸透学生——育人的入手点；寓于训练——育人的融合点；情感效应——育人的催化点；知行结合——育人的扩展点；为人师表——育人的默化点。在作文教学中，挖掘出文源、文意、文风、文采的育人因素，从健康向上的内容入手，从写诚实文起步，从作文的应用延伸，打开了既学作文又学做人、提高素质的有效途径。

语文是人际交往的工具，赵老师牢牢把握住让学生正确理解与使用祖国语言文字这一方向，紧紧抓住阅读教学这一基本环节，从不同角度积极摸索阅读教学中优化语言文字训练。在挖掘语言训练因素方面，提出了"音、形、意、道、境、情、采"七个要素；从课文训练功能角度剖析篇篇文质兼美的课文，提供了还原生活、双向示范、提供语言情境三大功能，为学生理解语言、欣赏语言、积累语言、运用语言的能力开辟了广阔的训练场。赵老师认为训练的关键是由课文静态的语言文字变成动态的教学中的语言文字，转化为"活化"的语言文字。为此赵老师深入实际，亲身实践，总结出活化语言文字的方法：一是将课文语言转化为生活再现。二是将课文无声语言转化为有声的语言（朗读）。三是将课文静态语言有意加以增、删、调、选的变化，以此品味课文语言的精美。四是适时地将理解语言转化为运用。研究成果刊于《北京教育》。

素质教育在普教战线的实施，促使赵老师在研究教师教的同时，侧重进行学生"学"的探究。他主动参加了中央教科所"八五""九五"重点科研课题"小学语文学法指导"的研究。他认为：学生掌握学习方法是提高独立性、主动性、创造性的重要条件。学法指导纳入语文教学，集中体现了由仅重教向重学的转移，由仅重结论向重过程的转移，由仅重个别向重一般规律的转移，是语文教学内容的一项重要突破，使叶圣陶先生倡导的“教是为了达到不需要教”的境界得以真正落实。赵老师指出：“课文是个例子，是培养学生语文素质的例子，既是练例，又是范例。”为了帮助老师们强化学法指导，赵景瑞老师不辞辛劳，奔波于教学一线，备课、听课、评课，共同摸索出：备学法的三要素——学法目标、学法操作步骤、学法指导措施，探索出“导法、悟法、用法、选法”四个教学环节，提供课堂上的学生领悟学法，采取“示范”“回顾”“点拨”“追问”“交流”“尝试”“发现”多种方式，帮助教师将学法指导转化为自觉行动。目前已在崇文区开花结果。由赵老师亲自指导的5节学法指导课先后荣获中央教科所颁发的全国学法课大赛一等奖。

为了探索主体性发展，他又在语文教学中侧重研究“精心设计课堂教学的主体性活动”，组织好学生的全动（全体、全程、多器官参与）、自动、互动、主动活动，激励学生敢质疑，教学生会质疑，导学生会解疑、主动地探究，让学生真正、主动地、创造性地学起来。

沿科学朝着艺术去追求

一次，赵老师在上作文观摩课，台下是刚刚认识的几十名小学生。孩子望着身材高大又生疏的老师，略带惊异，紧张。赵老师微笑说：“你们面前的老师姓赵，大家说说赵老师的身材给你们什么印象。”学生异口同声：“高！”“谁能形容赵老师怎么高哇？”学生说：“赵老师高极了！”“赵老师一定有一米八以上！”赵老师打趣道：“篮球运动员穆铁柱身高2米多，和他比，我还是个矮子呢！”台下一片笑声，紧张空气变得轻松了。赵老师启发道：“看来，这么形容身材高，不太好，怎么办？”台下静了下来，没有举手的，只见赵老师不慌不忙地请全班最高的和最矮的学生上台，站在老师左右。这样直观的现场情况，学生心领神会，“班上最高的同学才到老师的肩，至于最矮的嘛，刚到老师的腰，真高呀！”赵老师顺势点拨“你们看，不比不知道，一比吓一跳！大家还能找到比较物吗？”学生纷纷举手，让老师手触灯管，进门试试，摸摸黑板上沿……学生指挥老师的活跃场面出来了。学生不知不觉地学会了比较表达的技巧。听课老师为赵老师的启发有道、幽默和谐的教学艺术所感染。

赵景瑞老师经常应邀到全国各地讲学，他那深刻的造诣，通俗的讲述，幽默的话语，谦虚的态度常常引起场下共鸣与笑声，受到热烈欢迎。

目前已65岁的赵景瑞仍敬业、精业、兢业，乐而不疲地为教育事业奋斗着！

二、赵景瑞——忘记年龄的“大忙人”

北京现代教育报记者　刘义勇

他有一双宽大而温暖的手，握着它我感觉到了热情。他有一双炯炯有神的眼睛和一副硬朗的身骨，告诉我他精神饱满。只是他那有些花白的头发、略微斑白的眉毛和一身朴素的打扮，才透露出他的年龄。他就是北京市特级教师赵景瑞，得知记者来访后，他热情地伸出了双手。

虽然赵景瑞退休都两年了，但是他仍然担任着多项研究课题，编写着北京市新版的小学语文教材，还要辅导青年教师，撰写论文。于是他成为大家公认的“大忙人”。

“我一旦投入工作了，就常常忘记了年龄!”他爽朗地笑道，许多年轻教师都惊奇于他的精力充沛。

“退而不休”的人

赵景瑞从事教育工作已经44年了。两年前刚一退休，他就被返聘到崇文区教研中心做副主任，同时身兼数职，和以前一样的繁忙。别人戏称他为“退而不休”，他听后也微微一笑，说:“我就是爱教育，爱学生，所以我乐意”。

繁忙的工作，使赵景瑞十分珍惜时间，甚至要特定时间办特定的事情。“上班干事务，下班干业务。晚上12点以前都可以给我打电话!”他的这句话，他身边的同事、还有许多拜他为师的青年教师都很熟悉。青年教师都赞叹他的充沛精力，他好像忘记了年龄，“不知老之降至矣”。几乎每天晚上，他都伏案写作，研究新的教学方法。他白天忙，就利用晚间与教师切磋，创造了“电话备课”“录像备课”“网上备课”。如今，他写的书和发表的论文堆起来都有好几十公分厚了。

崇文区教研中心小教研副主任王文丽老师说，赵景瑞老师是个“双面”的人，一方面他在生活上很传统，甚至有些保守；另一方面他的教育思想却很前卫，他总是积极研究“新课改”，追求教育新理念。

在工作上，赵景瑞更是十分严谨，严格坚持教育研究要立足于教学实践。“我现在还能发挥一下我的‘余热’，因为我一直都未脱离教育工作，如果我离开工作两年，我就不敢说了。”他说。教育是他一生的事业，他坚持“把职业当成事业去完成，把事业作为专业去研究，把专业作为科学去探索，沿科学朝着艺术去追求”。

工作，他总是十分负责，从不因家事耽误。1998年，他年迈的父亲去世了。恰巧，此期间有一个崇文区全区的师徒交流大会，许多人都认为他这次不会来了，但是，出乎大家意料：他照样按时到会。会后才去安排亲人后事。

勇气总是不缺“德，”2003年春季，“非典”突如其来，中华民族遭遇严峻考验，北京成了重灾区。即将退休的他面临一个抉择，非常时期应做什么？

（1）“空中课堂”跑在前

2003年5月4日，北京正在闹“非典”，人们谈病色变。正值放假，赵老师接到市教委的紧急电话，要开辟“空中课堂”，给在家的学生提供辅导，征求赵老师的意见。对于这突然的任务，这是市领导的信任，不能谢绝，打退堂鼓。于是欣然接受，这时市教委决定开设“空中课堂”，让学生继续接受教育。在非常时刻，他毅然去紧挨着市急救中心的市教委录制“空中课堂”节目，他笑着回忆道：“当时街上车都很少，畅通无阻。”由于任务紧急，6日录像，8日播出，只有一天的准备。他立即想专题、写脚本、做课件、试讲，顺利完成了：“联系生活积累理解课文”“联系语境理解课文”的两讲任务。为了提高收视效果，在每讲的最后，他都编了一首儿歌送给孩子们：

非常时期生放假，空中课堂习在家。
党爱花朵呵护娃，合理安排学计划。
遇到问题不用怕，看看讲课思方法。
上网咨询打电话，不必出门就解答。
做好自护人人夸，定叫瘟神踩脚下。
理解课文意道情，联系语境好途径。
上挂下联勤思考，阅读实践练真能。

（2）“咨询电话”无分外

北京有个著名的“精诚”民办校，成立了业余的“名师俱乐部”。在防非典紧急时刻，准备投资开办“特级教师家庭咨询电话”，义务为全市小学生提供服务。校领导征求他的意向，其实这事是分外之事，当时他这样想：特级教师在特殊时期就应做出特殊贡献，立即答应下来。为了不影响中心的工作，提出将咨询电话安装在单位，从5月14日每周一、三、四上午9：00～11：00值班咨询，两不误。他第一天就接了40个电话，至今共近150个电话，能为学生做点事，心里很踏实。他口干舌燥也乐此不疲。他的许多同事和青年教师“徒弟”对此都记忆犹新。

(3) 架梯搭台，“空中课堂”抬青年

随着“空中课堂”的延续，并逐步改为“同步课堂”，做课教师可扩大范围。他感到这是给中心教研员及基层骨干教师锻炼、提升的好机会。特级教师理应为青年教师铺路搭桥，也是在实践“三个代表”，于是，他一方面向市里多争取名额，一方面由幕前退到幕后，把机会给青年骨干。他先后3次共争取到17节小语“空中课堂”的任务，小语教研员全部上阵，共6节，约占三分之一，这在全市各区县是较多的。这么多的课，需要帮助备课，严把关口，这比自己讲所用的精力与时间多出许多倍。每节课他都要与老师备课三次（一备思路内容，二备语言课件，三备限时细节），在备课过程中，既提高了“空中课堂”的质量，又培养了教师，还提高了自身，一石三鸟。

(4) 直播“今天我在家”，现场答疑

中央教育电视台开辟的直播栏目“今天我在家”中，有个小版块——“空中课堂特级教师答疑”。经市里推荐，赵老师作为嘉宾现场答疑。虽然只有几分钟，但不知答什么，无法做准备，答错也改不了。每周一次，共6次，先后解答了“怎样收看空中课堂?”“怎样复习生字词?”“怎样在家重视朗读课文?”……他能为全国小学生服务感到欣慰。

经常有中青年教师去他家拜访，到了时间他就下厨房做饭，中青年老师都惊讶于他的手艺，原来他的老伴身体不太好，赵老师经常工作回来还要负责做饭。

他告诉年轻的教师：“越是饱满的稻穗，它的头和腰就越是弯着的”。赵景瑞老师如今正在编写小学语文的新教材，忙于工作，外出开会时戏称自己是“八把手”。

他的辛勤与执著给他带来了很多的荣誉，但是他告诉年轻的教师：“越是饱满的稻穗，它的头和腰就越是弯着的。”今天的他，仍然是埋头于工作，而且，总是满脸微笑，待人非常亲切。

爱和学生“幽默”的人

应邀到各地讲课也是他的一项重要工作。一次语文课，他先提问：“同学们，让我们把两个字的词语的意思用一个字来表达好吗？快乐用一个字怎么表达?”学生答：“乐”，“那么，西瓜、黄瓜、冬瓜、南瓜呢?”他接着问，学生们都快速答道“瓜”，“那么傻瓜呢?”他又问，学生仍回答：“瓜”，哄堂大笑起来，学生们发现不对了，课堂气氛也变得更加活跃了，学生在玩中感受到语言的魅力。听了这节课的北京第一师范附属小学的单秀梅老师认为：赵老师的风趣幽默，迅速地消除了学生们对陌生老师的戒心，提高了他们学习的积极性。

他对学生总是循循善诱。他说：“我有一颗年轻的心，我是个‘老小孩’，一旦和学生上起课来，我就像变成了二十多岁，愿和他们做朋友。”他上课直接和学生以“朋友”相称，他说：“我叫他们‘小朋友们’，让他们叫我‘大朋友’。”曾经听过赵景瑞课的景泰小学学生翟文韬说：“赵老师的课上笑声频频，给我们的印象很深刻。至今难忘。”

潜心研究新课改的赵景瑞在语文教学中提倡学生“热爱生活，观察生活，认识生活，积累生活”，他的许多教学常常充满新意，让学生对这这一要领印象深刻。

“甘当人梯”的人

赵景瑞在语文教学上有精深的造诣，见解独到而新颖，被誉为“点子大王”。周围的青年教师都纷纷向他请教，许多青年教师拜他为师。他就有了十几个“徒弟”。他为人没有师傅的“架子”，他的徒弟之一，朝阳区芳草地小学的张健老师说：“我第一次接触赵老师时，就发现他待人非常的亲切，没有距离感。”

他帮助青年教师从不留余力。青年教师要参加教学比赛，他就给予多次细心的指导，帮助备课，听课评课，提出改进意见，忙到凌晨1点钟也心甘情愿。“我们比赛，好像是他在比赛，比我们更投入”一位青年教师这样告诉记者。

王文丽老师也是他的徒弟。2001年，她代表崇文区参加北京市第三届青年教师阅读教学大赛，赵景瑞老师不顾劳累地辅导她，她获得了那次比赛的全市唯一的特等奖。就在她赛完的那天，赵景瑞老师却病倒了。

他辅导的许多青年教师都在全国教学赛、北京市教学比赛中获得了一等奖。当青年教师向他表示感谢时，他总是说：“师傅领进门，修行在个人，这都是你们自己努力的结果。”赵老师就是这样，愿做攀登的人梯、铺路的石子、蹬踩的肩膀。

在青年教师的眼里，赵景瑞有时是一位长者，有时就像一位朋友，他们把他视为“忘年交”，只是一位年龄大一些的朋友。

一次，他的一个徒弟、北京第一师范附属小学的李辉老师生病了。赵老师夫妇多次去她家看望。一次，赵景瑞帮助她备完课，都晚上十一点多了，李老师执意不让赵老师送她回家，赵老师为了安全，悄悄地跟在她后面，一直到家李辉才发现，当她看到窗外师傅在寒风中走去的背影，感动得热泪盈眶。

有些青年教师劝他，“都这个年龄了，不用再收徒弟了。”他回答：“帮助年轻人是我的快乐，跟他们在一起我就年轻了，即使他们不做我的徒弟，我也是一样帮。”

崇文区教研中心白瑞祥主任曾赋诗道："乐于奉献淡泊名利，提携后生关爱徒弟，青年幼苗精心护理，热心助人甘为人梯。"

访谈：

教育就是我的事业

记者：您从事教育工作近半个世纪，有着十分丰富的教研成果，获得了许多的荣誉。您觉得您的这些成就得益于什么？

赵景瑞：取得这些成绩可能与我的座右铭有关——"把职业当成事业去完成，把事业作为专业去研究，把专业作为科学去探索，沿科学朝着艺术去追求"。

这是我长期坚持的。教育就是我的事业，所以我工作才会全心地投入，所以就会有创意，有发现。

记者：您从事教育很多年，工作也很卖力，您是如何对待工作中的压力的？

赵景瑞：我从 1961 年开始当老师，教学干了 15 年。后来就做教学研究工作，现在虽然已经退休了，但我仍然继续工作着。我感觉不到什么年轻人说的工作压力，因为我是热爱教育的，"乐之者"不苦啊！教育就是我的乐趣，我要为之继续探索。

记者：许多青年教师喜欢向您请教，您和他们的交往也非常多，您为什么会花那么多时间来要辅导他们？

赵景瑞：我很喜欢帮助青年教师，这是我的快乐，也是我的职责。"长江后浪超前浪这是趋势，长江前浪帮后浪这是责任。"我常对青年教师说："祝您超过我。"我也常常去听他们讲课，然后给他们评课，提意见。我认为。青年教师是教育事业的后继之人，与他们一同学习进步，是我人生的价值体现。

精彩小语：

"我一旦投入工作了，就常常忘记了年龄！"

"我就是爱教育，爱学生，所以我热爱教师职业。"

"把职业当成事业去完成，把事业作为专业去研究，把专业作为科学去探索，沿科学朝着艺术去追求"。

"越是饱满的稻穗，它的头和腰就越是弯着的。"

"我有一颗年轻的心，我是个'老小孩'，我能和学生做朋友。"

"长江后浪超前浪这是必然，长江前浪帮后浪这是责任。我常对青年教师说'祝您超过我'。"

三、他是崇文一面旗

听赵景瑞《教师事业的常青树永远扎根于课堂教学实践》有感

白瑞祥

四十余载斗转星移，
事业追求始终如一。

勇于探索乃最大乐趣，
课堂是他成长的土地，
实践是他成名的根基，
用心使他总有创意。

善于总结寻找规律，
教改给他带来契机，
科研使他如虎添翼，
潜心让他又见新天地。
乐于奉献淡泊名利，
提携后生关爱徒弟，
青年幼苗精心护理，
热心助人甘当人梯。

谁说夕阳近偏西？
谁说廉颇已老矣？
人如宝刀永不老，
常青之树翠欲滴！
殊不见满园桃李，
劳者得意醉心里。

他是师德一丰碑，
他是崇文一面旗。
春光明媚催人进，
奋起直追化春雨。

四、快乐写作文　学做纯真人
——观摩著名特级教师赵景瑞老师作文课有感

北京芳草地小学　王静

最近，有幸观摩了著名特级教师赵景瑞老师有关“开题与选材”的作文课。其实，我是第二次听这节课了。第一次是在毛主席的母校——湖南第一师范学校的大礼堂里。虽然两次课讲的是同一内容，但赵老师在多处讲法上发生了变化，感觉很新鲜。整节课，我津津有味地听，认真地记，如沐春风。

课上，赵老师以“我快乐”为例，教学生运用逆向开题的方法选择材料，当堂练笔。在赵老师犹如做游戏般的引导下，孩子们迫不及待地动笔写起来，不一会儿，每个孩子都写了一篇几百字的习作。为了尊重孩子，赵老师请所有学生简单描述了自己习作的选材内容，并逐一进行了点评。之后，赵老师选取了选材比较有新意的几个孩子走上讲台读习作，并和学生们一起进行点评。讲评作文的过程中，赵老师幽默诙谐、充满睿智的语言，引得台上、台下笑声不断，就像一个学生说的：“老师的讲评像说相声，真有趣！”写作文本是件枯燥的事，但赵老师的作文课是轻松的，快乐的，深深吸引住了学生还有台下几百位听课教师。

其间，赵老师对两个孩子作文的点评使我感触颇深。

第一个孩子运用逆向思维记叙了自己精心制作软陶但最终失败的过程。赵老师关切地询问：“成功是快乐的，你失败了，为什么还感到快乐呢？”孩子动情地说：“我虽然失败了，但我用心做了，经历过就是快乐的！”赵老师赞许地说：“这位同学不重结果重过程，这样对待生活才会快乐！”

第二个孩子刚刚说出习作题目，就引起全场一片笑声。他骄傲地说：“我写的是‘假如我是小偷’！”接着，他就大声读起作文来：“我是小偷。……有一次，我‘收获’了100万元！我用这笔不义之财尽情享受……虽然我的快乐建立在别人的痛苦之上，但是我依然快乐！”随着他动情的叙述，我的心情逐渐凝重起来。台下一片安静，老师们此时一定同我一样，期待着赵老师如何评价这篇立意“有问题”的作文。赵老师没有立即否定这个孩子的想法，而是把评价的主动权交给学生，让孩子们议一议他的习作。同学们站起来纷纷指责这个孩子的“思想”有问题，他不应该写这样的内容；应该改造“他”（小偷）；应该写“他”最后被绳之以法……诸如此类的谴责使本来得意洋洋的小男孩不禁羞红了脸。看到他的小脸儿挂不住了，赵老师微笑着说："他的作文中有一句话说明这还是个本性善良的'小偷'，他说'把自己的快乐建立在别人的痛苦上'，认识到这一点，就证明这个小偷还是能变好的。"中队长站起来说："我也认为文中的小偷能够变好，'盗亦有道'嘛。"这时，孩子重又把头抬起来。课上，赵老师抓住文中的积极因素及时进行疏导，教育无痕，语言亲切，循循善诱。我相信这个学生在课下一定会用心修改这篇习作的，而他在这节课上的收获将远远多于其他同学，这收获不仅仅是作文的技巧，更是做人的道理！

课下，我想起赵老师有关"文宿育人"的理念。"文宿"即作文的归宿，作文顺应言语交际的需要，既可育人又可育己。作文与做人紧紧相融，文是人生活的再现，反应了人意，体现了人品，陶冶了人性。因此，学作文中学做人是必由之路。

在我们的身边，一些人功利浮夸，金钱至上，享乐主义的思想会对孩子幼小、单纯的心灵产生负面冲击。人之初，性本善。很多时候，孩子作文中一些不太积极的立意并非他们真实情感的流露，只是一种模仿而已，我们既不可放任自流，也不可用一计闷棍将孩子全盘否定，而是应该像赵老师那样，用充满魅力的语言肯定积极的人生之道，端正消极错误的思想，使每个孩子都能在写作文中悟出做人的道理。

"千教万教教人求真，千学万学学做真人"，赵老师的课也教育了所有在座的语文教师。做人是作文的基础，我们必须先做好人；作文是做人的概括总结，我们也要写好每一篇文章！我们的课堂上应该充满真、善、美，为师者先要学会做人！在作文教学中，我们要遵循工具性与人文性统一的原则，把写作文与学做人融为一体，相互促进，共同提升。

五、"跳"字组词，巧练思维

北京一师附小　刘燕君

近日，有幸和我的恩师赵景瑞老师一同录制教学光盘，对骨干教师进行作文教学的专项辅导。赵老师关于创新思维训练的独到见解，使我深受启发。

其中用"跳"组词的片断训练，简洁中见思考，细微处见深邃。令我深感：在细节小处见真功，才是真正的"大家"！现追忆过程，与同行共享其智慧。

师徒对话：

师：老师们一般怎样训练学生组词呢？

徒：说句心里话，还真没怎么思考过。

师：这可不行。组词训练不可忽视，学生的创新思维是从最基本的字词训练开始的。

徒：组词也能练思维？您给我们示范一下好吗？

师：好啊，现在你当学生，咱们用“跳”进行组词，注意我是怎样训练的？想想这样做有什么好处？一会儿你要谈一谈。

徒：（有些茫然，猜测着师傅的高招会是什么。）

师生演练：

师：（板书“跳”）同学们仔细观察，“跳”和什么有关？

生：和人的脚有关，所以是足字旁。

师：很会观察，（在“跳”的一边板书“人”）这次组词，要和人的“足”有关，你们试试能组多少？

生：跳高、跳远、跳水、跳动、弹跳……

（徒弟旁白质疑：师傅，您这样不是限制了学生的思维吗？

师傅答疑解惑：别着急，此处的限制，是了后面的打开，是一种有理性、有顺序的思维训练。）

师：再一次组词，但不可和人的“足”有关，可以和人其他的部位有关，你们想一想。

（徒弟点评：此处设计，限制中为开放，开放中有范围，体现教师的引导。）

生：（思考片刻）心跳、眼跳、脉搏跳……

师：这些“跳”都和人有关。下面还要组词，不能和人有关，要和“物”有关。

（徒弟顿悟：赵老师巧妙总结提升后，围绕“跳”的字义进一步引导开启思维，向深入、远处思考。）

生：（互相求助状，苦苦思考）。

师：（在学生最需解惑时启发）见过跳水比赛吗？

生：见过。

师：那运动员跳前踩的是什么呀？

生：（顿开茅塞）噢，是跳板。

师：对呀！跳板是物吧？还有吗？

生：（踊跃）跳箱、跳棋、跳蚤……

透视这一片断训练，我在思考：

1. 为什么赵老师能够设计出这样思维含量很高的词语训练？我认为首先来自于他先进的教学思想、教育理念。同时，源于他深厚的语文功底和学科素养。把挖掘词条字义作为开启思维的创新点，这样独到精妙的设计，没有语文积淀，没有深思熟虑、没有创新思维是很难设想的。

2. 教师的主导作用该怎样发挥作用？在学生困惑处、疑难处、提升总结处，教师就应该像赵老师那样，明白简洁地引导，大大方方地起到主导作用，不要该说的不说，该练的不练。

3. 这是一个有思维价值的词语训练片断，扎扎实实地展示了学生思维的全过程。在赵老师的引导下，学生有训思维的概念在训练中建立，学生经历了由一个思维高度向另一个思维高度跳跃的过程，真实、扎实、朴实。

我想，每一位语文教师，都会从这一教例中得到启发。我们要踏踏实实回到语文学科本位的角度钻研、思考、设计，创新不是脱离语文的花拳绣腿。

我想：有一天，每一位语文教师都能把字词教学上到如此火候，培养学生的创新思维，提高学科素养就真落在实处了。

六、我身边的大师——赵景瑞

牛小溪

赵景瑞——一个小学语文界叫得响当当的大师级的人物。与赵老师相识，正值自己初出茅庐之时，并不晓得赵老师的名望，只知道他是特级教师，能够跟他学到很多知识，机会难得，便忐忑不安地随同校长、主任前去拜访。

那是2004年初春，因为要准备一节校级的赛课，在学校领导的引见下，我认识了赵老师，当时的我对语文甚至对教材认识都比较肤浅，那次备课的文章是京版实验教材中的《七颗钻石》。课文描写了一个善良、仁爱、富有同情心的小姑娘，在极度干旱缺水的情况下，将上天赐给她的一点水，让给小狗、妈妈、路人喝的故事。当时，在研读教材时我只知道教材中有一明一暗两条线，双线并行突破文章的重、难点。但如何真正去整体把握教材，我的理解并不深。在备课过程中，赵老师反复强调：要深刻研究教材，我们要找出牵一发而动全身的课文主线，找统领关系，这才是从整体入手！他启发道："七颗钻石是什么？"我先是一愣，霎时觉得这样一个简单的问题却从来没有想过。"是文章（故事）的结果。""对，那么小姑娘与水罐的变化与这七颗钻石之间有什么关系？""那我们可不可以引导学生去提炼，从而整体把握文章呢？这不就体现过程和方法了吗？""对呀！"这一段简单的对话让我对眼前这位老人肃然起敬，他对教材钻研之深，对课标研读之透让我折服！在这次备课中，赵老师还使我重新认识了语文教学中读的重要性，以及读的形式的多样性的问题，使我感知到了口语交际即语文教学中教师、学生、文本三维对话的一种新的形式等等，对语文、对语文教学都有了新的诠释。那次备课之后，为了更深入地了解这位名师，我特意买了一本赵老师编著的《探索语文教学的真谛》一书。通过和赵老师的多次备课交流以及研读他的著作，我深深地意识到：阅读教学就是对话的过程，这其中教师与文本的对话即备课是年轻教师成为对话中的首席的关键，"教材无非是个例子"，但对于"例子"的研读是至关重要的，也是年轻教师必须要过的第一关。此后，我慢慢学会了过教材关的三步曲：看透、吃透、开发教材。我想，与赵老师的初次接触对于我这样一个年轻教师来讲，绝不仅仅是理论上的指导，更是实际教学中备课时思维的渗透，它将我的思考引向深入，使我能看得更远、更深、更透。所以，我想自己后来的成长可以说一开始就是站在巨人的肩膀上的结果。

第一次备课的经历，使我深深感到，眼前的这位名师是那么平易近人，又诲人不倦，使我暗下决心，一定要潜心向赵老师学习语文教学。向赵老师学习至今，从这位德高望重的老人身上我学到了很多、很多。而他在我的生命中也起到了重要的作用，我想他就是我语文教学的引领者。

前面讲到了我与赵老师的第一次备课经历。其实，只要你与赵老师备课都会被他的智慧、幽默所吸引，被他对于语文的热爱所感动。同赵老师备课有5、6篇课文，每一次备课不是严肃紧张而是充盈着活泼、轻松和笑声，你能发现在赵老师的眼中闪烁着智慧，他在你面前踱来踱去是在积蓄着力量。他从不告诉你这课应该如何设计，而是先让你来说设计，他静静地听、认真地记，而后再启发思考。每一次备课，都是一次高强度的脑力劳动，因为你好像在进行着中国武术中的接招、拆招的工作。赵老师的每一个问题、每一招都不简单，令你不得不深思。这种深思是对教材的、是对语文的。比如：《可贵的沉默》这一课，课文为什么叫"可贵的沉默"？沉默为什么可贵？沉默对于谁是可贵的？《给予树》中金吉娅为什么要买大把的棒棒糖？再如：《螳螂捕蝉》中三个"不知"的发现。还有，《唯一的听众》中，当我知道老人是不聋的，是音乐教授时，我为什么不说穿而还是到林子中每天静静地拉琴给她听呢？……每次面对这些问题时，除了语塞，还有就是深深责备自己对教材研读的不够，而这种知不足而后努力的意识，不正是赵老师的启发所在吗？在几次的备课过程中，赵老师反复在讲语文要返璞归真。备课要有对教材的理解和设计，但还要考虑到学生的学路。每次在讲这些话的时候，我能感到他对现在语文教学中的一些花架子的痛责，更能感到他对语文教学的深爱，以及对青年一代教师殷切的希望。当然，如果你有幸听过赵老师的课堂教学，你会对这两点有更深的认识。在他的课堂充盈着笑声与和谐；在他的心中满是爱心和童心，他热爱语文、热爱学生。前不久，见到赵老师，他还笑着对我说："我最近又在琢磨一个东西！下次再讲课让学生猜我姓什么时，我不会再说'一个人走在十字路口了'我会讲一讲'赵'字的来历……"作为一个年轻教师，我自叹不如：一个60多岁的老者，依然热爱着自己的事业，依然执著地研究着，这样的老师不值得我们学习和敬仰吗？

在赵老师的身边有他的徒弟，我只能算是他的学生。但他对我的影响使我受益终生。记得，每次讲完课，赵老师总会嘱咐我一定要给他打电话汇报一下情况。我知道他关注的不是我取得了什么成绩，而是从这一次备课、讲课的过程中学到了什么真功夫，成长了多少。哪怕是一个小闪失也要总结出教训，成为今后成功的奠基石。还记得，在全国"创新杯"赛课颁奖时，赵老师深情地对每一位做课教师说："要牢牢记住，我是山上一棵草，不是我高是山高。"他是在教我们做人啊！

我想，我的恩师——赵景瑞确实是一位大师，因为他在用实际行动诠释着"甘为人师，喜看攀梯"的诺言！

七、德艺双馨　堪称楷模

北京市崇文区研修学院　宋浩志

他，已是花甲之年，但精神依然矍铄，身上总是充满如青年人一般的活力；他，已是临近退休之年，依然那样忙碌，似乎每天总有干不完的事情。作为一名特级教师，在别人看来是荣誉，而他却说："这四个字，总是让我感到沉甸甸的。"短短的一句话，饱含着一位老教育工作者对事业的钟爱与责任。特别是在"非典"时期，他更显示出那无私奉献的崇高精神。他，就是崇文区教研中心副主任——赵景瑞老师。

2003年5月初，“非典”疫情比较严重。为确保学生在家也能有效地复习，市教委决定，发挥特级教师的优势，通过“空中课堂”的录制播出，给学生以学习的指导，赵老师便成为承担录课任务的教师。可是，自接受任务到录制仅有两天时间，难度可想而知。赵老师欣然接受，在短短两天时间里，确定思路，准备讲稿，并自己亲手制作课件，成功地完成录制，这节课播出后，很多学生映说，赵老师讲得思路清晰，方法实用，对自己的学习很有帮助，不少老师也聆听了这节课，觉得对自己的教学也有指导意义，赵老师不愧为名师，特级教师，让人折服。

随着“非典”期间放假时间的延长，“空中课堂”的录制数量增加了许多，录课任务又分配下来，此时，赵老师首先想到要为青年教师铺路、搭桥。于是，在第二批，第三批，第四批录课任务下来以后，他不仅自己承担着录课任务，而且更多地做起了幕后的指导工作。在短短的一个月里，他指导教师备课18节，共计备课10余次。有两次备课，都是从早上九点直到下午近七点才结束。

指导别人上一节课，可能比自己上一节课还要累。每次备课，赵老师总是那样认真地听教师说课，既肯定优点，又用他多年的经验帮助教师设计出更理想的方案。备课中，他的思维是那么的活跃，头脑中似乎有用不完的好办法；备课中，他有时又静静地思考，甚至连老师说的一句话，都要反复推敲；备课中，他有时也会疲倦——毕竟是六十岁的人了，可他吸上一支烟，提提神，仍认真地倾听，从不因疲倦而休息。参加备课的老师被深深地打动了，他们说，和赵老师备课不仅能在教学上开阔思路，增长见识，更让我们感动的是他严谨治学的态度和为我们成长而呕心沥血的奉献精神。

由于赵老师的指导，我区录制的课得到市教研部领导的肯定，当录课教师享受成功喜悦的时候，怎么会忘记，其中熔铸着老师的汗水与心血呢？

北京精诚文化学校在“非典”期间开通了名师答疑热线电话，专为学生解答学习中遇到的各种问题，赵老师是名师，自然又承担了热线答疑的任务。“热线”公布的第一天，他就连续接听电话40余个，一天下来真是讲得口干舌燥，至今他已接听150余次。无论是哪个年级的学生打来电话，甚至包括家长，也不论问题提得或大或小，甚至有些幼稚，他都循循善诱，耐心讲解，直至对方满意。为了把问题回答得更科学，更准确，他还找来参考资料，有时翻看一下，随时准备为学生服务。当电话那头的孩子听到：“这位同学，你好，你有什么问题吗？”这亲切的话语时，可能你想不到赵老师为此付出的辛苦。

“中央教育电视台”有个形式活泼的“今天我在家”栏目，丰富了孩子们的假期生活。赵老师也应邀6次参加了节目的直播。为帮助孩子们提高在家自学的能力，他先后就“如何收看好空中课堂”、“怎样复习生字”和“怎样把朗读课文变得有趣”等话题，给学生以指导。虽然每次直播仅有五分钟的时间，但他要驱车，提前一个多小时到达电视台做准备。当他那和蔼可亲的面庞出现在荧屏的时候，可能你想不到赵老师奔波的劳累。

提起特级教师，可能你想到最多的是他们在课堂上的风采，想到他们那渊博的学识和丰富的教学经验。而在“非典”期间，我们从赵老师身上还感受到那执著的精神和奉献的品格，感受到他对事业的忠诚，真不愧为“德艺双馨，堪称楷模”。

八、特级教师赵景瑞素描

北京市崇文区教育研修学院　吴琳

提起赵景瑞老师，北京的小学语文教师没有不知道的。高个子，长眉毛，慈眉善目，笑声爽朗，对年轻人厚爱有加，这是他给人们的第一印象。作为北京至今仍战斗在教研一线的屈指可数的几位老教研员之一，赵景瑞老师几十年来一直执著于教学研究和培养青年教师，他承担或参与的教改课题多次获国家及市级奖励，所指导的青年教师很多已在小学语文教育界崭露头角，成为北京市的骨干教师。

虽然已是硕果累累，虽然已是年过花甲，但他从未放松对自己的要求，还是那样精神矍铄地活跃在教学第一线。

一次，赵老师在上作文观摩课，台下是刚刚认识的几十名小学生。

孩子们望着身材高大又生疏的老师，略带惊异、紧张。只见赵老师微笑着说：“你们面前的老师姓赵，大家说说赵老师的身材给你们什么印象？”学生异口同声：“高！”“谁能形容赵老师怎么高？”学生说：“赵老师高极了！”“赵老师一定有一米八以上！”赵老师打趣道：“篮球运动员姚明身高2米多，和他比，我还是个矮子呢！”台下一片笑声，气氛一下变得轻松了。赵老师又说：“看来，这么形容身材高，不太好，怎么办？”台下静了下来，没有举手的，只见赵老师不慌不忙地请全班最高和最矮的学生上台，站在老师左右。这样一表演，学生心领神会，立刻活跃起来：“班上最高的同学才到老师的肩，最矮的同学刚到老师的腰，赵老师真高呀！”赵老师顺势点拨：“你们看，不比不知道，一比吓一跳！大家还能找到比较物吗？”学生纷纷举手，让赵老师手触灯管，摸摸黑板上沿……

学生指挥着老师做这做那，自然，一个个精彩的语句也从学生的口中自然地表达出来，师生互动的场面令人感动。学生不知不觉地学会了比较表达的技巧。听课老师无不为赵老师启发有道、幽默诙谐的教学艺术叫绝。

正是在一线的摸爬滚打，使赵老师对小学语文教学规律的把握准确而到位。例如，他认为语言训练的关键是把课文静态的语言文字变成动态的语言文字，也就是要“活化”语言。为此，他总结出活化语言的方法：一是将课文语言转化为生活再现；二是将课文无声语言转化为有声的语言（朗读）；三是将课文语言有意加以增、删、调、改，以此品味语言的精美；四是适时地将理解转化为运用。

有一次，他帮助一个参加市教学大赛的青年教师备课。参赛的课文是《五彩池》，怎样才能让学生“活化语言”呢？赵老师带领老师们反复研究，寻找结合点，终于在板书上取得了突破：在孩子们分别品读了“水池”“池水”和“池底”的美丽之后，教师利用总结全文的契机，与学生合作巧妙地将板书的重点词语联成一首诗：

水池无数（尽）铺展
形异大小（有）深浅
池水多彩（又）多变
池底石笋（真）壮观
（感受）瑰丽（须）晴天

这一设计既帮助学生梳理了全文，感受了大自然之美，又活用了语言，体味到语言的诗韵之美。正在大家为此没计得意的时候，赵老师却说：语文学习要为学生的思维留有空间！于是，这个设计便又增加了亮丽的一笔：让学生小组合作，为诗再加上最后一句。在市教学大赛的赛场上，当学生说出“五彩瑶池在人间”“原来瑶池不在天”“藏龙山上显奇观”“还得站在高处看”等充满创意的语句时，听课教师报以热烈的掌声。

在《给予树》一课的教学中，老师们设计了一个拓展练习，即在全文结尾部分的教学中提问：“哥哥、姐姐没有得到礼物，他们会怎么对金吉娅说?”这一设计既创设了一个口语交际情境，又提升了学生的情感。课堂上，学生的发言倒也感人——

生：（对扮演金吉娅的同学）妹妹你别难过，虽然没有像样的礼物，但有你这样一个有同情心的妹妹，我们感到很高兴。

生：妹妹，虽然你没给我们买像样的礼物，但从你的棒棒糖中我们已经感到你是一个善良的小姑娘。

师：（对扮演金吉娅的同学）金吉娅，你会说什么呀？

生：谢谢你们理解我，相信那个需要救助的小女孩也会因为你们的理解而更加快乐的。

可是，赵老师听课后并不满意，他说，活化语言，最重要的是引导学生在吸收课文优美语言的基础上，努力挖掘更大的空间，让孩子们从不同角度练习表达。在赵老师的指导下，这节研究课有了这样一个结尾——

师：如果你是金吉娅的哥哥、姐姐，明天你打算怎样对你的同学说起这件事？（学生试着表达，老师指导。）

师：如果你是援助中心的工作人员，回到家里，与家人聊起这件事，你又会怎么说呢？（学生试着表达，教师指导。）

师：如果你就是金吉娅的妈妈，第二天早上一出门，遇到热心的邻居问："听说昨天你的女儿做了一件非常有意义的事，能说给我听听吗？"你怎么说？（学生试着表达，教师指导。）

师：如果你就是那个得到礼物的小女孩，你又会怎样对别人提起这件事呢？（学生试着表达，教师指导。）

学生的叙述虽然稚拙，但在老师的指导下越说越好。赵老师的创造性思维不但体现在指导课堂教学上，而且还体现在教研方式的创新上。

在一次全国性的阅读教学研讨会上，赵老师为一位青年教师执教的《两小儿辩日》评课。他一改过去一个人正襟危坐侃侃而谈的评课方式，而是与大家坦诚对话。当谈到教学预设的问题时，他忽然走下台去采访那位执教老师，让他谈谈自己教学中哪些环节是课前没有预设到的，自己又是怎么处理的。那位老师回忆了如下教学情景——

师：请你说一说，学了这篇文言文，有什么感受？

生：我觉得读现代文像吃一个很大的白面包，而读文言文就像吃一个较小的汉堡包。

师：这是为什么？

生：因为现代文直接用文字把内含的东西都表达出来了，所以像吃一个大白面包。

师：也就是说这个面包外边什么样，里边也什么样，没有什么太大变化，是吗？

生：是。而文言文是用较少的文字来表达精华，所以像吃汉堡包。

师：也就是说吃着吃着，里面能吃出东西来，是吗？你的见解很独特，但让我纠正一下：你说读现代文像吃白面包，那是写得不好的现代文，好的现代文也一样能嚼得出东西来。

教师没有想到学生会用“白面包”和“汉堡包”这样一个比喻来说现代文不如文言文好，但教师及时抓住学生的问题，顺势给予正确的引导，让学生知道现代文同样也有精彩的。听了青年教师的回答，听课的老师爆发出热烈的掌声。赵老师话锋一转，说：“我为什么要问这个问题呢？这是因为预设不是我们备课的全部。”接着，他热情赞扬了这位青年教师的教学机智，并从预设、现设、后设三个方面深入浅出地以自己的切身体验讲述了备课的三部曲……

老师们喜欢赵老师，喜欢他独特的评课方式，不但有理论，还现身说法，他信手拈来的教学案例总是那么鲜活，又能调动一切教学资源，令教师获得最大的收益。有他参与的教研活动总是那么生动活泼，气氛活跃。

崇文区是北京的老城区，许多学校都坐落在胡同里。在那弯弯曲曲、透着老北京浓郁风情的小巷深处，有一扇红漆的大门，走进去，扑面而来的是满庭院的书香和孩子们朗朗的读书声。赵老师看不够这样的景，听不够这样的胡同交响乐，虽在两年前就到了退休的年龄，他依然辛勤耕耘在这美丽的田园里，辛勤地为小树除草、施肥、浇水……

九、交际需要，师生平等，发现规律

人大附小　单秀梅点评

师：好极了，我就是你们的朋友。朋友之间要互相帮助，下面，请你们帮我解决一个问题，这件事这样的：我有一个亲戚叫赵伟，是初二的学生。前几天，他到北京来玩。今天下午，要坐火车回到自己的家西安。可是，因为我今天要给同学们上课，不能送他回家啊。所以呢，为了他的安全，我想提前告诉一下赵伟的家长。你们说：有什么办法？

生：可以打电话。（板书：打电话）

生：还可以发传真。（板书：传真）

生：还可以发手机短信。（发短信）

生：还有一种方法。用呼机。

生：你太落伍了。

师：这么多的好办法，但是我还得跟你们介绍一下他们家的情况：赵伟家里没有传真机，也还没买电脑呢，所以就剩下了两种办法：打电话、发短信。好，现在，老师就打电话。（老师拿起手机拨电话）没人接啊！那我们只能发短信息了。

师：短信息，头一个字是什么？

生：短。

师：对了，我写了一个初稿，你们看我写的行不行？能再短些吗？

板书：赵伟今天返回西安市赵景瑞

生：我想把“天”删掉。因为“今”字就能代表“今天”了。

生：我觉得删掉“市”，比如“北京市”就是“北京”。

生：我觉得可以把“西安市”删掉。

师：都删掉吗？

生：对，因为我觉得他从哪来的，应该回到哪里去，没必要写了。

师：“西安市”都删掉呢，还是只删掉“市”，先把这个问题解决。

生：我觉得不能删掉“西安”，万一，她的家长不在西安呢？

师：你们俩的意见不一样了，你们自己交流交流。

生：我觉得“返回”，一定是回到原来的地方。

师：那返回到底是什么意思？拿出字典来查一查。

生：（查字典）

生：“返”就是回到原来的地方。

师：噢，对啊。来，我们俩表演表演。

师：赵伟，北京多好啊。你愿意跟我到北京来吗？

生：愿意。

师：那好，你今天就跟我到北京去。

（老师请一名学生到台前）

师：你在北京玩得高兴吗？

生：非常高兴。

师：那好，既然你已经玩够了，就回去吧。

（生回到座位上）

师：你为什么回到那里呢？

生：因为刚才我从这走的，当然要回到这里来。

师：联系上下文就能省字，看来“西安市”不写也能把意思表达清楚。

生：我还能省字，“返”可以去掉。因为“回”就是“回到自己的家里了。”

师：噢，字的意思出现了理解的问题，刚才我们用什么办法解决的？

生：查字典。

师：好，再查查看。

生：（再次查字典）

生查后说："回"就是"回到来的地方去"。

师：字典真是个好老师！看来可以省掉"返"这个字了。还有吗？

生：把"赵伟"改称"他"。因为他爸爸知道他到您这里来玩了。

生：我觉得把"赵伟"改称"伟"更好。

师：你叫什么？

生：我叫翟文涛。

师：你妈怎么叫你呢？

生：涛。

师：其他同学说说你们的家长怎样称呼你呢？

生：我叫李晓萌，我妈妈叫我"萌"。

生：我妈妈平时就叫我名字的最后一个字"莹"。

……

师：你们说说为什么把"赵"字删掉啊！

生：因为家长一般只叫孩子名字，不叫姓，因为家长知道。

师：还能删掉什么呢？

生：把"赵景瑞"删掉。

师：想把我的名字删掉。

生：（笑）

生：我觉得应该删掉"赵景"。

师：是不是想我的爸爸妈妈也应该管我叫"瑞"。

生：（大笑）

生：我想把三个字都去掉，因为短信中会注明手机号码，他爸爸、妈妈一看就会知道是谁的。

师：大家想想这个短信是给谁写的？

生：赵伟的家长。

师：我想问一个问题，到底有没有必要写我的名字？

生：没必要。

师：为什么？

生：赵伟父母知道是您发的。

师：不写，他们知道不知道？

生：知道。

师：所以啊，既然不写我的名字对方也知道是我，就应该省掉。

那好，现在就剩三个字（伟 今 回）了，你们看能不能再删？你们现在就当赵伟的爸爸、妈妈，我发信息给你们“伟今”。

生：不行，不知赵伟今天干什么。

师：“伟回”。

生：也不行，我们不知道赵伟什么时候回家啊？

师：接到这样的短信，你们会有什么想法啊？

生：我很担心，他到底什么时间回来呢？

师：今回。

生：谁回啊！

师：看来，不能再删了，因为再删就说不明白了。我们写短信要在明白的基础上，写简单。

（板书：简明）

师：那我问大家，“简明”是先有“明”还是先有“简”？

生：要先有“明”。

师：我想跟大家讨论讨论，怎样才能做到“简明”呢？大家看板书，思考思考，上面的字为什么能省？下面的字为什么能省？这里有什么规律呢？先自己想一想，然后再讨论讨论。

板书：

							短信息
赵					西安	赵景瑞	
	伟	今			回		简明
			天	返		市	

师：每组派一个代表说说看。

生：我觉得上面那排，都是收信息人知道的事情，所以可以省略。

师：噢，写信息的人要想着收信息的人。总结一下，写的人叫“作者”，收信息的人呢？叫“读者”，也就是说“心中要有读者”。

生：我觉得“今、返、市”都是可有可无的。比如：“今”就能代表，所以下一排的字都可以省掉。

师：我们平时用水不能浪费，用纸不能浪费，用字也不能浪费啊。

（板书：用字要节约）

师：节约的品质是我们必备的。短信写的短有什么好处啊？

生：省时间。

生：省电。

师：都是替“我”省了，还替谁省了？

生：读者看的时间短了。

生：收信息的人看得清楚明白了。

师：对啊，这也是替读者着想啊。如果你是赵伟的家长，接到短信，会干什么？

生：去接他。

生：给他做点好吃的。

生：回个短信。

师：对啊，你们这就是心中有读者啊！那你们现在就当赵伟的爸爸、妈妈，给我回个短信。

生：（写短信息）。

点评：赵老师设计的活动内容始终是学生身边生活的需要。选择了贴近现代生活的发“短信息”作为教学指导的核心内容。因为现在手机已经普及，有些学生甚至也有手机，所以对于研究有关“短消息”，就激发了学生足够的兴趣学习。再加上赵老师精心设计的“发短信”的真实交际情境，“给赵伟的父母发报平安”的短信。一时间使在场的所有师生都进入到这个情境之中去。

赵老师把“写短信”作为教学内容，透过简短的文字来创造妙趣横生的课堂，写概括是当前信息社会非常重要的一个语言表达的品质。但这一教学看点，在作文教学中的被重视程度是相当弱的。即便是一篇要求学生写具体的文章，也不是到处都写具体的。赵老师这看似简单的一笔，却揭示了语文教学的真谛：语文即生活，生活中学语文。

在课堂上，当孩子对一些字词的意思不理解时，赵老师让孩子拿出字典来实际动手查一查，尤其是查了两次，还是不多见的。一堂课的设计，尤其是公开课，往往调动了老师们的全部神经，在追求新意、追求时尚、追求完美的过程中，渐渐的忽视了教学最为纯朴的东西。字典作为学生学习语文的终身伴侣，其能力的培养，习惯的养成难道不应该引起我们的足够关注吗？赵老师的这一做法，发人深省，令人深思。使我真正懂得了“教学的最高技巧是无技巧”这句教学的真谛。

赵老师讲的作文课内容是“发短信息”。他创了请同学们帮助他修改短信息的生活情境，把原来“赵伟今天返回西安市 赵景瑞”这12个字的短信息，缩减到只有三个字的“伟今回”，也能准确地表达意思。生动活跃的课堂气氛中，学生学得是那样尽兴。我也在他的引领下，一路走来，感到步步皆是风景。

在引导学生修改短信息的过程中，学生每改一处，他都把去掉的字写在原字位置的上方或下方。渐渐地，黑板上出现了三行字，上下两行是去掉的字，中间一行是修改后留下的字。去掉就去掉吧，还写在黑板上干什么？不禁产生了疑问。而当短信息修改好后，他在上下两行字处分别划了一条线，请学生边观察，边想一想，让短信息简明有什么好方法。我再次恍然大悟：从上面一行可以看出，用一个字可以代表两个字的意思，就保留一个；下面一行省去的是对方知道的意思，这不就简明了吗？学生的感悟水到渠成，听课的老师也发出啧啧的赞叹。这不正是赵老师多次强调的在教学中要重视过程与方法的引导吗？这方法不是老师教的，是学生自然生成的。

“简明很重要，但是先要做到简，还是先要做到明？……”

“信息连你我，心中有读者，用字要节约……你能再添上一句吗？”

这一个个发人深思的问题，总能引你向教学的更高境界迈进，一步一景，领你登上高处，享受“一览众山小”的快乐。

听赵老师的课，每次都给我留下深刻的印象，每次听课，都像与一位智者聊天，让你在轻松愉快中豁然开朗。我再次感到做他的徒弟是如此的幸福。他待人的真诚与精湛的教学艺术，永远具有无穷的魅力。

当今的课堂应该是学生知识发展的课堂，是学生能力提升的课堂。教学中，赵老师有意识地引导学生去分析、探讨、发现“发短信”的规律。而在帮助学生梳理思绪的过程中，巧妙地渗透了人文关怀：作者要站在读者的立场去想问题，心中有读者。语文教学没有离开工具性的人文性，也没有离开人文性的工具性。这一环节设计的精彩就在于很好地把语文的工具性和人文性统一起来。

赵老师的教学，让我们深深地感受到了特级教师真正的教学本领“道而弗牵，强而弗抑，开而弗达。”在教与学的天地里，老师乐此不疲、巧妙地教给学生学习方法，学生津津乐道地凝神细琢每个字句，深深感受其中的乐趣。师生在自然、宽松、和谐的音符下，演奏着教与学的“融融乐曲”！

十、体验中明理，交流中提高

一师附小　刘燕君点评

作文课一直是语文教学中的难点，而在特级教师赵景瑞的作文课上，我却看到了这样的场景：孩子们在笑声中思考，在轻松中表达，在体验中明理，在交流中提高。一直令老师畏难，令学生畏惧的作文课，为什么被赵老师上得如此轻松、幽默，又如此深邃、严谨？他有什么神奇的“魔力”，引领着孩子们如此兴致盎然地随他一起畅游“作文王国”的呢？让我们一起走进赵老师一堂“作文亲子培训班”的作文课，家长与孩子一起上课，亲身感受他那颇具特色的教学风格。

一、创设问题情境，激发学生思考

师：现在，我们要练习写一个片段——题目是“空气”。

生：（神态：面露难色，面面相觑）

师：是不是感到了困难？空气看不见，摸不着，怎么写呀？

生：（频频点头，但苦于无从下手，有些着急）

评析：选题是写“空气”，空气是看不见，摸不着的，意想不到的作文题，很能激发学生的兴趣。写它需要“以动写静，以此写彼”的写作方法，对于学生来说是比较枯燥难懂的，而赵老师在教学中却巧妙地把它寓于活泼有趣的教学活动中，创设问题情境，产生困惑，出现需要，再自己尝试解决，激发求知的欲望。

二、点拨引导，开启学生思维

师：你能从别的事物中看到空气吗？

生：（柳暗花明）（跃跃欲试，纷纷举起手回答）

师：别急，你们先自己想一想，给家长演一演，一会儿请同学上台表演，要让我们知道空气在哪？

生：（和家长一起思考、表演，非常投入）

评析：在学生处在最佳求知状态下，老师巧妙点拨：“你能从别的事物中看到空气吗？”一下子打开了学生的思维，进入顿悟后的情绪高涨状态。

三、展现实践活动，亲身体验发现

师：谁愿意通过你的表演让同学发现空气藏在哪？其他同学认真观察。

一会儿选一个写下来。

学生代表6人到台前依次表演。

生1：鼓起两腮（空气藏在嘴里），用手使劲一拍，“扑”的一声，两腮恢复正常。

（师：空气溜走了，孩子们大笑起来）

生2：左手拿着一个塑料袋，打开袋口使劲一兜，然后赶紧用手攥紧袋口，塑料袋里已胀得鼓鼓的。

生3：手拿一张纸条，鼓起劲来使劲一吹，小纸条立即抖动起来。

……

（台上的同学们，用不同的事物，把他们的观察，体验的空气表现出来；台下的同学边观察，边展示自己的发现）

评析：作文是在实践中完成的，赵老师遵循这一原则，让每一个学生亲身体验，通过学生自己的表演，让学生切切实实感到作文材料就在我们身边，从生活中观察是多么的重要。

四、顺学而导，引发多向思维

师：刚才同学们都找到身边的空气，别的地方还有吗？你找得到吗？

（短时沉默之后，一双双手高高举起）

生1：空气在蓝蓝的天空里。

生2：绿油油的、茂盛的树叶上产生空气。

生3：海里游动的鱼儿吐出的水泡是空气。

生4：北京刮起的春风，就是空气在流动。

……

（赵老师这一巧妙的引导，孩子的思维一下子打开了）

评析：在学生思维停留在同一层面横向发展时，赵老师适时引导学生：“别的地方还有空气吗？”这看似简单的问题，却颇见功力，它拓展了学生的思维，引发学生多角度思考问题，向思维的纵深拓展。奇思妙想才能异彩纷呈。

五、独立完成习作，评价点拨

师：如果现在你再来写空气，能写了吗？别急，先回忆一下你刚才是怎么做的，观察到什么？想到什么？再认真地写下来。

（学生认真写作，笔端流畅）

师：你愿意把你的写作和我们一起交流吗？

（现场指导，师生、生生在平等中交流）

生：我左手拿着一个塑料袋，打开袋口使劲吹气，赶快一兜，然后赶紧用手攥紧袋口，塑料袋里已胀得鼓鼓囊囊的，里面都是空气。我一松袋口，一股气流冲出，袋子也瘪了，这是空气流出来了……

师：写得好！你是通过什么东西看到空气呢？

生：是用塑料袋看到空气的。

师：噢！是通过别的事物写空气的，用看得见的显现看不见的。

师：再问问你，你为什么要吹气，又放气呢？

生：如果不吹，不放，空气不流动，就看不到。

师：是呀！你真聪明，让空气动起来，就写出来了。

……

评析：在学生们情之所至，急于表达之时，赵老师适时引导学生静静地思考，把自己的观察、体验写下来．当学生们写完后，老师又安排了生生之间，师生之间、家长与孩子之间的多项交流、评价活动。他用慈祥的目光注视着学生，那么认真地倾听小同学的发言，用商量的口吻和学生交谈自己的观点，用幽默、准确的语言随机点评，同时，抓住学生的闪光点或问题的焦点，引发学生之间的评议，把较深奥的道理通俗化，写法已呼之欲出，先进的教学理念融于课堂教学的点点滴滴。

六、反思实践体会

师：回顾刚才的学习过程，你们知道我们今天学习的写作方法是什么吗？

（师引导学生看板书，思考发现）

板书：

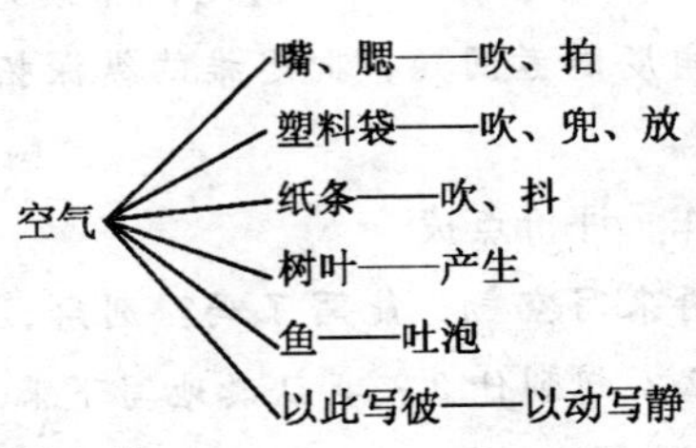

生：用别的事物写空气。

师：这就叫“以此写彼”。（板书）

生：让空气动起来，就看见了。

师：对！这就叫“以动写静”。（板书）

评析：热烈地交流之后，课堂又进入静静的思考状态，学生认真地反思着自己的学习全程，回味着有滋有味的作文教学，他们在赵老师的引导下，从语文实践活动中自己总结出理性的规律：原来这就叫“以动写静、以此写彼”呀！从学生当初写空气时皱着眉头“没的写”到高高兴兴“有的写”，最后，面对着那么多、那么新，那么好的作文材料难以割舍，都不知“写什么好”了。这中间学生有困惑、有期待、有顿悟、有欣喜……这一切都是学生自主的体验，是与老师、同伴的碰撞与交流。在课堂上的每个学生和家长，都感到了学习、探索、收获的快乐。

总评：通过赵老师作文课堂中的一些片段，我们看到的不仅是精彩与娴熟，更重要的是他深厚的积淀与理性的思考，反思这一节作文教学课，给我的启发是多方面的：

一、积淀丰厚的文化底蕴

听赵老师的课，你始终会被一种自然、浓烈的文化味道包围，课中的语言风格那么强烈地感染着你，他的言谈举止无不展示出其文化底蕴的深厚。而这一点正是我们年轻教师所欠缺的。

二、全面地了解学生情况

赵老师上课之前，要做大量的教学准备工作，其中最重要的就是学生情况调查。他认为：学生并不是空着脑袋走进教室的。在日常生活中，在以往的学习中，他们已经形成了丰富的经验，而且，有些问题即使他们还没有接触过，没有现成的经验，但当问题一呈现在面前时，他们往往也基于相关的经验，依靠他们的认知能力，形成对问题的某种解释，所以，教学不能无视学生的这些经验，而是要把学生现有的知识经验作为新知识的生长点，引导学生从原有的知识经验中“生长”出新的知识经验。因此，一切教学的设计都必须尊重学生已有的知识经验和能力水平，作出符合实际的学生情况调查分析，做到“以学定教，教为学服务”。赵老师就是遵循“建构主义”这一理论观点，在为学生上作文课之前，把所有学生的作文逐一阅读，根据出现的问题做出具体分析。同时，他还通过和家长、学生聊天了解学生非智力方面的因素，家庭教育背景等相关信息，最后确定自己的教学目标和教学流程设计。上课时，又不拘泥于教案，关心“动态生成”。赵老师课上非常关注学生的一举一动，他会随时根据学生思维参与的情况，作为开发的资源，做出适时调整，“顺学面导，润物无声”，始终使学生处在一种积极的，愉悦的学习状态中。

三、开放、民主、平等、轻松的课堂

一位年过六旬的特级教师，始终以学生的学习伙伴身份出现，他引领着学生一起畅游作文王国。他是一位慈祥的老爷爷，为学生出主意，为学生搭设语文实践的舞台，时而像与学生聊天，在交谈中获取新知。时而像在说相声，幽默的语言蕴涵着哲理，学生在笑声中得到发展。

四、深入浅出的教学风格

记得一位教育家说过，教师可分为四类。第一类是深入深出型：即自己有很高深的学问，为学生讲解得也很高深，结果学生们如在云里雾里，一片茫然。第二类是浅入深出型：即教师自己胸无笔墨，却在学生面前故弄玄虚，舞文弄墨，把非常简单的知识、道理，人为地搞得很复杂。第三类是浅人浅出型：即教师本身不善学习，知识积累浅薄，只能教给学生一些浅显的知识，学生无收获。第四类是每一位教师追求的最高境界，做一个深入浅出型教师：即自己具有渊博的知识，丰富的内涵，善于把深刻的东西通过学生喜闻乐见的形式让孩子易于接受。而赵老师教学正属于第四类。他从不在学生面前讲出什么枯燥的术语、规律，而是把他们寓于活泼有趣的教学活动中，创设问题情境，启发学生自己提出困惑，让学生自己尝试解决，让学生自己感受体验，让学生自己去反思总结。

附录 2

一、我的教案

《这句话的魅力》教案（四年级）

（一）教学目标

1. 结论目标

通过阅读，理解语言的魅力表现在能引发联想，激发情感。

2. 过程目标

学习自学，学习探索，学习质疑，学习交往，学习创新。

3. 情感目标

学会关爱。

（二）教学思路

以质疑、解疑为导线，以课文为例展开教学。

（三）教学过程

1. 激发需要，学生质疑

（1）根据问题情境，激疑。

（2）围绕课题，学生思疑。

（3）自学思考，学生质疑。

（4）全班讨论，师生梳疑。

疑问 1：课文中哪句话有魅力？

疑问 2：这句话有什么魅力？

疑问 3：什么样的语言有魅力？

2. 指导学习课文 1 ~ 5 自然段，解疑

（1）在分步自读基础上，同桌合作，互读，互听，互帮。

（2）全班解难。

（3）推荐朗读（解疑问 1：木牌上的字“春天到了，我什么也看不见！”有魅力。）

（4）创设联想情境：假如你是上午过往的行人，看到木牌上的字，会想什么。

（5）读课文，思考：木牌上的字，中午后有什么变化？产生了什么作用？（解

疑2：钱多了。）

（6）创设联想情境：假如你是下午过往的行人，看到木牌上增加后的字，又会想什么。（解疑3：引发对春天美好的联想，对盲老人产生同情心。）

3. 指导学习课文第6自然段

（1）自由读体会。

（2）引读体会。

（3）归纳：什么样的语言有魅力（引发联想，激发情感）。

（4）感情朗读，评读。

4. 创设交际情境：

（1）同桌一人扮演盲人，一人扮演诗人，回答盲人的问题，让盲老人明白。

（2）变人称朗读。

（3）师生角色对话（明白魅力；再送魅力语）。

读段探写《海底世界》教案

目的：读中提取信息，读中培养语感，读中探寻选材，读中渗透哲学。

《海底世界》段落

海里的动物各有各的活动方法。海参靠肌肉收缩爬行。有一种鱼像梭子，每小时能游几十千米，攻击其他动物的时候，比普通的火车还快。乌贼和章鱼能突然向前方喷水，利用水的反推力迅速后退。还有些贝类自己不动，能贴在轮船底下作免费的长途旅行。

（一）解读——理解内容

1. 共有几句？（5句）

2. 用段中的一句概括这段的内容。（读首句）

3. 根据这句话中概括的词语（问——找——读）。

海里的动物（海参、梭子鱼、乌贼章鱼、贝类）

活动方法（爬、游、喷、贴）均用一个字

各有各的（慢、快、退、静）均用一个字

（二）解读——体会情感

1. 学生先用词语表达感受。（奇特、有趣……），再谈体会。

2. 顺学而导，适时点拨。

算算：每小时能游几十千米（每秒游14米）

联想：反推力迅速后退（乌贼和章鱼也懂得什么？灵活，懂科学）

想象：作免费的长途旅行（如果你是贝类，说感受）

3. 感情朗读。

（三）探写

1. 理清关系

第1句与后4句是什么关系？（总分）

后4句之间有联系吗？（图示填词）

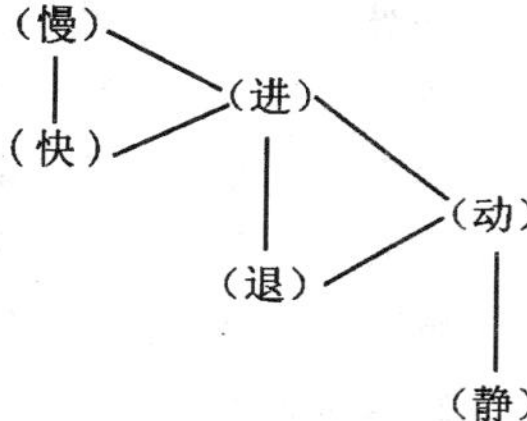

2. 体味选材。

（1）选择：只选5种动物能代表海底几万种活动方式吗？

（分甲乙方）

（2）辩论：分组讨论后，台上台下辩论。

（3）结论：典型个别代表全部。

一分为二才能成为典型个别。

（4）探寻：作者是怎么选出典型的材料？

①作者能观察全部的海底动物吗？（只能看到部分）

②作者观察到个别海参慢动后会想什么？（向相反方向思考：一定有快动的动物。）

③作者又去观察什么动物？（快动的动物）

④接着作者又在想什么？（快与慢都是前进，向相反方向思考：一定有后退的动物。）

………

规律：边观察边逆向思考，就会发现典型。

（5）朗读。

板书：

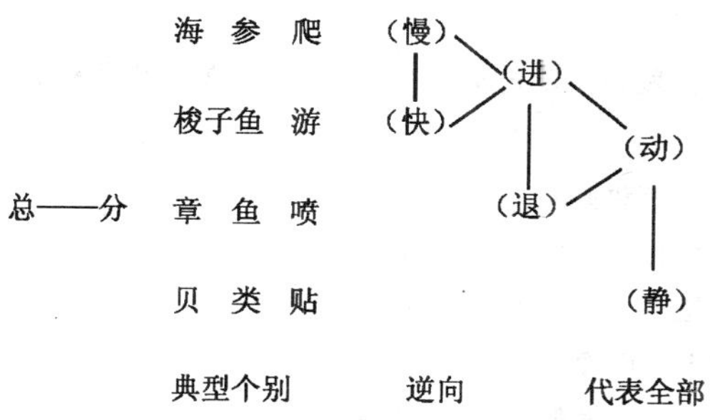

（四）练习

读中学写——《葡萄》教案

课前活动：

1. 概括游戏：几个字用一个字概括。

妈妈　爸爸　姐姐　妹妹……

快乐　老师　汉字　课文……

西瓜　黄瓜　冬瓜　南瓜　傻瓜

男人　女人　大人　小人　无人

鸡肉　肉鸡　盒饭　饭盒　漆黑　黑漆

2. 接龙游戏：

赵朋友——友好——好人——人民——民主……

小学生——生命——命运——运动——动作……

教学目的：

读学写：练朗读；提信息；学观察；学修辞；学写段。

教学过程：

1. 懂意思——这段话中每句写的是什么。

原文：

有个很大的葡萄园。园里有茂密的葡萄架。架上挂着亮晶晶的葡萄串。串串都结着又大又圆的葡萄粒。

（1）扫障碍，读正确。

字音："串"儿化，"粒"的儿化。

字形："园"与"圆"比较（地方与形状的不同）。组词。

（2）用句中一个字代表每句的意思。（板书：园、架、串、粒）

（3）朗读表达明白。

2. 明特点——这段话中每句又写出了怎样园、架、串、粒。

（1）园的大、架的茂密、串的亮晶晶、粒的又大又圆

（2）指导想象，有语感。

很大：各个角度看怎么样（远、周）

茂密：各个部位是怎样的（藤、叶）

亮晶晶：看到串，就像什么

大圆：看到后，你想做什么（看、吃）

（3）用朗读表达语感。

3. 理顺序——这段话写的顺序，体会为什么？（看板书的特点）

（1）四句写的顺序。（从大到小聚焦）

（2）加动作，用朗读表达顺序。

（3）体会为什么要写前几句？

（葡萄产在哪？长在哪？美在哪？）

4. 悟衔接——这段话四句间是怎么衔接的。

园——园架——架串——串粒……

（1）接龙（连珠）

（2）朗读表达衔接。

5. 补写练习

·按照这样的顺序和衔接方法，补写这段话后面的句子。

有个很大的葡萄园。园里有茂密的葡萄架。架上挂着亮晶晶的葡萄串。串串都结着又大又圆的葡萄粒。________________

（1）观察葡萄粒，想下面应写葡萄的什么。（填板书）

·粒粒葡萄上有一层洁白的霜。

·粒粒葡萄上包着深红的葡萄皮。

·粒粒葡萄里有甜滋滋的肉。

·粒粒葡萄里有个米粒大的籽。

（2）补写。

6. 看图填写一段话。

（1）出示“挑山工”图。

（2）主要写什么。（挑山工）

（3）要表现什么。（挑山工勇往直前的攀登精神。）

（4）看图补句。

看图，按照学的顺序和衔接方法在这句话后面填几句，补充成完整的一段话。

有一座高耸入云的山，____

________________挑山工担着货物迈着坚定的步伐朝着山顶攀登。

（5）应补几句？（2句）

（6）每句写什么？（山、阶、人）

（7）句间衔接。（①山②山……阶③阶……人）

（8）练写。

（9）评议。

板书：

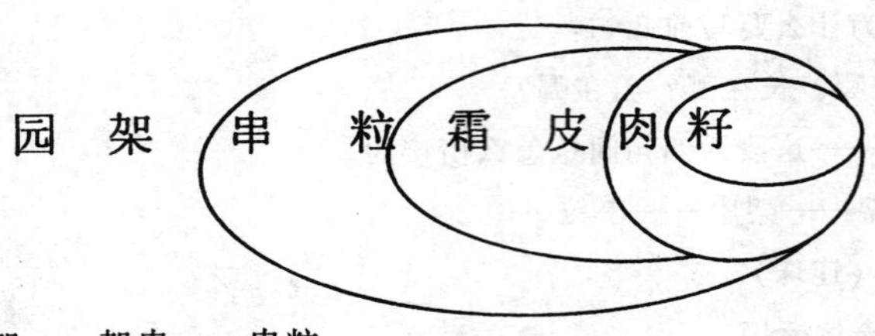

园——园架——架串——串粒……

山——山…阶——阶…人

发短信（五年级作文教案）

（一）教学理念

1. 作文是言语交际工具。

2. 时代要求具备初步处理信息，特别是浓缩信息的能力。

3. 要具有文明交往的素质，增强“心中有读者”的意识。

4. 创设师生平等的教学情境。

（二）教学目标

1. 学习发短信（方法与成果）。

2. 有文明交往的素质，增强“心中有读者”的意识。

（三）教学过程

1. 创设发短信息的情境。

（1）亲戚赵伟来此游玩，今天要回家，老师要让家长放心。

（2）预设“按按按”连锁题组：

帮朋友想，要让家长放心，哪个办法又好又快？请选择： ①写信。 ②打电话。

师打电话后没人接。

电话没人接，怎么办？有以下办法，请选择： ①发电报　②发电子邮件　③发短信　④发传真

讨论，确定只有“发短信”。

2. 学生帮老师修改短信稿。

（1）出示短信草稿。

赵伟今天返回北京市赵景瑞

学生自由修改短信稿，要“短”（减少字数，说明道理。）

（2）现设“按按按”：（根据学生意见，在板书上现设）

对“北京市”三个字，你同意哪种意见？
①删“市”
②删“北、市”
③删“北京市”

对“赵景瑞”三个字，你同意哪种意见？
①删“赵”
②删“赵景”
③删“赵景瑞”

按不同意见，分组归纳意见，选代表到台上争论。

（3）教师继续删减，“伟今返”学生以对方角度讨论（否）。

最后短信息稿；伟今返。

3. 看板书，回顾修改过程，领悟发短信息的方法。

作者角度：用字要节约
读者角度：心中有读者 } 简明

4. 预设“按按按”，体会心中有读者。

省去“赵、北京市、赵景瑞”几个字，是因为发短信人心中想到什么？
①发短一点，想自己……　②发短一点，想收信人……

5. 讨论：修改后的信息稿的好处（双方）。

省电、省时、省力……

6. 学生试拟赵伟父母收到信息后发的短信息稿。

（1）讨论内容及要求：收到信息，表达情感。

短（简明）

（2）独立写。

（3）朗读习作。

（4）师生评议。

（5）现设“按按按”：

选择有代表性的习作，字数由“多——少”编号，学生选哪个最好？ 1　　2　　3　　4

（每人都说，师发现典型，生板书后选择。师参与，选出最好的，引导学生说为什么好？目的是：短信不是字越少越好，以明白为前提。简明是先明后简）

7. 猜测课堂情境的“假”与“真”。

预设“按按按”：

今天老师让同学们帮助做发短信这件事，是“真”还是“假”？ ①真　　②假　　③其他……

学作文学做人

8. 共编一首诗。短信通世界。

用字要（节约）。

心中有（读者），

（简明情连接）。

板书：

作者　　天返　　市　　用字要节约

赵伟今天返回北京市赵景瑞　　简明

读者　赵　　北京市赵景瑞　心中有读者

想象作文指导课《方方与圆圆》教案（四年级）

（一）教学理念

1. 激发学生的学习兴趣，激发学生展开想象。
2. 鼓励有创意的表达。
3. 写词、写句、写段融通。
4. 创设学生自主、合作、探究的学习情境。
5. 教学努力在师生平等对话的过程中进行。

（二）教学目标

1. 学写想象中的事物。
2. 懂得事物之间应互补，要愉快地合作。

（三）教学过程

1. 创设想象情境，练笔1。

（1）板画“方”与“圆”。

（2）按学生喜欢的图形写联想的词语。

2. 展示阅读情境，练笔2。

（1）推荐读——《方方与圆圆》1。

（2）在短文的空白处填上喜欢的恰当词语。

（3）对读，出现争论气氛。

3. 口语交际辩论。

（1）同内容小组讨论（商量说服对方的办法）。

（2）异内容小组对说（先小组练，再上台说）。

（3）师生对说。

（4）共同得出结论：方与圆应互补，要愉快合作。

4. 展示阅读情境，练笔3。

（1）推荐读《方方与圆圆》2。

（2）在短文的空白处填上自己的认识。

（3）朗读片断，评议。

5. 展示阅读情境，练笔4。

（1）推荐读《方方与圆圆》3。

（2）师生给写段起情境开头。

（3）选择性习作，独立写片断。

（4）朗读习作。

（5）师生共同评点。

6. 方方与圆圆互赠祝语。

《观察与作文》教案（三年级）

（一）教学目标

1. 知识与能力：懂得作文与观察息息相关，懂得并学会观察要善于运用多器官、多角度协同操作。并练习写段。

2. 过程与方法：运用多器官、多角度协同观察方法练习，做好观察记录。

3. 情感态度与价值观：培养热爱生活、观察事物的情趣。

（二）教学过程

1. 调查：你认为什么是“观察”？

2. 自发观察：几个学生尝试按自己的认识观察一张纸，并表述。

3. 指导观察：

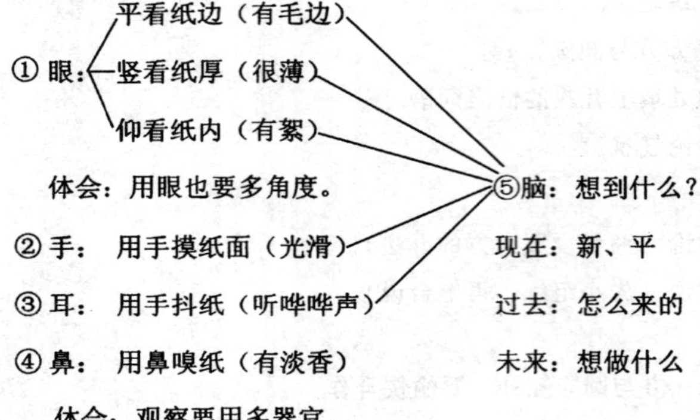

体会：观察要用多器官。

4. 总结：再问什么是观察？（用多器官、多角度协同操作）。

5. 练习观察：

（1）全体学生运用多器官、多角度协同观察同样的一张纸。

（2）填写观察记录：

观察记录

用的器官	发现了什么？	想到了什么？（脑）
眼		
耳		
手		
鼻		
其他		

（3）写段练习。（自选一题）

我观察了这样一张纸

____

____

____

我明白了观察

我原以为“观察”就是，________________

现在我明白了：“观察”________________。

就拿我面前的这张纸来说吧，________________

____

____

（4）交流评价。

板书：

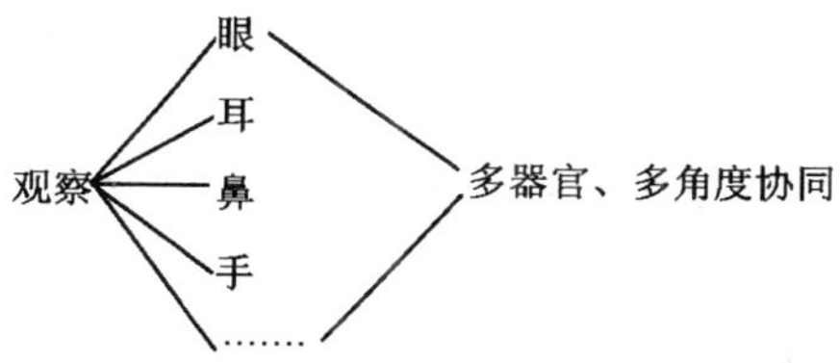

《开题与选材》教案（五年级）

教学目的：学逆思，练开题，广选材，激创新，育修养。

（一）设铺垫，悟逆向

1. 抢答反义词：师引说：上（下）左（右）长（短）老（小）

高（矮）笑（哭）爱（恨）

成功（失败）奖励（惩罚）快乐（悲痛）

2. 发现赵老师身上的反义词，说话。（师可先引说）

· 眉毛长——头发短

· 头上有白发——头上也有黑发

· 上身穿——下身……

· 右手拿着粉笔——左手……

· 年纪老——精神年轻

3. 课堂反义动作游戏

坐下（起立）起立（坐下）举右手（举左手）不放下（放下手）

向后看（向前看）趴下（坐好）叫赵老师（不叫）

学生思考：当老师发出口令后，你想什么？（逆向）

4. 板书：逆向（展示“逆”的字源是人倒立的象形）

（二）多情境，练逆向，明好处

1. 观察“问号图”，练逆向。（多答案）

2. 观察字，加反义词，组成新字。（能造字）

上（卡）大（尖）文（斌）月（明）。

3. 故事情景，练逆向。（会做人）

长汤勺

有这样一个故事：一天，教师带学生去一个房间，许多人围着一只正在煮食的大锅坐着。每个人都有一只汤勺，但是汤勺柄太长，所以没法把食物送到自己嘴里。他们又饿又失望，很不快乐。用什么办法让这里的人吃得又饱又快乐呢？

（三）练开题，用逆向——《我快乐》

1. 用“逆向”练“快乐”选材。

（1）“快乐”的意思。（感到幸福或满意）启发快乐的角度。

（2）说什么事使你快乐？（师板书）

（3）启发逆思开题选材（师补板书）

（4）口头填空，练逆向：

母亲给我过生日很快乐——（　　）

老师教我很快乐——（　　）

运动会我跑了第一名很快乐——（　　）

同学帮我解难题很快乐——（　　）

课余玩游戏我很快乐——（　　）

（5）练习：每人写选材（用几句话，写我快乐的一个材料）。

（6）评议。

2. 用“逆向”练“我”选材。

（1）《我快乐》中“我”的开题。

①学生审“我”题应写什么？（写自己）

②用逆向思考，可以写谁？

③展示三篇短文，发现可以写别的。

我是自动铅笔，长得可漂亮了！身材又高又瘦，一件黑色礼服，头戴一顶银白色的礼帽，在阳光下闪闪发光，笔芯从笔头上露出来，不用削铅笔，小主人可喜欢我了。如果写错了，摘下礼帽，一块绿色的圆橡皮会主动出来帮助，我能为小主人做贡献，很快乐。

我忽然觉得自己就是一朵荷花，穿着雪白的衣裳，站在阳光里，一阵微风吹来，我就翩翩起舞，雪白的衣裳随风飘动。风过了，我停止舞蹈，高兴地站在那儿。蜻蜓飞过来，告诉我清早飞行的快乐，鱼在脚下游，告诉我昨夜做的好梦。

我叫人行横道，是保护行人过马路的卫士。因为车辆到我跟前都减速慢行。如果是红灯，车辆都自觉停下，让行人通过。行人只要从我身上走过，就非常安全。我能为交通安全做点事，是多么快乐！

（2）练习：每人写选材（用几句话，写反义的两个材料）。

（3）评议。（按深度、广度层次评）

（4）学生谈开题的体会。（一句话、一个词、一个字）

板书：

开题与选材——逆向

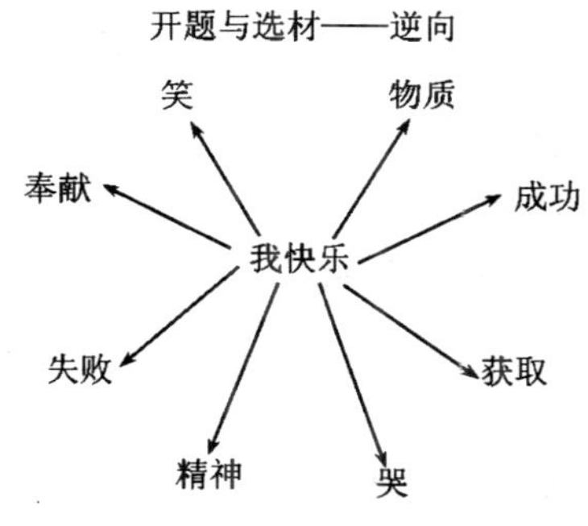

想反义，逆思考，广选材

练习：

有这样一件事让我快乐！＿＿＿＿＿＿＿＿＿＿＿＿＿＿＿＿＿＿＿＿

＿＿＿＿＿＿＿＿＿＿＿＿＿＿＿＿＿＿＿＿＿＿＿＿＿＿＿＿＿＿＿＿

＿＿＿＿＿＿＿＿＿＿＿＿＿＿＿＿＿＿＿＿＿＿＿＿＿＿＿＿＿＿＿＿

＿＿＿＿＿＿＿＿＿＿＿＿＿＿＿＿＿＿＿＿＿＿＿＿＿＿＿＿＿＿＿＿

“我”还有一件事快乐！＿＿＿＿＿＿＿＿＿＿＿＿＿＿＿＿＿＿＿＿

＿＿＿＿＿＿＿＿＿＿＿＿＿＿＿＿＿＿＿＿＿＿＿＿＿＿＿＿＿＿＿＿

＿＿＿＿＿＿＿＿＿＿＿＿＿＿＿＿＿＿＿＿＿＿＿＿＿＿＿＿＿＿＿＿

＿＿＿＿＿＿＿＿＿＿＿＿＿＿＿＿＿＿＿＿＿＿＿＿＿＿＿＿＿＿＿＿

《联想写话》作文课教案（三年级）

（一）教学目的

1. 培养学生运用联想提高表达能力。

2. 训练学生联接力，培养创新思维。

3. 在联想写话的过程中育人。

（二）教学过程

1. 联想猜年龄。

（1）教师说句话，学生运用联想猜老师的年龄。

（2）学生运用联想说自己年龄，学生推断年龄。

2. 图画联想、联接。

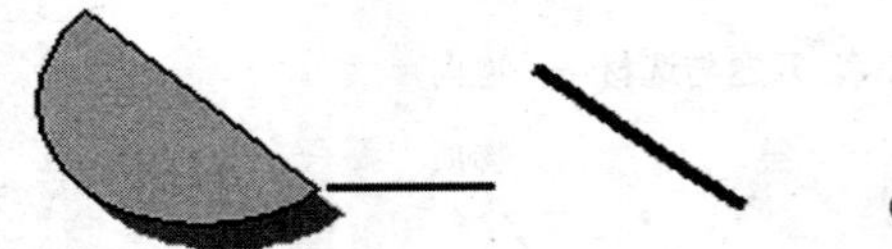

（板书联想）

（1）半圆、线段分别联想。

（2）将半圆、线段图画联接，说词语。

3. 词语运用联想说话编故事。

（1）天

（2）师导联想物（逐渐联接说话）

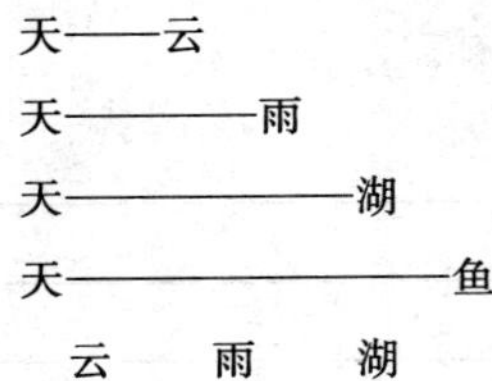

（3）悟规律

远联，用联想，找中介

（4）给部分联接物说故事（小组讨论，可求异）

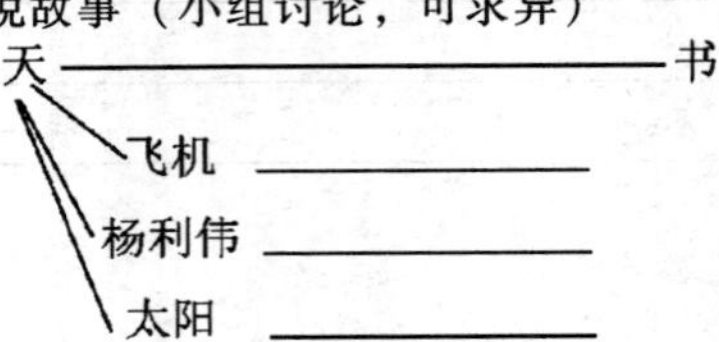

4. 学生出远距离补词语写话题。

天（赵老师、茶、石、树）

5. 学生自选题或自拟题，拟联接提纲。

6. 学生自选题写话。

7. 交流、评价习作。（会欣赏、找不足、提建议）

板书：

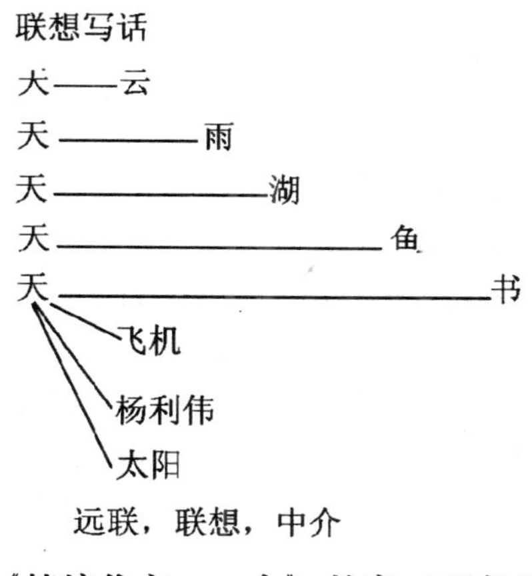

《情境作文——伞》教案（五年级）

（一）教学目标

1. 在情境中懂得作文是生活的需要。

2. 初步学习各种文体的写作要领（叙事文、童话、应用文）。

3. 渗透人文关怀的教育。

（二）教学过程

1. 教师讲述事情情境（边画板书）

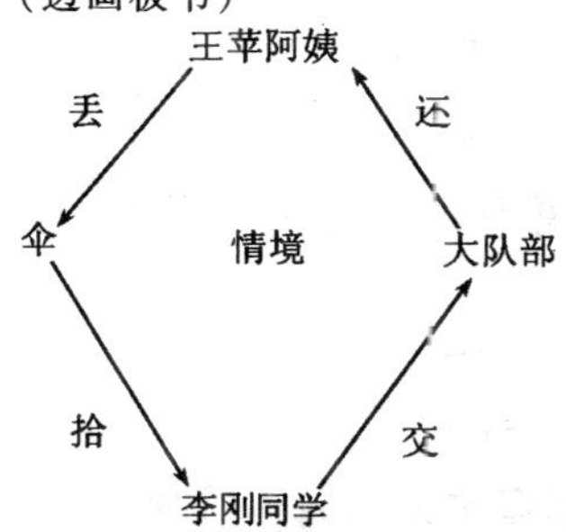

2. 启发学生根据情境顺序说出需要的各种文体作文。

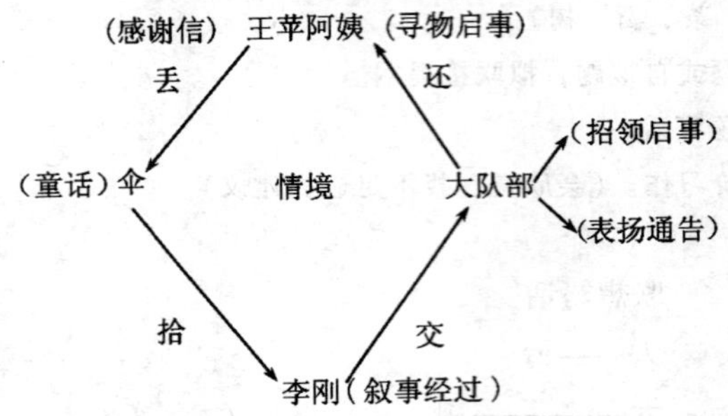

3. 自选角色，自选一篇文体作文。（举手）

4. 学生互动提示，每篇作文应写什么，注意什么。

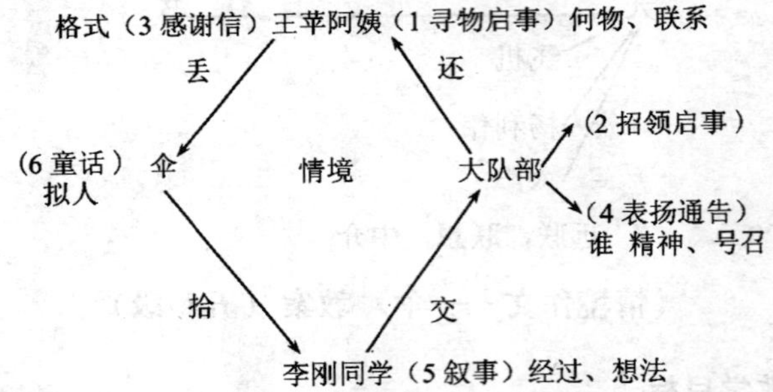

5. 动笔习作。

6. 按同角色、同文章组成小组，朗读习作，集思广益，选代表汇报。

7. 习作情境表演。

（1）按事情发展顺序给习作排队。（标号）

（2）按顺序每组代表朗读习作。

（3）师生互动评价。

情境作文《作文与做人》教案

目的：学作文、学做人、学合作、练思维、展想象

课前活动：学生拿短勺与长勺往自己嘴里送，引入教学。

（一）习作 1——调查学生的做人行为

长汤勺

一天，教师带学生去餐厅吃饭，学生围在一只正在煮食的大锅坐好。发给每个人一只汤勺，但是汤勺的柄特别长，学生舀了食物，却没法送到自己嘴里。他们又饿又失望，很不快乐。此时，如果你在场，有什么好办法，让大家高兴地吃到事物？具体写出来，______________________________

____

（分类板书）

（二）阅读——比较找差距、谈体会

长汤勺

我又来到另一个餐厅，也有学生正在围着煮食的大锅坐着，他们手里的汤勺也是那么长。不同的是，这个餐厅的学生都用自己的汤勺喂对方，餐厅里秩序井然，大家都吃得很香，快乐极了。

采取甲已双方争论对话形式（教师裁判）

①从做人的角度找差距——助人（一个人喂谁？）

②从思维的角度找差距——逆思（往哪个方向想？）

③从团队的角度谈体会——合作（只一个人这样做吗？）

（几个人都抢着喂一个人行吗？）

（三）体验——小组合作，渗透习作内容

1. 师生小组演示。

挑问怎么办——提升做人——启发次序——提示动作——畅谈感受

2. 小组分阶段体验。（勺用笔代替，注意观察）

（1）想怎么办？（心理）

（2）商量怎么互相喂别人（对话）

（3）探讨喂人有哪些动作后，再喂。（动作）

（4）观察对方吃后的表情。（情感）

（5）畅谈感想（感受）

（四）习作2——展开想象，补写

长汤勺

我来到一个餐厅，和同学们一起围在煮食的大锅旁坐着，每个人有一只汤勺，

汤勺的柄特别长。无法送到自己嘴里食物。这可怎么办呢？

____

（启发写出：语言、动作、心理、神态、情感……）

____

____

餐厅里秩序井然，大家都吃得很香，快乐极了。

这情景，我明白了：______________________________

____

（五）评价——勾画语句，展示效果

1. 分步勾画习作语句，分别展示评价。

（心理、语言、动作、神态、情感、体会……）

2. 认真修改。

板书：

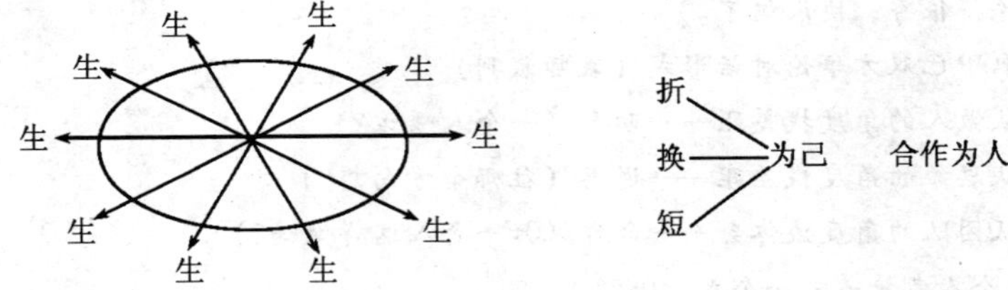

二、我的诗

贺党八十岁生日

——十六字令11首

党，
南湖渡船星火芒。
燎原势，
神州灯塔亮。
党，
冷对屠杀毒豺狼。
突重围，
长征凯歌唱。
党，
休得倭寇逞凶狂。
烽火燃，
宝塔镇魍魉。

党，
横扫千军易反掌。
国旗展，
人民喜眉扬。
党，
整治一穷二白伤。
抗侵略，
跨过鸭绿江。
党，
文革浩劫显坚强。
更纯洁，
粉碎“四人帮”。
党，
扭转乾坤不可挡。
破极左，
改革促开放。

党，
前进飞速展翅膀。
日新异，
广厦奔小康。
党，
一国两制世首创。
回归曲，
同胞会一堂。
党，
八十生日美名扬。
喜回首，
怎能不欢畅？
党，
“三个代表”明方向。
咱党员，
献身建辉煌！

战非典

非常时期生放假，空中课堂习在家。
党爱花朵呵护娃，合理安排学计划。
遇到疑难不用怕，看看讲课思方法。
上网咨询打电话，不用出门就解答。
做好自护人人夸，定叫瘟神踩脚下。

2003年5月8日

名师成功录

敬业

成就名师路之遥，
教育事业喜眉梢。
百般诱惑甘清贫，
敬业志坚不动摇。

好学

成名孔子拜师老，
广开好学多渠道。
自知不足无止境，
处处皆学细寻找。

爱生

蓓蕾学子竞含苞，
为师愿作粪土抛。
白发爱生童心在，
滴滴成长乐陶陶。

创新

敢为第一品蟹爪，
人无我有争奇妙。
荆棘丛生攀登急，
创新险峰回首招。

戒躁

奖杯掌声莫骄傲，
天外有天戒浮躁。
我是山上一棵草，
不是我高是山高。

机遇

运气可遇不可要，
争抢机遇得不到。
顺其自然心静平，
深积厚淀上门找。

和谐

成才绝非自己叫，
众人拾柴火焰高。
一花独放不是春，
万紫千红和谐好。

2007 年 11 月 4 日

我的感谢、感想、感悟

也许您这样讲：你是蜡烛。
照亮了别人，燃烧着自己。
我知道：我的光亮微不足道。
是您奉献能源，给我火种。
也许您这样讲：你已到了高峰。
在语文教学上有一套啦！
我知道：我是山上一棵草，不是我高
是山高。
也许您这样讲：你是勤奋的园丁。
成果累累，成绩显著。
我知道：不为事业耕耘的园丁，无能无用。
也许您这样讲：你是梯子。
让青年教师在你肩上攀登。
我知道：没有沃土支撑，梯子怎立住？
也许您这样讲：你是浪头。
在浩瀚的教海中畅游。
我知道：看长江后浪超前浪，这是必然。
促长江后浪接前浪，是责任。
也许您这样讲：你今天划了一个圆满的句号。
我知道：句号后，还有个省略号。

（在 2001 年 4 月 26 日崇文教委召开的“特级教师赵景瑞教学思想研讨会”上的发言）

贺大会赞名师

遥祝大会开得好，名师聚京齐研讨。
坚立文坛显精湛，素质路上永攀高。
爱系学生师真谛。喜看轩辕出佳苗，
奉献假日远奔波，九州课堂创意妙。
为人坦诚交挚友，与人为善真情靠。
助人不惜时间多，抬人无私乐俱超。
前沿理念饥渴进，继承传统不丢掉。
盼望四友体康健，夕阳教艺更瑰宝。

2006年10月21日

赞教学艺术研究二十余载（藏语诗）

教坛星火闪天府，**学**馈燎原势破竹。
同仁聚会教**艺**展，学**术**舞台蓓蕾露。
为何**研**讨缢芬芳？**究**因缘在创新途。
二十余载架云梯，新秀**年**年名师出。
胜**赞**课题功名就，与时俱进**贺**荣殊！

2007年10月于北京

贺《读写知识》25周岁（藏语诗）

改革开放**庆**春风，京都喜**迎**本报生。
鲜活**创**意为读者，良**刊**益友众生盈。
二十余载精图志，**五**湖四海助提升。
与时俱进**周**至信，岁月**年**年永不停！

2005年4月4日于北京

“创新杯”大赛前祝语

满怀激情上赛台，大方自信展风采。
自减压力变动力，闲庭信步轻松态。
专注学生新理念，实中求活蓓蕾开。
酸甜苦辣都是乐，过程更能练师才。
努力攀登岭绝顶，成功阶梯阔步迈。
教学创新无止境，艺术之花出墙来。

2006年11月15日

送“创新杯”获一等奖选手的祝语

手捧奖杯笑盈盈，回首历程苦乐情。
难忘平台谁搭起，劲草实为高山擎。
遥望前方成才路，柳暗花明喜登程。
创新艺术无止境，无限风光在险峰。

2006年11月17日

我的敬佩（藏语诗）

——为庆祝霍懋征老师从教60周年做

泉城播下园丁祝，师范优业梦成福。
百折虚怀痴情名，求索师艺磨砺出。
爱生青青楷模魂，夕霞春心素质路。
教坛六十永不歇，八旬师表沁人驻。

2001年9月16日

贺刘显国探索成功（藏语诗）

遥贺蜀师出大竹，潜心反馈显茅庐。
三论奠基联国友，浇灌平台名师出。
探寻创新高境界，艺术求索笔耕书。
二十余载成就路，功不可没沁人服。

2003年4月20日

赞正宪为人贺正宪成功（藏语诗）

喜看锦绣出佳苗，伯乐志士盼春晓。
吴站讲坛显才华，爱系学生师气豪。
为人坦诚交挚友，与人为善真情靠。
助人不惜时间多，抬人无私乐俱超。
前沿理念饥渴进，素质路上永攀高。
奉献假日远奔波，九州课堂创意妙。
新任岗位光辉闪，煌煌事业定能挑。

2003年5月25日于北京

欢庆2003新年（藏头诗）

欢马嘶鸣唤泰羊，庆贺春日聚一堂。
新铸辉煌喜登程，年年俱进奔小康。

“快速阅读”赞

阅读信息指数增，呼唤提速急登程。
顾师速读原创意，中华轩辕建奇功。
六大障碍发掘透，点读音读一扫清。
六大步骤专项练，闪读跟读显速成。
探索生理与心理，泰山奠基科学精。
切入常态语文课，迁移课外多科融。
此举培育时代人，与时俱进必繁荣！

2005年4月18日于北京

赠内蒙敖汉旗师友（藏语诗）

喜奔惠镇聚敖友，蒙汉普教实交流。
艰苦创业咱崇敬，渊文重学看不够。
练兵融情品甘霖，联谊教益白金收。
恳望互帮远流长，草原后生存心头。

庆贺《教育信息文摘》创办百期（藏头诗）

庆迎千禧室诞生，贺建园地勇竞争。
信鸽频传蜂酿蜜，息息不停鸿雁情。
文粹整合妙二传，摘果喜助同仁功。
百份编纂弹指间，期盼来日再攀登。

2003年6月3日

祝上三条小学“书法教育”特色

书法瑰宝誉中华，写字孕育素质花。
三条实验规范化，玉笔翰墨书万家。
筑好五全奠基路，夯点铺面人人夸。

1999年9月1日上三条小学开学典礼上的讲话

我说"教育学会"

我说"学会"。
她像一只号角，
发动教改谱新调。

我说"学会"，
她像一座舞台，
探索硕果施华才。

我说"学会"，
她像一条纽带，
上下左右联研脉。

我说"学会"，
她像一架云梯，
力扶新秀速崛起。

我说"学会"，
他像一个家庭，
协同和睦融融情。

——祝崇文区教育学会成立20周年

三、赵景瑞著书重点书目一览表

类别	书名	出版社	出版日期
主编	小学生语文学习方法	北京科学技术出版社	1987年8月
主编	小学语文新教材伴学（12册）	海洋出版社	1988年
主编	小举语文课程重点提示与分析	中国政法大学出版社	1989年
主编	作文修改指南	明天出版社	1989年
主编	小学生优秀作文成功的奥秘	湖北少年儿童出版社	1991年
主编	同题作文多式教例（8册）	吉林大学出版社	1991年
主编	小学语文多功能实用手册	海洋出版社	1991年
主编	想象作文	开明出版社	1991年
主编	小学语文重点难点应知应会	中国旅游出版社	1992年
主编	小学课文人物少年故事	地震出版社	1993年
专著	小学语文阅读教学（专著）	北京教育出版社	1993年8月
主编	备课与思考（12册）	北京教育出版社	1994年
主编	北京名师导学（3、4年级）	九洲图书出版社	1996年
主编	小学语文知识要点专题解析	九洲图书出版社	1998年
主编	一点通（12册）	华语教学出版社	1999年
主编	特级教师小学语文导学导练	北京大学出版社	1999年
主编	小学语文说课百例	中国林业出版社	2000年
编者	著名特级教师教学艺术（小学）	人民教育出版社	2000年
专著	探索语文教学的真谛	中国林业出版社	2002年4月
主编	小学语文备课艺术	中国林业出版社	2003年
编者	北京小学语文教材（12册）	北京出版社	
编者	听名师讲课	广西教育出版社	2004年
编者	名师备课经验	教育科学出版社	2006年
编者	名师作业设计经验	教育科学出版社	2007年
编者	名师教学机智例谈	华东师范大学出版社	2007年
编者	小学语文名师教学艺术	华东师范大学出版社	2008年

后　记

——我的探索之路

我的成长之途——路·露·录

我今年已是 64 岁了。按 21 世纪的说法，这个年龄虽说不是花甲之年，也可算迈入老人行列了，要不，学生怎么叫我“老爷爷”呢？要不，老师见面都亲切地称我“老头”呢？为什么一开始我就言“老”呢？人到了这个年龄，往往爱回忆、喜怀旧，想想曾经走过的路。

我怀旧，并不是简单忆忆过去，而是有两个目的。一是通过回忆悟自己的人生价值，也许是成功之途，摸到一些规律；二是这些，对立志成材的青年教师或许有点帮助与启发。这正是我写此书的缘由。

再来说说题目，小学语文教学的优化与创新，其实就是我的“路·露·录”，“路”即道路，写我走过的从教之路；“露”乃点滴之意，截取路途中数个关键点；“录”，就是把以上的内容如实地记录下来，像个回忆录。

从何时说起？还是从我上小学开始吧！

50 年代，影剧——伴我机缘

【路径】

1949 年，随着新中国的诞生，不到 7 岁的我进入了北平（即北京）崇文区穆德小学读书，1955 年 7 月毕业。那是一所回族学校，由著名京剧演员马连良先生等人捐助的私立学校。

一转眼，我已上到五年级了，学习成绩不错，是第一批少先队员，后来还担任了中队委，曾经有两次到怀仁堂为首长和国际会议献花。

由于我的童声很好，有幸参加了区小学生朗诵比赛，以一首儿童诗

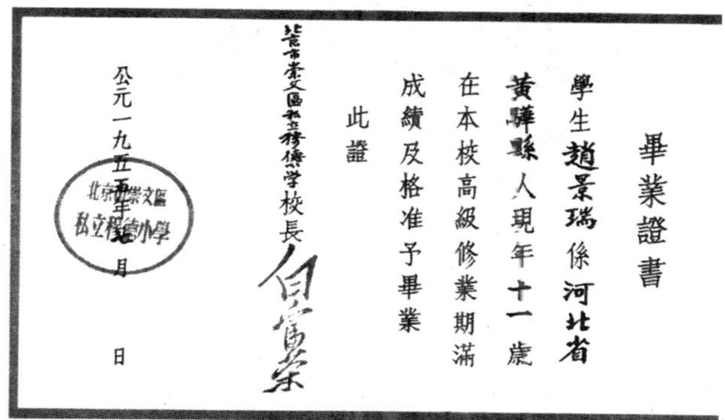

畢業證書

學生趙景瑞係河北省黃驊縣人現年十一歲在本校高級修業期滿成績及格准予畢業

此證

北京市崇文區私立穆德学校長

公元一九五五年七月 日

我的小学毕业证书

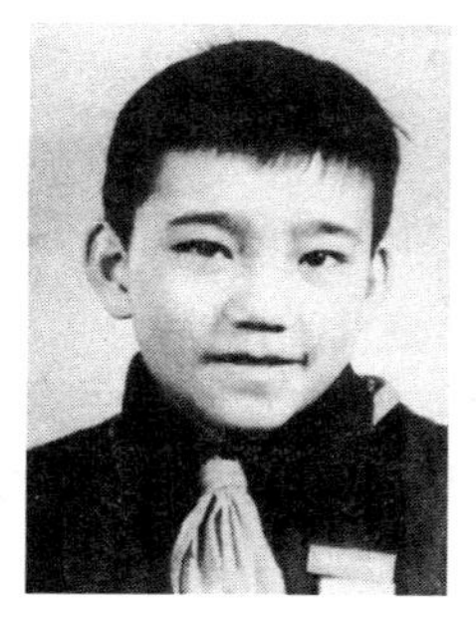

作者小学五年级时的照片

《也许……》获得了一等奖，接着，又被推选参加了市朗诵比赛，虽然没有获得最高奖，但机遇却来临了。一天，学校通知我到西单六部口当时北京教育局所在地开会，会场中央围坐着几位专家，除了我以外，还有十来个小学生。主持人让我们每人朗诵一首诗，我并不知目的，朗诵完就回家了，等到第三天，通知又来了，仍然到六部口去，这次只有四个小朋友，其中包括我。主持人开门见山地说："长春电影制片厂要选儿童配音演员，为苏联儿童影片主角配音，你们四个被选上了。"我恍然大悟。原来，这些专家是电影厂的，来北京听市朗诵比赛，特地选人的。我当时又惊又喜，拍电影与我结缘了。

就这样，我第一次乘上火车，远离家到了长春电影制片厂译制厂，为苏联儿童影片《河上灯火》主角之一——季玛沙配音，度过了整整 21 天，一切都是那么新鲜。

回来后，机缘接踵而来，北京电影制片厂邀我为中法合拍的《风筝》中的法国角色配音，中央记录电影制片厂邀我拍摄短剧《钟》，为中央人民广播电台少儿节目多次录音，曾与孙敬修爷爷合作过。之后，中央人民广播电台成立了少年广播剧团，我成为了首批团员，每周都要去复兴门外

《河上灯火》译制组合影，第二排左起第一人是我，
第一排左起第一人是导演林白

排练节目，还经常演出，记得最清楚的是，排演了一出儿童剧《可怕的梦》，青艺名演员邵华（《四世同堂》中老爷爷的扮演者）、曹灿叔叔任导演，我担任三个主角之一，以模拟梦的剧情教育一个丢三落四的孩子。曾到“人民剧场”公演，还有幸在全国政协礼堂为中央领导表演。由于我的努力，在1957年六一节，剧团评奖，我获得一等奖，奖品由自己选择，在当时很丰厚，一本集邮册、一副乒乓球拍、数本书。这份忙碌的业余生活，一直到上高二退出剧团才结束。

【启示】

回顾这段经历，对人生有启发，虽说是偶然的机遇与影剧结缘，但偶然中有必然，如果没有童声的天赋，没有学习好的条件，学校也不会推荐我参加朗诵比赛，也就没有机会配音、演戏。

回顾这段经历，表面上与我从教的事业不相干，实际上也有千丝万缕的联系。有了表演的训练，当教师的口语表达、教学的情感就有了基础；有了上台的实践，当众教学、教研就轻松多了。正是，城门失火，殃及池鱼，城门放水，福及池鱼。

60 年代，教师——半路结趣

【路径】

1955 年我考上了北京 49 中，1958 年初中毕业，接着考入了本校高中，1961 年，我从北京 49 中高中毕业。毕业后当年就参加了高考，喜欢的是理工，并不是文科，考入了吉林化工学院化工机械系，到了大学，不知怎的，身体复检不合格，只好退学，又回到了北京母校，等待分配工作。那时只有小学教师职业，于是在没有任何准备、没有专业培训、对教师工作无兴趣的情况下，被分配到北京崇文区上头条小学当了一名小学教师，那时教师行业地位低下，有句流行话“家有三斗粮，不当孩子王”。

毕业証书

学生赵景瑞系河北黄骅人現年十五岁
在本校初中三年級修业期满成績及格
准予毕业此証

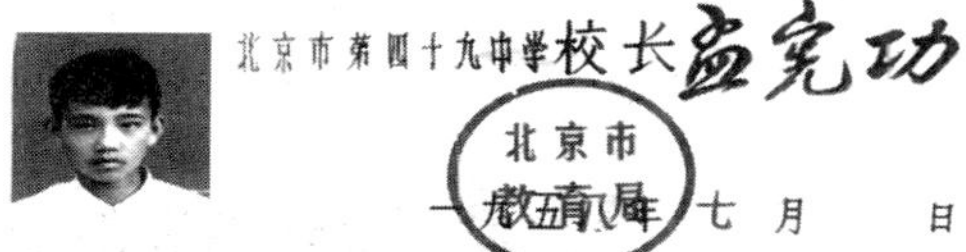

北京市第四十九中学校长

北京市教育局

一九五八年七月　日

我的初中毕业证书

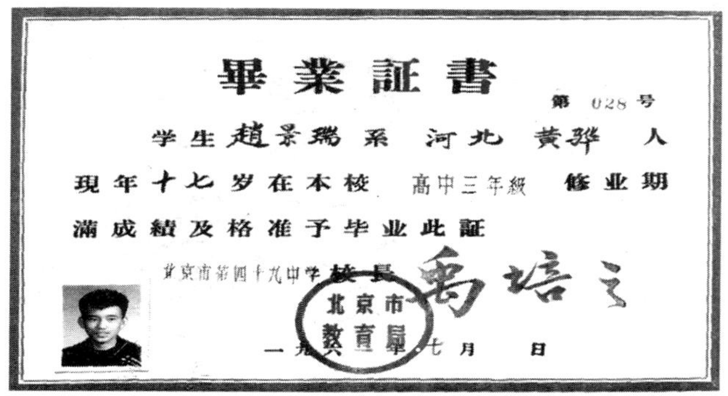

畢業証書

第 028 号

学生赵景瑞系河北黄骅人
現年十七岁在本校高中三年級修业期
满成績及格准予毕业此証

北京市第四十九中学校長

北京市教育局

一九六一年七月　日

我的高中毕业证书

就这样，1961年底我突然半路当了教师。由于一切听从党召唤的原则，党指向哪里，就在哪里安家的思想，特别是全国学习毛主席著作积极分子廖初江的一句话，成了我当时的座右铭——“不能从兴趣中找工作，要从工作中找兴趣”。干一行，就要爱一行，钻一行。从头学起，由开始教地理、历史，到教数学2年，做少先队大队辅导员3年，最后定位教语文，兼班主任，先后教了4个班共8年。在宝贵的实践中，积累正反经验教训，向其他老师学习，摸索语文教学规律，逐渐找到了门路，学生学会了，考试考好了，我也尝到了当老师独享的成功喜悦，又激起了钻研的乐趣。

我的第一节公开观摩课

我上的第一节公开观摩课，使我与语文结趣更牢了，可称教师人生的第一个里程碑。那时，北京第一师范学校地处崇文区，师范生到我所在的南昌路地区（当时是地区街道办学）实习，要听一节公开课。带队的师范教师是刘德彰（后也被评为特级教师），为了提高质量，要选做课教师，进行了两轮的选拔，第一轮每校出一名共10名做课，选出了3位，其中有我，第二轮3人再做课，最后决定由我做观摩课，这对我来说是巨大的挑战，也是难得的机遇，真是又兴奋又忐忑，又有压力又有动力。于是，我用上全部的精力，做着准备。那时，语文教学受政治思想第一，以阶级斗争为纲的影响，必须上“毛泽东思想统帅文化课”，每节都要围绕一条毛主席语录进行教学。我执教的是一篇歌颂英雄的文章——《金训华》，写的是在他与洪水搏斗勇救群众，光荣牺牲的事迹，要突出毛主席语录“一不怕苦，二不怕死”。公开课在兴隆街一个礼堂进行，有近

在北京崇文区上头条小学校门口，教师合影，我是第三排右起第二人

200 人听课，这场面又是一个难得的锻炼，紧张伴随着努力，现在我还清清楚楚地记得，我抓住课文金训华的三次“打、拱、冲”的分析，博得了好评。由此，我做公开课、接待课的机会逐渐多起来。更增添了语文教学的自信。

【启示】

事业的恰当选择，是人生价值的一个攸关问题。有时是你选择事业，有时却是事业选择你。不管采取哪种，关键在于对自己条件的审视，符合不符合选择的事业。要打铁必须本身硬，本身硬才能打铁。你选择事业，虽然自己喜欢，但不一定适合自己的条件，往往不能成功。事业选择你，如果正符合自己的优势，即便自己不喜欢，也可能成功。这就需要自己在工作中找兴趣，变无趣为志趣。我就是这样，半路与教师结缘，虽然当时自己不知适合不适合当教师，事实上说明能胜任，证明我具备干教育事业的好条件，就要坚决做下去。所以，在深入了解自己的前提下，从兴趣中找工作，或从工作中找兴趣，都是可行的路径。那种单凭个人爱好，经常跳槽的人，很可能一事无成。

对于一名教师来说，第一次公开课应是提升的催化点。公开课属于非常态课，除了对别人是学习，对领导是督导以外，对自己的提高极有好处：一是有压力。人无压力轻飘飘，易转化为动力。二是有目标。拿出自己最大的水平、精力、时间，精心备课。三是有参谋。为了达到公开课的效果，往往有专家、同事主动帮助，出主意，这是提升的好时机。四是有试讲。反复推敲，过程大有裨益。五是有听众。当众上课，见世面。六是有反馈。课后，听课者评议，促进自己反思。机不可失，时不再来。因此，紧紧抓住公开课的机会，催化教学基本功的提高。

70 年代，借调——塞翁失马

【路径】

20 世纪 70 年代初，正当事业蒸蒸日上时，一个突如其来的调动，打乱了我语文教学的道路。那时，小学属地区街道管理，所属的南昌路街道缺乏干部，领导决定，把我借调到街道政治组，负责宣传工作。这就使刚刚建立兴致的语文教学中断了，心里并不乐意去，但为了服从分配的原则，我只好硬着头皮上任，一干就是两年。

1976 年，粉碎了四人帮，人人喜洋洋。拨乱反正使教育事业走上了正轨，由街道办学回归到区教育局管理，为了加强教学质量，教育局准备成立区教研室，教研员从各街道借调的教师中选，我被选中了，当然高兴极了，我又可以重操喜欢的语文教学。当时，崇文区教研室创建，就设在教育局里合属办公，只有 4 个人，语数各两人，我负责全区的语文教学，开始了既熟悉又生疏的教研工作。

1977 年我刚调入街道时的照片，胸前佩戴着毛主席纪念章

【启示】

塞翁失马，焉知祸福。此句名言在我的这段经历中灵验了。调离教学领域，去并不喜欢的工作，可以说是“祸”吧，可就因为到了街道，才有机会到乐意去的教研室，“祸”却带来了“福”，命运就是这样捉弄自己，人生是曲折的，转折不以人的意志为转移，祸福并非对立，往往相互转化，看到这些规律，冷静处理，顺其自然，身心健康。

80 年代，教研、课题——如虎添翼

【路径】

20 世纪 80 年代，是教育事业走向正规的好时期。自从担任语文教研后，我的视野开阔了，接触的是全区 56 所小学的领导、教师，全市教研同行，甚至国家级教育科研专家。服务对象已不是一个班的学生，而是全区语文教师。主要任务是通过教研活动提高教师水平，提高教学质量。可称既熟悉又生疏。

我第一个科研课题

教育科研上马了，注入了新的动力。祖国农业创造了联产承包责任制，焕发了农民极大的生产积极性，这对我是个很大的启发。有了明确的教学责任目标，师生也会努力完成，提高教学效率。于是，1981 年我申报、主持了区八五科研课题——语文教学责任制，也是我第一个科研课题。首先

在体育馆路小学进行实验，从课堂教学入手，创建了每节“责任课”的模式：确定责任——明确责任——落实责任——验收责任。使老师上课有强烈的责任意识。实验取得了较好效果，受到学校、领导的肯定，《北京日报》1983、1985年曾两次报道消息，接踵引来全国各地的教育同行的来访学习，我受到了极大的震动与鼓励。实验学校也扩大到4个校、8个校、12个校、24个校、28个校，接着逐渐扩展研究，借鉴了巴班斯基的“最优化”理论，构建了“教学责任序列化——课堂教学最优化——教学管理科学化”的整体框架，形成了语文教学责任一条龙，获得区八五教育科研课题成果一等奖。《教学月刊》连续公开发表此课题论文。

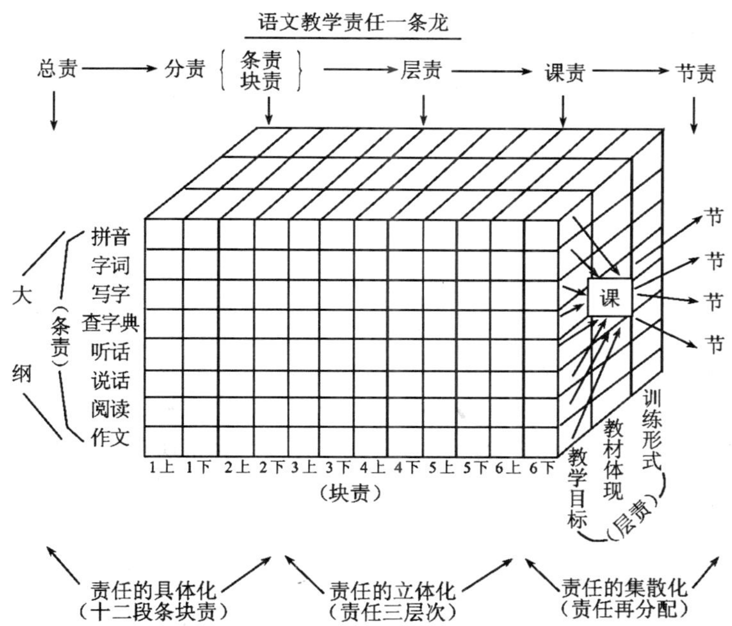

“责任课”序列图示

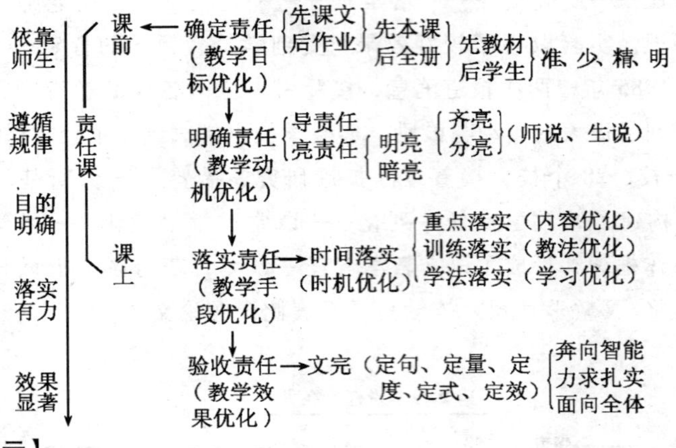

【启示】

教研离不开科研，教研靠科研提升，科研靠教研落实，教研要走上去，科研要走下来。经验型教研需要科研引领，玄奥式科研需要教研转化。这就是语文教学责任制研究的切身体会。

语文教学责任制课题研究，还有赖于农业创造了联产承包责任制的启发。触类旁通是可借鉴的思考方式。隔行如隔山，不相往来的自我封闭很不妥，透过行业的差别，去发现共同的规律，隔行要打通，学科乃相通。作为教师，就应该博采众长，以博促专。

我主持的第一个课题——语文教学责任制，受到基层如此的欢迎，取得预想不到的成绩，出乎我的预料。这是为什么呢？现在分析起来，原因有三：一是此课题顺应了当时“激发学习兴趣，提高教学质量，减轻学生负担”的市提出的18字方针的导向。二是找到了解决语文教学“教学目标盲目、课堂教学低效、教学管理忙乱”的弊病。三是课堂教学的操作性强，一节课目标责任的“明确、落实、验收”的高效原则，教师易掌握。将复杂的问题“简单化”才是“不简单”。

我第一篇论文发表

【路径】

那时，教研工作的主要形式是定期开展区教研活动，面向基层语文教师，有公开课、有教材分析，有讲座、有经验介绍，有质量分析，有下校听课……我经常结合教材要求和重难点，进行专题讲座。1982 年，一次教研活动，我讲了如何解词的几种比较法，坐在下面听讲的有一位德高望重的特级教师叶多嘉，她是光明小学副校长。听后，叶老师走过来亲切地对我说："小赵，你今天讲得很不错。"我说："谢谢您的鼓励。"叶老师又启发我："你今天讲的整理整理就是一篇论文，可以发表呀!"我惊奇地说："能行吗？我从来就没有想过。"叶老师鼓励道："你一定要写，写好后给我，我帮助推荐。"在叶老师的鼓动下，我写了一篇文章《词意的几种比较法》，内容有：替换比较，增删比较，改变语序比较，异同比较，原义转意比较，选择比较。在叶老师的推荐下，1982 年《小学教学参考资料》杂志第 6 期发表了我这篇论文。当杂志社寄来了印了自己名字的文章，我真有范进中举的感觉。我开始相信自己的文章可以变铅字，有指导意义。从此，一发而不可收，写作欲望大增，听课有点体会，讲座有点心得，读书有点收获，都要拿起笔来，写篇小文章，逐渐养成了动笔勤写的习惯。有稿就乱投，寄往各地的教学杂志社，看看自己写的东西，不需别人推荐，能否发表，结果发表的文章越来越多。仅 1982 年就发表了 3 篇，1983 年 9 篇，1984 年 25 篇，1985 年 32 篇……到 2007 年为止，共发表了 400 篇，约 90 万字。篇幅也由短篇到中篇、长篇、连载，转载，写稿也由投稿转为约稿。

【启示】

回顾这段经历，我要感谢叶多嘉老师，听君一席话，胜读十年书，这写文的巨大变化，追根寻源，没有第一篇论文发表的星火，哪有如今的燎原之势？没有第一篇论文发表的尝试，哪有如今的自信？她可称我写作的领路人。人生需要名人指点，人生要接受名人指点，人生要主动求名人指点。

经过多年的写作实践，我深深感到，论文的撰写对自己的学识提高有很大的作用。写一篇好论文，是教研的痕迹、实践的总结、思考的结晶、系统的提升。

我的论文为什么会经常发表，是许多青年教师经常询问我的一个问题。我的体会是，写文不能沽名钓誉，不能急功近利，不能东拼西凑，不能只靠别人帮忙走门路。若想发表，至少有以下几点：①深入实践，实践才出真知灼见。②深入思考，不能就事论事，要找到规律，能举一反三。③放眼全局。写前要分析本地区、甚至全国的教学状况，结合自己的实践，找到结合点，选好题目，有针对性。④要善于创新。文章中要有自己的独到见解，或是独创的做法，对别人要有启发。人云亦云的文章不可取。

我第一次全市讲座

【路径】

这又是我教学生涯的一个里程碑。事情是这样的，20 世纪 80 年代，北京为了提高教学质量，落实市颁布的《各学科教学改进意见》，市教研部决定狠抓小学中年级的语文教学，解决“马鞍形”的状况。我那时正负责区中年级的语文教研，指导我们的市教研部教研员是宁德琮老师，她充分发动各区教研员的力量，先后确定中年级阅读、作文教学的若干专题，由部分区教研员分担任务，在全市开设系列讲座。既提高了中年级教学质量，又培养了教研员，一举两得。我幸运地被安排了三个专题：《中年级的分段教学》《中年级的概括段意教学》《中年级培养学生观察能力》。先由我写初稿，经过研讨，修改补充，写成文，再向全市语文教师宣讲。由于任务重大，又是第一次，为了准备讲稿，我急用现学，翻阅了大量有关书籍，了解现状，思考观点，列出提纲，撰写初稿，征求意见，反复修改，完成全稿，于 1987 年正式在全市讲座 3 次，受到了普遍的欢迎。不少区还分别邀请我去讲学。这是我第一次走出区的大门，在更大的范围内亮相。应该说，不光结果可喜，更重要的是完成讲座的过程，对我的提升大有裨益。

【启示】

井底之蛙，鼠目寸光，井外之蛙，海阔天空，确实是我这段经历的切身感悟。由区到市的变化，地域扩大了，视野开阔了，接触有见地的人更多了，学习的渠道更宽了，真是天外有天！我讲座中的许多观点，都得益于此。如：给文章分段，表面是分割部分，实质是揣摩连接；生活是作文的源泉，观察是生活的内化……所以，主动开放，走出小天地，是教师成长的必由之路。这点感悟，是我以后大踏步成长的强心针，是区教研水平提高的催化剂，我对外区、外市、外国的同行来访从不谢绝，还要从中学东西，广交朋友。主动走出去，请进来，是我的座右铭，外出参加研讨会，承办学术会，是我的习惯思路。

多年来，我主动承办的研讨会主要有：全国六市区教学协作研讨会；全国书法教育研究会现场会；与首都师范大学合作承办“全国小学作文素质教育研讨会”；全国反馈教学研究会3次年会。

90年代初，科研、专著——系统创新

我参加的第一个国家级科研课题

【路径】

20世纪90年代初，在一次市的研讨会上，我认识了中央教科所的研究员潘自由教授，他正要主持研究“小学语文学法指导实验研究”“九五”国家级重点科研课题，听了他的介绍，颇受启发。我深感到学习策略何等重要。此课题似乎点燃了一盏明灯，找到了学会与会学结合的突破口。我立即申报，成为此课题的首批实验区，组织了本区的骨干实验队伍。从此，我跟着潘老师开始了长达5年的研究，成为核心组成员，并担任实验教材编委，主编了第9册，结识了全国许多同仁。先后参加了多次年会，我指导的实验教师：陈培荣、逄静、扬慧、王文丽、刘艳君，他们做的学法指导课多次荣获全国一等奖。为了指导实验，强化、优化学法指导，系统整理，我撰写了多篇学法论文，归纳出“学法”的六个特征（科学性、目标性、程序性、功效性、独立性、层次性）。摸索出备学法的三要素（学法目标、学法操作步骤，学法指导措施）。探索出“导法、悟法、用法、选法”四个教学环节。总结了课堂上的学生悟学法的六种方式（回顾法、点拨法、追问法、交流法、尝试法、发现法），用学法的两点操作（选择用学法的例子必须具备学法的同一性和语言情境的不同性；教师在指导时要放心、要放手）。创设了学习策略四部曲（有学法——异学法——优学法——创学法）。并将这些成果结合学生具体能力，主编了《小学生语文学习方法》一书。这些对语文教学效果有了一个质的飞跃，为学生持续发展找到了课堂操作策略。

《小学生语文学习方法》一书的封面

【启示】

这段科研历程与成果，使我对创新有了切身的体验，要敢于、善于创新，必须具备以下的素养：一是把握时代的脉搏。跨世纪人才的五大支柱之一即是“学会学习”，是可持续发展的一把钥匙。叶圣陶先生期待的“教是达到不需要教”境界的实现，正是靠“学会学习”搭桥。给之以鱼不如授之以渔，给金子不如教点金术，赠猎物不如送猎枪，这些脍炙人口的格言蕴涵着举一能反三的哲理。学法指导顺应了时代的方向。脱离了时代的需要，所谓的创新就失去了光彩。二是冲破现状的束缚。创新具有改变的性质，创新必须切中现状弊端。我深入教学一线，大量听课，调查现状，发现语文教学低效，普遍存在三个问题：①重教轻学。②重结果轻过程。③重个别轻一般规律。而学法指导正是冲破现状束缚的突破口。三是找到解决的钥匙。方向确定了，现状要突破，可现状怎么突破呢？必须解决桥和船。所以，我用大量时间精力，提出了上面的许多教学操作策略。四是具有坚持不懈的毅力。任何创新都不是一帆风顺的，冲破荆棘丛生，都要付出艰苦的努力，我认为：搞研究需要三劲。没有钻劲，就深不了；没有拼劲，就干不了；没有韧劲，就做不好。掌握三劲的动力源于对事业的热爱，对教学的喜爱，对研究的挚爱。那时，我已担任崇文区教育研究中心小学教研室主任，虽然行政事务很多，家庭负担很重，上有80多岁的父母，下有两个上学的孩子，但我始终没有丢掉专业，经常是“上班干事务，下班钻业务，抽空操家务。”

正是：

敢为第一品蟹爪，人无我有争奇妙。
时代脉搏把握准，冲破陈腐架通桥。
荆棘丛生攀登急，创新险峰回首招。

我的第一本专著

【路径】

1992年，北京市委、市政府，为了给有经验的教师著书立传，传播经验，推动教育科学研究，特决定拨出专款，编辑、出版一百本《北京教育丛书》，我有幸被选中。于是，开始了我的第一本专著的撰写工作。由于这套丛书称为“官书”，层次很高，因此我经历了非常严格的审稿过程。按定书题《小学语文阅读教学》——审定提纲——审阅样章——写出全文稿——两校对文稿——最后由北京教育出版社在 1993 年 8 月正式出版，共 11 万 8 千字。写书的过程中我感到理论的缺乏，要阅读有关理论书籍；要翻阅多年的听课笔记，优选精彩课例；要摘录自己发表文章的分析；要梳理专著的思路；还要几易其稿……此丛书出版后，荣获了 1993 年全国精神文明“五个一工程入选作品”奖、中国教育学会经验著作奖、京版优秀图书一等奖。

【启示】

写专著，写“官书”，不是仅仅为了提高知名度，更重要的是将自己零碎的体会转化为整体全面的经验，把零乱的经验梳理成系统的论述，将朴素的感悟升华为理性的思考。写书的过程确是一个难得的提升。既然要写阅读教学，就要探究它。比如：阅读教学在小学语文中的地位，过去我知道重要，但重要到什么程度？为什么这么重要？我很少考虑。现在就必须考虑了。于是我做了如下的调查、统计、分析。得出了阅读教学是小学语文教学中基本环节的定位结论。

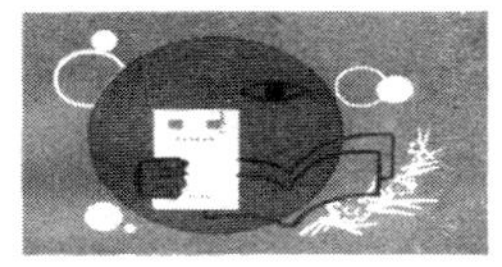

《北京教育丛书》我的专著《小学语文阅读教学》封面

调查项目	统计、分析	认识	结论
阅读教材的数量	现行教材第 12 册，172 页，阅读 146 页，占 86.6%	数量最大	阅读教学是小学语文教学基本环节
	现行教材第 1 册，134 页，阅读 50 页，占 37.7%		
阅读教学的课时	以每周按 9 节语文课算，平均 7 节是阅读教学，占 78%	课时最多	
阅读教学的功能	识字的重要渠道 获知的重要途径 训练听说读写的重要方式 发展智力、非智力的重要载体 教育做人的重要阵地 渗透美育的重要路径	功能最广	

90 年代中，评特、带徒——责在带头

我当上了特级教师

【路径】

1994 年，市政府决定评定特级教师，程序是采取市里给区定额，市级下达参考名单，与区级推荐相结合的办法，最后由市评委会评选，市政府批准。我是 1988 年首批小学中的中学高级教师，申报材料丰富，以及在市里有一定的知名度，市级下达参考的名单中有我，区级推荐名单中我被排在第一号。我当时感觉是水到渠成。不久，经过市特级教师评选委员会评定，市政府批准，1994 年 9 月 20 日正式公布我被评为北京特级教师，并于 9 月 26 日下午 3 点，在人民大会堂隆重举行了“北京市中小学特级教师颁证大会”。北京市的领导、市教委的领导亲自到会，老特级教师也来祝贺。我清清楚楚记得，是市常委王大明为我颁发的证书。51 岁的我登上了人生一个新的高度。

荣 誉 证 书

赵景瑞同志长期从事教育工作，成绩优异，特授予小学 特級教师的光荣称号。

一九九四年九月

市政府颁发的特级教师证书

我在人民大会堂颁发特级教师的会场
与老特级教师许嘉琪的合影

1996 年我随团赴台湾教学考察。
我（中）与台湾同行合影

【启示】

很多老师常问我："你怎样评上的特级教师？介绍介绍经验。"我给了个通俗的答案："自己好好干，领导看上了，群众认可了。"这里包含了三个因素：一是对事业的追求，二是有群众基础，三是有机遇运气。对此荣誉可遇不可求，可努力争取不可强要、抢要。只要自己一心干好教育事业，有了成就，醉翁之意不在酒，机遇会找上门，这是水到渠成的事。如果一味追名逐利，甚至不择手段，就会失去三个因素。

我评上了特级教师，当然高兴了，但另一种心情却占了上风，总觉得这沉甸甸的称号带来了新压力。我感到"特级教师"称号包含着多层含义：一是光荣的称号。二是学科带头的重任。位置有了变化，不仅自己要走在前，还要带动大家一起走。三是继续钻研的号角。它不是终点，应是新的起点。四是严于律己的警钟。有句成语"高处不胜寒"，它有四点内涵：你站在最高处，风口浪尖，稍不站稳，就会跌下山谷；你站在最高处，最易高傲，一览众山小，飘飘然；你站在最高处，别人仰视，你最容易脱离群众；你站在最高处，众目睽睽，时刻注意你的一言一行，稍一出错，不仅造成不良影响，而且会扩展到对"特级教师"称号的信度。所以，我必须谦虚谨慎，戒骄戒躁。时刻以"越是饱满的稻穗，它的头和腰就越弯"这句话敲警钟。要加倍努力，不负众望，做个名副其实，响当当的"特级教师"，发挥其应有的作用，51岁后的路怎么走……

1997年，在北京一师附小召开的海峡两岸教学研讨会，第一排第一人是我

培养青年，责无旁贷

【路径】

当上了"特级教师"，任务有了明显的变化，除了个人继续发展外，重点是带青年教师，"特级教师"的光环必须为培养教师发光发热，一花

1995 年，我应邀到延吉为当地学生上课——《发电报》

独放不是春，万紫千红春满园。

这种认识，不光是自己的理解，也是各级领导对我的新要求。崇文区教育局为了培养骨干教师，打造名师，决定由特级教师带徒弟的办法培养，双向选择。成立了 4 个“导师团”，我任语文导师团团长，负责语文学科骨干教师的梯队建设，这个机制，对崇文区教师队伍建设起了意义深远的作用。骨干教师的培养分 4 个梯队，按苗子、徒弟、研习生、高研生，每个梯队都有标准，有不同层次的导师，两年评选一次，定期升降。下面是梯队的培养模式：

培养梯队	主要标准	培养方向	带培的导师
苗　子	有培养前途的教师	校级骨干	由学校骨干教师带培
徒　弟	有培养前途的苗子	区级骨干	由区教研员分工带培
研习生	有培养前途的徒弟	区级带头人	由中学高级教师带培
高研生	有培养前途的研习生	市级骨干	由特级教师带培

那时，我带培的青年教师有两部分：一部分是名正言顺的正式拜师的徒弟，到 2007 年为止，先后共有 12 人，他们经过自己的努力，都有了不小的成就，我看到他们的迅速成长，很欣慰。

这是区拜师收徒大会会场，我是右起第二人

我带的徒弟成长情况一览表

徒弟姓名	所在单位	成长、成就、成果
王文丽	崇文区教育研修学院	小学教研部副主任　全国优秀教师　市骨干教师　获市教学大赛特等奖　全国学法课一等奖　获市基本功大赛一等奖　中学高级教师
宋浩志	崇文区教育研修学院	小学教研员　市骨干教师　获全国创新杯大赛课一等奖
陈培荣	崇文区景泰小学	校长　中学高级教师　获全国学法课一等奖
白淑兰	崇文区崇文小学	校长　中学高级教师　获市先进工作者
张　弦	崇文区金台小学	校长　中学高级教师　获区大赛一等奖
金　红	宣武区育才学校	区学科带头人　小学高级教师　获区大赛一等奖
刘艳君	崇文区一师附小	副校长　中学高级教师　市学科带头人　获全国学法大赛课一等奖 获市基本功大赛一等奖。
扬　慧	崇文区前门小学	区骨干教师　小学高级教师　获全国学法大赛课一等奖　获市基本功大赛一等奖。
张桂芝	崇文区金台小学	主任　区骨干教师　小学高级教师　获全国创新杯大赛课一等奖
李　辉	崇文区一师附小	主任　市骨干教师　小学高级教师　获全国创新杯大赛课一等奖
杨　静	崇文区景泰小学	小学高级教师　获全国创新杯大赛课一等奖
胡美茹	怀柔区二小	小学高级教师　区学科带头人　获全国创新杯大赛课一等奖

带培的其他青年教师就更多了，作为区教研部主任的我，不能有亲疏之分，只要是国、市、区的重大教学任务，不管是不是徒弟，是不是本区的，是不是本市的，不管是派下来的，还是找上门的，都要尽心、精心。只要时间安排开，来者不拒。培养的内容多为备课、听课、评课、赛课、讲座、改稿。

印象最深的是指导教师参加全国、全市教学大赛。1997 年全国小语会

我在给青年教师评课

要举办青年教师阅读教学大赛，每个省只能派一名选手参赛，为了推选参赛教师，北京市提前举办了阅读教学大赛，每个区也只有一名选手，在多米诺骨牌连锁效应影响下，1996年崇文区也提前进行了选拔赛，选出了培新小学佟旌老师参赛。我作为主要负责她的指导教师，经过多次备课，参赛的课——《登山》，荣获全市一等奖第一名，自然就代表北京市参加全国大赛。首当其冲，我又是主要负责她的指导教师，做的课是《美丽的小兴安岭》，在市教研室的大力帮助下，我与佟旌老师备课、试讲、修改，精益求精，几个月竟有21次之多，其中有一天奋战到凌晨一点，当佟旌老师的爱人深夜接她时，开玩笑地说："就40分钟的课，几个月还没说完呀！"，工夫不负有心人，最终在马鞍山举办的第二届全国小语会青年教师阅读教学大赛中荣获一等奖，为北京争了光。

还有一次，我负责指导徒弟王文丽老师参加市青年教师教学大赛的备课。参赛课是《五彩池》，怎样才能既品词品句、又训练学生运用语言，夯实基础，体现自主、合作、探究的学习理念呢？我带领老师们反复研究，寻找结合点，终于在板书上取得了突破：在孩子们分别品读了"水池"、"池水"和"池底"的美丽之后，教师利用总结全文的契机，与学生合作，巧妙地将板书中的词语连成一首诗：（括号里的字由学生填）

水池无数（尽）铺展
形异大小（有）深浅
池水多彩（又）多变

池底石笋（真）壮观

（感受）瑰丽（须）晴天

这一设计既帮助学生梳理了全文，感受了大自然之美，又让学生活用了语言，体味到了语言的诗韵之美。试讲后，正在大家为此设计暗暗欣赏的时候，我又提出：学文要为学生的思维留有更大创新空间，尽可能让学生在实践中感受运用语言的乐趣。于是，又增加了绚丽的一笔。即学生小组合作，为诗再加上最后一句。在市教学大赛的会场上，当学生迸发出“五彩瑶池在人间”“原来瑶池不在天”“藏龙山上显奇观”“还得站在高处看”等充满创意与激情的语句时，所有听课教师为此设计拍案叫绝。王文丽老师在这届市青年教师教学大赛中荣获唯一的特等奖。我看到青年教师的快速成长，从内心感到幸福。就在王文丽老师捧起了特等奖证书的当天下午，我又赶到了崇文小学讲座，由于劳累过度，突然右腿不听使唤了，急诊判定得了脑血栓，病倒了。经过几个月的治疗，慢慢恢复，又开始了工作。

周末，常常有许多青年教师去我家备课，到了吃饭的时间，我就亲自下厨。我辅导的许多青年教师都在全国教学赛、北京市教学比赛中获了一等奖。当青年教师表示感谢时，我总激励他们：“师傅领进门，修行在个人，这都是你们自己努力的结果。”愿做攀登的人梯、铺路的石子、蹬踩的肩膀，是我的努力方向。

【启示】

教育事业的发展，需要教师代代相传，培养青年是时代的要求。我有这样的认识：“青年是祖国的未来，长江后浪推前浪，这是趋势，长江后浪超前浪，这是必然，长江前浪帮后浪，这是责任。”有了这样的思考，我对青年教师的培养就有了动力，就会尽心尽力。

如今，找上门备课的青年教师越来越多，很多都是慕名而来。我经常想这样一个问题：“为什么都来找我呢？就因为我是特级教师吗？”慢慢的，从教师们的言谈话语中渐渐悟出了原因。他们说：“跟赵老师备课，几句话就顿开茅塞。”“和赵老师备课，不紧张，很轻松。”“赵老师的点子多，是点子公司。”“与赵老师备课后，收获很大，真有用。”“赵老师设计的环节，老师们都说是亮点。”“他是获奖专业户。”当然，这些都有些言过其实，夸大的赞誉，但也从中过滤出一些我与青年备课的态度与方法。①有“四心”的态度。真心培养、耐心帮助、精心指导、关心成长。不以专家自居，我不在上，不在外，要在里，与青年促膝谈心。优点谈够，不足谈透，帮助出谋。

在青年教师的眼里，我就是一位朋友，一位年龄大一些的朋友。一次，我帮助一个徒弟、北京第一师范附属小学的李辉老师备完课，都晚上十一点多了，我为了安全，悄悄地跟在他后面，直到到家李辉才发现，当她看到窗外师傅在寒风中走去的背影，感动得热泪盈眶。经常有中青年教师去我家拜访，到了时间我就下厨房做饭，中青年老师都惊讶，我的老伴身体不太好，所以经常工作回来还要负责做饭。

崇文区研修学院白瑞祥主任曾赋诗：“乐于奉献淡泊名利，提携后生关爱徒弟，青年幼苗精心护理，热心助人甘为人梯。”

②把握教学方向，体现新理念。③准确钻研教材。④在互动中备课，在询问中备课，在研讨中备课，在需要处备课。

21世纪初，思想、编材、讲学——迈新台阶

“教学思想研讨会”的召开

【路径】

2001年，崇文区教育局在刘永胜副局长的关怀下，决定召开“特级教师赵景瑞教学思想研讨会”，意在总结我的语文教学思想，鼓励教师上进，终身从教。对我来说，要把40年教学、教研经验再上台阶，提升到思想的高度，这又是一项巨大的挑战。于是，我开始为研讨会做四项准备：一是做一节观摩课《语言的魅力》；二是撰写一本体现教学思想的书；三是准备会上一个讲座；四是由区电教馆为我录制一个短片。2001年4月26日上午，在崇文区教育局礼堂召开了“特级教师赵景瑞教学思想研讨会”。亲临大会的有市教育局汤世雄副局长、北京小语会李春旺理事长、北京师范大学、首都师范大学的教授，北京教科所副所长，著名特级教师叶多嘉、张光缨、杨丽娜、娄湘声，区教育局王贵良、刘永胜局长，以及各区县教师代表共200多人出席。全国著名特级教师霍懋征为我的文集《事业、科

学、艺术》题词“执著地追求，不停地攀登，丰富地积累，智慧的结晶”，全国小语会理事长崔峦的题词是：“把教学研究作为一项事业，终生为之奋斗；把教学研究作为一门科学，不断探索规律；把教学研究作为一种艺术，追求完美境界。”国家心理研究所博士生导师张梅玲特意写了贺词。会议由区教育局党委书记李君华主持。会议隆重而热烈，除了我做课、讲座，领导、专家发言外，最使我感动的是，9个出席会议的徒弟上台鲜花，而且每个人都以一件生动事例，深情地讲了我对她们的培养。俗话说，男人有泪不轻弹，可当时我也禁不住流下了激动的泪水。最后，我发表了感言：

我的感谢、感想、感悟

也许您这样讲：你是蜡烛。

照亮了别人，燃烧着自己。

我知道：我的光亮微不足道。

是您奉献能源，给我火种。

也许您这样讲：你已到了高峰。

在语文教学上有一套啦！

我知道：我是山上一棵草，不是我高，是山高。

也许您这样讲：你是勤奋的园丁。

成果累累，成绩显著。

我知道：不为事业耕耘的园丁，无能无用。

也许您这样讲：你是梯子。

让青年教师在你肩上攀登。

我知道：没有沃土支撑，梯子怎立住？

也许您这样讲：你是浪头。

在浩瀚的教海中畅游。

我知道：看长江后浪超前浪，这是必然。促长江后浪接前浪，是责任。

也许您这样讲：你今天划了一个圆满的句号。

我知道：句号后，还有个省略号。

【启示】

经过召开研讨会，总结我的教学经验的实践，梳理出我对语文教学的某些观点，称不称得上是教学思想，不好说，但却是自己几十年的实践结

2001 年 4 月 26 日 “特级教师赵景瑞教学思想研讨会” 会场

在 “特级教师赵景瑞教学思想研讨会” 上我做课《语言的魅力》

晶。归纳起来，有以下几条：①教文要育人，作文学做人。②学语文是生活，生活中有语文。③语言要训练，语言需交际。④“教材观”的三部曲——看透、吃透、用透。⑤让学生主动学，启发学生创造学。⑥读写双向结合，读写益彰双赢。⑦重视学习结果，更应关注学习过程。(具体论述可见“我的教学艺术”一文)

经过召开研讨会，我对教学思想如何才能形成，有了初步的轮廓。写出来，供立志成材的中青年教师参考。①体现方向性。②普遍规律性。③

在“特级教师赵景瑞教学思想研讨会”上9个徒弟上台准备为我献花及发言

具有独特性。④专题系统性。⑤教学操作性。⑥实践有效性。

2001年，编教材——涉足新领域

【路径】

2001年7月，国家语文课程标准颁布，这是语文界的一件大事。北京市为了贯彻新课标精神，要新编小语教材。市教育局决定让我参加编写，成为8个编著者之一。这样我又涉足了一个新领域，有人说：“编教材这条船不好上，也上不好，还下不来。”但却是机遇与挑战并存，光荣与辛劳并肩。

“特级教师赵景瑞教学思想研讨会”上印发的我的文集封面

从一册编起，滚雪球似的往上编，为了赶上学生使用，都有限定的时间表，每册教材编写程序是：定标——选文——定生字——研练习题设计——送审——根据审查意见修改——打印电子稿——3次校对——出版。每册每人主负责一个单元，除此之外，还要编写配套的练习册、教学参考、自读课本。每册教材都要经过多次集体研讨，有时为了一个练习题的设计竟讨论、争论一个多小时，我从中受益匪浅。第一轮12册已编完，欣闻“赵景瑞语文教学思想研讨会”召开，谨表热烈祝贺。

赵景瑞同志不仅是北京有名的特级教师，而且是全国有名的特级教师。他的语文教学思想，他对小学语文教材建设作出的贡献，将载入中国语文教育的史册！

祝此次研讨活动取得圆满成功！

中国教育学会小学语文教学研究会

2001 年 4 月 24 日

全国小语会为“特级教师赵景瑞教学思想研讨会”写的贺词

随着课改的深入，实验使用的情况，版本的改变，北京小语教材正进行第二轮的修订，到 2007 年已修订到第 10 册。

北京 21 世纪小学语文教材实验教材封面

北京义务教育课程改革实验教材小学语文教材封面

【启示】

这段编教材的实践，虽然辛苦，但对我的积淀大有裨益。首先我更深刻地认识了教材的重要作用：它是理念的体现，教学的依据，教改的导向，学语的途径，语言的规范，考核的根据。它必须要“三严”——严肃、严格、严谨。

其次，在编写的过程中，为了一篇文章的选入、一个练习题的设计、一个词语的推敲，都要讨论一个多小时，为了学生，为了教学，真是精益求精，精雕细刻。有这样一个例子，在编写第10册《跳水》课后的一道练习题就经历了几修几改的过程：

第一次设计：（意图：整体把握课文的思想内容。）

读了这篇课文，说说主要内容，说明了什么。

修改意见：训练概括的表达能力不到位、不扎实。

第二次设计：填空：文章讲述了＿＿＿＿＿＿这个故事，说明了＿＿＿＿＿＿＿＿＿＿＿＿＿＿。

修改意见：虽然概括全文的表达训练得到落实，但课文主要表现的是船长，却笔墨很少，必须训练学生抓住文章规定的意思，培养阅读能力。

第三次设计：填空：文章讲述了＿＿＿＿＿＿这个故事，说明了船长＿＿＿＿＿＿＿＿＿＿＿＿＿＿。

修改意见：虽然训练突出了文章规定的意思，但课文还可以多元理解，题目限制了学生的个性理解。

第四次设计：改为两题。

1. 填空：文章讲述了＿＿＿＿＿＿这个故事，说明了船长＿＿＿＿＿＿＿＿＿＿＿＿＿＿。

2. 读了这篇课文，你受到了哪些启发，和同学交流。

这样，既使学生理解了文章的主要意思，又鼓励学生的独特感受。

2003年初，非典——空中课堂

【路径】

2003年春季，“非典”突如其来，中华民族遭遇严峻考验，北京成了重灾区。快要退休的我面临一个抉择，非常时期应做什么？

2003年5月4日，“非典”让人们谈病色变。北京正值放假，我接到市教委的紧急电话，要开辟“空中课堂”，让学生继续接受教育，给在家的学生提供辅导，征求我的意见。这突然的任务，是市领导的信任，作为共产党员，不能打退堂鼓。于是欣然接受，马上驱车到紧挨市急救中心的市教委开会。当时街上车都很少，畅行无阻。由于任务紧急，6日录制“空中课堂”，8日播出，只有一天的准备。我立即想专题、写脚本、做课件、试讲，顺利完成了："联系生活积累理解课文""联系语境理解课文"的两讲任务。为了提高收视效果，在每讲的最后，我编了一首儿歌送给孩子们：

非常时期生放假，空中课堂习在家。
党爱花朵呵护娃，合理安排学计划。
遇到问题不用怕，看看讲课思方法。
上网咨询打电话，不必出门就解答。
做好自护人人夸，定叫瘟神踩脚下。
理解课文意道情，联系语境好途径。
上挂下联勤思考，阅读实践练真能。

随着"空中课堂"的延续，并逐步改为"同步课堂"，做课教师可扩大范围。我感到这是给区教研员及基层骨干教师锻炼、提升的好机会。特级教师理应为青年教师铺路搭桥，也是在实践"三个代表"，于是，我一方面向市里多争取名额，一方面由幕前退到幕后，把机会给青年骨干。先后3次共争取到17节小语"空中课堂"的任务，小语教研员全部上阵，共6节，这在全市各区县是较多的。这么多的课，需要帮助备课，严把关口，这比自己讲所用的精力与时间多出许多倍。每节课我都要与老师备课三次(一备思路内容，二备语言课件，三备细节)，在备课过程中，既提高了"空中课堂"的质量，又培养了教师，还提高了自身，一石三鸟。

中央教育电视台在非典期间，开辟了直播栏目"今天我在家"，其中有个小版块——"空中课堂特级教师答疑"。经市里推荐，我作为嘉宾现场答疑。虽然只有5分钟，每周一次，共6次。先后解答了"怎样收看空中课堂?""怎样复习生字词?""怎样在家重视朗读课文?"……我能为全国小学生服务感到欣慰。

北京有个著名的"精诚"民办学校，成立了业余的"名师俱乐部"。在防非典紧急时刻，准备投资开办"特级教师家庭咨询电话"，义务为全市小学生提供服务。校领导征求我的意向，其实这事是分外之事，当时我这样想：特级教师在特殊时期就应做出特殊贡献。立即答应下来。为了不影响中心的工作，提出将咨询电话安装在单位，从5月14日每周一、三、四上午9：00～11：00值班咨询，两不误。第一天我就接了40个电话，共近150个电话，能为学生做点事，心里很踏实。我讲得口干舌燥，乐此不疲。

2003 年非典时期，我在开通“特级教师家庭咨询电话”旁服务

2003 年 6 月 1 日《中国教育报》刊登了我在解答小学生疑难的照片。北京电视台还播放了我接学生咨询电话的实况。7 月，我荣获了“崇文区教育系统抗击非典先进个人”称号。

◀北京市崇文区教研中心积极组织师资力量，努力办好“空中课堂”，通过网络给还未复课的中小学生答疑解惑。图为教研中心的老师在网上指导学生学习。

本报记者 樊世钢 摄

2003 年 6 月 1 日《中国教育报》刊登了我在
解答小学生的疑难的照片，右二为我

【启示】

这段非常时期的经历，让我们尝到了远程教育的优势，现代媒体的优点。特殊时期开辟的“空中课堂”，真是时事造事物。此后，远程教育高速发展，对平常时期的素质教育，平等教育，共享优质资源，缩小城乡差距都起到了催化作用。

在这段非常时期的经历中，有的事是必须做的，有的却是可选择的，甚至是可以谢绝的，那为什么我还要都做呢？不必说那些冠冕堂皇的话，分析我的心态，其实就是“我要做事就是幸福，不干事闲得难受”，有人说你是自找麻烦，这可能就是我的性格，这脾气一直影响到退休之后。

2003年后，退休——退而不休

【路径】

2003年10月23日，我办了退休的手续，崇文区教研中心的白瑞祥主任多次挽留，要返聘我继续担任教研中心副主任，负责教科研工作。一方面是盛情难却，另一方面是我丢不下我的语文教学研究，于是欣然答应。虽然当时不少单位都想高薪聘任我做顾问，但我不能忘记我是崇文区培养的，首先要为家乡发挥余热。就这样，一直返聘了三年。

到了2006年，崇文区教研中心要与崇文区教师进修学院合并，成立崇文区教育研修学院，两套领导班子要合一精简，我主动要求完全退下来，成为了真正的“自由人”。

真正退下来，许多人劝我该休息休息了，健康第一。可能我是个不能闲着的人，无事可做很难受，又成了一个自由的大忙人。做的事涉及的面更广了。

* 应邀作为北京市基础教育成果奖专家组成员，复审评委。

* 继续作为北京新语文教材的编写者，编出了10～12册的课本、教参、自读课本、练习册。

* 参与“十五”国家级“中小学生阶梯性阅读研究”课题的研究，并担任小学实验组组长，多次研讨，作为副主编已编出1、3、5册阅读教材。

* 参与区地方教材1至3册的编写工作。

* 继续带培数名青年教师，参加教学大赛，共15名获全国或市一等奖。

* 利用业余时间为北京市及全国各地提供教改支教服务，听课、评课、讲座数次。应邀为全市小语教师、市郊区骨干教师及西城、朝阳、海淀、丰台等区作了新课标及教学反思的讲座。我利用双休日、节假日，应邀赴广西、山西、山东、新疆、云南……为全国各地教师分别做了“落实新课标，改进语文教学”“培养学生创新精神”“优化作文训练”“新教材观三部曲”等学术报告。

＊我有幸成为全国希望工程教师培训特聘专家，多次参加了全国希望工程助学活动，先后到边远贫穷、革命老区的广西临沧、甘肃白银、广西河池、甘肃华池、甘肃会宁、四川芦山、四川阿坝、贵州长顺等地送教，虽然辛苦劳累些，但精神愉悦，感悟颇多，收获颇丰。

＊多次应“阶梯网校”之邀，参与百名名师为家长演讲。

＊北京教育评估院成立，我成为北京教育评估院专家组成员。

＊清华同方主办的《中国多媒体学报小学语文》杂志，我任主编。

＊为上海“方略教育”赴全国各地讲学。

＊参加国家“十一五”课题“现代教学艺术研究”“利用互动反馈技术提高教学成效的研究”，均为专家组成员。

我在长沙为本地学生上课——《于题与选材》

2005 年 10 月，我在武汉“东方红杯”教学大赛中上示范课《伞》

2006 年 11 月，“阶梯网校”邀我在保定市为家长讲座《作文真有意思》

2006 年 11 月在长沙湖南第一师范举办的全国创新杯教学大赛的合影，我是大赛评委

我在为教师做备课的讲座

2007 年 11 月，我在绵阳参加全国教学艺术大赛，此为高研班培训合影

2006 年 7 月我为全国希望工程四川阿坝州汶川教师培训，照片是我在讲学后，教师给我献上哈达及吉祥画

2008 年元月在上海我为《互动反馈技术应用》国家“十一五”课题举办的教学大赛上与参赛选手互动评课

【启示】

常常有人问我："你为什么退休后还干呀！还想要什么？"言外之意是嫌钱不够吗？还要更出名吗？都不是，钱与名都是身外之物，何况特级教师称号已经到头了。要不就是通过干，活动活动身心，对健康有益，对，这只是客观效果，那主观的就是奉献精神支撑吗？有那么一点点吧，其实最主要的原因是我对语文教学的"乐趣"，丢不下它。"与老师备课，乐趣无穷；给学生上课，童心回放；研究教学，情趣倍增；撰写论文，精神享受"就是我的真实心境。得到的启示是，兴趣是寿命最长的动力，乐趣是创造的动源，志趣是永葆青春的动能。